Crowdwork – Herausforderungen einer neuen Form der Beschäftigung für das deutsche Arbeitsrecht

Europäische Hochschulschriften Recht

European University Studies in Law

Publications Universitaires Européennes de Droit

Band/Volume 6200

Benjamin Durst

Crowdwork – Herausforderungen einer neuen Form der Beschäftigung für das deutsche Arbeitsrecht

PETER LANG

Bibliografische Information der Deutschen Nationalbibliothek
Die Deutsche Nationalbibliothek verzeichnet diese Publikation in der Deutschen Nationalbibliografie; detaillierte bibliografische Daten sind im Internet über http://dnb.d-nb.de abrufbar.

Zugl.: Julius-Maximilians-Universität Würzburg. 2020.

D 20
ISSN 0531-7312
ISBN 978-3-631-83621-7 (Print)
E-ISBN 978-3-631-83781-8 (E-PDF)
E-ISBN 978-3-631-83782-5 (EPUB)
E-ISBN 978-3-631-83783-2 (MOBI)
DOI 10.3726/b17695

Diese Publikation wurde begutachtet.

www.peterlang.com

Vorwort

Die vorliegende Arbeit wurde im Wintersemester 2019/20 von der Juristischen Fakultät der Julius-Maximilians-Universität Würzburg als Dissertation angenommen. Die zitierte Rechtsprechung und Literatur wurden für die Veröffentlichung aktualisiert und sind auf dem Stand von Juli 2020.

An erster Stelle möchte ich mich herzlich bei meinem Doktorvater Herrn Professor Dr. Christof Kerwer für die Betreuung der Dissertation bedanken. Er hat mein Vorhaben konstruktiv unterstützt und mir wertvolle Hinweise und Anregungen gegeben. Herrn Professor Dr. Dr. h.c. Christoph Weber danke ich für die zügige Erstellung des Zweitgutachtens.

Daneben möchte ich allen Arbeitskollegen, Weggefährten und Freunden danken, die mir mit Rat und Tat zur Seite standen und die mich in den letzten Jahren während meiner Promotionsphase begleitet haben, insbesondere Herrn Andreas Gesell, für die netten Kaffeepausen und die stets freundschaftliche Unterstüzung.

Weiter danke ich meinen Eltern, Ewald und Christine Durst, die mir meine Ausbildung ermöglicht haben und auf deren Unterstützung ich immer vertrauen kann.

Schließlich und in herausgehobener Weise möchte ich meiner Frau Sandra Durst für ihren steten Zuspruch und die Unterstützung in Zeiten geringer Motivation danken. Ihr ist diese Arbeit in Liebe gewidmet.

Würzburg, im Juli 2020
Benjamin Durst

Inhaltsverzeichnis

A. Einleitung

> „Wir stehen vor einem grundlegenden Wandel des überkommenen Systems der Erwerbsarbeit. Traditionelle Begrenzungen und Normierungen werden brüchig, bisherige Stabilitäten in Frage gestellt. Am rasantesten vollziehen sich die Umbrüche im Sektor der informations- und kommunikationstechnisch gestützten Dienstleistungsarbeit, aber sie machen auch vor dem klassischen industriellen Sektor nicht halt. [...] Es sind wenig erfreuliche Szenarien denkbar, in denen die arbeitsrechtlichen Schutzmechanismen und sozialrechtlichen Stabilitäten des Industriezeitalters für einen großen Teil der abhängig Beschäftigten der Vergangenheit angehören und sich ein Heer formal Selbstständiger ohne soziale Sicherung von Auftrag zu Auftrag hangelt. Lebensplanung und langfristige Bindungen werden behindert, gearbeitet würde in diesem neuen Nomadentum so lange und so viel, wie es die Einhaltung der unter dem Konkurrenzdiktat vereinbarten Termine und Leistungen erfordert."[1]

I. Neue Märkte und Arbeitsformen durch digitale Plattformen

Mit der Digitalisierung des Waren- und Dienstleistungsverkehrs und der immer mehr Fahrt aufnehmenden digitalen Transformation der Industrie erleben wir eine der größten Veränderungen der modernen Gesellschaft. Nicht nur die Art, wie Waren hergestellt, angeboten und von Endkunden bezogen und konsumiert werden, ändert sich grundlegend und nachhaltig. Auch der Markt für Werk- und Dienstleistungen erfährt durch digitale Innovationen eine regelrechte Revolution. Um die Bedeutung dieses digitalen Umbruchs zu reflektieren, haben sich in der deutschen Literatur bereits Begriffe wie „Industrie 4.0" oder „Arbeit 4.0"

---

1 *Kurt van Haaren* im Jahr 2001, damals Vorsitzender der deutschen Postgewerkschaft, zitiert in *Boes/Kämpf/Langes/Lühr/Steglich*, Cloudworking und die Zukunft der Arbeit, S. 90.

etabliert.[2] Auf diese Weise wird der digitale Wandel mit der Einführung der Dampfmaschine, des Fließbands und des Computers gleichgesetzt.[3]

Zu den digitalen Basisinnovationen der vergangenen Jahre zählen insbesondere Smartphones, mobiles Internet oder Cloud-Computing.[4] Die Nutzung von Suchmaschinen, sozialen Netzwerken, Online-Shops oder Streaming-Diensten stellt heutzutage eine Selbstverständlichkeit dar, auf die kaum einer mehr verzichten möchte. Doch die Entwicklung führt nicht nur dazu, dass das Internet für zahlreiche Freizeitaktivitäten an Bedeutung gewinnt. Aufgrund der örtlich und zeitlich unbegrenzten Verfügbarkeit digitaler Daten eröffnen sich auch Wertschöpfungsketten, die noch vor wenigen Jahren undenkbar schienen.

Eine tragende Rolle spielt in diesem Bereich die sogenannte Plattformökonomie.[5] Hinter dem Begriff verbirgt sich ein Geschäftsmodell, bei dem Anbieter verschiedenster Produkte oder Dienstleistungen mit Interessenten bzw. Kunden auf einem digitalen Marktplatz (der „Plattform") zusammengebracht werden.[6] Die Plattformbetreiber nehmen dabei in der Regel die Rolle der Vermittler zwischen Nutzergruppen innerhalb eines übergreifenden „Ökosystems" ein.[7] Neben sozialen Kommunikationsplattformen wie *Facebook*,[8] *Instagram*,[9] *Youtube*,[10] *Twitch*[11] oder *Twitter*,[12] die Kontakte und zumeist personenbezogene Informationen vermitteln und den Austausch unter den Nutzern ermöglichen, und digitalen Marktplätzen wie *ebay*,[13] *Amazon*[14] oder *Kleiderkreisel*,[15] die einen virtuellen Ort anbieten, auf dem Anbieter und Nachfrager zusammentreffen können, haben sich in den letzten Jahren vor allem solche Plattformen im World Wide

2 Vgl. nur *Franzen* in Industrie 4.0 als Herausforderung des Arbeitsrechts, S. 107 ff.; *Günther/Böglmüller*, NZA 2015, 1025; *Schwab*, Die Vierte Industrielle Revolution, S. 16 ff.

3 Vgl. *BMAS*, Grünbuch Arbeiten 4.0, S. 33 ff.; *Günther/Böglmüller*, NZA 2015, 1025.

4 *BMAS*, Weißbuch Arbeiten 4.0, S. 55.

5 Ausführlich zum Begriff *Schmidt*, Arbeitsmärkte in der Plattformökonomie, S. 9 ff.

6 Vgl. *BMAS*, Weißbuch Arbeiten 4.0, S. 55; *Schmidt*, Arbeitsmärkte in der Plattformökonomie, S. 9.

7 *BMAS*, Weißbuch Arbeiten 4.0, S. 55.

8 https://www.facebook.com (letzter Aufruf 27.07.2020).

9 https://www.instagram.com (letzter Aufruf 27.07.2020).

10 https://www.youtube.com (letzter Aufruf 27.07.2020).

11 https://www.twitch.tv (letzter Aufruf 27.07.2020).

12 https://twitter.com (letzter Aufruf 27.07.2020).

13 https://www.ebay.de (letzter Aufruf 27.07.2020).

14 https://www.amazon.de (letzter Aufruf 27.07.2020).

15 https://www.kleiderkreisel.de (letzter Aufruf 27.07.2020).

Web etabliert, die die Vermittlung verschiedenster Dienste zwischen Anbieter und Nachfrager zum Gegenstand haben.[16] Hierbei ist wiederum danach zu unterscheiden, ob die über die jeweilige Plattform vermittelten Dienste ortsgebunden oder ortsungebunden stattfinden. Bei der ersten Variante handelt es sich um Plattformen der sogenannten On-Demand-Economy.[17] Die geforderten Dienste sind hier stets an bestimmten Orten zu bestimmten Zeiten zu erbringen. So können beispielsweise über die Plattform *Uber*[18] Anbieter und Nachfrager von Chauffeurdiensten zusammengebracht oder über *Airbnb*[19] Ferienwohnungen an Reisende vermittelt werden.[20] Dagegen handelt es sich bei der zweiten Variante um eine Form der Auftragsvergabe, bei der die Arbeit nicht nur über die Plattform angeboten, sondern auch online verrichtet und abgeliefert wird.[21] Plattformen, die dieses Geschäftsmodell nutzen, bieten als IT-gestützte Vermittler digitaler Arbeit klar definierte Arbeitspakete in Form offener Aufrufe zur Bearbeitung an und zeichnen sich so – im Gegensatz zu den Plattformen der On-Demand-Economy – dadurch aus, dass die geforderten Leistungen nicht nur an einem konkreten Ort, sondern online von überall auf der Welt erbracht werden können.[22] Bei dieser Form der Arbeitsorganisation, die sich bis vor wenigen Jahren noch relativ unbemerkt entwickelt hat, handelt es sich um Crowdwork.

II. Moderne Arbeitsorganisation durch Crowdwork

Mit Crowdwork hat sich ein Markt für bezahlte Arbeit entwickelt, der es Unternehmen ermöglicht, Aufgaben flexibel an externe Arbeitskräfte zu vergeben. Crowdwork stellt dabei eine von mehreren möglichen Ausprägungen des sog.

16 Vgl. zu den verschiedenen Ausprägungen digitaler Plattformen auch *BMAS*, Weißbuch Arbeiten 4.0, S. 56; *Krause*, NZA-Beilage 2017, 53, 59; *Schmidt*, Arbeitsmärkte in der Plattformökonomie, S. 6 f.

17 Vgl. *Klein*, SPA 2017, 93; *Krause*, NZA-Beilage 2017, 53, 59; *Mecke*, SGb 2016, 481; teilweise auch als „Gig-Economy" bezeichnet, vgl. *Schmidt*, Arbeitsmärkte in der Plattformökonomie, S. 19.

18 https://www.uber.com/de (letzter Aufruf 27.07.2020).

19 https://www.airbnb.de (letzter Aufruf 27.07.2020).

20 Ein weiteres Beispiel stellt die Vermittlung haushaltsnaher Dienstleistungen durch Plattformen wie *Helpling* (https://www.helpling.de, letzter Aufruf 27.07.2020) dar, vgl. auch *BMAS*, Weißbuch Arbeiten 4.0, S. 55; *Krause*, NZA-Beilage 2017, 53, 59.

21 *Krause*, Gutachten zum 71. Deutschen Juristentag, S. B 27.

22 *BMAS*, Weißbuch Arbeiten 4.0, S. 56 f.; vgl. auch *Krause*, NZA-Beilage 2017, 53, 59.

Crowdsourcing dar.[23] Beim Begriff „Crowdsourcing" handelt es sich um eine im Jahr 2006 durch den US-amerikanischen Journalisten *Jeff Howe* geprägte Wortneuschöpfung, die – angelehnt an das traditionelle Outsourcing – als Adressaten der von Unternehmen ausgelagerten Arbeitsaufgaben nicht externe Dienstleister im Auge hat, sondern eine unbestimmte Gruppe von Internetnutzern, die Arbeiten über das Internet erbringen.[24] Während beim Outsourcing Unternehmensaufgaben und -strukturen an externe Dienstleister ausgelagert werden, geht Crowdsourcing einen Schritt weiter: Hier werden Unternehmenstätigkeiten, die ursprünglich durch einzelne Vertragspartner (in der Regel Arbeitnehmer) erfüllt wurden, auf eine große Anzahl von Personen, eben die Crowd, verlagert. Die Vermittlung dieser Prozesse erfolgt durch verschiedene Internetplattformen. Als Crowdwork hat sich im wissenschaftlichen Sprachgebrauch letztlich die Erscheinungsform des Crowdsourcing etabliert, welche die entgeltliche Erledigung ausgeschriebener Arbeitsaufgaben zum Gegenstand hat.[25]

Durch die neu geschaffene Möglichkeit, Arbeiten über digitale Plattformen im Internet an eine nahezu unbegrenzte Masse an Personen auszulagern, hat sich für Unternehmen eine neue Form der Arbeitsorganisation eröffnet.[26] Während das klassische Bild der Arbeitsorganisation noch darin besteht, Arbeitsaufgaben durch die betriebseigene Belegschaft erledigen zu lassen, eröffnet Crowdwork Unternehmen nunmehr die Möglichkeit, durch die Nutzung der „Intelligenz

---

23 Ausführlich zum Begriff und den verschiedenen Erscheinungsformen des Crowdsourcing in Punkt B. I. 1.

24 *Howe,* The Rise of Crowdsourcing, Wired Magazine 2006, S. 1, 3; vgl. auch *Gärtner* in Dobreva/Hack-Leoni/Holenstein/Koller/Nedi: Neue Arbeitsformen, S. 159, 160; *Leimeister/Zogaj,* Neue Arbeitsorganisation durch Crowdsourcing, S. 17; *Selzer* in Husemann/Wietfeld: Zwischen Theorie und Praxis, S. 27, 29.

25 Vgl. nur *Cherry,* Alabama Law Review 2009, 1077, 1078; *Däubler,* Digitalisierung und Arbeitsrecht, § 18 Rn. 1 ff.; *Däubler/Klebe,* NZA 2015, 1032 ff.; *Eurofound,* New forms of employment 2015, S. 107; *Felstiner,* Berkeley Journal of Employment & Labor Law 2011, 143, 146; *Gärtner* in Dobreva/Hack-Leoni/Holenstein/Koller/Nedi: Neue Arbeitsformen, S. 159, 160; *Kittur/Nickerson/Bernstein/Gerber/Shaw/ Zimmerman/ Lease/Horton,* The Future of Crowd Work, CSCW 2013, 1301 ff.; *Klebe/Neugebauer,* AuR 2014, 4 ff.; *Leimeister/Zogaj/Blohm* in Benner, Crowdwork – Zurück in die Zukunft?, S. 9, 17; *Risak,* ZAS 2015, 11 ff.; *Warter,* Crowdwork, S. 30; vgl. auch *Thurich,* pocket politik, S. 20; *Waas* in Waas/Liebman/Lyubarsky/Kezuka: Crowdwork – A Comparative Law Perspective, S. 13.

26 Vgl. *Günther/Böglmüller,* NZA 2015, 1025, 1029 f.; *Klebe/Neugebauer,* AuR 2014, 4; Kramer, IT-ArbR HdB/*Solmecke,* A. Rn. 19; Maschmann/*Heise/Belovitzer,* Kap. 12 Rn. 1; *Selzer* in Husemann/Wietfeld: Zwischen Theorie und Praxis, S. 27, 31.

der Masse" Informationen, Ideen und Lösungen von Menschen aus der ganzen Welt mit relativ geringem Aufwand zu aggregieren und in den Leistungserstellungsprozess einzubeziehen. Dadurch können schnellere, kostengünstigere und unter Umständen sogar bessere Arbeitsergebnisse erzielt werden.[27] Einzige Voraussetzung für diese Art der Arbeitsorganisation ist, dass die auszuschreibende Aufgabe digitalisierbar und per Internetverbindung transferierbar ist.[28] Wie die Praxis zeigt, ist das Spektrum der Aufgaben, die im Rahmen von Crowdwork ausgeschrieben und bearbeitet werden können, keinesfalls auf spezifische Aufgabenbereiche beschränkt. Die Digitalisierung macht es möglich, dass nahezu jede Tätigkeit in jeder Branche mittels Crowdwork ausgelagert werden kann.[29] Die Bandbreite reicht dabei von relativ einfachen Aufgaben wie etwa kleinen Recherche- oder Übersetzungsarbeiten über die Überprüfung von Software oder die Entwicklung von Logos und Webseiten bis hin zu hochkomplexen Programmier- und Softwareentwicklungsarbeiten.[30] Crowdwork wird darüber hinaus auch in der Produktion, im Vertrieb und im Marketing genauso wie in den unterstützenden Bereichen Forschung, Entwicklung, Finanzen oder in der Untemehmensinfrastruktur eingesetzt.[31]

Da plattformbasierte Erwerbsarbeit ein vergleichsweise neues Phänomen ist, liegen bislang erst wenige empirische Studien über deren Bedeutung und Ausgestaltung vor. Ein Vergleich der Ergebnisse zweier Unternehmensbefragungen des *Zentrums für Europäische Wirtschaftsforschung (ZEW)* aus den Jahren 2014 und 2016 in der Informationswirtschaft und im verarbeitenden Gewerbe zeigen jedoch, dass die Bekanntheit von Crowdwork in diesem kurzen Zeitraum deutlich angestiegen ist.[32] Während im vierten Quartal 2014 noch 55,3 Prozent der befragten Unternehmen aus dem Wirtschaftszweig Informationswirtschaft

---

27 Vgl. *Hötte*, MMR 2014, 795; *Leimeister/Zogaj*, Neue Arbeitsorganisation durch Crowdsourcing, S. 6; Maschmann/*Heise/Belovitzer*, Kap. 12 Rn. 3.

28 *Krause*, Gutachten zum 71. Deutschen Juristentag, S. B 101; *Pongratz/Bormann*, Arbeits- und Industriesoziologische Studien 2017, 158, 160.

29 Vgl. BT-Drs. 18/3032, S. 3; *Leimeister/Zogaj/Blohm* in Benner, Crowdwork – Zurück in die Zukunft?, S. 5, 11 f.; Maschmann/*Heise/Belovitzer*, Kap. 12 Rn. 3; *Selzer* in Husemann/Wietfeld: Zwischen Theorie und Praxis, S. 27, 30.

30 Vgl. *Klein*, SPA 2017, 93; *Krause*, Gutachten zum 71. Deutschen Juristentag, S. B 100 f.; *Pongratz/Bormann*, Arbeits- und Industriesoziologische Studien 2017, 158, 160; *Selzer* in Husemann/Wietfeld: Zwischen Theorie und Praxis, S. 27, 31.

31 Vgl. *Leimeister/Zogaj*, Neue Arbeitsorganisation durch Crowdsourcing, S. 10; Maschmann/*Heise/Belovitzer*, Kap. 12 Rn. 3.

32 Vgl. *ZEW*, Forschungsbericht 473, S. 3 ff.

angaben, dass ihnen der Begriff bzw. das Konzept von Crowdwork bekannt sei, erhöhte sich der Anteil bei einer Befragung aus dem dritten Quartal 2016 auf 77,5 Prozent.[33] Bei Unternehmen in der IKT-Branche und Mediendienstleistern beträgt der Bekanntheitsgrad sogar knapp 85 Prozent und damit etwa doppelt so viel wie noch im Jahr 2014.[34] Auch im verarbeitenden Gewerbe gaben insgesamt 70,8 Prozent der Unternehmen an, das Konzept zu kennen.[35] Die genannten Zahlen dürften inzwischen deutlich höher ausfallen. Selbstverständlich bedeutet dies nicht gleichzeitig, dass Crowdwork bereits in entsprechend großer Bandbreite von Unternehmen tatsächlich angewandt wird.[36] Die Zeichen deuten jedoch darauf hin, dass Crowdwork für den deutschen Arbeitsmarkt zunehmend an Bedeutung gewinnt.[37]

III. Chancen und Risiken von Crowdwork

Die Chancen, die Unternehmen durch Crowdwork eröffnet werden, sind vielfälig. Treibender Faktor für den Einsatz von Crowdwork ist oftmals die Einsparung von Kosten.[38] Unternehmen müssen gewisse Strukturen nicht vorhalten und finden auf diesem Weg Arbeitskräfte, durch welche ein Arbeitspensum in kürzester Zeit und oftmals für einen geringeren Lohn als von einer nicht spezialisierten Stammkraft erledigt wird.[39] Zudem können Unternehmen durch den Einsatz von Crowdwork schnell auf ein schwankendes Auftragsvolumen reagieren und auch so Kosten einsparen bzw. flexibel halten.[40] Dies kann unter Umständen so weit gehen, dass Unternehmen ganze Teile der eigenen Infrastruktur einsparen, weil sie nicht mehr benötigt werden. Darüber hinaus besteht durch Crowdwork die Möglichkeit, ein Wissens- und Talentpotenzial zu erschließen, das durch

---

33 *ZEW*, Forschungsbericht 473, S. 3 f.

34 *ZEW*, Forschungsbericht 473, S. 4.

35 *ZEW*, Forschungsbericht 473, S. 4.

36 Der Anteil an Unternehmen, die Crowdwork tatsächlich nutzen, lag laut Forschungsbericht des *ZEW* im Jahr 2016 bei Unternehmen der Informationswirtschaft und im verarbeitenden Gewerbe bei insgesamt 4,4 Prozent, vgl. *ZEW*, Forschungsbericht 473, S. 6 (Abbildung 3).

37 So auch *Scholle*, SR Sonderausgabe Juli 2019, 28, 29.

38 *Klebe/Neugebauer*, AuR 2014, 4; *Tapper* in Hill/Martini/Wagner, Die digitale Lebenswelt gestalten, S. 253, 284.

39 *Leimeister/Zogaj*, Neue Arbeitsorganisation durch Crowdsourcing, S. 56.

40 *Meyer-Michaelis/Falter/Schäfer*, DB 2016, 2543; vgl. auch *Waas* in Waas/Liebman/Lyubarsky/Kezuka: Crowdwork – A Comparative Law Perspective, S. 18.

die eigene Belegschaft kaum abgedeckt werden kann.[41] Besonders im kreativen Bereich können Unternehmen vom Ideenreichtum der Crowd profitieren.[42] Der bloße Einsatz unternehmensinterner Mitarbeiter kann dagegen verständlicherweise keine Crowd von mehreren 1000 Personen ersetzen. Die Zerlegung in Teilaufgaben, die Spezialisierung der Crowdworker auf bestimmte Aufgaben und der aufgabenspezifische Zukauf von Leistungen durch die Unternehmen ermöglichen eine schnellere Aufgabenabwicklung und qualitativ hochwertige Ergebnisse.[43] Schließlich können Unternehmen sich den Umstand, dass Crowdworker über nationale Grenzen hinweg tätig werden und in unterschiedlichen Zeitzonen leben, zunutze machen.[44] Unternehmen können so quasi rund um die Uhr von der Produktivität der Crowdworker profitieren. Das Grundkonzept, nämlich die Vergabe von Aufträgen an Dritte, ist natürlich hinreichend bekannt und nicht neu. Das Besondere ist vielmehr die durch Crowdwork geschaffene Reichweite der Auftragsvergabe und die mögliche Kleinteiligkeit der Aufgaben. Viele Unternehmen nutzen Crowdwork, um sich auf ihre Kernkompetenzen zu fokussieren und nebensächliche Aufgaben auszulagern.[45] Ein Gedanke, der auch dem klassischen Outsourcing zugrunde liegt.

Auch auf Seiten der Crowdworker ergeben sich durch Crowdwork zahlreiche Chancen. Zu nennen ist hier das hohe Maß an Selbstbestimmung und Flexibilität, welches mit den durch die Plattformarbeit geschaffenen neuen Beschäftigungsformen einhergeht.[46] Crowdworker können selbst entscheiden, wann und wie sie arbeiten, und sind nicht an Büros oder andere Arbeitsstätten gebunden.[47] Ferner bestehen kaum Hürden für die Erlangung von

---

41 BITKOM, Crowdsourcing für Unternehmen, S. 5; *Däubler/Klebe*, NZA 2015, 1032, 1033; *Klebe/Neugebauer*, AuR 2014, 4; *Leimeister/Zogaj*, Neue Arbeitsorganisation durch Crowdsourcing, S. 55; *Meyer-Michaelis/Falter/Schäfer*, DB 2016, 2543; *Risak*, ZAS 2015, 11, 13.

42 *Hötte*, MMR 2014, 795, 796.

43 *BMAS*, Forschungsbericht Nr. 463: Foresight-Studie „Digitale Arbeitswelt“, 2016, S. 22; *Tapper* in Hill/Martini/Wagner, Die digitale Lebenswelt gestalten, S. 253, 263.

44 Vgl. *Waas* in Waas/Liebman/Lyubarsky/Kezuka: Crowdwork – A Comparative Law Perspective, S. 17 f.

45 *Leimeister/Zogaj*, Neue Arbeitsorganisation durch Crowdsourcing, S. 57; für das Beispiel IBM *Tapper* in Hill/Martini/Wagner, Die digitale Lebenswelt gestalten, S. 253, 260.

46 Vgl. *BMAS*, Forschungsbericht Nr. 463: Foresight-Studie „Digitale Arbeitswelt“, 2016, S. 22; *Gerber/Krzywdzinski* in Hanau/Matiaske, Entgrenzung von Arbeitsverhältnissen, S. 28.

47 *Meyer-Michaelis/Falter/Schäfer*, DB 2016, 2543, 2544; vgl. auch *Merz*, jM 2019, 330, 333; *Wisskirchen/Schwindling*, ZESAR 2017, 318, 319 f.

Arbeit bzw. Aufträgen. Letztlich meldet man sich nur in den entsprechenden Internetportalen an und kann kurz darauf mit der Bearbeitung von Aufgaben loslegen. Schließlich werden durch Crowdwork auch Personen angesprochen, die sonst kaum Möglichkeiten eines (Neben-)Erwerbs hätten, etwa weil deren Mobilität eingeschränkt ist.[48]

Dass Crowdwork jedoch nicht nur Vorteile mit sich bringt, machte *Lukas Biewald*, CEO der Plattform *CrowdFlower*, in einer seiner Reden aus dem Jahr 2010 – wohl in einem Moment unkontrollierter Spontaneität – deutlich, als er sich zu dem damals noch sehr jungen Phänomen wie folgt äußerte: „*Vor dem Internet wäre es richtig schwierig gewesen, jemanden zu finden, der sich für zehn Minuten hinsetzt, damit er für dich arbeitet, und ihn dann nach diesen zehn Minuten zu feuern. Aber mit dieser Technologie kannst du tatsächlich jemanden finden, bezahlst ihm einen winzigen Geldbetrag und wirst ihn dann los, wenn du ihn nicht mehr brauchst.*“[49]

Die durch Crowdwork geschaffene erhöhte Flexibilität hat auf der Kehrseite zur Folge, dass die klassische Betriebsform, wie wir sie kennen, aufgeweicht wird.[50] Es besteht die Gefahr, dass Unternehmen ganze Abteilungen „crowdsourcen“, um auf diese Weise die Stammbelegschaft zu reduzieren und Kosten einzusparen. Indem Arbeiten anstelle von Stammbeschäftigten, von deren Erfahrung und Sachkunde Arbeitgeber in der Regel nach einer gewissen Zeit profitieren, fortan von jederzeit ersetzbaren Crowdworkern erledigt werden, gehen Crowdwork betreibende Unternehmen ferner das Risiko ein, im Rahmen der Aufgabenauslagerung unternehmensinterne Kompetenz zu verlieren.[51] Die Möglichkeit, kostengünstige Arbeitskräfte zur schnellen Erledigung einzelner Aufgaben zu akquirieren, lässt zumindest in Teilen die aktuelle Struktur von Unternehmen hinfällig erscheinen und legt die Vermutung nahe, dass in naher Zukunft in einigen Sparten nur noch „Rumpfunternehmen“ übrig bleiben, welche einen Großteil ihrer Aufgaben an die Crowd auslagern.

---

48 *BMAS*, Forschungsbericht Nr. 463: Foresight-Studie „Digitale Arbeitswelt“, 2016, S. 22.

49 Übersetzt nach dem Original “*Before the internet, it would be really difficult to find someone, sit them down for ten minutes and get them to work for you, and then fire them after those ten minutes. But with technology, you can actually find them, pay them the tiny amount of money, and then get rid of them when you don't need them anymore*” – *Lukas Biewald*, zitiert in *Marvit*, How Crowdworkers Became the Ghosts in the Digital Machine, The Nation vom 05.02.2014.

50 *Tapper* in Hill/Martini/Wagner, Die digitale Lebenswelt gestalten, S. 253, 263.

51 Vgl. *Däubler/Klebe*, NZA 2015, 1032, 1033; *Meyer-Michaelis/Falter/Schäfer*, DB 2016, 2543; *Wisskirchen/Schwindling*, ZESAR 2017, 318, 319 f.

Gerade bei Betrachtung der derzeitigen Situation der Crowdworker wird klar, dass Crowdwork das Potenzial hat, das geltende Arbeitsrecht umfassend auszuhebeln. Denn Crowdworker werden – zumindest nach derzeitigem Stand – faktisch wie Soloselbständige[52] behandelt.[53] Dass eine solche Einordnung für Unternehmen von Vorteil ist, liegt auf der Hand: Werden anstelle von Arbeitnehmern Selbständige beschäftigt, fallen für Unternehmen deutlich niedrigere Kosten an. Ferner besteht für selbständig Tätige kein arbeitsrechtlicher Schutz, der andernfalls einzuhalten wäre. Folglich arbeiten Crowdworker oftmals deutlich unter Mindestlohn, erhalten im Krankheitsfall keine Entgeltfortzahlung und unterstehen keinem Kündigungsschutz. Auch die Mitbestimmung von Betriebsräten gestaltet sich schwierig, da sich nach § 5 BetrVG die im Betriebsverfassungsgesetz geregelten Rechte und Pflichten nur auf Arbeitnehmer im Sinne des Gesetzes erstrecken.[54] Die Rechte und Pflichten der Crowdworker richten sich vielmehr nach den Allgemeinen Geschäftsbedingungen der jeweiligen Plattformen.[55] Die Plattformbetreiber entziehen sich damit der unternehmerischen Verantwortung und ihrem Beitrag an den sozialen Sicherungssystemen.[56] Eine derartige Entwicklung bringt aber auch soziale Risiken mit sich: Der Arbeitsmarkt könnte durch Crowdwork weiter fragmentiert werden, sogenannte „Prekarisierungstendenzen" könnten sich verschärfen und den Druck auf Crowdworker erhöhen.[57] Für Personen, die Crowdwork haupterwerblich betreiben, könnten sich Zeitdruck, Monotonie, entgrenzte Arbeitszeiten, Existenzängste, schlechte Bezahlung, permanente Unsicherheit und

---

52 Einzelunternehmer, die die Leistungen selbständig erbringen, ohne Arbeitnehmer oder arbeitnehmerähnliche Personen zu beschäftigen, vgl. *Bourazeri*, NZA 2019, 741.

53 Vgl. etwa § 5 Abs. 3 der AGB von *appJobber*, in dem ausdrücklich darauf hingewiesen wird, dass die Crowdworker dem Plattformbetreiber gegenüber in einem „vorübergehenden Dienstleistungsverhältnis" und nicht in einem Angestelltenverhältnis stehen; oder auch § 3.4 der AGB von *clickworker* für Clickworker, wonach Crowdworker sich selbst um die Einhaltung der sozialversicherungs- und steuerrechtlichen Vorschriften zu kümmern haben; vgl. auch *BMAS*, Weißbuch Arbeiten 4.0, S. 57.

54 Vgl. auch *Däubler/Klebe*, NZA 2015, 1032; *Fischels*, RdA 2019, 208, 209.

55 *DGB*, Stellungnahme zum Grünbuch „Arbeiten 4.0" des BMAS, S. 12; vgl. auch *Müller*, Gute Arbeit 2016, 17; *Krause*, NZA-Beilage 2017, 53, 59.

56 *DGB*, Stellungnahme zum Grünbuch „Arbeiten 4.0" des BMAS, S. 12; vgl. auch *Uffmann* in Industrie 4.0 als Herausforderung des Arbeitsrechts, S. 31, 39, die Crowdwork als „Exit-Strategie" zum Normalarbeitsverhältnis bezeichnet.

57 Vgl. *Merz*, jM 2019, 330, 333.

Vereinsamung weiter erhöhen.[58] Die Entstehung eines „digitalen Prekariats“ wäre denkbar.[59]

IV. Zielsetzung der Arbeit

Ziel der Arbeit ist es, neben einer umfassenden rechtsdogmatischen Einordnung der verschiedenen Erscheinungsformen des Phänomens Crowdwork, eingehend zu untersuchen, unter welchen Umständen und in welchem Umfang das Arbeitsrecht auf die Rechtsbeziehungen zwischen Crowdworkern und ihren Auftraggebern anwendbar ist. Vor dem Hintergrund der gefundenen Ergebnisse sollen sodann Vorschläge erarbeitet werden, anhand derer de lege ferenda eine Verbesserung der Rechtslage der Crowdworker erreicht werden kann. Dadurch soll schließlich zu einer erhöhten Rechtssicherheit hinsichtlich dieser durch die Digitalisierung entstandenen neuen Form der Beschäftigung beigetragen werden. Die vorliegende Arbeit versteht sich dabei stets als Beitrag zur rechtswissenschaftlichen Diskussion über das Phänomen Crowdwork. Ziel ist es, eine umfangreiche rechtliche Einschätzung zu diesem Thema zu liefern, die in weiterer Folge nicht als abgeschlossene Lösung, sondern vor allem als Basis und Denkanstoß für eine weitere wissenschaftliche Diskussion verstanden werden soll.

V. Gang der Untersuchung

Dieser Einleitung folgt eine grundlegende Darstellung der allgemeinen Erkenntnisse zu Crowdsourcing und Crowdwork (Kapitel B). Dabei wird zunächst die Herkunft der Begriffe „Crowdsourcing“ und „Crowdwork“ hinterfragt, woraufhin eine Arbeitsdefinition der Begriffe präsentiert und der weiteren Untersuchung zu Grunde gelegt wird. Im Anschluss werden die verschiedenen Erscheinungsformen von Crowdwork vorgestellt und die Entwicklung sowie die praktische Bedeutung des Phänomens dargelegt. Die darauffolgenden Kapitel bilden den Schwerpunkt der Arbeit. Begonnen wird in Kapitel C mit einer allgemeinen rechtsdogmatischen Einordnung der Tätigkeit auf Crowdwork-Plattformen, bei der insbesondere den Fragen nachgegangen wird, ob Crowdworker auf Grundlage einer Auslobung oder eines Vertrags tätig werden und in welcher rechtlichen Beziehung die beteiligten Parteien zueinander stehen. Vor dem Hintergrund des Ergebnisses, dass Crowdworker regelmäßig auf Grundlage

58 *Carstensen*, WSI Mitteilungen 2015, 187, 190.

59 *BMAS*, Forschungsbericht Nr. 463: Foresight-Studie „Digitale Arbeitswelt“, 2016, S. 24.

eines Vertrags tätig werden, folgt in Kapitel D eine eingehende Überprüfung der Rechtsstellung der Crowdworker. Im Zentrum dieser Prüfung steht dabei die Frage, inwieweit das Arbeitsrecht auf Crowdworker Anwendung findet, mithin, ob bzw. unter welchen Umständen Crowdworker als Arbeitnehmer, arbeitnehmerähnliche Personen, insbesondere Heimarbeiter, oder aber als „bloße" Selbständige ohne jeglichen arbeitsrechtlichen Schutz anzusehen sind. In Kapitel E wird sodann untersucht, inwieweit das kollektive Arbeitsrecht bei Crowdwork Anwendung findet. Dabei wird neben betriebsverfassungsrechtlichen Fragen hinsichtlich der Einführung und Durchführung von Crowdwork in Betrieben auch erörtert, inwieweit die Arbeitsbedingungen der Crowdworker zum Gegenstand von Tarifverträgen gemacht werden können und ob ihnen zur Durchsetzung etwaiger tariflicher Forderungen das Streikrecht zusteht. Da Crowdwork aus unternehmerischer Perspektive nicht zuletzt aufgrund der Möglichkeit des Zugangs zu einem globalen Arbeitsmarkt attraktiv ist, wird für den Fall, dass im Rahmen der Crowdwork nationale Grenzen überschritten werden, in Kapitel F geklärt, welches Recht Anwendung findet und welche Gerichte für diesbezügliche Rechtsstreitigkeiten zuständig sind. Die Ergebnisse der vorangegangenen Kapitel bilden schließlich den Grundstein für die anschließende Diskussion in Kapitel G, inwieweit auf Seiten des Gesetzgebers Handlungsbedarf besteht und wie sich die Situation der Crowdworker auf rechtspolitischer Ebene verbessern lässt. Hier werden diverse Vorschläge zur Regulierung von Crowdwork auf ihre Sinnhaftigkeit hin überprüft und auch eigene Vorschläge zur Verbesserung der Rechtsstellung digitaler Plattformarbeiter unterbreitet. Die Arbeit schließt in Kapitel H mit einem Fazit und einem kurzen Ausblick auf die zu erwartende Entwicklung des untersuchten Problemfeldes ab.

B. Grundlegendes zu Crowdsourcing und Crowdwork

Gegenstand dieses Kapitels ist eine allgemeine Annäherung an die zu untersuchende Thematik. Zu diesem Zweck wird zunächst klargestellt, unter welchen Umständen überhaupt von Crowdsourcing bzw. Crowdwork gesprochen werden kann. In diesem Rahmen wird sodann – ausgehend von der Herkunft der Begriffe – eine Definition erarbeitet, die den zu untersuchenden Gegenstand für die folgende rechtliche Diskussion eingrenzt. Denn eine rechtliche Bewertung des Phänomens kann nur dann sinnvoll erfolgen, wenn der zu untersuchende Sachverhalt eindeutig bestimmt ist. Anschließend erfolgt eine Darstellung der verschiedenen praktischen Ausprägungen des Crowdsourcing und dementsprechend der verschiedenen Arten von Crowdwork, woraufhin schließlich die praktische Relevanz des Themas beleuchtet wird.

I. Etymologie und Definition

Festzuhalten ist bereits zu Beginn, dass Crowdwork als Konsequenz des von Unternehmen betriebenen Crowdsourcing entsteht.[60] Daraus aber zu folgern, dass die Begriffe gleichbedeutend sind und sich nur nach Art des zu betrachtenden Blickwinkels unterscheiden, wäre ein Trugschluss. Denn gerade beim Crowdsourcing handelt es sich um ein Konzept, das viele Praktiken umfasst, weshalb auch eine Vielzahl an Definitionen aus unterschiedlichen Bereichen der Wissenschaft existiert.[61] Ziel dieses Abschnitts ist es, nach Analyse bestehender Definitionen gemeinsame Elemente zu extrahieren und die grundlegenden Eigenschaften von Crowdsourcing und Crowdwork zu ermitteln. Auf deren Basis werden sodann rechtswissenschaftliche Arbeitsdefinitionen der Begriffe vorgestellt, die als Grundstein für die nachfolgenden Ausführungen dienen.

---

60 So auch *Pacha*, Crowdwork, S. 28; *Selzer* in Husemann/Wietfeld: Zwischen Theorie und Praxis, S. 27, 28.

61 Einen Überblick über die Menge an Definitionen liefern *Estellés-Arolas/González-Ladrón-de-Guevara* in Journal of Information Science 2012, 189, 192 f.

1. Crowdsourcing

Ursprung der Wortschöpfung Crowdsourcing ist eine Modifikation des Begriffs „Outsourcing".[62] Unter dem wirtschaftswissenschaftlichen Begriff „Outsourcing" versteht man die Verlagerung von Wertschöpfungsaktivitäten eines Unternehmens auf Zulieferer.[63] Aufgaben, die zuvor betriebsintern erledigt wurden, werden durch Outsourcing an Dritte ausgelagert. *Jeff Howe*, ein Redakteur des US-amerikanischen Technologie-Magazins „Wired", beschrieb das Phänomen Crowdsourcing erstmals 2006, indem er als Adressaten der Aufgabe nicht eine bestimmte dritte Person im Auge hatte, sondern eine unbestimmte Gruppe von Internetnutzern, die Arbeit über das Internet erbringen.[64]

Im Jahr 2007 präzisierte er den Begriff auf seiner Homepage[65] und definierte ihn als "the act of taking a job traditionally performed by a designated agent (usually an employee) and outsourcing it to an undefined, generally large group of people in the form of an open call."[66]

Bereits hier wird ersichtlich, inwiefern sich Crowdsourcing vom traditionellen Outsourcing unterscheidet. Während unter Outsourcing die Abgabe von Unternehmensaufgaben an bestimmte externe Dienstleister verstanden wird, adressiert die Auslagerung im Falle des Crowdsourcing eben die Crowd, also eine undefinierte Anzahl von Menschen.

Im Jahr 2008 stieß die oben genannte Definition auf Kritik. Bemängelt wurde insbesondere, dass der Definitionsansatz zu eng gefasst sei und die praktische Realität nur unzureichend abbilde.[67] In der Folge wurde vorgeschlagen,

---

62 Vgl. *Cebulla*, Sprachmittlung und Datenschutz, S. 49.

63 *Voigt/Lackes/Siepermann* in Gabler Wirtschaftslexikon, Stichwort: Outsourcing.

64 *Howe*, The Rise of Crowdsourcing, Wired Magazine 2006, S. 1, 3 ("*Technological advances in everything from product design software to digital video cameras are breaking down the cost barriers that once separated amateurs from professionals. Hobbyists, part-timers, and dabblers suddenly have a market for their efforts, as smart companies in industries as disparate as pharmaceuticals and television discover ways to tap the latent talent of the crowd. The labor isn't always free, but it costs a lot less than paying traditional employees. It's not outsourcing; it's crowdsourcing.*").

65 https://www.crowdsourcing.com (letzter Aufruf 27.07.2020).

66 Frei übersetzt: [Unter Crowdsourcing versteht man] *„die Übernahme eines Auftrags, der traditionell von einem ausgewählten Agenten (in der Regel einem Mitarbeiter) ausgeführt wird, und die Auslagerung an eine undefinierte, im Allgemeinen große Gruppe von Personen in Form eines offenen Aufrufs."*

67 Vgl. *Martin/Lessmann/Voß*, Crowdsourcing: Systematisierung praktischer Ausprägungen und verwandter Konzepte, ResearchGate 2008, 1251, 1255.

Crowdsourcing als eine interaktive Form der Leistungserbringung zu definieren, die kollaborativ oder wettbewerbsorientiert organisiert ist und eine große Anzahl extrinsisch oder intrinsisch motivierter Akteure unterschiedlichen Wissensstands unter Verwendung moderner Informations- und Kommunikationssysteme auf Basis des Web 2.0 einbeziehe. Leistungsobjekte seien dabei Produkte oder Dienstleistungen unterschiedlichen Innovationsgrades, welche durch das Netzwerk der Partizipierenden reaktiv aufgrund externer Anstöße oder proaktiv durch selbsttätiges Identifizieren von Bedarfslücken bzw. Opportunitäten entwickelt würden.[68]

Während bei der Definition von *Howe* der digitale Bezug noch nicht wirklich zum Vorschein kam, obwohl der Informations- und Leistungsaustausch beim Crowdsourcing überwiegend webbasiert erfolgt,[69] wurde bei dieser weiter gefassten Definition die Verwendung der Internet- und Kommunikationstechnologie auf Basis des Web 2.0[70] deutlich in den Vordergrund gestellt.

Eine erste sozialwissenschaftliche Annäherung an das Phänomen erarbeitete *Christian Papsdorf* im Jahr 2009,[71] indem er Crowdsourcing als die Strategie des Auslagerns einer üblicherweise von Erwerbstätigen entgeltlich erbrachten Leistung durch eine Organisation oder Privatperson mittels eines offenen Aufrufs an die Masse von unbekannten Akteuren bezeichnete, bei dem der Crowdsourcer und/oder die Crowdsourcees[72] frei verwertbare und direkte wirtschaftliche Vorteile erlangen.[73] Besonders hervorzuheben ist hier der Aspekt, dass eine Bezahlung der Crowdsourcees nicht zwingend ist, sondern diese auch aus nichtkommerziellen Interessen tätig werden können.[74] Mit der Definition versuchte der Autor, auch Phänomene wie Open Source,[75] Mass

---

68 *Martin/Lessmann/Voß*, Crowdsourcing: Systematisierung praktischer Ausprägungen und verwandter Konzepte, ResearchGate 2008, 1251, 1256.

69 Vgl. *Martin/Lessmann/Voß*, Crowdsourcing: Systematisierung praktischer Ausprägungen und verwandter Konzepte, ResearchGate 2008, 1251, 1255.

70 Schlagwort, das für eine Reihe interaktiver und kollaborativer Elemente des Internets, speziell des World Wide Webs, verwendet wird. Dabei konsumiert der Nutzer nicht nur den Inhalt, er stellt als Prosument selbst Inhalt zur Verfügung; vgl. *Lackes/Siepermann* in Gabler Wirtschaftslexikon, Stichwort: Web 2.0.

71 Vgl. *Papsdorf*, Wie Surfen zur Arbeit wird, S. 1 ff.

72 Gemeint sind die Adressaten des Crowdsourcers.

73 *Papsdorf*, Wie Surfen zur Arbeit wird, S. 69.

74 Vgl. *Papsdorf*, Wie Surfen zur Arbeit wird, S. 76.

75 Software, deren Quelltext öffentlich und von Dritten eingesehen, geändert und genutzt werden kann. Bekanntestes Beispiel für ein Open Source-Projekt ist die freie

Customization[76] oder die These des arbeitenden Kunden[77] unter den Begriff des Crowdsourcing zu fassen.[78]

In der wirtschaftswissenschaftlichen Literatur lässt sich insbesondere die Definition von *Leimeister/Zogaj/Blohm*[79] anführen. Diese stellten zutreffend fest, dass allen bisherigen Definitionen stets drei Hauptbestandteile gemeinsam waren: Der Initiator bzw. Auftraggeber, die Crowd und der Prozess.[80] Dabei sei der Auftraggeber zumeist ein Unternehmen, das eine bestimmte Aufgabe nicht intern, sondern durch Zuhilfenahme mehrerer externer Individuen abwickeln möchte. Jedoch könnten auch (öffentliche) Institutionen, Non-Profit Organisationen oder auch einzelne Individuen als Auftraggeber fungieren, die die Lösung eines bestimmten Problems an eine Menschenmenge auslagern. Die Crowd stelle stets die Masse an Menschen dar, welche etwa als Internetnutzer, Kunde, Konsument eines bestimmten Produktes, oder Teil einer Online-Community handele. Der Prozess bestehe in der Durchführung von Crowdsourcing-Projekten, wobei gerade die Art des Aufrufs eine Besonderheit darstelle.

Unter Berücksichtigung dieser Kernkomponenten und der existierenden Definitionsansätze wurde der Begriff Crowdsourcing schließlich als „die Auslagerung von bestimmten Aufgaben durch ein Unternehmen oder im Allgemeinen eine Institution an eine undefinierte Masse an Menschen mittels eines offenen Aufrufs, der zumeist über das Internet erfolgt" definiert.[81] In einem Crowdsourcing-Modell gebe es immer die Rolle des Auftraggebers – der als Crowdsourcer bezeichnet wird – sowie die Rolle der undefinierten Auftragnehmer, also die Crowd oder in Analogie zum erstgenannten Begriff die Crowdsourcees bzw. Crowdworker. Die Durchführung von Crowdsourcing-Initiativen

---

Enzyklopädie Wikipedia; vgl. auch *Lackes/Siepermann* in Gabler Wirtschaftslexikon, Stichwort: Open Source.

76 Prinzip der Verknüpfung von Massenproduktion mit individuellen Produkten, die nach Anforderungen des Kunden hergestellt werden; vgl. *Kollmann/Kirchgeorg/Markgraf* in Gabler Wirtschaftslexikon, Stichwort: Mass Customization.

77 Die These umschreibt den Wandel des Verhältnisses von Konsumenten und Unternehmen, durch den gezielt betriebliche Funktionen auf private Konsumenten ausgelagert werden; dazu ausführlich *Voß/Rieder*, Der arbeitende Kunde, S. 41 ff.; vgl. auch *Papsdorf*, Wie Surfen zur Arbeit wird, S. 110 f.

78 Vgl. *Papsdorf*, Wie Surfen zur Arbeit wird, S. 28 ff.

79 *Leimeister/Zogaj/Blohm* in Benner, Crowdwork – Zurück in die Zukunft?, S. 9 ff.

80 Vgl. *Leimeister/Zogaj/Blohm* in Benner, Crowdwork – Zurück in die Zukunft?, S. 9, 15.

81 *Leimeister/Zogaj/Blohm* in Benner, Crowdwork – Zurück in die Zukunft?, S. 9, 15.

erfolge indessen über eine Crowdsourcing-Plattform, die intern aufgesetzt oder von einem Crowdsourcing-Intermediär bereitgestellt werde.[82]

Dem folgend, aber auch den Aspekt berücksichtigend, dass die Adressaten des Crowdsourcing nicht zwingend aus wirtschaftlichen Interessen handeln müssen, wird Crowdsourcing schließlich im Rahmen dieser Arbeit wie folgt definiert:

> **Unter Crowdsourcing versteht man die Auslagerung von bestimmten Aufgaben an eine undefinierte Masse an Menschen, die Crowd. Dabei schlägt der Crowdsourcing Anwendende – der Unternehmen, Organisation, Gruppe oder Individuum sein kann – (im Folgenden „der Crowdsourcer") einer undefinierten Menge von potentiell Mitwirkenden über einen offenen Aufruf auf einer digitalen Plattform, die intern aufgesetzt oder von einem Intermediär bereitgestellt wird, eine Aufgabe vor. Die Adressaten, die ebenfalls Individuen, Personengruppen, Organisationen oder Unternehmen sein können, übernehmen sodann die Bearbeitung der Aufgabe, für die nicht zwingend wirtschaftliche Vorteile versprochen werden.**

Im Einzelnen sind die Erscheinungsformen, die nach oben genannter Definition mit dem Begriff des Crowdsourcing belegt werden können, sehr vielfältig.[83] So lassen sich unter die Definition auch die Fälle subsumieren, in denen interessierte Softwarenutzer unentgeltlich sog. Open Beta-Tests durchführen, bei denen eine Vorabversion der Software im Entwicklungsstadium zur Verfügung gestellt wird. Bei Auftreten eines Fehlers wird in der Regel eine Logdatei erzeugt, über die den Entwicklern entsprechende Rückmeldung gegeben werden kann, die schließlich der Weiterentwicklung und Verbesserung der Software dient. Auch selbständige Weiterentwicklungen von Computerspielen oder anderer Software (sog. „Modding"[84]) durch Nutzer, die von Unternehmen wiederum in das Programm integriert werden, das Designen von Kleidung[85] oder Turnschuhen[86] oder sogar die Beteiligung an der Entwicklung neuer Automodelle[87] kann

---

82 *Leimeister/Zogaj/Blohm* in Benner, Crowdwork – Zurück in die Zukunft?, S. 9, 15 f.; vgl. auch *Zogaj*, Governance of Crowdsourcing Systems, S. 7.

83 Vgl. zu den verschiedenen Erscheinungsformen, die auch unter o.g. Definition subsumiert werden können, *Leimeister/Zogaj*, Neue Arbeitsorganisation durch Crowdsourcing, S. 22 ff.; *Pacha*, Crowdwork, S. 31 ff.; *Poppe*, Crowdworking im Entrepreneurship, S. 77 f.

84 Slang-Ausdruck, abgeleitet vom englischen Verb „to modify"; vgl. https://en.wikipedia.org/wiki/Modding (letzter Aufruf 27.07.2020).

85 Möglich z.B. auf https://www.spreadshirt.de (letzter Aufruf 27.07.2020).

86 Möglich z.B. auf https://www.nike.com (letzter Aufruf 27.07.2020).

87 So hat etwa im Jahr 2011 der Fiat-Chefdesigner Peter Fassbender zusammen mit Internet-Nutzern ein Auto entwickelt; vgl. dazu *Busch*, Fiat macht Kunden zu Erfindern, WirtschaftsWoche Online vom 02.09.2011.

unter den Begriff des Crowdsourcing gefasst werden. Schließlich sind auch sog. Open Source-Projekte, bei denen von Nutzern erarbeitete Ergebnisse der Allgemeinheit zugänglich gemacht werden – als bekanntestes Beispiel ist hier die freie Enzyklopädie Wikipedia[88] zu nennen –, als Crowdsourcing zu qualifizieren.[89]

2. Crowdwork

Unter all den verschiedenen Erscheinungsformen des Crowdsourcing sticht bei einer arbeitsrechtlichen Betrachtung des Phänomens hauptsächlich die Form hervor, bei der die ausgeschriebenen Aufgaben gegen Zahlung von Entgelt bearbeitet werden. Diese Unterform hat im Laufe der Jahre verschiedene Bezeichnungen wie „Crowdsourcing for Paid Work“,[90] „Paid Crowdsourcing“,[91] „Crowdsourcing of labor“,[92] „Digital Labor“,[93] „Labor as a Service“,[94] „Crowd Employment“,[95] oder auch „Clickwork“[96] erhalten, wobei sich in der Literatur letztlich der Begriff „Crowdwork“ durchgesetzt hat.[97]

Unabhängig von der konkreten Bezeichnung ist jedoch festzuhalten, dass die wissenschaftlichen Beiträge, die sich mit den Auswirkungen des Phänomens auf den Arbeitsmarkt und den rechtlichen Problemen dieser Arbeitsform befassen, nur diejenigen Tätigkeiten untersuchen, bei denen die Crowd gegen Zahlung von Entgelt tätig wird.[98]

---

88 https://www.wikipedia.de (letzter Aufruf 27.07.2020).

89 Vgl. *Selzer* in Husemann/Wietfeld: Zwischen Theorie und Praxis, S. 27, 29.

90 *Barnes/Green/de Hoyos,* New Technology, Work and Employment 2015, 16, 17.

91 *World Bank Group*, The Global Opportunity in Online Outsourcing, S. 7.

92 *Prassl/Risak*, Comparative Labor Law & Policy Journal 2016, 619, 623.

93 *Scholz* in Benner, Crowdwork – Zurück in die Zukunft?, S. 389, 396.

94 *Cherry*, Comparative Labor Law & Policy Journal 2016, 577.

95 *Eurofound*, New forms of employment 2015, S. 107 ff.

96 *Astheimer*, Die Mär vom Clickworker, FAZ vom 02.07.2016.

97 Gerade in der rechtswissenschaftlichen Diskussion wird spätestens seit der Bezeichnung von Crowdwork als Unterform des Crowdsourcing durch *Krause* in seinem Gutachten zum 71. Deutschen Juristentag im Jahr 2016 (vgl. *Krause*, Gutachten zum 71. Deutschen Juristentag, S. B 99 f.) nahezu ausschließlich von Crowdwork (teilweise auch „Crowdworking“) gesprochen; vgl. dazu auch *Pacha*, Crowdwork, S. 27 f.; *Poppe*, Crowdworking im Entrepreneurship, S. 77 f., jeweils mit einigen weiteren Beispielen für Bezeichnungen des Phänomens.

98 Vgl. nur *Cherry*, Alabama Law Review 2009, 1077, 1078; *Däubler*, Digitalisierung und Arbeitsrecht, § 18 Rn. 1 ff.; *Däubler/Klebe*, NZA 2015, 1032 ff.; *Eurofound*, New forms of employment 2015, S. 107; *Felstiner*, Berkeley Journal of Employment & Labor Law 2011, 143, 146; *Kittur/Nickerson/Bernstein/Gerber/Shaw/ Zimmerman/Lease/Horton*,

Eine weitere Eingrenzung soll dahingehend erfolgen, dass nur die Fälle des Crowdsourcing erfasst werden, bei denen die Bearbeitung im „virtuellen Raum" erfolgt, also digital für die Crowdsourcing Betreibenden erbracht wird.[99]

Bei Crowdwork handelt es sich folglich kurz gesagt um digitale Erwerbsarbeit. Angelehnt an die Definition in einem Bericht der Eurofound-Stiftung[100] und unter Berücksichtigung des Verständnisses der Bundesregierung[101] wird als Arbeitsdefinition daher die Folgende zu Grunde gelegt:

Crowdwork bezeichnet eine Form der Arbeitsorganisation, bei der von Unternehmen, Organisationen, Personengruppen oder Individuen (Crowdsourcern[102]) im Rahmen des Crowdsourcing vergebene Aufgaben von einer üblicherweise undefinierten Menge an Menschen (im Folgenden „Crowdworker") gegen Entgelt auf einer zu diesem Zweck bereitgestellten digitalen Plattform (im Folgenden „Crowdwork-Plattform") bearbeitet werden.

Es verhält sich also immer so, dass auf der einen Seite Crowdsourcer bestimmte Aufgaben zur Bearbeitung ausschreiben. Auf der anderen Seite befinden sich die Crowdworker, welche die ausgeschriebenen Aufgaben gegen Zahlung eines Entgelts bearbeiten. Sowohl Ausschreibung als auch Bearbeitung der Aufgaben erfolgen auf einer Crowdwork-Plattform, auf der sich die Nutzer vor Ausschreibung[103] bzw. Entgegennahme von Aufgaben in der Regel anmelden müssen.

a) Crowdsourcer als Auftraggeber

Auf Auftraggeberseite steht immer ein Crowdsourcer. Bei diesem handelt es sich um ein Unternehmen, eine Organisation, eine Personengruppe oder ein Individuum, welche(s) die zu erledigenden Aufgaben an die Crowdworker ausschreibt.[104] Dabei macht es zunächst keinen Unterschied, ob die

---

The Future of Crowd Work, CSCW 2013, 1301 ff.; *Klebe/Neugebauer*, AuR 2014, 4 ff.; *Leimeister/Zogaj/Blohm* in Benner, Crowdwork – Zurück in die Zukunft?, S. 9, 17; *Risak*, ZAS 2015, 11 ff.; *Warter*, Crowdwork, S. 30; vgl. auch *Thurich*, pocket politik, S. 20; *Waas* in Waas/Liebman/Lyubarsky/Kezuka: Crowdwork – A Comparative Law Perspective, S. 13.

99 So auch das Verständnis der Bundesregierung, vgl. BT-Drs. 18/3032, S. 2 f.

100 *Eurofound*, New forms of employment 2015, S. 107.

101 Vgl. BT-Drs. 18/3032, S. 2 f.

102 Siehe oben (Punkt B. I. 1.).

103 Für den Fall, dass die Plattform nicht vom Crowdsourcer selbst aufgesetzt ist.

104 Vgl. *Leimeister/Zogaj*, Neue Arbeitsorganisation durch Crowdsourcing, S. 19; *Leimeister/Zogaj/Blohm* in Benner, Crowdwork – Zurück in die Zukunft?, S. 9, 15; *Pacha*, Crowdwork, S. 39 f.

Crowdwork-Plattform vom Crowdsourcer selbst aufgesetzt wurde oder ob dieser sich eines Intermediärs bedient, um die Aufgaben an die Crowdworker zu übermitteln.

b) Vergabe von Aufgaben im Rahmen des Crowdsourcing

Weiter wird vorausgesetzt, dass die Vergabe der Aufgaben im Rahmen des Crowdsourcing erfolgt. Dementsprechend müssen die zu erledigenden Aufgaben mittels eines offenen Aufrufs auf einer digitalen Plattform ausgeschrieben werden. Die Crowdwork-Plattform kann dabei sowohl vom Crowdsourcer selbst aufgesetzt als auch durch einen als Intermediär agierenden Dritten bereitgestellt werden. Ein offener Aufruf liegt vor, wenn sich die Ausschreibung nicht ausschließlich an eine Person oder einen individuell abgrenzbaren Personenkreis richtet, sondern eine unbestimmte Menge an Personen adressiert wird.[105]

Zu widersprechen ist in diesem Zusammenhang den Stimmen in der Literatur, die einen offenen Aufruf deshalb für nicht gegeben halten, weil die Vergabe bestimmter Aufgaben nur an diejenigen Crowdworker erfolgt, die im Rahmen von Tests gewisse Fähigkeiten nachgewiesen haben.[106] Denn eine unbestimmte Menge wird nicht schon deshalb individuell abgrenzbar, weil Aufgaben auf Basis bestimmter Fähigkeiten oder Eigenschaften vergeben werden.[107] Solange nicht einzelne Crowdworker ausgewählt werden, sondern eine – wenn auch nach bestimmten Qualifikationsstandards ausgewählte – Personengruppe die Möglichkeit erhält, eine Aufgabe zu bearbeiten, handelt es sich dennoch um eine unbestimmte Menge an Menschen.

c) Crowdworker als Auftragnehmer

Adressaten der durch die Crowdsourcer vermittelten Aufgaben sind die sog. Crowdworker. Diese stellen eine undefinierte Menge an Menschen dar, die sich freiwillig zur Arbeit auf einer Crowdwork-Plattform angemeldet haben, um dort tätig zu werden.[108] Der Status eines Crowdworkers ist grundsätzlich an keine

---

105 Von ähnlichen Definitionen gehen wohl auch *Pacha* und *Warter* aus, vgl. *Pacha*, Crowdwork, S. 38 f.; *Schmidt*, Arbeitsmärkte in der Plattformökonomie, S. 13 f.; *Warter*, Crowdwork, S. 30.

106 So *Warter*, Crowdwork, S. 30; *Pacha* spricht in diesem Zusammenhang vom einem eingeschränkt offenen Aufruf, vgl. *Pacha*, Crowdwork, S. 38 f.

107 Andernfalls würde streng genommen schon die Einschränkung, dass nur auf einer Crowdsourcing-Plattform angemeldete Nutzer entsprechende Tätigkeiten entgegennehmen können, dazu führen, dass kein offener Aufruf mehr vorliegt.

108 Vgl. Küttner/*Röller*, Personalbuch 2019, Crowdsourcing, Rn. 1.

besonderen Voraussetzungen geknüpft. Einschränkungen können sich jedoch bezüglich der Wahl der Crowdwork-Plattform ergeben. Dabei ist nach der Organisationsform des Crowdsourcing zu unterscheiden: Während beim sog. externen Crowdsourcing im Prinzip jede Person weltweit mit einem Internetanschluss als Crowdworker fungieren kann, können Aufgaben im Rahmen des sog. internen Crowdsourcing auf einer Plattform ausgeschrieben werden, auf die nur unternehmens- oder konzerninterne Mitarbeiter Zugriff haben.[109]

d) Entgeltlichkeit

Weiter werden nur Tätigkeiten erfasst, bei denen der Erwerbsgedanke im Vordergrund steht.[110] Dadurch grenzt sich Crowdwork insbesondere von den Unterformen des Crowdsourcing ab, bei denen die Crowdsourcees aus nichtkommerziellen Interessen tätig werden.[111] Das ist etwa dann der Fall, wenn für die Enzyklopädie Wikipedia ein Artikel geschrieben und veröffentlicht wird[112] oder wenn ein Internetnutzer einen Turnschuh selbst designt, welcher dann auf der Homepage des Unternehmens frei verkäuflich ist.[113]

e) Digitalisierbarkeit der Arbeitsergebnisse

Schließlich müssen die im Rahmen des Crowdsourcing vergebenen Arbeiten virtuell, also im digitalen Raum erbracht werden. Darin liegt das wesentliche Abgrenzungsmerkmal zur sog. „On-Demand-Economy“. Darunter werden zumeist Formen der Beschäftigung verstanden, bei denen über Plattformen Serviceleistungen wie z.B. Fahrdienste, Putz- oder Haushaltshilfen oder auch höhere Dienste wie medizinische Betreuung zwischen Anbietern und Nachfragern vermittelt werden, die sodann am vereinbarten Ort zu erfüllen sind.[114]

---

109 Dazu ausführlich in Punkt B. II.

110 Vgl. auch *Pacha*, Crowdwork, S. 36; *Selzer* in Husemann/Wietfeld: Zwischen Theorie und Praxis, S. 27, 29; *Warter*, Crowdwork, S. 29 f.

111 Siehe Punkt B. I. 1.

112 Bei Wikipedia handelt es sich um ein Open Source-Projekt, bei dem der Quelltext der Software öffentlich und von Dritten eingesehen, geändert und genutzt werden kann; vgl. dazu auch *Lackes/Siepermann* in Gabler Wirtschaftslexikon, Stichwort: Open Source.

113 *Voß/Rieder* sprechen in diesem Zusammenhang vom „arbeitenden Kunden“. Demnach lagern Unternehmen auf diese Weise gezielt betriebliche Funktionen auf private Konsumenten aus; vgl. *Voß/Rieder*, Der arbeitende Kunde, S. 41 ff.

114 Vgl. *Krause*, Gutachten zum 71. Deutschen Juristentag, S. B 20, B 99; *Lingemann/Otte*, NZA 2015, 1042; Taeger/Pohle/*Imping*, Computerrechtshandbuch, Kap. 70.11

Als bekanntestes Beispiel kann in diesem Zusammenhang das aus Kalifornien stammende Unternehmen *Uber*[115] angeführt werden, das weltweit in zahlreichen Ländern die Mitnahme von Privatpersonen durch andere Privatpersonen in deren eigenen Fahrzeugen vermittelt.[116] Daneben ist aber auch die Vermittlung von haushaltsnahen Dienstleistungen durch Unternehmen wie *Helpling*[117] oder *TaskRabbit*[118] zu nennen.[119]

Zentraler Unterschied zu Crowdwork ist dabei, dass die Arbeitsaufgaben bei den Plattformen der On-Demand-Economy ortsgebunden in der realen Welt ausgeführt werden, während auf Crowdwork-Plattformen dagegen Arbeitsergebnisse in vollem Umfang digitalisierbar und per Internetverbindung transferierbar sein müssen.[120]

3. Zwischenergebnis

Crowdsourcing kann sich in vielen Formen fortsetzen, von denen Crowdwork nur eine ist. Denn mit Crowdsourcing wird generell der Vorgang bezeichnet, in dem bestimmte Aufgaben von Crowdsourcern mittels eines offenen Aufrufs auf einer digitalen Plattform an eine undefinierte Menge von Menschen ausgelagert werden. Für die Erledigung der Aufgabe werden dabei nicht zwingend wirtschaftliche Vorteile versprochen, sie können auch auf freiwilliger Basis bearbeitet werden. Auch können über das Crowdsourcing Tätigkeiten ausgeschrieben werden, die nicht auf digitalen Plattformen, sondern in der realen Welt erledigt werden können.

Rn. 28; *Pacha* spricht in diesem Zusammenhang von „Work-on-demand", vgl. *Pacha*, Crowdwork, S. 36 f.; *Schmidt* verwendet dafür die Bezeichnung „Gig Economy", vgl. *Schmidt*, Arbeitsmärkte in der Plattformökonomie, S. 5, 27.

115 https://www.uber.com/de (letzter Aufruf 27.07.2020).

116 Vgl. auch *Pacha*, Crowdwork, S. 37; *Krause*, NZA-Beilage 2017, 53, 59; *Warter*, Crowdwork, S. 30.

117 https://www.helpling.de (letzter Aufruf 27.07.2020).

118 https://www.taskrabbit.com (letzter Aufruf 27.07.2020).

119 Vgl. auch *Pacha*, Crowdwork, S. 37; *Krause*, NZA-Beilage 2017, 53, 59; *Warter*, Crowdwork, S. 30.

120 So auch *Al-Ani/Stumpp*, Motivationen und Durchsetzung von Interessen auf kommerziellen Plattformen, HIIG Discussion Paper Series 2015-05, S. 14; *Däubler*, SR 2016, 2, 9; *Krause*, NZA-Beilage 2017, 53, 59; *Pacha*, Crowdwork, S. 38; *Pongratz/Bormann*, Arbeits- und Industriesoziologische Studien 2017, 158, 160; *Schmidt*, Arbeitsmärkte in der Plattformökonomie, S. 19; *Waas* in Waas/Liebman/Lyubarsky/Kezuka: Crowdwork – A Comparative Law Perspective, S. 142; *Warter*, Crowdwork, S. 30 f.; a.A. *Prassl/Risak*, Comparative Labor Law & Policy Journal 2016, 619, 622.

Der Begriff Crowdwork erfasst dagegen einen Unterfall des Crowdsourcing, bei dem die im Rahmen des Crowdsourcing vergebenen Aufgaben gegen Zahlung von Entgelt bearbeitet werden und die Arbeitsergebnisse im vollen Umfang digitalisierbar und transferierbar sind. Davon sind insbesondere Erscheinungsformen des Crowdsourcing wie etwa die On-Demand-Economy abzugrenzen, bei der die Bearbeitung der ausgeschriebenen Aufgaben in der realen Welt erfolgt.

II. Erscheinungsformen von Crowdwork

Die Vergabe von Crowdwork kann auf verschiedene Arten erfolgen. Je nachdem, ob Aufgaben nur an unternehmensinterne Mitarbeiter ausgeschrieben werden oder ob (auch) Dritte, ohne Bezug zum jeweiligen Unternehmen, Aufgaben entgegennehmen können, handelt es sich um interne oder externe Crowdwork.[121] Innerhalb der externen Crowdwork ist wiederum danach zu unterscheiden, ob Crowdworker die Aufgaben direkt vom Unternehmen erhalten oder ob eine externe Plattform als Intermediär zwischengeschaltet ist.

1. Interne Crowdwork

Die erstgenannte Erscheinungsform findet beim unternehmensinternen Crowdsourcing statt. Dabei wendet sich ein Unternehmen (bzw. ein Konzern) über das unternehmenseigene Intranet an die eigene Belegschaft, um für die Erledigung einer Aufgabe die Arbeitskapazität sämtlicher unternehmensweit bzw. konzernweit Beschäftigten in Anspruch nehmen zu können.[122] Diese Art der Crowdwork wird als interne Crowdwork bezeichnet.

Ein prominentes Beispiel für interne Crowdwork liefert der Konzern *IBM* mit dem Programm „*Liquid*“. Bei diesem werden verschiedene IT-Projekte von Projektmanagern in kleine Einheiten aufgeteilt und als Einzelaufgaben über Crowdwork-Plattformen an interessierte Mitarbeiter auf der ganzen Welt ausgeschrieben.[123] Die Mitarbeiter schreiben dann eine Art Kurz-Bewerbung, und ein Manager entscheidet, wer den Zuschlag erhält. So kann beim internen

---

121 Vgl. *Bourazeri*, NZA 2019, 741, 742; *Krause*, Gutachten zum 71. Deutschen Juristentag, S. B 100; *Schubert*, RdA 2018, 200, 202.

122 *Krause*, Gutachten zum 71. Deutschen Juristentag, S. B 100; *Leimeister/Zogaj*, Neue Arbeitsorganisation durch Crowdsourcing, S. 20; *Schubert*, RdA 2018, 200, 202; *Wehmeier*, impulse 02/2017, 36.

123 Dazu ausführlich *Kawalec/Menz*, Arbeits- und Industriesoziologische Studien 2013, 5 ff.; *Rehm* in Benner, Crowdwork – Zurück in die Zukunft?, S. 61 ff.

Crowdsourcing die zu einer spezifischen Aufgabe eingereichte Lösung von einem Mitarbeiter kommen, der nicht nur aus einer anderen Abteilung des Unternehmens, sondern eventuell auch aus einem anderen Land stammt.[124] Sinn dieses Prozesses ist unter anderem die Intensivierung der internen Konkurrenz unter Mitarbeitern unterschiedlicher Regionen und Standorte. Derjenige Mitarbeiter, der im globalen unternehmensinternen Vergleich die beste Lösung anbietet, gewinnt die Ausschreibung.[125]

2. Externe Crowdwork

Beim (unternehmens-)externen Crowdsourcing findet dagegen externe Crowdwork statt. Bei dieser Erscheinungsform besteht die Crowd aus der Masse der Internetnutzer, wobei ein Beschäftigungsverhältnis oder überhaupt ein vorheriger Kontakt zum auftraggebenden Unternehmen grundsätzlich nicht erforderlich ist. Theoretisch kann hier jede Person weltweit mit einem Internetanschluss als Crowdworker aktiv werden.[126]

Während die Tätigkeit auf einer Crowdwork-Plattform aus Sicht der Crowdworker regelmäßig in ähnlicher Weise ausgestaltet ist, stehen Crowdsourcern, die sich zur Aufgabenauslagerung auf einer Crowdwork-Plattform entscheiden, grundsätzlich zwei unterschiedliche Geschäftsmodelle zur Verfügung. Die Plattform kann zum einen vom ausschreibenden Unternehmen selbst aufgesetzt, verwaltet und gemanagt werden. Man spricht in diesem Fall vom „direkten (externen) Crowdsourcing".[127] Andererseits besteht die Möglichkeit, Intermediäre heranzuziehen, die selbst eine aktive Crowd aufbauen und Crowdsourcing betreibenden Unternehmen die Möglichkeit bieten, ihre Aufgaben über die aufgesetzte Crowdwork-Plattform auszulagern. Diese Variante wird als „indirektes (externes) Crowdsourcing" bezeichnet.[128]

---

124 Vgl. auch *Leimeister*, CuA 10/2014, 17, 18; *Leimeister/Zogaj*, Neue Arbeitsorganisation durch Crowdsourcing, S. 21.

125 *Kawalec/Menz*, Arbeits- und Industriesoziologische Studien 2013, 5, 8; weitere Unternehmen, bei denen Crowdwork intern organisiert wird, sind etwa *Daimler* mit *„Business Innovation"* oder *Beiersdorf* mit *„Pearlfinder"*, vgl. *Klebe*, AuR 2016, 277, 279.

126 *Leimeister/Zogaj*, Neue Arbeitsorganisation durch Crowdsourcing, S. 20 f.

127 Vgl. *Kocher/Hensel*, NZA 2016, 984, 985; *Leimeister/Zogaj/Blohm* in Benner, Crowdwork – Zurück in die Zukunft?, S. 9, 17; *Schubert*, RdA 2018, 200, 202; *Waas* in Waas/Liebman/Lyubarsky/Kezuka: Crowdwork – A Comparative Law Perspective, S. 142, 145.

128 Vgl. *Kocher/Hensel*, NZA 2016, 984, 985; *Leimeister/Zogaj/Blohm* in Benner, Crowdwork – Zurück in die Zukunft?, S. 9, 17; *Schubert*, RdA 2018, 200, 202; *Waas* in Waas/Liebman/Lyubarsky/Kezuka: Crowdwork – A Comparative Law Perspective, S. 142,

a) Direktes Crowdsourcing

Wendet sich der Crowdsourcer beim Ausschreiben der zu erledigenden Aufgaben direkt an die Crowdworker, handelt es sich um direktes Crowdsourcing. Das ist etwa dann der Fall, wenn der Crowdsourcer selbst eine Plattform einrichtet, auf der er die entsprechenden Aufgaben zur Bearbeitung einstellt.[129] Aber auch Fälle, in denen externe, nicht vom Crowdsourcer selbst aufgesetzte Plattformen genutzt werden, können wie direktes Crowdsourcing zu behandeln sein. Das ist etwa dann der Fall, wenn wesentliche Arbeitsschritte wie das Beschreiben und Einstellen der Aufgaben auf der Plattform, die Auswahl der geeigneten Crowdworker oder die Ergebniskontrolle auf einer als Intermediär agierenden Plattform vom Crowdsourcer selbst vorgenommen werden.[130] So stellt etwa die Crowdwork-Plattform *Amazon Mechanical Turk*[131] in ihren AGB klar, dass ihre Funktion in der bloßen Bereitstellung der Plattform besteht und sie nicht in die Geschäfte der dort tätigen Dritten involviert ist.[132] Auch die in Deutschland ansässige Plattform *appJobber*[133] geht nach einem ähnlichen Schema vor

---

144 f.; vgl. zum Ganzen auch *Pacha*, Crowdwork, S. 69 ff., die in diesem Zusammenhang von Self- und Full-Service-Plattformen spricht; *Warter*, Crowdwork, S. 109 ff., der von Vermittlungs- und Gesamtdienstleistungsplattformen spricht.

129 Vgl. *Kocher/Hensel*, NZA 2016, 984, 985; *Krause*, Gutachten zum 71. Deutschen Juristentag, S. B 100;; *Waas* in Waas/Liebman/Lyubarsky/Kezuka: Crowdwork – A Comparative Law Perspective, S. 142, 145 f.. Teile der Literatur stellen auch diejenigen Fälle, bei denen eine Crowdwork-Plattform einen Vertrag zwischen Crowdworker und Crowdsourcer vermittelt, mit dem hier genannten Fall gleich (so etwa Arnold/Günther/*Lingemann/Chakrabarti*, Arbeitsrecht 4.0, Kap. 2 Rn. 81; *Schubert*, RdA 2018, 200, 202). Diese Fälle werden sodann einheitlich als direkte Crowdwork oder direktes Crowdworking bezeichnet. Dies erscheint nach hier vertretener Auffassung jedoch zu undifferenziert. So sollen durch das direkte Crowdsourcing eben nur jene Fälle erfasst werden, in denen der Crowdsourcer direkt den Crowdworker adressiert. Indirektes Crowdsourcing findet dagegen in allen Fällen statt, in denen der Crowdsourcer sich an ein Drittunternehmen wendet, welches die Aufgaben sodann, in welcher Form auch immer (vgl. dazu die Ausführungen in Punkt C. II. 2. a) bb)) an die Crowdworker weitergibt. Aus diesem Grund wird hier auch die Bezeichnung (in)direktes Crowdsourcing verwendet, da nicht die Art der Aufgabenbearbeitung, sondern gerade die Art der Aufgabenausschreibung beschrieben werden soll.

130 Dazu näher in Punkt C. II. 2. a); vgl. auch *Pacha*, Crowdwork, S. 69 f.

131 https://www.mturk.com (letzter Aufruf 27.07.2020); benannt nach dem angeblichen Schachroboter des österreichisch-ungarischen Hofbeamten *Wolfgang von Kempelen* aus dem Jahr 1769, in dem sich in Wirklichkeit ein Schach spielender Mensch verbarg.

132 Vgl. Ziffer 2 der AGB von *Amazon Mechanical Turk* (letzter Aufruf 27.07.2020).

133 https://www.appjobber.de (letzter Aufruf 27.07.2020).

und sieht sich lediglich als Vermittlerin zwischen Crowdsourcer und Crowdworker.[134] Ob ein derartiges Selbstverständnis der Plattformen stets als zutreffend anzusehen ist oder ob die Tätigkeit der Plattformen im Einzelfall über eine bloße Vermittlerrolle hinausgeht, wird an anderer Stelle erörtert.[135]

b) Indirektes Crowdsourcing

Beim indirekten Crowdsourcing steht dagegen die Crowdwork-Plattform im Mittelpunkt. Sie übernimmt die ausgeschriebenen Aufgaben des Crowdsourcers geschäftsmäßig, zergliedert sie gegebenenfalls in Teilaufgaben und schreibt sie sodann als eigene Aufgaben an die Crowdworker aus. Nach Erledigung der Aufgaben werden diese von den Crowdworkern wiederum an die Plattform übermittelt, wo die einzelnen Teilergebnisse schließlich zusammengesetzt und dem (ursprünglichen) Crowdsourcer als Gesamtergebnis abgeliefert werden.[136] Die Aufgaben können aber auch ohne Zergliederung direkt von der Plattform an die Crowdworker gegeben werden. Das ist z.B. bei der Gestaltung einer Homepage oder dem Entwurf eines Firmenlogos der Fall.[137]

Crowdsourcer und Crowdworker stehen beim indirekten Crowdsourcing in keinerlei Kontakt zueinander, sondern pflegen lediglich Kontakte zur Plattform. So gibt das Crowdsourcing betreibende Unternehmen der Plattform regelmäßig nur vor, welche Qualifikation für die Bearbeitung der Aufgabe erforderlich ist. Der Plattformbetreiber erfasst sodann die Fähigkeiten der auf der Plattform registrierten Crowdworker und nimmt gegebenenfalls eine Vorauswahl vor.[138] Jedoch werden die einzelnen Arbeiten von der Plattform selbst ausgeschrieben, sodass diese – anders als beim direkten Crowdsourcing – nicht nur eine Art „digitalen Treffpunkt" für Crowdsourcer und Crowdworker darstellt, sondern vielmehr die Plattform selbst als Auftragnehmerin des Crowdsourcers und

134 Vgl. § 6 Abs. 2 der AGB von *appJobber*, in denen die Plattformbetreiber klarstellen, dass Auftragnehmer und Auftraggeber unabhängig von der Plattform miteinander kontrahieren (letzter Aufruf 27.07.2020).

135 Dazu ausführlich in Punkt C. II. 2. a) bb).

136 Vgl. dazu auch Arnold/Günther/*Lingemann/Chakrabarti*, Arbeitsrecht 4.0, Kap. 2 Rn. 79; *Kocher/Hensel*, NZA 2016, 984, 985; *Schubert*, RdA 2018, 200, 202; *Selzer* in Husemann/Wietfeld: Zwischen Theorie und Praxis, S. 27, 31; *Waas* in Waas/Liebman/Lyubarsky/Kezuka: Crowdwork – A Comparative Law Perspective, S. 142, 145.

137 *Selzer* in Husemann/Wietfeld: Zwischen Theorie und Praxis, S. 27, 31.

138 *Kocher/Hensel*, NZA 2016, 984, 985; *Schubert*, RdA 2018, 200, 202.

Auftraggeberin des Crowdworkers angesehen werden kann.[139] Durch die Übernahme der ursprünglich vom Crowdsourcer ausgeschriebenen Aufgaben wird die Crowdwork-Plattform folglich selbst zum Crowdsourcer.

Als Beispiele für Crowdwork-Plattformen, die dieses Geschäftsmodell praktizieren, können insbesondere deutsche Plattformen wie *clickworker,*[140] *Textbroker,*[141] *Streetspotr,*[142] *CrowdGuru*[143] oder auch *Testbirds*[144] genannt werden.[145]

3. Zwischenergebnis

Crowdwork kann auf verschiedene Arten stattfinden. Bei interner Crowdwork wendet sich ein Unternehmen oder Konzern über eine Crowdwork-Plattform an die unternehmenseigenen Mitarbeiter, die sich zur Bearbeitung der dort ausgeschriebenen Aufgaben bewerben können. Bei externer Crowdwork wendet sich das ausschreibende Unternehmen dagegen an die breite Masse der Internetnutzer, wobei es keine Rolle spielt, um wen es sich bei dem bearbeitenden Crowdworker handelt oder wo dieser sich befindet, solange er die Zugangsvoraussetzungen der Crowdwork-Plattform erfüllt.

Im Rahmen externer Crowdwork ist weiter danach zu unterscheiden, ob die zu erledigenden Aufgaben im Rahmen des direkten oder indirekten (externen) Crowdsourcing ausgeschrieben werden. Im ersten Fall werden die wesentlichen Arbeitsschritte wie das Beschreiben und Einstellen der Aufgaben auf der Plattform, die Auswahl der geeigneten Crowdworker oder die Kontrolle der Ergebnisse vom Crowdsourcing betreibenden Unternehmen selbst vorgenommen, während im zweiten Fall das Unternehmen einen Dritten als Intermediär heranzieht, welcher die Aufgaben an eigens akquirierte Crowdworker vermittelt.

III. Praktische Relevanz

Besonders externe Crowdwork erfreut sich zunehmend großer Beliebtheit, was auch durch das immer größer werdende Angebot an Crowdwork-Plattformen

---

139 Vgl. auch *Schubert*, RdA 2018, 200, 202; *Waas* in Waas/Liebman/Lyubarsky/Kezuka: Crowdwork – A Comparative Law Perspective, S. 142, 144.
140 https://www.clickworker.de (letzter Aufruf 27.07.2020).
141 https://www.textbroker.de (letzter Aufruf 27.07.2020).
142 https://streetspotr.com/de (letzter Aufruf 27.07.2020).
143 https://www.crowdguru.de (letzter Aufruf 27.07.2020).
144 https://www.testbirds.de (letzter Aufruf 27.07.2020).
145 Vgl. auch *Pacha*, Crowdwork, S. 72; *Schubert*, RdA 2018, 200, 202.

deutlich wird. Die Zahl der Crowdwork-Intermediäre hat in den letzten Jahren ein fast schon explosionsartiges Wachstum erfahren.[146]

Für *Amazon Mechanical Turk*[147] (USA) werden mehr als 500.000 Crowdworker in 190 Ländern genannt, die am Tag durchschnittlich 30.000 bis 60.000 neue HITs („Human Intelligence Tasks") bearbeiten.[148] Bei *InnoCentive* (USA) stößt man nach deren eigenen Angaben auf über 390.000 Nutzer in fast 200 Ländern.[149] *Topcoder* (USA) nennt auf der eigenen Website mehr als 1,5 Mio. Mitglieder.[150] *Upwork* (zuvor *Elance-oDesk*) (USA) spricht von mehr als 5 Mio. Kunden und einem Jahresumsatz von mehr als 1 Milliarde US-Dollar.[151] *Witmart* (USA) nennt knapp 13 Mio. Teilnehmer.[152] Der Marktführer *Freelancer* (Australien) spricht sogar von 46 Mio. registrierten „Cloud-Fachkräften" und mehr als 13 Mio. Projekten.[153]

Auch deutsche Crowdwork-Plattformen genießen viel Zuspruch: So nennt die Plattform *clickworker* derzeit über 2,4 Mio. Mitglieder.[154] *Twago* teilt mit, ein Projektvolumen von über 702 Mio. Euro mit insgesamt mehr als 800.000 Experten und 160.000 Aufträgen abgewickelt zu haben.[155] Noch deutlicher wird die Entwicklung, wenn man das rasante Wachstum der oben genannten Seiten betrachtet. Die von *Klebe/Neugebauer* im Jahr 2013 erhobenen Zahlen[156] haben sich inzwischen größtenteils mehr als verdoppelt, teilweise sogar fast vervierfacht.

Laut einer von der Hans-Böckler-Stiftung geförderten Studie existierten im Februar 2017 ca. 2.300 Plattformen weltweit, davon 32 mit physischem Standort

---

146 Überblick über die Entwicklung im englischen Sprachraum bis 2009 bei *Frei*, Paid Crowdsourcing, S. 5; vgl. auch *Waas* in Waas/Liebman/Lyubarsky/Kezuka: Crowdwork – A Comparative Law Perspective, S. 13, 16 f.

147 https://www.mturk.com (letzter Aufruf 27.07.2020).

148 Vgl. https://www.mturk-tracker.com (letzter Aufruf 27.07.2020).

149 Vgl. https://www.innocentive.com/about-us (letzter Aufruf 27.07.2020).

150 Vgl. https://www.topcoder.com/company (letzter Aufruf 27.07.2020).

151 Vgl. https://www.upwork.com/about (letzter Aufruf 27.07.2020).

152 Vgl. http://www.witmart.com/about/overview.html (letzter Aufruf 27.07.2020).

153 Vgl. https://www.freelancer.de (Cloud-Fachkräfte); https://developers.freelancer.com (Anzahl der Projekte) (letzter Aufruf 27.07.2020).

154 Stand Juli 2020. Die Zahl der aktiven "Clickworker" wird nach dem Login auf dem Benutzerinterface angezeigt.

155 https://www.twago.de (letzter Aufruf 27.07.2020).

156 Vgl. *Klebe/Neugebauer*, AuR 2014, 4.

in Deutschland.[157] Alleine auf der deutschen Plattform *clickworker* sind aktuell von den mehr als 2 Mio. angemeldeten Nutzern durchschnittlich ca. 15.000-20.000 Crowdworker gleichzeitig online.[158] Bei knapp einem Viertel der Nutzer soll es sich um deutsche Crowdworker handeln.[159] Der weltweite Umsatz bei Crowdsourcing wird für das Jahr 2020 auf 15 bis 25 Milliarden US-Dollar prognostiziert.[160] Fast 19% aller Unternehmen arbeiten in ausgewählten Unternehmensbereichen mit Crowdworkern zusammen.[161] Für rund 80% der Crowdworker ist das über Crowdwork bezogene Einkommen ein Nebenverdienst.[162] In Deutschland sind laut einer durch das Bundesministerium für Arbeit und Soziales geförderten Studie knapp 5% der über 18-jährigen Deutschen auf digitalen Plattformen aktiv.[163] Rund 70% von ihnen erzielen auf diese Weise ein Erwerbseinkommen, wenn auch zumeist im Nebenverdienst.[164] Ein Drittel der deutschen Crowdworker ist mehr als 30 Stunden pro Woche auf Crowdwork-Plattformen tätig, 24% sogar mehr als 40 Stunden pro Woche.[165] Ca. 40% der in Deutschland aktiven Crowdworker sollen dabei Verdienste über 1000 Euro pro Woche erzielen, wohingegen ein Drittel weniger als 100 Euro pro Woche verdient.[166] Weltweit arbeiten hauptberufliche Crowdworker laut einer nicht repräsentativen Studie bis zu 80 Stunden in der Woche und verdienen dabei durchschnittlich 1.500 Euro im Monat.[167] Lediglich zwei Drittel sollen sich gegen Krankheit und Arbeitslosigkeit versichern, für das Alter sorge nur etwas mehr als die Hälfte vor.[168]

---

157 Vgl. *Mrass/Peters*, Crowdworking-Plattformen in Deutschland, Working Paper Series 2017, Nr. 16, S. 10, 28 mit einer Übersicht der Crowdwork-Plattformen in Deutschland; vgl. auch *Klebe*, NZA-Beilage 2017, 77, 78.

158 Stand Juli 2020. Neben der Zahl der aktiven "Clickworker" (vgl. schon Fn. 154) wird auch die Zahl derer, die gegenwärtig online sind, nach dem Login auf dem Benutzerinterface angezeigt.

159 *Ohne Autor*, FD-ArbR 2016, 380776.

160 *World Bank Group*, The Global Opportunity in Online Outsourcing, S. 24.

161 *Al-Ani/Stumpp/Schildhauer*, Crowd-Studie 2014, HIIG Discussion Paper Series No. 2014-02, S. 14.

162 *Meyer-Michaelis/Falter/Schäfer*, DB 2016, 2543.

163 Vgl. *Serfling*, Crowdworking Monitor Nr. 1 2018, S. 2.

164 *Serfling*, Crowdworking Monitor Nr. 1 2018, S. 2.

165 *Serfling*, Crowdworking Monitor Nr. 1 2018, S. 2 f.

166 Vgl. *Serfling*, Crowdworking Monitor Nr. 1 2018, S. 45.

167 *Kramer*, Klickarbeit zum Hungerlohn, Spiegel Online vom 12.07.2016.

168 *Kramer*, Klickarbeit zum Hungerlohn, Spiegel Online vom 12.07.2016.

Die oben genannten Zahlen machen deutlich, dass Crowdwork längst nicht mehr nur ein theoretisches Thema darstellt. Durch die zunehmende Digitalisierung können immer mehr Arbeiten bequem von zuhause aus am Computer erledigt werden. Auf der anderen Seite wird es Unternehmen ermöglicht, Aufgaben, die früher noch von der Belegschaft erledigt werden mussten, an eine breite Masse auszulagern, ohne die Nachteile einer Anstellung im Betrieb in Kauf nehmen zu müssen.

Dass diese Entwicklung auch an den großen Konzernen nicht vorbei geht, liegt auf der Hand. So werden als Auftraggeber bei Crowdwork-Plattformen nicht nur kleine und mittelständische Unternehmen, sondern auch Namen wie z.B. Google, Intel, Facebook, AOL, NSA, Telekom, Honda, Audi, BMW oder auch Panasonic, Microsoft, NBC, Walt Disney oder Unilever genannt.[169]

Zwar herrscht im Hinblick auf die konkreten Arbeitsbedingungen und Lebensverhältnisse von Crowdworkern noch ein erheblicher Forschungsbedarf. Insbesondere ist noch unklar, ob und in welchem Umfang die Crowdworker für ihren Lebensunterhalt auf die Einkünfte aus Crowdwork angewiesen sind. Jedoch lassen bereits jetzt Untersuchungen aus den USA eine enorme Spannbreite, vor allem bei den Entgelten, erkennen. So werden bei *Amazon Mechanical Turk* 90% der sog. „Mikrotasks“[170] mit weniger als 10 Cent vergütet. Der durchschnittliche Stundenlohn beträgt hier gerade einmal zwei Dollar.[171] Selbst Crowdworker, die einen wesentlichen Teil ihres Lebensunterhalts mit Jobs von *Amazon Mechanical Turk* bestreiten,[172] haben es schwer, durch diese Form der Arbeit auch nur den US-Mindestlohn in Höhe von derzeit 7,25 US-Dollar pro Stunde zu erreichen.[173]

Auf der anderen Seite können Crowdworker auf der Plattform *Freelancer* bei umfangreichen Projekten einen Stundenlohn von mehr als 200 Dollar erzielen.[174] Auf der Plattform *clickworker* können Crowdworker bei 30 Stunden

169 Vgl. *Däubler/Klebe*, NZA 2015, 1032, 1034; *Klebe*, AuR 2016, 277, 278; *Klebe/Neugebauer*, AuR 2014, 4.

170 Gemeint sind Kleinstaufgaben.

171 *Eurofound*, New forms of employment, S. 115; *Martin/Hanrahan/O'Neill/Gupta*, Being a Turker, CSCW 2014, 224, 227.

172 Teilweise „Power-Turker“ genannt, vgl. z.B. *Strube* in Benner, Crowdwork – Zurück in die Zukunft?, S. 75, 79.

173 Vgl. *Cherry*, Alabama Law Review 2009, 1077, 1093 f.; *Cherry*, Georgia Law Review 2011, 951, 994; *Eurofound*, New forms of employment, S. 115; *Martin/Hanrahan/O'Neill/Gupta*, Being a Turker, CSCW 2014, 224, 227.

174 *Leimeister/Zogaj*, Neue Arbeitsorganisation durch Crowdsourcing, S. 73.

Arbeit monatlich zwischen 200 und 400 Euro verdienen, was einem Stundenlohn zwischen 6,67 und 13,34 Euro entspricht.[175]

Welche Folgen Crowdwork in Zukunft für Unternehmen und Arbeitnehmer mit sich bringt, ist derzeit schwer abzusehen. Unklar ist auch, welche Branche Crowdsourcing in welchem Umfang nutzen wird und welche Aufgaben im Rahmen der Wertschöpfung sinnvollerweise ausgelagert werden. Jedoch zeigt eine Studie des Alexander von Humboldt Instituts für Internet und Gesellschaft aus dem Jahr 2014,[176] dass grundsätzlich jede Branche und jeder Unternehmensbereich und damit jede Aufgabe im Rahmen der Wertschöpfung Gegenstand von Crowdsourcing sein kann.[177] Im Rahmen der Untersuchung wurden 212 deutsche Unternehmen aus allen Wirtschaftszweigen dazu befragt, ob und wie sie sich die Crowd als Partner vorstellen können. Dabei fällt auf, dass die Unternehmen nicht nur in den Bereichen, in denen sie bereits soziale Medien verwenden, wie vor allem Marketing, Kundenservice und Marktforschung, sondern auch in Bereichen wie Forschung, Entwicklung sowie Produktion auf Crowdsourcing setzen möchten.[178]

IV. Zusammenfassung

Crowdwork stellt eine von mehreren möglichen Ausprägungen des Crowdsourcing dar. Beim Crowdsourcing werden bestimmte Aufgaben von Crowdsourcern mittels eines offenen Aufrufs auf einer digitalen Plattform an eine undefinierte Menge von Menschen – eben die Crowd – ausgelagert. Dabei müssen den potentiellen Bearbeitern nicht zwingend wirtschaftliche Vorteile versprochen werden.

Bei Crowdwork handelt es sich dagegen um eine der Erscheinungsformen des Crowdsourcing, bei der die im Rahmen des Crowdsourcing vergebenen Aufgaben auf sogenannten Crowdwork-Plattformen gegen Entgelt bearbeitet werden. Die auf diesen Plattformen tätigen Menschen werden als Crowdworker bezeichnet.

175 *Eurofound*, New forms of employment, S. 115.

176 *Al-Ani/Stumpp/Schildhauer*, Crowd-Studie 2014, HIIG Discussion Paper Series No. 2014-02, S. 1 ff.

177 Vgl. auch *Hötte*, MMR 2014, 795; *Leimeister/Zogaj*, Neue Arbeitsorganisation durch Crowdsourcing, S. 5; *Selzer* in Husemann/Wietfeld: Zwischen Theorie und Praxis, S. 27, 30.

178 Vgl. *Al-Ani/Stumpp/Schildhauer*, Crowd-Studie 2014, HIIG Discussion Paper Series No. 2014-02, S. 23.

Crowdwork kann auf verschiedene Arten stattfinden. Zu unterscheiden ist zunächst zwischen interner und externer Crowdwork, wobei letztere sich nochmals in direkte und indirekte externe Crowdwork aufspaltet. Während bei interner Crowdwork Aufgaben unternehmensintern von Mitarbeitern auf einer Crowdwork-Plattform bearbeitet werden, werden die zu bearbeitenden Aufgaben bei externer Crowdwork im Prinzip an jede im World Wide Web agierende Person ausgeschrieben. Voraussetzung ist lediglich, dass diese auf der jeweiligen Crowdwork-Plattform registriert ist und die entsprechenden Nutzungsbedingungen und gegebenenfalls Qualifikationsmerkmale erfüllt.

Von direktem Crowdsourcing ist die Rede, wenn die wesentlichen Arbeitsschritte wie das Beschreiben und Einstellen der Aufgaben auf der Plattform, die Auswahl der geeigneten Crowdworker oder die Kontrolle der Ergebnisse vom Crowdsourcing betreibenden Unternehmen selbst vorgenommen werden. Bei indirektem Crowdsourcing ist dagegen ein als Intermediär agierender Dritter zwischengeschaltet, der die jeweilige Aufgabe als eigene unter den Crowdworkern ausschreibt.

Das Phänomen Crowdwork hat in den letzten Jahren ein geradezu explosionsartiges Wachstum erfahren. Während weltweit bereits eine Vielzahl von Crowdwork-Plattformen, teils mit besseren und teils mit schlechteren Verdienstmöglichkeiten, existiert, ist auch und gerade in Deutschland ein beachtlicher Markt entstanden. Zu erwähnen ist hier insbesondere die derzeit in Deutschland marktführende Plattform *clickworker*, auf der inzwischen mehr als 2 Millionen Nutzer registriert sind. Aufgrund des rasanten Wachstums erfährt Crowdwork auch bei Großkonzernen zunehmenden Zuspruch. Besonders der Konzern IBM, aber auch Facebook, Audi, BMW oder Microsoft machen inzwischen von der Möglichkeit Gebrauch, Aufgaben, die früher noch von angestellten Arbeitnehmern erledigt werden mussten, an die Crowd auszulagern.

C. Dogmatische Einordnung von Crowdwork

Im folgenden Kapitel wird untersucht, wie der zwischen Crowdsourcer, Crowdwork-Plattform und Crowdworker stattfindende Prozess (im Folgenden „Crowdwork-Prozess") rechtsdogmatisch einzuordnen ist. Dabei ist zunächst zu untersuchen, welche rechtsgeschäftliche Verpflichtungsform die rechtliche Grundlage für die Tätigkeit der Crowdworker bildet. Für den Fall, dass ein Vertrag die Verpflichtungsgrundlage darstellt, wird weiter zu untersuchen sein, wie die vertraglichen Beziehungen der Beteiligten untereinander ausgestaltet sind. Zu beleuchten ist in diesem Zusammenhang insbesondere die Frage, wann eine Plattform als bloße Vermittlerin zwischen Crowdsourcer und Crowdworker auftritt und wann sie selbst als Vertragspartnerin der Parteien agiert.

I. Rahmenvertrag durch Registrierung

Bevor Aufgaben auf einer Crowdwork-Plattform zur Bearbeitung angenommen werden können, müssen die Benutzer sich zuerst auf dieser registrieren.[179] Dabei müssen neben der Angabe der persönlichen Daten wie Name, Adresse, etc. oftmals auch detaillierte Angaben zu Kenntnissen, Fähigkeiten und Interessen gemacht werden. Zusätzlich zu diesen Angaben können teilweise Online-Eignungstests durchgeführt werden, deren Ergebnis darüber entscheidet, ob dem Crowdworker komplexere bzw. fachspezifische Aufgaben angezeigt werden.[180] Schließlich müssen die Allgemeinen Geschäftsbedingungen und Datenschutzbestimmungen der Plattform akzeptiert werden.[181] Nach erfolgreicher Registrierung wird sodann der persönliche Account des Nutzers freigeschaltet.

---

179 Siehe nur § 2 Abs. 1 der AGB von *appJobber*; § 2.1 der AGB von *clickworker* für Clickworker; § 3.1 der AGB von *Crowdguru*; § 4.1 der AGB von *Scriptmakers*; § 2.3 der AGB von *TestCloud*; § 2.1 der AGB von *Textbroker* (jeweils letzter Aufruf 27.07.2020); Plattformen, auf denen eine vorherige Registrierung nicht erforderlich ist, sind dem Autor nicht bekannt.

180 So können etwa auf der Plattform *clickworker* sog. Basis- bzw. Projektqualifizierungen durchgeführt werden, durch welche sich Crowdworker u.a. als Autoren für diverse Texte oder zur Übersetzung von anderssprachigen Textpassagen qualifizieren; vgl. auch *Kocher/Hensel*, NZA 2016, 984, 985.

181 Ausführlich zur Einbeziehung von Nutzungsbedingungen *Härting*, Internetrecht, Rn. 1055 ff.

Aus rechtsdogmatischer Sicht stellt dabei die Übersendung der für die Registrierung erforderlichen Daten ein auf den Abschluss eines Vertrags gerichtetes Angebot dar, welches mit der Freischaltung durch die Crowdwork-Plattform angenommen wird.[182] Zwischen Benutzer und Plattform kommt ein Vertrag zustande, der für beide Seiten Rahmenbedingungen festlegt und allgemeine Verhaltensregeln für die Benutzer der Plattform enthält.[183] So sind die Benutzer regelmäßig laut AGB verpflichtet, ihre Daten wahrheitsgemäß anzugeben und stets aktuell zu halten.[184] Weiter ist das Benutzen mehrerer Accounts oder das Einloggen unter anderem Namen regelmäßig untersagt.[185] Teilweise werden angegebene Daten gesammelt und verwertet, um dem jeweiligen Crowdworker maßgeschneiderte Aufgaben anzuzeigen.[186] Auf der anderen Seite verpflichten sich die Plattformen, die verwendeten persönlichen Daten nicht bzw. nur an bestimmte Dritte weiterzugeben.[187]

Bei dem im Rahmen der Registrierung abgeschlossenen Vertrag handelt es sich folglich um einen Rahmenvertrag, durch den Nebenpflichten für die Nutzer der Plattform festgelegt werden.[188] Hauptleistungspflichten, wie sie im

---

182 Vgl. auch *Pacha*, Crowdwork, S. 106 ff.; *Warter*, Crowdwork, S. 103 f.; allgemein zur Begründung des Nutzungsverhältnisses auf Internet-Plattformen *Härting*, Internetrecht, Rn. 1053 f.

183 Bei Auktions-Plattformen wird für derartige Rahmenverträge die Terminologie „Nutzungsvertrag", „Nutzungsverhältnis" oder „Benutzungsverhältnis verwendet, vgl. etwa Leible/Sosnitza/*Hoffmann*, Teil 3 Rn. 83; *Koch*, CR 2005, 502; *Rüfner*, MMR 2000, 597.

184 Siehe nur Ziffer 1 lit. a der AGB von *Amazon Mechanical Turk*; § 2.2 der AGB von *clickworker* für Clickworker; § 3.2 der AGB von *Crowdguru*; § 2.1 der AGB von *Textbroker* (jeweils letzter Aufruf 27.07.2020).

185 Siehe nur Ziffer 3 lit. b der AGB von *Amazon Mechanical Turk*; § 2.4 der AGB von *clickworker* für Clickworker; § 3.4 der AGB von *Crowdguru*; Ziffer 3 der AGB von *InnoCentive*; § 2.6 der AGB von *Textbroker* (jeweils letzter Aufruf 27.07.2020).

186 Vgl. § 3 Abs. 3 S. 2 der Datenschutzbestimmungen von *clickworker* (letzter Aufruf 27.07.2020).

187 Siehe nur § 4 ff. der Datenschutzbestimmungen von *99designs*; Datenschutzbestimmungen von *Amazon Mechanical Turk* unter dem Punkt "Does Amazon Mechanical Turk share the information it receives?"; Abs. 1 der Datenschutzhinweise von *appJobber* unter dem Punkt „Datenerhebung und –speicherung"; § 4 der Datenschutzbestimmungen von *clickworker*; § 2.2 Abs. 2 der Datenschutzerklärung von *Scriptmakers* (jeweils letzter Aufruf 27.07.2020).

188 So auch *Brose*, NZS 2017, 7, 10; *Gärtner* in Dobreva/Hack-Leoni/Holenstein/Koller/Nedi: Neue Arbeitsformen, S. 159, 165; *Pacha*, Crowdwork, S. 115; *Warter*, Crowdwork, S. 104.

eigentlichen Crowdwork-Prozess begründet werden, entstehen durch diesen Vertrag allerdings noch nicht.[189]

II. Vergabe einzelner Aufgaben

Der eigentliche Crowdwork-Prozess findet nach der Freischaltung des Accounts des Benutzers statt. Loggt der Crowdworker sich mit seinem Benutzerkonto auf der jeweiligen Crowdwork-Plattform ein, werden ihm i.d.R. aktuell zu erledigende Aufgaben und jeweils die zugehörige Belohnung für deren Erledigung angezeigt. Oftmals wird der Teilnehmerkreis nach dem Ermessen der Plattform oder auf Kundenwunsch eingegrenzt, indem Aufgaben nur selektiv freigeschaltet werden. Die Differenzierung erfolgt dann etwa nach dem Qualifizierungsprofil, der Beschäftigungsdauer auf der Plattform oder nach dem Alter oder Geschlecht der Crowdworker.[190] Nimmt der Crowdworker eine dieser Aufgaben zur Bearbeitung an, wird er von der Plattform auf eine Seite weitergeleitet, auf der ihm die zur Bearbeitung erforderlichen Daten zur Verfügung gestellt werden. Die Bearbeitung der Aufgaben muss i.d.R. innerhalb eines vorgegebenen Zeitrahmens erfolgen.[191] Nach Erledigung einer Aufgabe wird die Vergütung auf dem Benutzerkonto des Crowdworkers gutgeschrieben.

Ein anderes Modell lässt mehrere Crowdworker wie in einem Wettbewerb gegeneinander antreten.[192] Hier liefern alle Crowdworker ein Ergebnis ab, jedoch erhält nur derjenige die Vergütung, der das „beste" Ergebnis abliefert. Die Ermittlung des Gewinners erfolgt dabei in der Regel durch den Crowdsourcer. Entspricht keines der Ergebnisse dessen Erwartungen, kann es auch sein, dass kein Teilnehmer die ausgeschriebene Vergütung erhält.[193]

---

189 Vgl. auch LAG München 04.12.2019 – 8 Sa 146/19 – NZA 2020, 316; ArbG München 20.02.2019 – 19 Ca 6915/18.

190 *Kocher/Hensel*, NZA 2016, 984, 985.

191 Die Bearbeitungszeit für Einzelaufträge beträgt bei *appJobber* maximal eine Stunde, vgl. § 5 Abs. 7 der AGB von *appJobber*; die Plattform *clickworker* gibt Crowdworkern zur Erledigung kleinerer Aufgaben regelmäßig einen Zeitrahmen zwischen 60 und 120 Minuten ab Auftragsannahme vor.

192 So z.B. die Plattformen *99designs*, oder *designenlassen.de*.

193 Bei *99designs* und *designenlassen.de* wird die Vergütung in einem solchen Fall allerdings zwischen allen bzw. ausgewählten Teilnehmern gleichmäßig verteilt, vgl. § 1.2 lit. b der AGB von *99designs*; § 3 Abs. 6 der AGB von *designenlassen.de* (letzter Aufruf 27.07.2020); insoweit ist *Kocher/Hensel*, NZA 2016, 984, 986 nicht zuzustimmen, da es laut diesen auch möglich ist, dass auf diesen Plattformen bei Nichtgefallen keine Vergütung gezahlt wird.

Fraglich ist, welche Rechtsgrundlage dem oben beschriebenen Prozess, also dem Vorgang von der Ausschreibung einer Aufgabe bis hin zu deren Bearbeitung, zu Grunde liegt. Werden Aufgaben über eine Online-Plattform öffentlich ausgeschrieben, die potentiell jede Person bearbeiten kann, die die nötigen Rahmenbedingungen erfüllt (i.d.R. Internetanschluss und Benutzerkonto beim Plattformbetreiber), kommen mehrere rechtsgeschäftliche Verpflichtungsformen in Betracht.

So ist zunächst eine Auslobung nach §§ 657 ff. BGB in Betracht zu ziehen, bei der gemäß § 657 BGB derjenige, der die Auslobung erklärt, gegenüber demjenigen, der die Handlung vornimmt, zur Entrichtung einer Belohnung verpflichtet ist. Andererseits könnte aber auch ein Vertrag vorliegen, durch den sich die jeweiligen Vertragsparteien gegenseitig rechtlich verpflichten. Besonders problematisch erscheinen dabei die bei Crowdwork-Plattformen üblicherweise auftretenden Dreiecksverhältnisse. Hier gilt es im Einzelfall zu untersuchen, welche Rolle die Crowdwork-Plattform zwischen Crowdsourcer und Crowdworker einnimmt, mithin, ob sie bezüglich einer konkreten Aufgabe selbst Vertragspartnerin sowohl auf Seiten der Crowdworker als auch auf Seiten der Crowdsourcer wird, oder ob sie nur die einzelnen Arbeitsaufträge vom Crowdsourcer an die Crowdworker vermittelt und selbst keine Vertragsbeziehungen mit den Parteien eingeht.

1. Auslobung

Nach § 657 BGB ist derjenige, der durch öffentliche Bekanntmachung eine Belohnung für die Vornahme einer Handlung, insbesondere für die Herbeiführung eines Erfolgs, aussetzt, verpflichtet, die Belohnung demjenigen zu entrichten, welcher die Handlung vorgenommen hat, selbst wenn dieser nicht mit Rücksicht auf die Auslobung gehandelt hat.

Da nach § 657 BGB das Entstehen des Anspruchs nicht davon abhängt, dass der Handelnde in Kenntnis der Auslobung tätig wurde, ist die Auslobung kein Vertrag. Sie stellt vielmehr eine einseitige, nicht empfangsbedürftige Willenserklärung dar, deren Zweck der Ansporn zu einer bestimmten Tätigkeit ist.[194] Es

194 BGH 23.09.1982 – III ZR 196/80 – NJW 1983, 442, 443; BGH 23.09.2010 – III ZR 246/09 – NJW 2011, 139 Rn. 12; *Berger* in Erman, § 657 BGB Rn. 2; *Gärtner* in Dobreva/Hack-Leoni/Holenstein/Koller/Nedi: Neue Arbeitsformen, S. 159, 166; *Kotzian-Marggraf* in BeckOK BGB, § 657 Rn. 7; *Laukemann* in jurisPK-BGB, § 657 Rn. 6; Palandt/*Sprau*, § 657 BGB Rn. 1; *Schäfer* in MüKo BGB, § 657 Rn. 3; a.A. Staudinger/*Bergmann*, § 657 BGB Rn. 14, 34 (Auslobung als Vertrag); wohl auch FG Rheinland-Pfalz 15.09.2015 – 6 K 1844/13 – DStRE 2016, 1053, 1064 f.

handelt sich mithin um eine gesetzlich zugelassene Ausnahme des in § 311 Abs. 1 BGB formulierten Vertragsprinzips.[195] Während für das Zustandekommen eines Vertrags dem potentiellen Vertragspartner zunächst ein Angebot zugehen muss, ist für die Entstehung des Belohnungsanspruchs bei der Auslobung kein Zugang der Auslobungserklärung, geschweige denn eine Annahmeerklärung des Handelnden, notwendig.[196] Gleichwohl begründet die Auslobung im Gegensatz zum Dienst- oder Werkvertrag keine Verpflichtung des Handelnden zum Tätigwerden.[197] Allerdings entsteht der Belohnungsanspruch mit der Vornahme der gewünschten Handlung.[198] Bis zu diesem Zeitpunkt ist ein Widerruf der Auslobungserklärung nach Maßgabe des § 658 BGB möglich. Nehmen mehrere Personen die Handlung gemeinsam vor, ist die Belohnung nach Maßgabe des § 660 BGB zu verteilen. Für den Fall, dass die Aufgabe mehrmals erledigt wurde, sieht § 659 Abs. 1 BGB vor, dass die Belohnung nur demjenigen zu entrichten ist, welcher die Handlung zuerst vorgenommen hat. Bei gleichzeitiger Vornahme durch mehrere Personen ist die Belohnung nach § 659 Abs. 2 BGB aufzuteilen.

Tatsächlich lassen sich auf den ersten Blick bei der Ausgestaltung des Crowdwork-Prozesses Ähnlichkeiten zum Rechtsinstitut der Auslobung nach §§ 657 ff. BGB erkennen. So werden auf den Crowdwork-Plattformen verschiedene Aufgaben im Rahmen von Bekanntmachungen an einen unbestimmten Adressatenkreis ausgeschrieben und Belohnungen für die Durchführung von Dienstleistungen bzw. Herstellung von Werken in Aussicht gestellt.

Zu den typischen Beispielen einer Auslobung gehörten in der Vergangenheit zwar eher Fälle wie das Aussetzen einer Belohnung beispielsweise für das Finden einer verlorenen Sache oder eines entlaufenen Tieres.[199] Eine Unterform der Auslobung, nämlich das Preisausschreiben nach § 661 BGB, kam bisher in der Praxis vor allem bei sportlichen Wettkämpfen, wissenschaftlichen oder künstlerischen Leistungen vor.[200] Jedoch könnte das Modell der Auslobung durch Crowdwork nunmehr auch im Rahmen unternehmerischer Arbeitsorganisation Fuß gefasst haben.

---

195 *Schäfer* in MüKo BGB, § 657 Rn. 3.

196 Vgl. *Kotzian/Marggraf* in BeckOK BGB, § 657 Rn. 8; *Schäfer* in MüKo BGB, § 657 Rn. 20; Schulze/*Schulze*, § 657 BGB Rn. 1; *Warter*, Crowdwork, S. 129.

197 *Schäfer* in MüKo BGB, § 657 Rn. 26.

198 BeckOGK/*Lohsse*, § 657 BGB Rn. 60; *Schäfer* in MüKo BGB, § 657 Rn. 28.

199 Vgl. *Schäfer* in MüKo BGB, § 657 Rn. 1; *Warter*, Crowdwork, S. 129.

200 Vgl. BGH 23.09.2010 – III ZR 246/09 – NJW 2011, 139 Rn. 11; Staudinger/*Bergmann*, § 661 BGB Rn. 9.

a) Öffentliche Bekanntmachung

Um den Tatbestand des § 657 BGB zu erfüllen, muss die Auslobung zunächst öffentlich bekannt gemacht werden. Vor dem Hintergrund des Schutzzwecks der Auslobung ist dieses Merkmal weit zu verstehen.[201] Die Erklärung erfolgt demnach dann öffentlich, wenn ein individuell nicht abgrenzbarer Personenkreis angesprochen wird.[202] Das ist auch dann der Fall, wenn sich die Bekanntmachung an bestimmte Personen- und Berufskreise richtet.[203] Nicht öffentlich ist die Erklärung nur, wenn sie einen geschlossenen und damit individuell abgegrenzten Personenkreis adressiert.[204] Die Erklärung kann schriftlich oder mündlich erfolgen, auch das Publikationsmittel ist beliebig.[205]

Bei Crowdwork werden die zu bearbeitenden Aufgaben auf einer Crowdwork-Plattform veröffentlicht, wo sie dann von den dort registrierten Crowdworkern zur Bearbeitung angenommen werden können. Um das Merkmal der öffentlichen Bekanntmachung zu erfüllen, müssten die zu bearbeitenden Aufgaben an einen unbestimmten, individuell nicht abgrenzbaren Personenkreis gerichtet sein.

Davon ist jedenfalls dann auszugehen, wenn die Aufgaben für jeden registrierten Nutzer der Plattform einsehbar sind. Denn dem Erklärenden kommt es bei der Ausschreibung nicht auf die individuelle Person des Crowdworkers an. Er ist vielmehr daran interessiert, eine möglichst breite Masse unbekannter Nutzer anzusprechen, die an der Bearbeitung der Aufgabe interessiert sind. Dass lediglich auf der jeweiligen Plattform registrierte Crowdworker die ausgeschriebene Aufgabe wahrnehmen können, ändert daran nichts. Denn eine individuelle Abgrenzbarkeit des Adressatenkreises ist nicht schon deshalb gegeben, weil die Bekanntgabe an eine eingeschränkte Öffentlichkeit erfolgt. Entscheidend ist, dass für den Crowdsourcer weiterhin ungewiss ist, welche und wie viele Personen die Möglichkeit der Kenntnisnahme haben.[206]

---

201 *Laukemann* in jurisPK-BGB, § 657 Rn. 24.

202 Vgl. OLG München 11.11.1982 – 24 U 114/82 – NJW 1983, 759; Jauernig/*Mansel*, § 657 BGB Rn. 4; BeckOGK/*Lohsse*, § 657 BGB Rn. 57; *Schäfer* in MüKo BGB, § 657 Rn. 23 f.; Staudinger/*Bergmann*, § 657 BGB Rn. 52.

203 OLG München 11.11.1982 – 24 U 114/82 – NJW 1983, 759; vgl. dazu auch BeckOGK/*Lohsse*, § 657 BGB Rn. 57.

204 OLG München 11.11.1982 – 24 U 114/82 – NJW 1983, 759.

205 *Laukemann* in jurisPK-BGB, § 657 Rn. 23; BeckOGK/*Lohsse*, § 657 BGB Rn. 59; *Kotzian/Marggraf* in BeckOK BGB, § 657 Rn. 11; Palandt/*Sprau*, § 657 BGB Rn. 3; Staudinger/*Bergmann*, § 657 BGB Rn. 55.

206 Vgl. *Berger* in Erman, § 657 BGB Rn. 7; *Laukemann* in jurisPK-BGB, § 657 Rn. 25; Palandt/*Sprau*, § 657 BGB Rn. 3; krit. *Pacha*, Crowdwork, S. 125.

Jedoch kann es – je nach Auswahl der Crowdwork-Plattform – auch vorkommen, dass Crowdworkern im Interface ihres Benutzerkontos nur ein Teil der verfügbaren Aufgaben angezeigt wird. Andere Aufgaben stehen ihnen dagegen nur dann zur Verfügung, wenn sie im jeweiligen Fachbereich ihre Kenntnisse durch entsprechende Tests nachgewiesen haben.[207] Anhand der nachgewiesenen Fähigkeiten und oftmals auch anhand der Bewertung der vergangenen Arbeiten werden den Crowdworkern auch solche Aufgaben angezeigt, die speziell auf deren Qualifikationsprofil zugeschnitten sind.[208] So wird etwa nur denjenigen Crowdworkern eine Aufgabe angezeigt, einen Text ins Spanische zu übersetzen, die in einem von der Plattform vorgegebenen Test entsprechende Spanischkenntnisse nachgewiesen haben. Komplexere und damit einhergehend besser bezahlte Aufgaben sind den Crowdworkern vorbehalten, die bereits mehrere Aufgaben erledigt und gleichzeitig gute Bewertungen erhalten haben und/oder deren Profil entsprechende Qualifikationen aufweist.

Zwar wird der Adressatenkreis in derartigen Fällen durch die Anpassung an die Erfahrung und die individuellen Fähigkeiten der Crowdworker noch weiter eingeschränkt als im ersten Fall. Von einer öffentlichen Bekanntmachung durch das Einstellen der Aufgabe ist dennoch auszugehen, da es für den Erklärenden auch hier nicht erkennbar ist, welche und wie viele Personen die Möglichkeit der Kenntnisnahme haben. Dem Erklärenden kommt es hier genauso wie bei Plattformen, bei denen keine selektive Freischaltung der Aufgaben erfolgt, darauf an, möglichst viele potentielle Bearbeiter zu erreichen. Dass die Bekanntmachung nur an entsprechend qualifizierte Crowdworker gerichtet ist, steht ihrer Öffentlichkeit nicht entgegen.[209] Die Situation wäre nur anders zu werten, wenn eine ausgeschriebene Aufgabe gezielt an einen vorher bestimmten Crowdworker erteilt würde, was bei Crowdwork-Plattformen, zumindest soweit ersichtlich, nicht der Fall ist. Die bloße Eingrenzung des Kreises der für die Bearbeitung einer Aufgabe in Betracht kommenden Crowdworker hat aber nicht bereits eine individuelle Bestimmbarkeit des Personenkreises zur Folge.[210]

---

207 So müssen Crowdworker bei der Plattform *clickworker* etwa sog. Basis- bzw. Projektqualifizierungen durchführen, um sich als Autoren für diverse Texte oder zur Übersetzung von anderssprachigen Textpassagen zu qualifizieren; vgl. dazu *Kocher/Hensel*, NZA 2016, 984, 985.

208 Vgl. dazu auch *Kocher/Hensel*, NZA 2016, 984, 985.

209 Vgl. *Berger* in Erman, § 657 BGB Rn. 7; Staudinger/*Bergmann*, § 657 BGB Rn. 52 m.w.N.

210 A.A. *Warter*, Crowdwork, S. 135 f.; krit. auch *Pacha*, Crowdwork, S. 125.

Das Einstellen einer Aufgabe auf Crowdwork-Plattformen erfüllt folglich die Voraussetzungen einer öffentlichen Bekanntmachung. Dabei spielt es keine Rolle, ob die Plattform bestimmten Crowdworkern auf deren Qualifikationsprofil zugeschnittene Aufgaben anzeigt oder ob die eingestellten Aufgaben für alle registrierten Crowdworker sichtbar sind.

b) Belohnung

Weiter muss der Auslobende eine Belohnung aussetzen. Inhalt der versprochenen Belohnung kann jeder materielle oder immaterielle Vorteil sein, der auch als Gegenstand eines Rechtsgeschäfts in Betracht kommt.[211] Es ist insbesondere nicht erforderlich, dass Geld versprochen wird.[212] Die Belohnung darf nur nicht sittenwidrig sein oder gegen ein Verbotsgesetz verstoßen.[213] Schließlich muss die Belohnung nicht exakt quantitativ oder qualitativ fixiert, aber zumindest bestimmbar sein.[214]

Crowdworker erhalten nach erfolgreicher Erledigung einer Aufgabe in der Regel einen vorher festgelegten Geldbetrag, welcher als Guthaben ihrem Plattformkonto gutgeschrieben wird. Das Guthaben kann dann über eine der von der Crowdwork-Plattform angebotenen Zahlungsmethoden ausgezahlt werden. Durch dic Zahlung der Geldbeträge erhalten Crowdworker folglich materielle Vorteile, welche zweifelsfrei als Belohnung im Sinne der Vorschrift verstanden werden können.[215]

c) Für die Vornahme einer Handlung

Die Belohnung muss „für die Vornahme einer Handlung" ausgesetzt sein. Der Begriff der Handlung nach § 657 BGB umfasst grundsätzlich jedes vom Willen eines Menschen abhängige Verhalten.[216] Nicht darunter fallen Ereignisse

211 *Berger* in Erman, § 657 BGB Rn. 6; BeckOGK/*Lohsse*, § 657 BGB Rn. 48; Staudinger/*Bergmann*, § 657 BGB Rn. 59.

212 Vgl. BGH 09.06.1983 – III ZR 74/82 – NJW 1984, 1118; OLG Brandenburg 27.01.2012 – 6 W 122/11 – ZfWG 2012, 144; *Berger* in Erman, § 657 BGB Rn. 6.

213 *Berger* in Erman, § 657 BGB Rn. 6; *Kotzian/Marggraf* in BeckOK BGB, § 657 Rn. 10; *Schäfer* in MüKo BGB, § 657 Rn. 26.

214 *Berger* in Erman, § 657 BGB Rn. 6; *Laukemann* in jurisPK-BGB, § 657 Rn. 15; *Schäfer* in MüKo BGB, § 657 Rn. 27; Staudinger/*Bergmann*, § 657 BGB Rn. 60.

215 Vgl. auch *Warter*, Crowdwork, S. 136.

216 *Berger* in Erman, § 657 BGB Rn. 8; Palandt/*Sprau*, § 657 BGB Rn. 4; *Schäfer* in MüKo BGB, § 657 Rn. 29.

und natürliche Zustände wie der Eintritt der Geburt oder des Todes oder das Erreichen eines bestimmten Geburtstages.[217] Ebenfalls nicht in den Anwendungsbereich des § 657 BGB fallen solche menschlichen Handlungen, die keine nennenswerte und belohnenswerte Tätigkeit darstellen.[218] So wurden von der Rechtsprechung etwa Handlungen wie das Einsenden von Gewinnunterlagen,[219] das Freirubbeln und Einsenden von Silberkreisen[220] oder die Beantwortung von Fragen, die mithilfe des aufmerksamen Durchlesens einer 20-seitigen Werbebroschüre zu beantworten waren,[221] nicht als Handlungen nach § 657 BGB anerkannt.

Weiter ist die Auslobung durch die Handlung im Sinne von § 657 BGB von Geschäften mit aleatorischem Charakter gem. §§ 762 f. BGB und (bedingten) Schenkungen nach §§ 516 ff. BGB im „Gewand einer Auslobung“[222] abzugrenzen.[223] Im Gegensatz zum unverbindlichen bedingten Schenkungsversprechen oder Spiel muss objektiv irgendein menschliches Handeln als Gegenleistung vorliegen und subjektiv eine persönliche Wertschätzung oder ein kommerzielles Interesse an dem geforderten Tun erkennbar sein.[224] Nach dem Leitbild der §§ 657 ff. BGB sind Auslobung und Preisausschreiben entgeltliche Rechtsgeschäfte.[225] Die ausgesetzte Belohnung stellt die Gegenleistung für die Leistung, die in der Vornahme der Handlung oder der Herbeiführung des Erfolgs liegt, dar.

Bei den bei Crowdwork üblichen Tätigkeiten handelt es sich regelmäßig um Aufgaben wie etwa die Übersetzung von Texten, das Erstellen von Designs oder die Programmierung ganzer Internetseiten.[226] Ob die Aufgaben die Leistung von

---

217 *Berger* in Erman, § 657 BGB Rn. 8; *Schäfer* in MüKo BGB, § 657 Rn. 31; Staudinger/*Bergmann*, § 657 BGB Rn. 62.

218 OLG Stuttgart 19.02.1986 – 1 U 166/85 – MDR 1986, 756 Rn. 10; OLG Düsseldorf 14.01.1997 – 22 W 88/96 – NJW 1997, 2122; OLG Hamm 05.11.1999 – 29 U 26/99; Palandt/*Sprau*, § 657 BGB Rn. 4; Staudinger/*Bergmann*, § 657 BGB Rn. 62; a.A. *Schäfer* in MüKo BGB, § 657 Rn. 30.

219 Vgl. OLG Düsseldorf 14.01.1997 – 22 W 88/96 – NJW 1997, 2122.

220 Vgl. OLG Stuttgart 19.02.1986 – 1 U 166/85 – MDR 1986, 756.

221 Vgl. LG Münster 05.08.1987 – 1 S 19/87 – MDR 1988, 53.

222 So Staudinger/*Bergmann*, § 657 BGB Rn. 62.

223 *Berger* in Erman, § 657 BGB Rn. 4; Palandt/*Sprau*, § 661 BGB Rn. 1; Staudinger/*Bergmann*, § 657 BGB Rn. 62.

224 BGH 06.04.1966 – Ib ZR 82/64 – MDR 1966, 572 Rn. 26; Palandt/*Sprau*, § 657 BGB Rn. 1; Staudinger/*Engel*, Vorb. zu §§ 762–764 BGB Rn. 7; dazu ausführlich *Henssler*, Risiko als Vertragsgegenstand, S. 460 ff.

225 *Kotzian/Marggraf* in BeckOK BGB, § 657 Rn. 8; *Schäfer* in MüKo BGB, § 657 Rn. 12, 28; Staudinger/*Bergmann*, § 657 BGB Rn. 18.

226 Vgl. dazu Punkt A. II.

Diensten oder die Herbeiführung von Erfolgen zum Gegenstand haben, spielt an dieser Stelle keine Rolle.[227] In beiden Fällen wird ein menschliches Handeln als Gegenleistung für die ausgeschriebene Belohnung erwartet. Auch besteht regelmäßig ein wirtschaftliches Interesse des Crowdsourcers an den geforderten Handlungen. Die Leistungen der Crowdworker sind folglich stets als nennens- und belohnenswerte Tätigkeiten anzusehen und mithin als Handlungen im Sinne des § 657 BGB zu verstehen.[228]

d) Bindendes Versprechen

Die Belohnung muss schließlich in einem „bindenden Versprechen" ausgesetzt werden.[229] Das Versprechen stellt dabei eine einseitige, nicht empfangsbedürftige, nicht annahmebedürftige Willenserklärung dar.[230] Aus ihm muss sich – aus der Sicht eines vernünftigen Teilnehmers am Rechtsverkehr als Teil der durch die Auslobung angesprochenen Öffentlichkeit – mit hinreichender Deutlichkeit eine bindende Leistungsverpflichtung des Auslobenden für den Fall der Vornahme der ausgelobten Handlung ergeben.[231] Dabei ist im Einzelfall durch Auslegung zu ermitteln, ob die Willenserklärung einen abschließenden Charakter hat und den Auslobenden ohne weiteres binden soll oder ob lediglich eine auf den Abschluss eines Vertrags gerichtete Willenserklärung vorliegt.[232]

Entscheidend ist folglich, ob die Ausschreibung der Aufgaben aus Sicht eines am Crowdwork-Prozess teilnehmenden Crowdworkers als einseitig bindendes Versprechen aufgefasst werden kann oder ob noch ein weiterer, auf den Abschluss eines Vertrags gerichteter Erklärungsakt des Crowdworkers notwendig ist.

Aus Sicht der Crowdworker ist zwar erkennbar, dass der Crowdsourcer sich mit dem Ausschreiben der Aufgabe an eine unbestimmte Personenmenge richtet.

---

227 Dazu aber ausführlich im Rahmen der arbeitsrechtlichen Einordnung, siehe Punkt D. I. 2. b) bb) (1).

228 So auch *Warter*, Crowdwork, S. 136.

229 So die amtliche Überschrift des § 657 BGB; vgl. auch BeckOGK/*Lohsse*, § 657 BGB Rn. 33.

230 *Berger* in Erman, § 657 BGB Rn. 5; *Schäfer* in MüKo BGB, § 657 Rn. 20.

231 OLG Stuttgart 16.02.2016 – 12 U 63/15 – NJOZ 2016, 1858 Rn. 55 ff.; BeckOGK/*Lohsse*, § 657 BGB Rn. 34; *Berger* in Erman, § 657 BGB Rn. 5; *Laukemann* in jurisPK-BGB, § 657 Rn. 16.

232 *Schäfer* in MüKo BGB, § 657 Rn. 12; vgl. auch Staudinger/*Bergmann*, § 657 BGB Rn. 27.

Jedoch wird gerade durch den tatsächlichen Ablauf des Crowdwork-Prozesses deutlich, dass der Crowdsourcer sich nur gegenüber demjenigen Crowdworker verpflichten soll, der letztlich die ausgeschriebene Aufgabe zur Bearbeitung annimmt. Denn die Crowdwork-Plattformen sind in der Regel so programmiert, dass die ausgeschriebene Aufgabe nicht erst nach deren Erledigung, sondern bereits nach der Annahme durch einen Crowdworker zur Bearbeitung für andere Interessenten gesperrt wird und somit nicht mehr für andere verfügbar ist.[233] Eine gleichzeitige Bearbeitung derselben Aufgabe durch mehrere Crowdworker ist folglich nicht möglich.[234]

Es ist auch davon auszugehen, dass es dem tatsächlichen Willen des Crowdsourcers entspricht, sich durch die Veröffentlichung der Aufgabe nicht gegenüber demjenigen einseitig zu binden, der die geforderte Handlung als erstes vornimmt. Denn die Auslobung sieht gegenüber dem Handelnden kein verpflichtendes Element vor.[235] Dies würde bedeuten, dass der Crowdworker bei Vorliegen eines bindenden Versprechens des Crowdsourcers nicht für den Erfolg und die Mangelfreiheit der vorgenommenen Handlung oder Leistung haften würde.

Schließlich würde das Vorliegen einer Auslobung bedeuten, dass die Vergütung bei gleichzeitiger Erledigung der Aufgabe durch mehrere Crowdworker nach Maßgabe des § 659 Abs. 2 BGB gleichmäßig aufzuteilen wäre, was eine weitere Aufspaltung der oftmals ohnehin schon niedrigen Vergütungen zur Folge hätte. Diese Unsicherheit bezüglich der Entlohnung würde ihren Höhepunkt darin erreichen, dass die Arbeit der Crowdworker stets mit dem Risiko behaftet wäre, dass das Ergebnis der Aufgabe, an der gerade gearbeitet wird, zwischenzeitlich von einem anderen Crowdworker eingereicht wird und die Vergütung somit gemäß § 659 Abs. 1 BGB nur diesem zusteht.

---

233 Für die Erledigung wird üblicherweise ein bestimmter Zeitrahmen vorgegeben, in dem die Aufgabe erledigt werden muss, andernfalls wird sie wieder für andere Crowdworker freigegeben, vgl. nur § 5 Abs. 7 der AGB von *appJobber*; § 4.2 der AGB von *Crowdguru* (letzter Aufruf 27.07.2020).

234 Zwar gibt es teilweise größere Kontingente an gleichartigen Aufgaben, bei denen dieselben Aktionen von verschiedenen Personen vorgenommen werden müssen. Allerdings sind auch diese Aufgaben abgezählt und verschwinden aus dem Interface der Crowdworker, sobald die letzte verfügbare Aufgabe bearbeitet wurde.

235 *Berger* in Erman, § 657 BGB Rn. 14; *Kotzian/Marggraf* in BeckOK BGB, § 657 Rn. 14; *Laukemann* in jurisPK-BGB, § 657 Rn. 33; a.A. Staudinger/*Bergmann*, § 657 BGB Rn. 78 ff.

All diese Aspekte sprechen dafür, dass die in der Einstellung der Aufgabe liegende Erklärung nicht als einseitig bindendes Versprechen aufzufassen ist, sondern eine Bindungswirkung vielmehr beiderseitig zwischen dem Ausschreibenden und dem jeweiligen Bearbeiter einer Aufgabe entstehen soll.[236]

e) Sonderfall: Wettbewerbsbasierte Crowdwork

Etwas anderes könnte bei einem Modell der Crowdwork gelten, bei dem mehrere Crowdworker wie in einem Wettbewerb gegeneinander antreten. Dabei liefern alle Crowdworker ein Ergebnis ab, wobei jedoch in der Regel nur einer der Bearbeiter die ausgeschriebene Vergütung erhält. Die Ermittlung des Gewinners erfolgt dabei in der Regel durch den Crowdsourcer.[237] Entspricht keines der eingereichten Ergebnisse dessen Erwartungen, kann es auch sein, dass keiner der Teilnehmer die ausgeschriebene Vergütung erhält.[238] Diese Variante wird im Folgenden als „wettbewerbsbasierte Crowdwork" bezeichnet.

Bei diesem Modell könnte es sich – entgegen dem oben festgestellten Ergebnis – um eine Sonderform der Auslobung, nämlich ein Preisausschreiben nach § 661 BGB handeln. Der entscheidende Unterschied zur allgemeinen Auslobung liegt dabei in der Notwendigkeit einer Preisentscheidung, die zur Bewirkung der ausgelobten Handlung bzw. des Erfolgs hinzutreten muss.[239] Die Interessenten bewerben sich binnen einer bestimmten Frist um den Preis. Danach entscheiden die Preisrichter (bei fehlender Bestimmung der Auslobende selbst), ob die Leistung eines Bewerbers der Auslobung entspricht und welcher Bewerber den Preis erhalten soll (vgl. § 661 Abs. 2 S. 1 BGB).

Während also bei der Grundform der Auslobung die Belohnung an denjenigen geht, der die geforderte Handlung zuerst vornimmt (vgl. § 659 Abs. 1 BGB), prämiert das Preisausschreiben die qualitativ beste („würdigste") Handlung (vgl. § 661 Abs. 3 BGB). Hinsichtlich der Qualität und

---

236 So im Ergebnis auch *Pacha*, Crowdwork, S. 125 f.; zu beachten ist, dass der Wille der Parteien in Fällen der wettbewerbsbasierten Crowdwork anders zu beurteilen sein kann, siehe dazu den nachfolgenden Punkt (Punkt C. II. 1. e)).

237 Dieses Konzept wird in Deutschland etwa von den Plattformen *99designs* oder *designenlassen.de* angewandt.

238 Bei *99designs* und *designenlassen.de* wird die Vergütung in einem solchen Fall allerdings zwischen allen bzw. ausgewählten Teilnehmern gleichmäßig verteilt, vgl. dazu schon Fn. 193.

239 BeckOGK/*Lohsse*, § 661 BGB Rn. 1; Jauernig/*Mansel*, § 661 BGB Rn. 1; *Kotzian-Marggraf* in BeckOK BGB, § 661 Rn. 1; *Schäfer* in MüKo BGB, § 661 Rn. 3; Schulze/*Schulze*, § 661 BGB Rn. 1; Staudinger/*Bergmann*, § 661 BGB Rn. 1.

Preiswürdigkeit räumt § 661 BGB dem Preisauslobenden in Abs. 2 S. 1 einen weiten Ermessensspielraum ein.[240] Allerdings muss die Entscheidung nach einer gemäß § 661 Abs. 1 BGB obligatorischen Preisbewerbungsfrist erfolgen. Dadurch soll der Auslobende gezielt unter Entscheidungszwang gesetzt werden. Denn das Erfordernis der Fristsetzung soll gerade verhindern, dass die Preisentscheidung in der Hoffnung auf Eingang noch besserer Lösungen beliebig hinausgezögert wird.[241]

Der Hauptanwendungsbereich des Preisausschreibens lag bislang insbesondere bei wissenschaftlichen oder künstlerischen Leistungen oder bei sportlichen Wettkämpfen, bei denen der Sieger eine Prämie erhält.[242] Auch bei Architektenwettbewerben wird des Öfteren von einem Preisausschreiben ausgegangen.[243] Im Gegensatz zur wettbewerbsbasierten Crowdwork wird hier allerdings von den Interessenten regelmäßig nur die Beschreibung ihrer Leistung erwartet. Die vollständige Erbringung der Leistung obliegt dagegen allein dem Gewinner. Bei wettbewerbsbasierter Crowdwork werden hingegen für die Teilnahme am Wettbewerb nicht nur Entwürfe, sondern fertige Arbeitsergebnisse abgeliefert, die in der Form meist direkt vom ausschreibenden Unternehmen genutzt werden können.[244] Die geforderte Leistung wird dabei von einer Vielzahl an Crowdworkern erbracht. Jedoch wird unter all denen, die innerhalb des vorgegebenen Zeitrahmens ein Ergebnis einschicken, nur ein Gewinner ermittelt, der dann die ausgeschriebene Vergütung erhält, während die restlichen Teilnehmer leer ausgehen.[245]

---

240 *Berger* in Erman, § 661 BGB Rn. 1; vgl. auch *Schäfer* in MüKo BGB, § 661 Rn. 27.

241 BGH 09.06.1983 – III ZR 74/82 – NJW 1984, 1118, 1119; Jauernig/*Mansel*, § 661 BGB Rn. 1; Palandt/*Sprau*, § 661 BGB Rn. 1; Schulze/*Schulze*, § 661 BGB Rn. 1.

242 Vgl. BGH 23.09.2010 – III ZR 246/09 – NJW 2011, 139 Rn. 11; *Berger* in Erman, § 661 BGB Rn. 1; Palandt/*Sprau*, § 661 BGB Rn. 1; Staudinger/*Bergmann*, § 661 BGB Rn. 9.

243 Vgl. nur BGH 03.11.1983 – III ZR 125/82 – NJW 1984, 1533; OLG München 22.01.2001 – 31 U 5879/00 – NJW-RR 2001, 1532; *Kotzian-Marggraf* in BeckOK BGB, § 661 Rn. 2; Palandt/*Sprau*, § 661 BGB Rn. 1; Staudinger/*Bergmann*, § 661 BGB Rn. 7.

244 So werden bei Wettbewerben auf den Plattform *99designs* oder *designenlassen.de* etwa Crowdworker dazu aufgefordert, fertig designte Logos, basierend auf den vom Crowdsourcer vorgegebenen Kriterien, zu entwerfen und einzusenden; vgl. dazu auch *Däubler* in Benner, Crowdwork – Zurück in die Zukunft?, S. 243, 253; *Däubler/Klebe*, NZA 2015, 1032, 1038; *Wank*, EuZA 2016, 143, 168; *Warter*, Crowdwork, S. 130.

245 Eine Ausnahme gilt auf den o.g. Plattformen nur dann, wenn kein Gewinner benannt wird. In diesen Fällen wird die Vergütung zwischen allen bzw. ausgewählten Teilnehmern gleichmäßig verteilt, vgl. § 1.2 lit. b der AGB von *99designs*; § 3 Abs. 6 der AGB von *designenlassen.de* (jeweils letzter Aufruf 27.07.2020).

Nichtsdestotrotz handelt es sich bei der Auswahl des Gewinners um eine Preisentscheidung im Sinne des § 661 Abs. 2 S. 1 BGB, da die Entscheidung darüber, ob der Crowdworker eine Vergütung für seine verrichtete Arbeit erhält, letztlich beim Auftraggeber liegt.[246] Ein entsprechender Bindungswille des Ausschreibenden wird auch aufgrund der von den Plattformen vorgegebenen Regeln deutlich. Im Übrigen sind die Voraussetzungen des Preisausschreibens mit denen der Grundform der Auslobung identisch.[247] Wie die obigen Ausführungen zeigen, handelt es sich bei der Ausschreibung der Aufgaben um eine öffentliche Bekanntmachung, durch die für die Vornahme einer Handlung eine Belohnung in Form einer entgeltlichen Vergütung für den Gewinner des Wettbewerbs ausgeschrieben wird. Bei wettbewerbsbasierter Crowdwork erfolgt die Aufgabenbearbeitung folglich auf Grundlage eines Preisausschreibens nach § 661 BGB.[248]

Somit überzeugt auch der Einwand von Teilen der Literatur nicht, wonach Allgemeine Geschäftsbedingungen von Crowdwork-Plattformen, die wettbewerbsbasierte Crowdwork anwenden und deshalb die Vergütung von einer Bedingung abhängig machen, insoweit nicht mit dem wesentlichen Grundgedanken des Werkvertrags (oder Dienstvertrags) zu vereinbaren und daher unangemessen benachteiligend im Sinne des § 307 Abs. 2 Nr. 1 BGB sind.[249] Denn die Ansicht verkennt, dass in den Fällen der wettbewerbsbasierten Crowdwork gerade kein Werk- oder Dienstvertrag zwischen den Parteien geschlossen wird, sondern ein Preisausschreiben im Sinne des § 661 BGB vorliegt. Es entspricht gerade dem Grundgedanken der Regelung, dass nur eine Partei zur Gegenleistung berechtigt ist, sodass ein Verstoß gegen § 307 Abs. 2 Nr. 1 BGB in diesem Fall nicht gegeben ist.[250] Im Übrigen unterfällt eine solche Abrede überhaupt nicht der Inhaltskontrolle nach §§ 307 ff. BGB. Denn durch das Versprechen des Preises an denjenigen Teilnehmer, dessen Leistung der Auslobung entspricht, wird eine typische

---

246 Vgl. auch Arnold/Günther/*Lingemann/Chakrabarti*, Arbeitsrecht 4.0, Kap. 2 Rn. 76.

247 *Kotzian-Marggraf* in BeckOK BGB, § 661 Rn. 1; vgl. auch BeckOGK/*Lohsse*, § 661 BGB Rn. 12 ff.; *Schäfer* in MüKo BGB, § 661 Rn. 12 ff.

248 So auch Arnold/Günther/*Lingemann/Chakrabarti*, Arbeitsrecht 4.0, Kap. 2 Rn. 76; Maschmann/*Heise/Belovitzer*, Kap. 12 Rn. 83; *Selzer* in Husemann/Wietfeld: Zwischen Theorie und Praxis, S. 27, 37 (Fn. 33); a.A. *Gärtner* in Dobreva/Hack-Leoni/Holenstein/Koller/Nedi: Neue Arbeitsformen, S. 159, 170.

249 So *Däubler*, Digitalisierung und Arbeitsrecht, § 18 Rn. 79 f.; *Däubler/Klebe*, NZA 2015, 1032, 1038; ähnlich für die österreichische Rechtslage *Warter*, Crowdwork, S. 272.

250 So auch Arnold/Günther/*Lingemann/Chakrabarti*, Arbeitsrecht 4.0, Kap. 2 Rn. 83; Maschmann/*Heise/Belovitzer*, Kap. 12 Rn. 39; *Selzer* in Husemann/Wietfeld: Zwischen Theorie und Praxis, S. 27, 37 f. (Fn. 33).

Hauptleistungspflicht des Auslobenden bestimmt. Auf derartige Abreden, die ihrer Art nach nicht der Regelung durch Gesetz unterliegen, sondern von den Beteiligten im Einzelnen festgelegt werden müssen, ist die Inhaltskontrolle nicht anwendbar.[251]

f) Zwischenergebnis

Im Ergebnis kann festgehalten werden, dass eine Auslobung als Rechtsgrundlage für die im Rahmen von Crowdwork ausgeschriebenen Aufgaben grundsätzlich nicht einschlägig ist. Zwar handelt es sich bei der Veröffentlichung einer Crowdwork-Aufgabe um eine öffentliche Bekanntmachung, mittels der die Vornahme einer Handlung gefordert wird, wobei die Zahlung des ausgeschriebenen Entgelts auch als Belohnung im Sinne des § 657 BGB verstanden werden kann. Die praktische Ausgestaltung des Crowdwork-Prozesses macht jedoch für den durchschnittlichen Crowdworker deutlich, dass die Ausschreibung der Aufgabe nicht als einseitig bindendes Versprechen zu verstehen ist.

Eine Ausnahme ergibt sich für den Fall der wettbewerbsbasierten Crowdwork. Bei dieser wird den Crowdworkern ebenfalls eine Belohnung für die Vornahme einer Handlung mittels einer öffentlichen Bekanntmachung in Aussicht gestellt. Jedoch ist in diesem Fall für die teilnehmenden Crowdworker klar ersichtlich, dass unter allen Bewerbern lediglich einer den Wettbewerb gewinnt und so die ausgeschriebene Vergütung erhält. Mithin kann für diese Form der Crowdwork das Vorliegen eines Preisausschreibens nach § 661 BGB bejaht werden.

2. Vertrag

Folglich ist davon auszugehen, dass – abgesehen von den Fällen der wettbewerbsbasierten Crowdwork[252] – die Handlungen der im Crowdwork-Prozess beteiligten Parteien als auf einen Vertragsschluss gerichtete Willenserklärungen aufzufassen sind. Dabei stellt sich die Frage, wie ein solches Vertragsverhältnis ausgestaltet ist, insbesondere, ob es sich bei den einzelnen ausgeschriebenen Aufgaben bereits um verbindliche Angebote im Rechtssinne handelt oder aber

---

251 Arnold/Günther/*Lingemann/Chakrabarti*, Arbeitsrecht 4.0, Kap. 2 Rn. 83; Maschmann/*Heise/Belovitzer*, Kap. 12 Rn. 39; *Selzer* in Husemann/Wietfeld: Zwischen Theorie und Praxis, S. 27, 38 (Fn. 33); vgl. auch Jauernig/*Stadler*, § 307 BGB Rn. 14 f.; *Lingemann* in Bauer/Lingemann/Diller/Haußmann, Anwalts-Formularbuch Arbeitsrecht, Kap. 2 Rn. 45; Schulze/*Schulte-Nölke*, § 307 BGB Rn. 5.

252 In diesen Fällen erfolgt die Vergabe der Aufgaben auf Grundlage eines Preisausschreibens nach § 661 BGB, s.o. (Punkt C. II. 1. e)).

nur um Aufforderungen zur Abgabe eines Angebots. Davon abhängig ist auch die Frage, wie die letztlich zum Vertragsschluss führende Annahme erfolgt.

Allem voran ist jedoch auf die Parteien des Vertrags einzugehen. Hier ist bereits fraglich, welche der Beteiligten überhaupt miteinander kontrahieren. Von besonderem Interesse sind dabei jene Konstellationen, in denen Crowdsourcer die zu erledigende Aufgabe auf der Plattform eines Drittanbieters ausschreiben, welcher letztlich einen Teil der Bezahlung als Provision einbehält. Denkbar wäre dabei einerseits die Begründung eines direkten Vertragsverhältnisses zwischen Crowdworker und Crowdsourcer, bei dem die Plattform lediglich eine Vermittlerrolle einnimmt. Andererseits könnte aber auch eine Dreiecksbeziehung zwischen Crowdworker, Plattform und Crowdsourcer entstehen, wobei die Plattform sowohl gegenüber dem Crowdsourcer als auch gegenüber dem Crowdworker als Vertragspartnerin auftritt.

a) Vertragsparteien

Zur Ermittlung der vertragsschließenden Parteien bezüglich einzelner Crowdwork-Aufgaben ist zunächst zwischen den verschiedenen Erscheinungsformen von Crowdwork zu differenzieren:[253] Für den Crowdsourcer besteht einerseits die Möglichkeit, die zu erledigenden Aufgaben auf einer eigens eingerichteten Plattform auszuschreiben. Diese Variante wird üblicherweise im Rahmen der internen Crowdwork angewandt, ist aber auch bei externer Crowdwork denkbar. Es handelt sich dabei um Fälle des direkten Crowdsourcing.[254] Weitaus mehr Zuspruch hat in den letzten Jahren aber die Variante des indirekten Crowdsourcing erfahren, bei der sich der Crowdsourcer der Plattform eines externen Unternehmens bedient, welches die ausgeschriebenen Aufgaben an Crowdworker weitergibt.[255] Hier ist jeweils im Einzelfall zu prüfen, ob die Plattform lediglich einen Vertrag zwischen Crowdworker und Crowdsourcer vermittelt oder ob Crowdsourcer und Crowdworker jeweils mit dem Plattformbetreiber einen Vertrag über die zu erbringende Leistung abschließen.

---

253 Siehe zu den verschiedenen Erscheinungsformen auch Punkt B. II.

254 Siehe dazu auch Punkt B. II. 2. a); vgl. auch Arnold/Günther/*Lingemann/Chakrabarti*, Arbeitsrecht 4.0, Kap. 2 Rn. 81.

255 Siehe dazu auch Punkt B. II. 2. b); vgl. auch Arnold/Günther/*Lingemann/Chakrabarti*, Arbeitsrecht 4.0, Kap. 2 Rn. 79; *Schubert*, RdA 2018, 200, 202.

aa) Direktes Crowdsourcing

Im Fall des direkten Crowdsourcing erstellt der Crowdsourcer selbst eine Plattform, auf der er Aufgaben für Crowdworker anbietet.[256] Da hier Crowdsourcer und Plattformbetreiber ein und dieselbe Person sind und somit gegenüber dem Crowdworker nur eine Partei als Vertragspartner in Betracht kommt, bereitet die Bestimmung der Vertragsparteien in diesem Fall keine größeren Probleme. Die Frage, wie die jeweils abgegebenen Willenserklärungen rechtlich zu qualifizieren sind, mithin welche Partei letztlich die Angebots- bzw. die Annahmeerklärung abgibt, wird an anderer Stelle erörtert.[257] Ein Vertrag kommt in diesen Konstellationen folglich direkt zwischen Crowdsourcer und Crowdworker zustande.[258]

bb) Indirektes Crowdsourcing

Problematischer erscheint die Bestimmung der Vertragsparteien in der Fallkonstellation des indirekten Crowdsourcing. Bedient sich der Crowdsourcer der Plattform eines externen Unternehmens, welches die ausgeschriebenen Aufgaben an Crowdworker weitergibt, kommen mehrere rechtsdogmatische Konstruktionen in Betracht: Einerseits könnte zwischen Crowdsourcer und Crowdworker ein direktes Vertragsverhältnis entstehen, wobei die Plattform lediglich die Aufgabe der Vermittlung der Vertragspartner übernimmt. Andererseits könnte aber auch eine Art Dreiecksverhältnis entstehen, wobei die Plattform Vertragspartnerin sowohl gegenüber dem Crowdsourcer als auch gegenüber dem Crowdworker wird.

(1) Plattform als Vermittlerin

Einige der Plattformbetreiber sehen sich selbst in einer Vermittlerrolle, was so auch ausdrücklich in deren Allgemeinen Geschäftsbedingungen festgehalten wird. So wird etwa in den Allgemeinen Geschäftsbedingungen der Plattform *Amazon Mechanical Turk* klargestellt, dass die Plattform nur eine Vermittlerin zwischen Crowdsourcer und Crowdworker sei und lediglich die technische Infrastruktur zur Verfügung stelle.[259] Nur mit diesem Inhalt soll also das Vertragsverhältnis zwischen Plattform und Crowdsourcer bzw. Crowdworker bestehen. Bezüglich der einzelnen Aufgaben käme demzufolge ein weiteres

---

256 Vgl. dazu Punkt B. II. 2. a).

257 Dazu ausführlich weiter unten (Punkt C. II. 2. b) und c)).

258 So auch *Warter*, Crowdwork, S. 117; die Ermittlung der konkreten Vertragsart erfolgt im nächsten Kapitel (s. Punkt D. I. 2. b) bb) (1)).

259 Vgl. Ziffer 2 der AGB von *Amazon Mechanical Turk* (letzter Aufruf 27.07.2020).

Vertragsverhältnis zwischen Crowdsourcer und Crowdworker – der Hauptvertrag – zustande.[260] Die Allgemeinen Geschäftsbedingungen der Crowdwork-Plattformen *Freelancer*,[261] *InnoCentive*,[262] oder *Twago*[263] lassen auf eine ähnliche Gestaltung der Rechtsbeziehungen der Beteiligten schließen.

(a) Dogmatische Einordnung der Vermittlungstätigkeit

Beschränkt sich die Tätigkeit einer Crowdwork-Plattform tatsächlich lediglich auf die Vermittlung zwischen Crowdsourcer und Crowdworker, stellt sich die Frage, wie eine solche Vermittlungstätigkeit rechtsdogmatisch einzuordnen ist.

Als Vermittlerin müsste die Plattform unmittelbar oder mittelbar auf den Willen des Crowdworkers zum Vertragsschluss mit dem Crowdsourcer einwirken.[264] Die Plattformen nehmen am Geschehen insofern teil, als sie den Crowdsourcern ermöglichen, Aufgaben auf die jeweiligen Plattformen einzustellen und diese somit einer großen Anzahl von potentiellen Bearbeitern zugänglich machen. Zusätzlich sorgen sie für die Abwicklung des Prozesses, indem sie die nötigen technischen und infrastrukturellen Rahmenbedingungen zur Verfügung stellen.[265] Vertragsparteien bezüglich der spezifischen Aufgaben sollen hingegen Crowdsourcer und Crowdworker werden. Die Plattform stellt lediglich die Kontaktmöglichkeit zwischen den Vertragsparteien her.[266]

Als Grundlage für die Vermittlungstätigkeit kommen verschiedene Vertragstypen in Betracht. So könnte es sich bei den Diensten der Plattform für den Crowdsourcer etwa um einen Dienstvertrag nach § 611 BGB handeln. Möglicherweise verspricht die Plattform durch die Vermittlungstätigkeit aber auch die Verschaffung fremder Dienste, sodass als Rechtsgrundlage ein sog. Dienstverschaffungsvertrag infrage kommt. Schließlich könnte auch ein Maklervertrag nach § 652 BGB oder eine Mischform verschiedener Verträge zwischen Crowdsourcer und Plattform die Grundlage für die Vermittlungstätigkeit darstellen.

---

260 Vgl. auch *Däubler/Klebe*, NZA 2015, 1032, 1033; *Warter*, Crowdwork, S. 112 f.

261 Ziffer 1 der AGB von *Freelancer* (letzter Aufruf 27.07.2020).

262 Ziffer 1 der AGB von *InnoCentive* (letzter Aufruf 27.07.2020).

263 § 3.1 der AGB von *Twago* (letzter Aufruf 27.07.2020).

264 Vgl. BGH 10.07.1985 – IVa ZR 15/84 – NJW 1986, 50, 51; BGH 04.07.1990 – IV ZR 174/89 – NJW 1990, 2744, 2745; BGH 04.06.2009 – III ZR 82/08 – NJW-RR 2009, 1282, 1283; OLG Oldenburg 16.06.2010 – 5 U 138/09 – NJW-RR 2010, 1717, 1720; OLG Saarbrücken 17.09.2015 – 4 U 131/14 – NJW-RR 2016, 58, 59.

265 *Däubler*, Digitalisierung und Arbeitsrecht, § 18 Rn. 7; *Schubert*, RdA 2018, 200, 202; *Warter*, Crowdwork, S. 112.

266 Zur Frage, in welchen Fällen die Plattform tatsächlich lediglich als Vermittlerin auftritt, siehe Punkt C. II. 2. a) bb) (3).

(aa) Dienstvertrag
Teilweise wird als Grundlage für die Vermittlungstätigkeit der Plattformen ein Dienstvertrag zwischen Crowdsourcer und Crowdwork-Plattform angenommen.[267] Begründet wird dies damit, dass die Crowdwork-Plattform lediglich einen Vermittlungsservice erbringe, ohne aber einen konkreten Erfolg zu schulden. Die zu erbringenden Dienste seien darin zu sehen, dass der Plattformbetreiber die Aufgabe auf seiner Plattform veröffentliche und die Arbeitsergebnisse der Crowdworker an den Crowdsourcer weitergebe.[268]

Dem ist nur teilweise zuzustimmen. Denn die sich als Vermittlerinnen bezeichnenden Crowdwork-Plattformen behalten üblicherweise nach Bezahlung des Crowdworkers durch den Crowdsourcer einen Teil des entrichteten Betrags als Gebühr ein.[269] Die Gebühr wird dementsprechend auch nur dann fällig, wenn sich ein Crowdworker findet, der die ausgeschriebene Aufgabe erledigt. Bei Nichterledigung der Aufgabe ist dagegen keine Gebühr zu entrichten. Dies widerspricht gerade dem Wesen des Dienstvertrags. Denn beim Dienstvertrag ist bereits die bloße Dienstleistung, im konkreten Fall also das Bereitstellen der Infrastruktur, zu vergüten.[270] Bei Vermittlungsplattformen ist dagegen nur nach erfolgreicher Erledigung einer Aufgabe infolge der Vermittlung eines Crowdworkers an den Crowdsourcer ein Betrag an die Plattform zu zahlen.

Auf eine andere Vorgehensweise lassen nur die AGB der Plattform *Freelancer* schließen, in denen Gebühren etwa für die Vorstellung der vom Crowdsourcer ausgeschriebenen Projekte, das Auflisten von Upgrades und verschiedene Mitgliedschaften zu entrichten sind.[271] Da in diesem Fall die Gebühren unabhängig davon anfallen, ob sich ein Crowdworker für die Erledigung der Aufgabe findet oder nicht, sondern vielmehr ein regelmäßiger Beitrag für die Nutzung der Dienste der Plattform an sich zu entrichten ist, kann in diesem Fall ein Dienstverhältnis zwischen Crowdwork-Plattform und Crowdsourcer angenommen werden.[272]

---

267 So Arnold/Günther/*Lingemann/Chakrabarti*, Arbeitsrecht 4.0, Kap. 2 Rn. 80; *Hötte*, MMR 2014, 795, 797.

268 *Hötte*, MMR 2014, 795, 797.

269 Vgl. nur Ziffer 3 lit. a der AGB von *Amazon Mechanical Turk*; Ziffer 7 der AGB von *InnoCentive*; § 1.4 der AGB von *twago* (jeweils letzter Aufruf 27.07.2020).

270 Vgl. zum Gegenstand der Dienstleistungspflicht Jauernig/*Mansel*, § 611 BGB Rn. 7; Schulze/*Schreiber*, § 611 BGB Rn. 7.

271 Vgl. Ziffer 6 der AGB von *Freelancer* (letzter Aufruf 27.07.2020).

272 Zu einem ähnlichen Ergebnis gelangen auch *Schubert*, RdA 2018, 200, 202; *Waas* in Waas/Liebman/Lyubarsky/Kezuka: Crowdwork – A Comparative Law Perspective, S. 142, 145 f.

(bb) Dienstverschaffungsvertrag

Soweit ein Dienstvertrag als Rechtsgrundlage ausscheidet, könnte die Vermittlung der ausgeschriebenen Aufgaben an Crowdworker aufgrund eines sog. Dienstverschaffungsvertrags zwischen Crowdsourcer und Plattform erfolgen. Dieser ist im BGB zwar nicht explizit geregelt, jedoch ist seine Existenz allgemein anerkannt.[273] Anders als beim Dienstvertrag nach § 611 BGB verspricht der Schuldner beim Dienstverschaffungsvertrag nicht die Leistung eigener, sondern die Verschaffung fremder Dienste. In der Praxis findet der Dienstverschaffungsvertrag insbesondere im Rahmen der Arbeitnehmerüberlassung Anwendung.[274]

Der Vorteil für die Crowdwork-Plattformen würde bei dieser Vertragsart darin bestehen, dass sie selbst keine Verträge mit den Crowdsourcern bezüglich der einzelnen Aufgaben abschlössen, mithin nicht nach § 278 BGB für etwaige Schlechtleistungen der Crowdworker, die sie für die Erledigung der Aufgaben ermitteln, einstehen müssten.[275] Die Haftung der Plattformbetreiber würde sich in diesem Fall auf das Verschulden bei der Auswahl des Crowdworkers beschränken.[276] Folglich dürften nur solche Crowdworker zur Verfügung gestellt werden, die für die ausgeschriebene Aufgabe tauglich und geeignet sind.

Allerdings spricht – wie schon beim Dienstvertrag – auch hiergegen, dass Leistungsgegenstand bei der Vermittlung in der Regel nicht die bloße Dienstleistung ist, sondern erst nach erfolgreicher Erledigung einer Aufgabe infolge der Vermittlung eines Crowdworkers an den Crowdsourcer eine Vergütung an die Plattform zu entrichten ist.[277] Auch wird durch den Dienstverschaffungsvertrag nur dem Vertragspartner – im konkreten Fall also dem Crowdsourcer – die Befugnis erteilt, dem Dienstverpflichteten (dem Crowdworker) entsprechende Weisungen zu erteilen. Ein Vertragsverhältnis zwischen Crowdsourcer und

273 Vgl. nur ErfK/*Preis*, § 611a BGB Rn. 106 ff.; *Fuchs/Baumgärtner* in BeckOK BGB, § 611 Rn. 11; *Koch* in Schaub/Koch, Arbeitsrecht von A-Z, *Dienstverschaffungsvertrag*; *Medicus/Lorenz*, Schuldrecht BT, Rn. 622; *Müller-Glöge* in MüKo BGB, § 611a Rn. 29 ff.; Palandt/*Weidenkaff*, Einf. v. § 611 BGB Rn. 25; *Waas* in Waas/Liebman/Lyubarsky/Kezuka: Crowdwork – A Comparative Law Perspective, S. 142, 144.

274 Allerdings unterfallen Arbeitnehmerüberlassungsverträge als spezielle Dienstverschaffungsverträge regelmäßig dem AÜG, siehe ErfK/*Preis*, § 611a BGB Rn. 106; ausführlich zur Abgrenzung Schüren/*Hamann*, § 1 AÜG Rn. 239 ff.

275 Vgl. BeckOGK/*Maties*, § 611 BGB Rn. 37.

276 Vgl. BGH 09.03.1971 – VI ZR 138/69 – AP § 611 BGB Leiharbeitsverhältnis Nr. 1; ErfK/*Preis*, § 611a BGB Rn. 107; *Medicus/Lorenz*, Schuldrecht BT, Rn. 622.

277 Siehe dazu schon oben (Punkt C. 2. a) bb) (1) (a) (aa)).

Crowdworker würde dadurch gerade nicht entstehen.[278] Die Plattform würde in diesem Fall eine Bezahlung vom Crowdsourcer für die Vermittlung der Dienste des Crowdworkers erhalten. Der Crowdworker hätte hingegen keinen Zahlungsanspruch gegen den Crowdsourcer, sondern gegen die Plattform, der er gegenüber aufgrund eines Dienst- oder Werkvertrages zur Leistung an den Crowdsourcer verpflichtet war. Gerade letzteres ist wiederum nicht von den Betreibern der Crowdwork-Plattformen gewollt. Diese wollen sich vielmehr komplett aus den Vertragsbeziehungen zwischen Crowdsourcer und Crowdworker heraushalten.[279]

(cc) Maklervertrag

Eine reine Vermittlungstätigkeit könnte jedoch möglicherweise auf Grundlage eines Maklervertrags nach § 652 BGB stattfinden. Nach § 652 Abs. 1 S. 1 BGB ist derjenige, der für den Nachweis der Gelegenheit zum Abschluss eines Vertrags oder für die Vermittlung eines Vertrags einen Maklerlohn verspricht, zur Entrichtung des Lohns verpflichtet, wenn der Vertrag infolge des Nachweises oder infolge der Vermittlung des Maklers zustande kommt. Die Tätigkeit des Maklers kann sich demnach als „Nachweis der Gelegenheit zum Abschluss eines Vertrags" (Nachweismakler) oder als „Vermittlung eines Vertrags" (Vermittlungsmakler) darstellen.[280] Der Nachweismakler benennt eine dem Kunden bisher unbekannte Vertragsgelegenheit für den angestrebten Vertragsabschluss, während der Vermittlungsmakler die Bereitschaft des Interessenten zum Vertragsabschluss herbeiführt und dabei regelmäßig die Vertragsverhandlungen fördert.[281] In beiden Fällen entsteht der Provisionsanspruch erst mit dem Zustandekommen des Hauptvertrags.[282]

---

278 So auch *Waas* in Waas/Liebman/Lyubarsky/Kezuka: Crowdwork – A Comparative Law Perspective, S. 142, 144; vgl. auch BAG 04.07.1979 – 5 AZR 8/78 – AP § 611 BGB Rotes Kreuz Nr. 10; BeckOGK/*Maties*, § 611 BGB Rn. 37; *Fuchs/Baumgärtner* in BeckOK BGB, § 611 Rn. 11.

279 Vgl. Ziffer 2 der AGB von *Amazon Mechanical Turk*; Ziffer 1 der AGB von *Freelancer*; Ziffer 1 der AGB von *InnoCentive*; § 3.1 der AGB von *Twago* (jeweils letzter Aufruf 27.07.2020).

280 Vgl. auch *Kotzian-Marggraf* in BeckOK BGB, § 652 Rn. 24; *Roth* in MüKo BGB, § 652 Rn. 103.

281 *Roth* in MüKo BGB, § 652 Rn. 103; vgl. auch Schulze/*Scheuch*, § 652 BGB Rn. 2.

282 BGH 21.12.1982 – 1 StR 662/82 – NJW 1983, 1130, 1131; BGH 30.11.2000 – III ZR 79/00 – NJW-RR 2001, 562; BGH 14.07.2005 – III ZR 45/05 – NJW-RR 2005, 1506; Jauernig/*Mansel*, § 652 BGB Rn. 16; *Roth* in MüKo BGB, § 652 Rn. 103; Schulze/*Scheuch*, § 652 BGB Rn. 14.

Eine Vermittlung im Sinne des § 652 Abs. 1 BGB liegt vor, wenn der Makler Kontakt mit einem Interessenten aufnimmt und auf diesen bewusst und final einwirkt, um den vom Auftraggeber gewünschten Vertrag abzuschließen.[283] In Betracht kommt eine solche Vorgehensweise dann, wenn die Plattformen aktiv die Aufgaben der Crowdsourcer bewerben, indem sie etwa durch Emails oder auf sonstigen Kontaktwegen auf die ausgeschriebenen Aufgaben hinweisen. Aber auch wenn die Plattform die Aufgaben nicht aktiv bewirbt, kann ein Provisionsanspruch aufgrund des Nachweises der Gelegenheit zum Abschluss eines Vertrags zwischen den Parteien entstehen. Denn die Plattform schafft durch die Bereitstellung der technischen und infrastrukturellen Rahmenbedingungen gerade den Treffpunkt für Crowdsourcer und Crowdworker und bietet diesen so die Möglichkeit, miteinander zu kontrahieren.[284]

Somit kann festgestellt werden, dass es sich bei der Vermittlungstätigkeit der Plattformen grundsätzlich um eine Maklertätigkeit handelt.[285] Fraglich ist jedoch, wie es sich auswirkt, dass nach den Allgemeinen Geschäftsbedingungen einiger Plattformen nicht schon der bloße Vertragsschluss zwischen Crowdsourcer und Crowdworker zur Fälligkeit der Provision führt. Denn ungeachtet der Frage, wann der Vertrag zwischen den Parteien letztendlich zustande kommt,[286] wird die vom Crowdsourcer zu zahlende Provision etwa bei *Amazon Mechanical Turk* erst bei der Bezahlung des Crowdworkers fällig. Erfolgt dagegen keine Bezahlung des Crowdworkers, etwa weil dieser die Aufgabe zur Bearbeitung angenommen, jedoch nicht abgeliefert hat, erhält der Crowdsourcer die Möglichkeit, die jeweilige Aufgabe erneut für andere Crowdworker zu veröffentlichen. Eine Provision

---

283 BGH 02.06.1976 – IV ZR 101/75 – NJW 1976, 1844; BGH 14.03.1991 – VII ZR 342/89 – NJW 1991, 1819, 1820; BGH 17.04.1997 – III ZR 182/96 – NJW-RR 1997, 884; OLG Hamm 24.07.2014 – 18 U 123/13 – NJW-RR 2015, 825 Rn. 30; Jauernig/*Mansel*, § 652 BGB Rn. 8; *Kotzian-Marggraf* in BeckOK BGB, § 652 Rn. 26.

284 Vgl. zur Frage, wann der Makler den Nachweis der Gelegenheit zum Abschluss eines Vertrags erbringt, auch BGH 16.12.2004 – III ZR 119/04 – NJW 2005, 753, 754; BGH 03.07.2014 – III ZR 530/13 – NJW-RR 2014, 1272 Rn. 15; BGH 17.12.2015 – I ZR 172/14 – NJW 2016, 2317 Rn. 20; *Roth* in MüKo BGB, § 652 Rn. 105.

285 So auch *Schubert*, RdA 2018, 200, 202; krit. *Waas* in Waas/Liebman/Lyubarsky/Kezuka: Crowdwork – A Comparative Law Perspective, S. 142, 145 f., mit Verweis auf *Kotzian-Marggraf* in BeckOK BGB, § 652 Rn. 3, der für Internet-Versteigerungen annimmt, der Betreiber schaffe nur einen „Begegnungsraum“ für die Parteien, und *Redeker*, IT-Recht, Rn. 1183, der bei derartigen Konstellationen im Grundsatz von Werkverträgen ausgeht; a.A. *Hötte*, MMR 2014, 795, 797, der generell von Dienstverträgen ausgeht.

286 Dazu weiter unten (Punkt C. II. 2. b) und c)).

ist in diesen Fällen trotz Vertragsschluss nicht zu entrichten.[287] In dieser Konstellation bleibt es weiterhin bei der Maklertätigkeit der Plattform, jedoch löst nicht bereits der Abschluss des Hauptvertrags den Provisionsanspruch der Plattform aus. Vielmehr ist der im Hauptvertrag geschuldete Leistungserfolg Voraussetzung für die Entstehung des Provisionsanspruchs. Zum Grundtypus des Maklervertrags treten folglich werkvertragliche Elemente hinzu. Die vom Betreiber der Plattform erbrachte Leistung dürfte daher wohl als typengemischter Vertrag einzustufen sein, der neben maklervertraglichen auch werkvertragliche Elemente enthält.[288]

(b) Zwischenergebnis

Für den Fall, dass sich die Tätigkeit der Crowdwork-Plattform lediglich auf die Vermittlung eines Vertrags zwischen Crowdsourcer und Crowdworker beschränkt, ist als Rechtsgrundlage für die Vermittlungstätigkeit grundsätzlich ein Maklervertrag zwischen Crowdsourcer und Plattform anzunehmen. Für den Fall, dass eine Provision erst bei Bezahlung des Crowdworkers zu entrichten ist, handelt es sich dagegen um einen typengemischten Vertrag, bei dem zu den maklervertraglichen Elementen auch Elemente des Werkvertrags hinzutreten. Etwas anderes gilt nur dann, wenn sich die Plattform auf die Vermittlung von Geschäftskontakten beschränkt und sich zu einer Dienstleistung verpflichtet, die unabhängig von der Vermittlung konkreter Vertragsabschlüsse ist. In derartigen Fällen ist von einem Dienstverhältnis zwischen Crowdwork-Plattform und Crowdsourcer auszugehen.

Der Hauptvertrag um die Erledigung der ausgeschriebenen Aufgabe kommt in all diesen Fällen zwischen Crowdsourcer und Crowdworker zustande. Zwischen Crowdwork-Plattform und Crowdworker bestehen hingegen – abgesehen vom Rahmenvertrag, der im Rahmen der Anmeldung des Crowdworkers auf der Plattform abgeschlossen wurde – keine vertraglichen Beziehungen.

---

287 So besagt Ziffer 3 lit. a) der AGB von *Amazon Mechanical Turk*, dass der zu zahlende Betrag erst dann vom Benutzerkonto des Crowdsourcers abgebucht wird, wenn das eingereichte Arbeitsergebnis von diesem bestätigt wurde (letzter Aufruf 27.07.2020).

288 Ähnlich zum Vertragsverhältnis zwischen Verkäufer und Plattformbetreiber auf der Auktionsplattform *eBay Bourzutschky*, Rechtliche Fragestellungen bei Internetauktionen am Beispiel der Auktionspattform eBay, S. 74; grundlegend zum typengemischten Vertrag BeckOGK/*Maties*, § 611 BGB Rn. 233 ff.; *Emmerich* in MüKo BGB, § 311 Rn. 28 ff.

(2) Plattform als Vertragspartnerin

Neben den Crowdwork-Plattformen, die sich in einer Vermittlerrolle sehen, gibt es noch diejenigen Plattformen, die ausdrücklich festlegen, dass sie hinsichtlich der Ausschreibung bzw. Erledigung einzelner Aufgaben selbst als Vertragspartnerinnen sowohl den Crowdworkern als auch den Crowdsourcern gegenüberstehen. Ein derartiges Geschäftsmodell ist gerade im deutschen Raum besonders verbreitet. So legen insbesondere die (deutschen) Crowdwork-Plattformen *clickworker*,[289] *Crowd Guru*[290] oder *Applause* (ehemals *Testhub*),[291] aber auch die US-amerikanische Plattform *figure eight*[292] (ehemals *CrowdFlower*) in ihren Allgemeinen Geschäftsbedingungen fest, dass Crowdsourcer und Crowdworker miteinander keinerlei schuldrechtliche Beziehungen eingehen, sondern dass Rechte und Pflichten vielmehr jeweils gegenüber der Plattform entstehen. Dementsprechend ist der Prozess auf diesen Plattformen auch ausgestaltet. Sowohl Crowdworker als auch Crowdsourcer haben ausschließlich Kontakt zur jeweiligen Plattform. Eine Möglichkeit zur Kontaktaufnahme zwischen Crowdsourcer und Crowdworker besteht nicht bzw. ist nach den AGB der Plattformen sogar teilweise verboten.[293] Wer die zu erledigende Aufgabe ursprünglich ausgeschrieben hat, ist für den Crowdworker somit nicht ersichtlich. Genauso wenig weiß der Crowdsourcer, wer die von ihm ausgeschriebene Aufgabe zur Bearbeitung annimmt und letztlich erledigt.

Im Gegensatz zu den oben beschriebenen Vermittlungsplattformen wenden sich Crowdsourcer mit ihren Anliegen dann nicht an die Crowdworker, sondern an die Plattform, welche die Aufgabe gegen ein vorher festgelegtes Entgelt entgegennimmt, gegebenenfalls in mehrere Teilleistungen aufspaltet und selbst Arbeitspakete zusammenstellt.[294] Die Bezahlung, die die Crowdworker für die Erledigung der einzelnen Aufgaben erhalten, wird von den Plattformen selbst festgesetzt. Dass die Plattformen hier nicht für den Crowdsourcer, der die konkrete Aufgabe ausgeschrieben hat, auftreten wollen, sondern vielmehr selbst die Erledigung der Aufgabe einfordern, zeigt sich regelmäßig in den Allgemeinen Geschäftsbedingungen der entsprechenden Plattformen. So stellt etwa die

---

289 Vgl. § 2 der AGB von *clickworker* für Kunden (letzter Aufruf 27.07.2020).

290 Vgl. § 1.2 der AGB von *Crowd Guru* (letzter Aufruf 27.07.2020).

291 Vgl. § 16 der AGB von *Applause* (letzter Aufruf 27.07.2020).

292 Vgl. Ziffer 12 der AGB von *figure eight* (letzter Aufruf 27.07.2020).

293 Vgl. *Strube* in Benner, Crowdwork – Zurück in die Zukunft?, S. 75, 84; *Warter*, Crowdwork, S. 110.

294 *Kocher/Hensel*, NZA 2016, 984, 985; *Strube* in Benner, Crowdwork – Zurück in die Zukunft?, S. 75, 84; *Warter*, Crowdwork, S. 110.

Plattform *clickworker* in § 2 ihrer AGB klar, dass von Crowdworkern eingesendete Arbeitsergebnisse den Crowdsourcern seitens *clickworker* zur Verfügung gestellt werden. Vertragsverhältnisse zwischen Crowdsourcern und Crowdworkern sollen dabei nicht zustande kommen.[295]

In diesen Konstellationen gestaltet sich der Crowdwork-Prozess so, dass die Plattform zunächst mit dem Crowdsourcer einen Dienst- bzw. Werkvertrag abschließt, wobei sich die Plattform gegenüber dem Crowdsourcer dazu verpflichtet, die Lösung/das Ergebnis für die ausgeschriebene Aufgabe abzuliefern, und im Gegenzug eine Bezahlung vom Crowdsourcer erhält. Anschließend wird die Aufgabe – gegebenenfalls nach entsprechender Portionierung – auf der Plattform veröffentlicht und somit für die Crowdworker sichtbar gemacht. Mit dem Bearbeiter der Aufgabe schließt die Plattform sodann wiederum einen Dienst- bzw. Werkvertrag, der die Erledigung der Aufgabe durch den Crowdworker gegen Entgelt zum Inhalt hat.[296] Somit werden in diesen Fällen letztlich die Plattformen selbst als Crowdsourcer tätig, indem sie die vom ursprünglichen Crowdsourcer übernommenen Aufgaben als eigene zur Bearbeitung an die Crowdworker weitergeben.[297]

(3) Ermittlung der Vertragsparteien im Einzelfall

Der Grund dafür, dass die Plattformbetreiber oftmals selbst nur als Vermittler und nicht als Vertragspartner auftreten wollen, mag darin liegen, dass andernfalls das Risiko der Haftung im Falle von Leistungsstörungen die Plattform als direkte Vertragspartnerin träfe. Im Falle der Schlecht- oder Nichtleistung könnten sich Crowdsourcer somit mit ihren Nacherfüllungs- bzw. Schadensersatzansprüchen direkt an die Plattform wenden und müssten nicht an den jeweiligen mit der Bearbeitung der Aufgabe betrauten Crowdworker herantreten. Agiert die Plattform hingegen lediglich als Vermittlerin, kann sie das Haftungsrisiko auf die Crowdsourcer und Crowdworker abwälzen, da die vertraglichen Haupt- und Nebenpflichten nur zwischen diesen gelten.[298]

Jedoch stellt sich die Frage, ob sich die Tätigkeit der sich selbst als Vermittler bezeichnenden Crowdwork-Plattformen tatsächlich stets nur auf die Vermittlung

---

295 § 2 der AGB von *clickworker* für Kunden (letzter Aufruf 27.07.2020).

296 Siehe zur genaueren Kategorisierung einzelner Aufgaben in Dienst- oder Werkleistungen Punkt D. I. 2. b) bb) (1).

297 Im Grunde genommen betreibt der Plattformbetreiber in diesen Fällen somit direktes Crowdsourcing, da er die Aufgaben als eigene auf der eigenen Crowdwork-Plattform zur Bearbeitung ausschreibt.

298 Ähnlich für die österreichische Rechtslage *Warter*, Crowdwork, S. 113.

zwischen Crowdsourcer und Crowdworker beschränkt oder ob bzw. unter welchen Umständen sie – entgegen ihrer Selbsteinschätzung in den Allgemeinen Geschäftsbedingungen – nicht doch als Vertragspartner gegenüber Crowdsourcer und Crowdworker auftreten. Um dem nachzugehen, wird zunächst der allgemeine Meinungsstand zu den Vertragsbeziehungen beim indirekten Crowdsourcing dargestellt. Im Anschluss wird zur Problematik sodann selbst Stellung bezogen. Im Rahmen dieser Stellungnahme wird unter anderem auch auf die Frage eingegangen, inwieweit Regelungen in Allgemeinen Geschäftsbedingungen der Plattformen Einfluss auf die Gestaltung der Vertragsbeziehungen der Beteiligten haben, woraufhin schließlich allgemeine Kriterien aufgestellt werden, die zur Ermittlung der Vertragsparteien dienen sollen.

(a) Meinungsstand zu den Vertragsbeziehungen

Die Frage, wie die Vertragsbeziehungen beim indirekten Crowdsourcing ausgestaltet sind, wird in der Literatur uneinheitlich beantwortet. Insbesondere zur Frage, ob sich die Tätigkeit einer Crowdwork-Plattform auf die Vermittlung von Diensten beschränken kann, herrscht bislang ein recht heterogenes Meinungsbild, in dem sich einzelne Ansichten zum Teil gar selbst widersprechen.

Verneint wurde das Vorliegen einer bloßen Vermittlertätigkeit der Crowdwork-Plattformen in der Vergangenheit insbesondere von *Däubler*,[299] der feststellte, dass Verträge stets von beiden Seiten ausschließlich mit der Plattform abgeschlossen würden.[300] In späteren Beiträgen räumt er dagegen ein, dass in einigen Fällen die Plattform lediglich als Vermittlerin agiere und die Infrastruktur zur Verfügung stelle.[301] Eine nähere Begründung dieser Auffassung findet sich jedoch nicht.

Klebe/Neugebauer[302] stellen hierzu zwar zunächst fest, dass die Plattformen üblicherweise als Vermittlerinnen auftreten.[303] Im selben Absatz wird sodann jedoch dargelegt, dass zwischen Auftraggeber und Crowdworker kein Rechtsverhältnis entstehe und die Plattform Partnerin auf beiden Seiten sei.[304] Dies erscheint insoweit widersprüchlich, als eine Vermittlungstätigkeit der Plattform gerade den Vertragsschluss zwischen Auftraggeber und Crowdworker zum

299 *Däubler* in Benner, Crowdwork – Zurück in die Zukunft?, S. 243.

300 *Däubler* in Benner, Crowdwork – Zurück in die Zukunft?, S. 243, 246.

301 *Däubler*, FIfF-Kommunikation 2016, 56, 57; *Däubler*, Digitalisierung und Arbeitsrecht, § 18 Rn. 7; ähnlich auch *Däubler/Klebe*, NZA 2015, 1032, 1033.

302 *Klebe/Neugebauer*, AuR 2014, 4.

303 *Klebe/Neugebauer*, AuR 2014, 4, 5.

304 *Klebe/Neugebauer*, AuR 2014, 4, 5.

Inhalt hätte. Zwei Jahre später stellt *Klebe*[305] klar, dass die Plattformen als Intermediäre Verträge zwischen Auftraggeber und Crowdworker vermitteln.[306] Alternativ sei es aber auch möglich, die Vertragsverhältnisse so zu regeln, dass die Plattform sich gegenüber beiden Parteien vertraglich binde.[307]

Nach *Risak*[308] sind die Plattformen in der Regel Vertragspartnerinnen auf beiden Seiten. Ein direktes Vertragsverhältnis zwischen Crowdsourcer und Crowdworker, mithin eine Vermittlungstätigkeit der Plattform, könne hingegen dann angenommen werden, wenn die Plattform zu jedem Zeitpunkt als Vertreterin des Crowdsourcers auftrete und nach außen hin in dessen Namen und auf dessen Rechnung handele.[309] Hier wird offensichtlich davon ausgegangen, dass die Crowdwork-Plattform in diesem Fall als Stellvertreterin der Parteien tätig wird.

Warter[310] differenziert danach, ob die Auftraggeber der einzelnen Aufgaben für die Crowdworker klar ersichtlich sind. Treten die Auftraggeber nicht in Erscheinung, sei ausschließlich die Plattform als Vertragspartnerin anzusehen.[311] Andernfalls veröffentliche die Plattform die Erklärung entweder als Botin oder als Vertreterin für den Crowdsourcer.[312]

Wieder andere Stimmen, insbesondere aus der amerikanischen Literatur, gehen davon aus, dass Vertragsverhältnisse stets direkt zwischen Crowdsourcer und Crowdworker zustande kommen.[313]

Bislang mussten sich weder deutsche noch andere europäische Gerichte mit der Frage der Ermittlung des Vertragspartners des Crowdworkers auseinandersetzen. Zwar ist vor dem BAG derzeit ein Rechtsstreit zwischen einem Crowdworker und dem Betreiber der Crowdwork-Plattform *Roamler*[314] anhängig.[315] In diesem geht es jedoch lediglich um die Frage, ob zwischen dem klagenden Crowdworker und dem Plattformbetreiber ein Arbeitsverhältnis bestand.[316]

---

305 *Klebe*, AuR 2016, 277.
306 *Klebe*, AuR 2016, 277, 278.
307 *Klebe*, AuR 2016, 277, 278.
308 *Risak*, ZAS 2015, 11.
309 *Risak*, ZAS 2015, 11, 15.
310 *Warter*, Crowdwork, S. 1 ff.
311 *Warter*, Crowdwork, S. 117.
312 *Warter*, Crowdwork, S. 116.
313 So *Felstiner*, Berkeley Journal of Employment & Labor Law 2011, 143, 161 f.; *Cherry* in Benner, Crowdwork – Zurück in die Zukunft?, S. 231 ff.
314 https://www.roamler.com/de (letzter Aufruf 27.07.2020)
315 Das Verfahren wird unter dem Aktenzeichen 9 AZR 102/20 fortgeführt.
316 Vgl. dazu auch Punkt D. I. 2.

Dass das Vertragsverhältnis zwischen Kläger und Beklagtem bestand, ist in diesem Fall zwischen den Parteien unstreitig.[317]

Auch in den USA gab es bereits im Jahr 2013 eine Sammelklage gegen einen Crowdsourcer, in der Crowdworker eine Entschädigung für nicht gezahlten Mindestlohn forderten.[318] Ein solcher sollte sich aus dem Fair Labor Standards Act (FLSA)[319] ergeben, welcher in den USA Mindestlöhne für Arbeiten festlegt.[320] Da von dessen Geltungsbereich allerdings nur Arbeitnehmer, nicht aber Selbständige umfasst sind, stellte sich die Frage, ob die Crowdworker Arbeitnehmer des Crowdsourcers, mithin dessen Vertragspartner waren und somit dem Geltungsbereich des FLSA unterfielen. Die Angelegenheit wurde schließlich im Jahr 2015 mit einer Zahlung von 600.000 Dollar an die Crowdworker verglichen.[321] Für die vorliegende Untersuchung ist jedoch interessant, dass die Crowdworker gegen den Crowdsourcer und nicht gegen die Crowdwork-Plattform klagten.[322] Aus der Tatsache, dass der Rechtsstreit durch einen Vergleich endete, könnte man schließen, dass auch der Crowdsourcer von einem Vertragsverhältnis mit den Crowdworkern ausging und durch den Vergleich ein Präjudiz vermeiden wollte.[323]

(b) Stellungnahme

Zwar liefern einige der oben genannten Ansichten bereits brauchbare Ansätze für die Ermittlung der Vertragsparteien beim indirekten Crowdsourcing. Jedoch erscheinen diese jeweils für sich genommen noch zu undifferenziert, um eine eindeutige Bestimmung vorzunehmen. Ferner wird die Frage, wie sich die Allgemeinen Geschäftsbedingungen der Crowdwork-Plattformen auf die Gestaltung der Vertragsbeziehungen auswirken, von den genannten Autoren nicht thematisiert. Um eine klare Bestimmung der Vertragsparteien vorzunehmen, ist somit zunächst zu untersuchen, inwieweit etwaige Regelungen in den Allgemeinen

---

317 Vgl. die Urteile der Vorinstanzen: LAG München 04.12.2019 – 8 Sa 146/19 – NZA 2020, 316; ArbG München 20.02.2019 – 19 Ca 6915/18

318 *Otey* vs. *CrowdFlower*, Case No. 12-cv-05524-JST.

319 Abrufbar unter https://www.dol.gov/whd/regs/statutes/FairLaborStandAct.pdf (letzter Aufruf 27.07.2020).

320 Nähere Informationen unter https://www.dol.gov/whd/flsa/ (letzter Aufruf 27.07.2020).

321 Dazu näher *Cherry* in Benner, Crowdwork – Zurück in die Zukunft?, S. 231, 232; *Warter*, Crowdwork, S. 88 f.

322 Das Unternehmen *CrowdFlower* agierte in diesem Fall selbst als Crowdsourcer und schrieb Aufgaben über die Crowdwork-Plattform *Amazon Mechanical Turk* aus.

323 So auch *Däubler/Klebe*, NZA 2015, 1032, 1033 (Fn. 19).

Geschäftsbedingungen auf die Gestaltung der Vertragsbeziehungen zwischen Crowdworker, Crowdwork-Plattform und Crodwsourcer Einfluss haben. Erst danach ist zu ermitteln, anhand welcher Kriterien eine Bestimmung der Vertragsparteien im Einzelnen erfolgen kann.

(aa) Einfluss der Regelungen in den AGB der Plattformen

Es ist zunächst zu ermitteln, welche Rolle den Allgemeinen Geschäftsbedingungen der Crowdwork-Plattformen hinsichtlich der Gestaltung der Vertragsbeziehungen beim Crowdwork-Prozess zukommt. In diesem Zusammenhang stellt sich insbesondere die Frage, ob eine Plattform sich durch eine entsprechende Klausel in den Allgemeinen Geschäftsbedingungen ihrer Rolle als Vertragspartnerin hinsichtlich der einzelnen Aufgaben entziehen kann, selbst wenn die Durchführung des Crowdwork-Prozesses auf anderes schließen lässt.

Bei den auf einen Vertragsschluss abzielenden Erklärungen handelt es sich um empfangsbedürftige Willenserklärungen, bei denen die allgemeinen Auslegungsgrundsätze und damit vor allem die Grundsätze der §§ 133, 157 BGB anzuwenden sind. Maßgeblich ist dabei auf den wirklichen Parteiwillen abzustellen.[324] Dieser hat grundsätzlich Vorrang vor dem Vertragswortlaut, auch wenn dieser noch so eindeutig erscheint.[325] Lassen die tatsächlichen Gegebenheiten im Einzelfall auf einen anderen Willen schließen, werden die übereinstimmenden Willenserklärungen der Parteien entgegen dem Wortlaut der Vereinbarung im Sinne des von den Parteien Gewollten als „wirklicher Wille" erfasst.[326] Es handelt sich dabei um Fälle der sog. „falsa demonstratio non nocet".[327]

Vorliegend werden solche Fallkonstellationen untersucht, bei denen Crowdworker bei der Registrierung auf einer Crowdwork-Plattform zunächst einen Rahmenvertrag mit dieser abschließen, in welchem unter anderem geregelt ist, dass die Plattform selbst keine Vertragsbeziehungen mit den Crowdworkern eingeht. Lässt die tatsächliche Durchführung des Crowdwork-Prozesses entgegen den Regelungen in den Allgemeinen Geschäftsbedingungen jedoch darauf schließen, dass die Plattform Vertragspartnerin der Crowdworker wird, müssen

324 *Maier-Reimer*, NJW 2010, 2545, 2546.

325 BGH 20.01.1994 - VII ZR 174/92 - NJW 1994, 1528, 1529; BGH 13.08.1996 - XI ZR 218/95 - NJW-RR 1996, 1458; *Maier-Reimer*, NJW 2010, 2545, 2546; *Wendtland* in BeckOK BGB, § 133 Rn. 27.

326 Vgl. BGH 28.10.1996 - II ZR 46/96 - NJW 1997, 261 f.; BGH 070.12.2001 - V ZR 65/01 - NJW 2002, 1038, 1039; BGH 18.01.2008 - V ZR 174/06 - NJW 2008, 1658 Rn. 12.

327 Jauernig/*Mansel*, § 133 BGB Rn. 9; Schulze/*Dörner*, § 133 BGB Rn. 9; *Wendtland* in BeckOK BGB, § 133 Rn. 27.

die oben dargestellten Grundsätze denknotwendig ebenfalls gelten. Wenn sich der wirkliche Wille der Parteien sogar gegenüber dem eindeutigen Wortlaut individueller Vereinbarungen durchsetzt, dann muss diesem erst recht Vorrang vor anderslautenden Regelungen in Allgemeinen Geschäftsbedingungen zukommen.

Wird folglich in den Allgemeinen Geschäftsbedingungen einer Plattform festgelegt, dass nicht der Plattformbetreiber, sondern ein Dritter Vertragspartner des Crowdworkers wird, obwohl die tatsächliche Durchführung im konkreten Fall darauf schließen lässt, dass der Plattformbetreiber selbst Vertragspartner wird, handelt es um einen Fall der sog. „falsa demonstratio non nocet", welcher sich nicht auf den Vertragsschluss zwischen den tatsächlich vertragsschließenden Parteien auswirkt.[328]

(bb) Kriterien zur Bestimmung der Vertragsparteien

Zur Ermittlung der Vertragsparteien erscheint es sinnvoll zu untersuchen, welchen Einfluss die jeweilige Crowdwork-Plattform auf die Abwicklung des bei Crowdwork stattfindenden Prozesses hat. Bei Betrachtung der Abläufe auf mehreren Crowdwork-Plattformen konnte festgestellt werden, dass der Umfang der Betreuung hinsichtlich der Abwicklung des Prozesses von Plattform zu Plattform stark variiert. So haben Crowdsourcer teilweise die Möglichkeit, ihre Preise komplett unabhängig vom Umfang der Aufgabe festzulegen,[329] während andere Plattformen die zu zahlende Vergütung anhand objektiver Kriterien wie beispielsweise der Anzahl der zu schreibenden Wörter oder der voraussichtlichen Dauer der Aufgabe festlegen.[330] Wieder andere Plattformen verkaufen dem Crowdsourcer verschiedene „Pakete" zu einem Pauschalpreis, welche diesem einen gewissen Leistungsumfang garantieren.[331]

Auch die Art und Weise, wie die Ergebnisse der Arbeit bzw. die Bezahlung übermittelt werden, variiert je nach Plattform. Während etwa bei *Amazon Mechanical Turk* das Ergebnis direkt an den Crowdsourcer übermittelt wird und auch die Bezahlung des Crowdworkers direkt durch den Crowdsourcer erfolgt,[332] nehmen Crowdsourcer und Crowdworker bei anderen Plattformen

328 Vgl. *Kramer/Hinrichsen*, GewArch 2015, 145, 148; *Ludwigs*, NVwZ 2017, 1646, 1648.

329 So kann man als Crowdsourcer auf der Plattform *Amazon Mechanical Turk* unabhängig vom Umfang der zu erledigenden Aufgabe Vergütungen beginnend ab einem Cent festlegen.

330 So etwa bei der Plattform *clickworker*.

331 So z.B. die Plattform *99designs*.

332 Vgl. dazu Ziffer 4 der AGB von *Amazon Mechanical Turk* (letzter Aufruf 27.07.2020).

keinerlei Kontakt zueinander auf. Hier werden Arbeitsergebnis und Bezahlung jeweils an die Crowdwork-Plattform übersandt, welche mit Crowdsourcer und Crowdworker eigene Konditionen festlegt.[333]

Mit Blick auf die verschiedenen Plattformmodelle erscheint eine pauschale Einordnung der Vertragsverhältnisse, wie teilweise in der Literatur vertreten, nicht möglich. Vielmehr erscheint es angebracht, bei jeder Plattform zu untersuchen, wie diese im konkreten Einzelfall nach außen hin auftritt.[334]

In den Fällen, in denen die Crowdsourcer von der Plattform nicht benannt werden, mithin für Crowdworker nicht ersichtlich sind, kann davon ausgegangen werden, dass die Plattform in eigenem Namen und auf eigene Rechnung handelt. Der Crowdworker erledigt die jeweilige Aufgabe in diesen Fällen nicht für den (ursprünglichen) Crowdsourcer, sondern für die Plattform, welche die Aufgabe selbst ausschreibt und auch Empfängerin der Leistung ist. Dem Crowdsourcer gegenüber ist somit nicht etwa der Crowdworker, sondern die Plattform zur Erbringung der Leistung verpflichtet.

Schwieriger gestaltet sich die Bestimmung des Vertragspartners in den Fällen, in denen Crowdwork-Plattformen bei der Ausschreibung ersichtlich machen, dass die jeweilige Aufgabe nicht vom Plattformbetreiber selbst stammt. Dies kann etwa dadurch geschehen, dass bei der Beschreibung der Aufgabe die Person bzw. Firma des Crowdsourcers, dem das Ergebnis schließlich zukommt, genannt wird.[335] Teilweise wird auch nur der vom Crowdsourcer bei der Anmeldung auf der Plattform angegebene Benutzername neben der ausgeschriebenen Aufgabe angezeigt.[336] Hier stellt sich die Frage, ob die jeweilige Plattform lediglich die Infrastruktur für Vertragsschlüsse zur Verfügung stellt oder ihr nicht doch die Ausschreibung der Aufgabe als eigene zuzurechnen ist.

Folgt man der Ansicht von *Warter*, ist für eine Bestimmung der Vertragsverhältnisse auch bei Vermittlungsplattformen entscheidend, ob für den Crowdworker ersichtlich ist, wer die konkrete Aufgabe ausgeschrieben hat.[337] Ein alleiniges Abstellen auf die Zurechenbarkeit der abgegebenen Erklärung erscheint in derartigen Fällen allerdings aus mehreren Gründen unzureichend: Gerade in

---

333 So fällt auf der Plattform *clickworker* etwa der Preis, den ein Crowdsourcer für das Veröffentlichen einer Aufgabe zur Übersetzung eines Textes in eine andere Sprache an die Plattform zahlen muss, wesentlich höher aus als die Vergütung, die einem Crowdworker zur Übersetzung desselben Textes gezahlt wird.

334 Insoweit ist *Risak*, ZAS 2015, 15 zuzustimmen.

335 So geschieht es teilweise bei der Aufgabenbearbeitung auf der Plattform *clickworker*.

336 So z.B. bei der Plattform *Amazon Mechanical Turk*.

337 *Warter*, Crowdwork S. 116.

Fällen, in denen wesentliche Vertragsinhalte nicht vom Crowdsourcer, sondern von der Crowdwork-Plattform selbst vorgegeben werden, fehlt es trotz Ersichtlichkeit des Crowdsourcers an dessen Entscheidungsspielraum bezüglich der vertragswesentlichen Bestandteile. So wird bei der Plattform *clickworker* etwa bei vielen Aufgaben in deren Beschreibung ersichtlich, welches Unternehmen der Plattform den Auftrag erteilt hat. Jedoch erfolgt die Festlegung des Entgelts, welches vom auftraggebenden Unternehmen für die Erledigung der Aufgabe zu entrichten ist, sowie die Festlegung des Entgelts, welches letztlich dem die Aufgabe bearbeitenden Crowdworker gezahlt wird, jeweils durch die Plattform selbst. Bei der Plattform *Amazon Mechanical Turk* ist es dagegen nur vermeintlich ersichtlich, wer die konkrete Aufgabe ausgeschrieben hat. Hier wird dem mit der Aufgabe befassten Crowdworker lediglich der Benutzername des Crowdsourcers angezeigt, der letztlich das Arbeitsergebnis erhält. Die tatsächliche Firma, die Anschrift oder sonstige persönliche Daten des Crowdsourcers werden dem Crowdworker dagegen nicht preisgegeben. Auch eine Kontaktaufnahme zwischen Crowdsourcer und Crowdworker ist hier nicht möglich.

Da die bloße Ersichtlichkeit des ursprünglichen Auftraggebers noch nicht zu einer eindeutigen Bestimmbarkeit des Vertragspartners führt, müssen weitere Kriterien herangezogen werden.

So könnte es für einen Vertragsschluss mit der Crowdwork-Plattform sprechen, wenn diese trotz Bestimmbarkeit des Crowdsourcers sowohl die Preisgestaltung als auch die Entlohnung der Crowdworker selbst steuert. Auch der Umstand, dass eine Crowdwork-Plattform sowohl für Crowdsourcer als auch für Crowdworker als zentrale Kontaktstelle für Fragen, Beschwerden, oder sonstige Anliegen dient, kann dafür sprechen, dass diese die entsprechenden Verträge mit den Beteiligten abschließt. Letztlich ist zu berücksichtigen, dass die zu erledigende Aufgabe häufig überhaupt nicht als solche ausgeschrieben, sondern von der Plattform in viele Teilaufgaben zergliedert wird. Liegt die Entscheidung, wie dies im Einzelnen geschieht, beim Plattformbetreiber, ist davon auszugehen, dass dieser die Aufgaben als eigene übernimmt.

Eine ähnliche Beurteilung nahm auch das LG Frankfurt a.M. vor, als es im Rahmen einer Unterlassungsklage gegen das Unternehmen *Uber B.V.*[338] über die Frage entschied, ob dieses nur Vermittlerin oder selbst Vertragspartnerin bezüglich der auf der Plattform angebotenen Fahrten ist.[339] Bei *Uber*[340] handelt

338 Die niederländische Gesellschaftsform Besloten Vennootschap entspricht der hiesigen GmbH, vgl. DNotI-Report 2001, 121, 122.

339 LG Frankfurt a.M. 18.03.2015 – 3-08 O 136/14 – CR 2016, 126.

340 https://www.uber.com/de (letzter Aufruf 27.07.2020).

es sich um ein ebenfalls im Zuge der Digitalisierung gegründetes, inzwischen nahezu weltweit agierendes Unternehmen der On-Demand-Economy,[341] welches verschiedene Beförderungsdienste über Internetplattformen anbietet.[342] Einer dieser Dienste ist die Vermittlung von Fahrgästen an Privatpersonen mit eigenen PKW über die Plattform *UberPOP*. Über eine Smartphone-App können Buchungsanfragen versendet und von auf der Plattform als Fahrer registrierten Nutzern angenommen werden.[343] Nach ausgeführter Transporttätigkeit werden dem Fahrgast die gefahrenen Kilometer, die Fahrtzeit und die Aufschlüsselung des Fahrpreises mitgeteilt und dessen Kreditkarte belastet. Dabei setzt das Unternehmen die Fahrpreise fest und steuert die komplette finanzielle Abwicklung.[344] Die Rechnung wird indes im Namen des Fahrers ausgestellt.[345] Für die Vermittlung der Fahrt behält die Plattform 20% des zu entrichtenden Betrags als Provision ein. Der Rest erreicht schließlich den entsprechenden Fahrer.[346]

In seinem Urteil vom 18.3.2015 stellte das LG Frankfurt a.M. überzeugend fest, dass es sich bei *Uber* – entgegen dem Selbstverständnis der Plattform laut deren AGB[347] – nicht um eine Vermittlungsplattform handele, sondern die Plattform selbst Unternehmerin, mithin Vertragspartnerin der Nutzer bezüglich der Beförderungsleistungen sei.[348] Zur Begründung führt es an, dass das

---

341 Zur Unterscheidung zwischen Crowdwork und On-Demand-Economy siehe Punkt B. I. 2., dort insbesondere Punkt e).

342 Dazu ausführlich *Lingemann/Otte*, NZA 2015, 1042 ff.; *Linke*, NVwZ 2015, 476; *Solmecke/Lengersdorf*, MMR 2015, 493, 496.

343 *Wimmer/Weiß*, MMR 2015, 80.

344 LG Frankfurt a.M. 18.03.2015 – 3-08 O 136/14 – CR 2016, 126 Rn. 8 f.

345 *Bauer/Friesen*, DAR 2015, 61.

346 LG Frankfurt a.M. 18.03.2015 – 3-08 O 136/14 – CR 2016, 126 Rn. 12; *Bauer/Friesen*, DAR 2015, 61; *Däubler*, SR 2016, 2, 11.

347 Zum Zeitpunkt des Urteils wurde in § 2 der AGB von *Uber B.V.* noch bestimmt, dass das Unternehmen bzgl. der einzelnen Beförderungsleistungen keine Vertragsverhältnisse mit den Beteiligten eingehe und seine Rolle sich ausschließlich auf die Vermittlung von Fahrgast und Beförderer beschränke (die Klausel wurde inzwischen gestrichen und durch andere Regelungen ersetzt).

348 LG Frankfurt a.M. 18.03.2015 – 3-08 O 136/14 – CR 2016, 126 Rn. 98, 100; bestätigt von OLG Frankfurt a.M., welches sich jedoch nur knapp zu dieser Frage äußert, vgl. OLG Frankfurt a.M. 09.06.2016 – 6 U 73/15 – GRUR-RR 2017, 17 Rn. 33, 40 f.; dem LG zust. AG München 31.03.2016 – 1117 OWi 254 Js 225568/15 – Rn. 26 ff.; ähnlich auch OVG Hamburg 24.09.2014 – 3 Bs 175/14 – NVwZ 2014, 1528 Rn. 11, 16; VG Berlin 26.09.2014 – VG 11 L 353.14; vgl. auch *Kramer/Hinrichsen*, GewArch 2015, 145, 148; *Ludwigs*, NVwZ 2017, 1646, 1648.

Geschäftsmodell der Plattform in seiner Gesamtheit darauf ausgelegt sei, den Gelegenheitsverkehr innerhalb der Bundesrepublik Deutschland mit Hilfe ihrer technischen Applikation *UberPOP* und den von ihr akquirierten Fahrern selbst zu betreiben.[349] Ausschließlich die Plattform selbst bewerbe ihr Geschäftsmodell, akquiriere die Fahrer über das Internet und steuere den Einsatz der Fahrer mit Hilfe von deren Smartphones. Zwar sei sie nicht Halterin der Fahrzeuge und zahle auch keine Steuern und Sozialbeiträge für die Fahrer, gleichwohl steuere und verantworte sie die Beförderung der Nutzer der App und deren Werbung über den Einsatz der Fahrer. Insbesondere steuere die Plattform auch die Preisgestaltung und Entlohnung der Fahrer.[350]

Zwar handelt es sich bei *Uber* nicht um eine Crowdwork-Plattform, sondern um eine Plattform der On-Demand-Economy.[351] Die Vorgehensweise von *Uber* weist aber teilweise große Ähnlichkeiten zu der einiger Crowdwork-Plattformen auf. Denn das Geschäftsmodell vieler Crowdwork-Plattformen ist ebenfalls darauf ausgelegt, die Abwicklung der Aufgaben selbst zu steuern. Verglichen mit der Situation bei Crowdwork wären die *Uber*-Fahrer in der Rolle der Crowdworker und die Fahrgäste in der Rolle der Crowdsourcer zu sehen. Bei *Uber* setzt sich der Fahrpreis aus unterschiedlichen Gebühren/Pauschalen zusammen, die vom Unternehmen vorgegeben werden. Ähnlich wird dem Crowdsourcer etwa bei der Plattform *clickworker* nach Einstellen der Aufgabe ein Preis angezeigt, den er für deren Erledigung an die Crowdwork-Plattform zu zahlen hat. Wie die Aufgabe im Einzelnen zu erledigen ist und welcher Preis dafür an den/die Crowdworker zu zahlen ist, entscheidet letztlich die Plattform selbst.

Genau wie bei *Uber* wird also auf Plattformen wie *clickworker* von der Plattform vorgegeben, wieviel Entgelt für die Erledigung einer Aufgabe zu zahlen ist. Auch hier erteilt die Plattform den Crowdsourcern die Rechnung, zieht das Entgelt ein und führt es nach Abzug einer intern berechneten Vermittlungspauschale an die Crowdworker ab. Weiter bewirbt ausschließlich die Plattformbetreiberin selbst ihr Geschäftsmodell, akquiriert die Crowdworker über das Internet und steuert den Einsatz und die Entlohnung der Crowdworker. Da das Geschäftsmodell von *Uber* mit dem vieler Crowdwork-Plattformen vergleichbar ist, lässt sich die Argumentation des LG Frankfurt a.M. auf entsprechende

349 LG Frankfurt a.M. 18.03.2015 – 3-08 O 136/14 – CR 2016, 126 Rn. 99.

350 LG Frankfurt a.M. 18.03.2015 – 3-08 O 136/14 – CR 2016, 126 Rn. 101 f.

351 Vgl. *BMAS*, Weißbuch Arbeiten 4.0, S. 55 f.; *Däubler*, SR 2016, 2, 11; *Lingemann/Otte*, NZA 2015, 1042; *Mecke*, SGb 2016, 481; *Krause*, Gutachten zum 71. Deutschen Juristentag, S. B 13f., B 83 f.

Crowdwork-Plattformen übertragen. Die Betreiberin schließt nach Ansicht des LG selbst Verträge mit den mitfahrenden Nutzern ihrer App als Nachfragerinnen von Beförderungsleistungen, nicht etwa der Passagier mit dem jeweiligen Fahrer. Der Argumentation des LG Frankfurt a.M. folgend muss man konsequenterweise auch bei nach diesem Geschäftsmodell arbeitenden Crowdwork-Plattformen zum Ergebnis kommen, dass das Geschäftsmodell über eine bloße Vermittlungstätigkeit hinausgeht und die Plattformen Vertragspartnerinnen sowohl gegenüber den Crowdsourcern als auch gegenüber den Crowdworkern werden.

Somit kann festgestellt werden, dass Crowdwork-Plattformen dann lediglich eine Vermittlungstätigkeit ausüben, wenn die Crowdsourcer selbst entscheiden können, zu welchem Preis sie eine Aufgabe ausschreiben, und auch die übrige Koordination des Prozesses wie etwa die Beschreibung der Aufgabe oder die Vorgabe der Zeit, in welcher die Bearbeitung erfolgen muss, vom Crowdsourcer bestimmt wird. In diesem Fall ist das Geschäftsmodell ähnlich gestaltet wie etwa das der Auktionsplattform *eBay*[352] oder der Wohnungsvermittlungsplattform *Airbnb*,[353] bei denen ebenfalls von einer bloßen Vermittlungstätigkeit der Plattform ausgegangen wird.[354] In derart gelagerten Fällen entstehen über die Regelungen im Rahmenvertrag hinaus keine vertraglichen Beziehungen der Beteiligten zur Plattform.

Ist das Geschäftsmodell der Plattform dagegen darauf ausgelegt, die Ausschreibung und Erledigung der Aufgaben selbst zu steuern, handelt es sich nicht mehr um eine bloße Vermittlertätigkeit. Vielmehr wird die Plattform in diesen Fällen selbst Vertragspartnerin sowohl gegenüber dem Crowdsourcer als auch gegenüber dem Crowdworker. Dies ist insbesondere dann der Fall, wenn die Preisgestaltung im Wesentlichen von der Plattform vorgenommen wird und diese auch im Übrigen die Abwicklung der Geschäfte koordiniert. Anderweitige Angaben in den Allgemeinen Geschäftsbedingungen der Plattform sind demgegenüber als unbeachtliche falsa demonstratio zu werten.[355]

---

352 https://www.ebay.de (letzter Aufruf 27.07.2020).

353 https://www.airbnb.de (letzter Aufruf 27.07.2020).

354 Vgl. zur Vermittlungstätigkeit der genannten Plattformen etwa FG Düsseldorf 23.06.2004 – 4 K 1162/04; FG Sachsen 19.03.2008 – 7 L 422/04; AG München 12.12.2018 – M 9 K 18.4553; zur Vermittlungstätigkeit der Plattform *Airbnb* insb. *Ludwigs*, NVwZ 2017, 1646, 1650 f.

355 So auch für den Fall der anderweitigen Angaben in den AGB der Plattform *Uber Kramer/Hinrichsen*, GewArch 2015, 145, 148; *Ludwigs*, NVwZ 2017, 1646, 1648.

cc) Zwischenergebnis

Die Untersuchung kommt zum Ergebnis, dass die Bestimmung der Vertragsparteien vom jeweiligen Geschäftsmodell der Crowdwork-Plattform abhängig ist. Während beim direkten Crowdsourcing ein Vertrag stets zwischen Crowdsourcer und Crowdworker zustande kommt, da es sich in diesen Fällen bei der Crowdwork-Plattform immer auch um den Crowdsourcer handelt, ist eine pauschale Einordnung der Vertragsverhältnisse in den Fällen des indirekten Crowdsourcing nicht möglich. Vielmehr ist hier nach dem Geschäftsmodell der verschiedenen Crowdwork-Plattformen im Einzelfall zu differenzieren.

Ist das Geschäftsmodell darauf ausgelegt, die Ausschreibung und Erledigung der Aufgaben selbst zu steuern, liegt keine reine Vermittlungstätigkeit der Plattform vor. Daran ändert auch ein anderweitiges Selbstverständnis der Plattform in den Allgemeinen Geschäftsbedingungen nichts. Dies ist insbesondere dann der Fall, wenn die Preisgestaltung im Wesentlichen von der Plattform selbst vorgenommen wird und diese auch im Übrigen die Abwicklung des Prozesses koordiniert. In diesen Fällen ist die Plattform als Vertragspartnerin sowohl gegenüber dem Crowdsourcer als auch gegenüber dem Crowdworker anzusehen. Zwischen Crowdsourcer und Crowdworker entstehen dabei keinerlei vertragliche Beziehungen.

Ein direktes Vertragsverhältnis zwischen Crowdsourcer und Crowdworker, mithin eine reine Vermittlungstätigkeit der Plattform, kann demgegenüber dann angenommen werden, wenn für den Crowdworker klar ersichtlich ist, wer die Aufgabe ausgeschrieben hat und die Plattform die Gestaltung der Ausschreibung, insbesondere die Entscheidung über den Preis für die Erledigung einer Aufgabe, dem Crowdsourcer überlässt.

b) Antrag

Unabhängig davon, wer Vertragspartner des Crowdworkers ist, stellt sich die Frage, welche Partei die Angebotserklärung abgibt und worin diese genau zu sehen ist. Denkbar ist einerseits, dass die auf der Plattform angezeigten Aufgaben verbindliche Angebote im Sinne des § 145 BGB darstellen, die in der Folge durch Leistungserbringung gemäß § 151 S. 1 BGB angenommen werden. Andererseits könnte in der auf der Plattform veröffentlichten Aufgabe aber auch nur eine Aufforderung zur Angebotsabgabe an die Crowdworker zu sehen sein. Das tatsächliche Angebot könnte sodann wiederum durch das Anklicken der Aufgabe oder die Einreichung des Arbeitsergebnisses erfolgen.

Wie eine Willenserklärung aufzufassen ist, ist im Zweifel durch Auslegung zu ermitteln.[356] Ein Angebot im Sinne des § 145 BGB liegt jedenfalls nur dann vor, wenn es inhaltlich hinreichend bestimmt ist und in ihm der endgültige Bindungswille des Erklärenden zum Ausdruck kommt.[357]

aa) Bestimmtheit

Ein auf einen Vertragsschluss mit einem bestimmten Inhalt gerichtetes Angebot muss zu seiner Wirksamkeit hinreichend bestimmt bzw. bestimmbar sein.[358] Dafür ist es erforderlich, dass der wesentliche Inhalt des angestrebten Vertrags und andere als wesentlich erachtete Punkte so genau angegeben werden, dass sie zumindest unter Zuhilfenahme ergänzender Auslegungsregeln (vgl. §§ 133, 157, 315 ff. BGB) ermittelbar sind.[359] Es muss insbesondere erkennbar sein, dass die Erklärung auf den Abschluss eines bestimmten Vertrags gerichtet ist. Weiter müssen die wesentlichen Vertragspunkte (essentialia negotii) für den Empfänger erkennbar bzw. durch Auslegung zu ermitteln sein.[360] Schließlich muss das Angebot so konkret gefasst sein, dass der Erklärungsempfänger es ohne Weiteres annehmen kann.[361]

Bei Crowdwork wird regelmäßig neben dem Inhalt und der Dauer der zu erledigenden Aufgabe auch das dafür versprochene Entgelt bereits in der Aufgabenbeschreibung durch den Crowdsourcer bzw. die Crowdwork-Plattform festgelegt.[362] Weitere Nebenbestimmungen und formale Fragen werden durch

---

356 BGH 26.10.1983 – VIII ZR 132/82 – NJW 1984, 289, 290; BGH 04.06.1996 – IX ZR 51/15 – NJW 1996, 2648, 2650; *Wendtland* in BeckOK BGB, § 133 Rn. 17; Jauernig/*Mansel*, Vorb. zu §§ 116 ff. BGB Rn. 12; Schulze/*Dörner*, § 133 BGB Rn. 3 ff.

357 *Busche* in MüKo BGB, § 145 Rn. 6 f.; Schulze/*Dörner*, § 145 BGB Rn. 3 f.; vgl. auch *Eckert* in BeckOK BGB, § 145 Rn. 34 ff.; Jauernig/*Mansel*, § 145 BGB Rn. 1 ff.

358 BGH 09.11.1966 – V ZR 39/64 – NJW 1967, 153; BGH 16.3.2006 – III ZR 152/05 – NJW 2006, 1971, 1972; *Busche* in MüKo BGB, § 145 Rn. 6; *Eckert* in BeckOK BGB, § 145 Rn. 34; Jauernig/*Mansel*, § 145 BGB Rn. 1 f.; Schulze/*Dörner*, § 145 BGB Rn. 3.

359 BGH 02.10.1991 – XII ZR 88/90 – NJW-RR 1992, 517 f.; BGH 20.06.1997 – V ZR 39/96 – NJW 1997, 2671, 2672; BGH 23.04.2015 – VII ZR 131/13 – NZBau 2015, 429 Rn. 23 ff.; *Busche* in MüKo BGB, § 145 Rn. 6; *Eckert* in BeckOK BGB, § 145 Rn. 34.

360 *Busche* in MüKo BGB, § 145 Rn. 6; *Eckert* in BeckOK BGB, § 145 Rn. 34; Palandt/*Ellenberger*, § 145 BGB Rn. 1; Schulze/*Dörner*, § 145 BGB Rn. 3.

361 BAG 17.02.2016 – 2 AZR 613/14 – NJOZ 2016, 866 Rn. 18; BAG 26.01.2017 – 2 AZR 68/16 – NZA 2017, 499 Rn. 10; OLG Düsseldorf 19.05.2016 – I-16 U 72/15 – NJW-RR 2016, 1073 Rn. 23; *Busche* in MüKo BGB, § 145 Rn. 6; *Eckert* in BeckOK BGB, § 145 Rn. 34; Palandt/*Ellenberger*, § 145 BGB Rn. 1.

362 So auch *Warter*, Crowdwork, S. 118.

die Allgemeinen Geschäftsbedingungen der Plattformen geregelt, denen sowohl Crowdsourcer als auch Crowdworker bei Abschluss des Rahmenvertrags zugestimmt haben.[363] Unabhängig davon, wie der Prozess auf der Plattform ausgestaltet ist, werden neben den von den Auftraggebern erklärten wesentlichen Inhalten auch die Bestimmungen der Allgemeinen Geschäftsbedingungen Teil des Vertragsverhältnisses zwischen Crowdworkern und Auftraggebern.[364] Aufgrund der Zustimmung zu den Nutzungsbedingungen wird den auf der Plattform angemeldeten Nutzern unterstellt, dass diese Kenntnis von den dort geregelten, den Crowdwork-Prozess betreffenden Bestimmungen haben, die letztlich Vertragsbestandteil werden sollen.[365] Folglich ist im Grunde bereits die auf der Crowdwork-Plattform veröffentlichte Aufgabe derart konkret gefasst, dass ein Crowdworker sie ohne Weiteres annehmen könnte.

bb) Rechtsbindungswille

Jedoch müsste ein Antrag auch den ernstlichen und endgültigen Willen des Erklärenden zum Vertragsschluss erkennen lassen.[366] Diese Voraussetzung ist gegeben, wenn aus Sicht eines verständigen Adressaten der Wille des Antragenden erkennbar ist, mit der Erklärung eine rechtliche Bindung zu bewirken.[367] Die Abgrenzung zwischen einem verbindlichen Antrag und bloßen Mitteilungen im vorvertraglichen Stadium erfolgt im Zweifel im Wege der Auslegung, wobei auf die Sicht eines objektiven Empfängers abzustellen ist.[368] Ergibt die Auslegung, dass der Erklärende sich noch nicht rechtlich binden, sondern sich selbst die finale Entscheidung über das Zustandekommen eines Vertrags mit

---

363 Siehe dazu Punkt C. I.

364 So gelten auch bei Vermittlungsplattformen die jeweils von Crowdsourcer und Crowdworker gegenüber der Crowdwork-Plattform akzeptierten AGB zwischen den Vertragsparteien, da beide Parteien davon ausgehen können, dass der jeweils andere ebenfalls die von der Plattform vorgegebenen Nutzungsbedingungen akzeptiert hat; dazu grundlegend BGH 07.11.2001 – VIII ZR 13/01 – NJW 2002, 363, 364; ausführlich zur Problematik *Pacha*, Crowdwork, S. 127 ff.

365 So auch *Felstiner*, Berkeley Journal of Employment & Labor Law 2011, 143, 162; *Pacha*, Crowdwork, S. 131; *Warter*, Crowdwork, S. 118 f.

366 *Busche* in MüKo BGB, § 145 Rn. 7; *Eckert* in BeckOK BGB, § 145 Rn. 35; Schulze/*Dörner*, § 145 BGB Rn. 4.

367 Vgl. BGH 09.06.1992 – VI ZR 49/91 – NJW 1992, 2474, 2475; BGH 04.08.2010 – XII ZR 118/08 – NJW 2010, 3087 Rn. 14.

368 *Eckert* in BeckOK BGB, § 145 Rn. 35; Schulze/*Dörner*, § 145 BGB Rn. 4; vgl. auch *Busche* in MüKo BGB, § 145 Rn. 7

einem der Adressaten vorbehalten will, spricht man von einer sog. „invitatio ad offerendum", einer Aufforderung zur Angebotsabgabe.[369]

Beim Crowdwork-Prozess kommen neben der Veröffentlichung der jeweiligen Aufgabe auf der Plattform noch weitere Erklärungsvorgänge in Betracht, denen ein Antragscharakter zugesprochen werden könnte. Zu untersuchen ist, welche dieser Erklärungen letztlich den notwendigen Rechtsbindungswillen zum Ausdruck bringt, mithin als Angebotserklärung aufgefasst werden kann.

(1) Einstellen der Aufgabe auf der Plattform

Bereits das Einstellen einer Aufgabe auf einer Crowdwork-Plattform könnte ein rechtsverbindliches Angebot darstellen, wenn der Erklärung aus Sicht eines verständigen Adressaten ein Rechtsbindungswille des Auftraggebers beizumessen ist.

Eine Einordnung als verbindliches Angebot erscheint auf den ersten Blick problematisch, da diese dazu führen könnte, dass letztlich mehr Aufgaben von Crowdworkern zur Bearbeitung angenommen werden, als tatsächlich zur Verfügung stehen. Würde die zu bearbeitende Aufgabe bis zu deren Erledigung auf dem Interface anderer Crowdworker sichtbar sein und so den Anschein erwecken, dass diese noch zur Bearbeitung zur Verfügung stünde, obwohl bereits ein anderer Crowdworker mit der Aufgabe befasst ist, bestünde für den Auftraggeber die Gefahr der Mehrfachverpflichtung.[370] Jedoch wird bei Crowdwork-Plattformen in der Regel durch Computerprogramme sichergestellt, dass die auf der Plattform verfügbaren Aufgaben nur so lange für die Crowdworker sichtbar sind, bis sich die vom Auftraggeber gewünschte Zahl an Bearbeitern gefunden hat.[371] Die Gefahr, dass eine ungewollt große Anzahl an Crowdworkern eine Aufgabe bearbeitet und somit auch Anspruch auf die Vergütung hätte, besteht somit grundsätzlich nicht.[372] Zudem werden die Aufgaben in der Regel nur denjenigen Crowdworkern angezeigt, die die vom Auftraggeber geforderten

---

369 *Busche* in MüKo BGB, § 145 Rn. 9; *Armbrüster* in Erman, § 145 BGB Rn. 16; Schulze/*Dörner*, § 145 BGB Rn. 4.

370 In diesem Fall würde in der Veröffentlichung der Aufgabe eine sog. „offerta ad incertas personas" zu sehen sein, welche den Ausschreibenden gegenüber jedermann, der das Angebot annimmt, verpflichten würde, vgl. dazu *Busche* in MüKo BGB, § 145 Rn. 22; Schulze/*Dörner*, § 145 BGB Rn. 6.

371 Vgl. dazu auch § 5 Abs. 1 S. 3 der AGB von *appJobber*, in dem die Plattform klarstellt, dass jede Aufgabe nur einmal zur Bearbeitung angenommen werden kann und danach für andere Nutzer erlischt (letzter Aufruf 27.07.2020).

372 So auch *Pacha*, Crowdwork, S. 132; *Warter*, Crowdwork, S. 122.

Qualifikationen erfüllen, sodass eine vorherige Überprüfung der Eignung des Crowdworkers für die konkrete Aufgabe nicht erforderlich ist.[373]

Dennoch erscheint es fraglich, ob der Auftraggeber wirklich bereits durch die Veröffentlichung einer Aufgabe eine rechtlich bindende Angebotserklärung abgeben will. Dies würde bedeuten, dass ein Vertrag über die Erbringung der angeforderten Leistung bereits mit dem bloßen Anklicken der Aufgabe durch einen Crowdworker zustande käme. Gerade um dem Risiko etwaiger Schadensersatzansprüche der Crowdworker entgegenzuwirken, liegt es eher im Interesse des Auftraggebers, vor der verbindlichen Zusage zum Vertragsschluss zu überprüfen, ob die jeweilige Aufgabe noch zur Bearbeitung zur Verfügung steht. Sollte dann – beispielsweise aufgrund eines technischen Fehlers oder wegen fehlender Aktualisierung des Interface eines Crowdworkers – eine nicht mehr verfügbare Aufgabe weiterhin für den Crowdworker sichtbar sein, hat der Auftraggeber noch die Möglichkeit, einen Vertragsschluss zu verhindern. So erfolgt etwa auf der Plattform *clickworker* beim Anklicken einer Aufgabe zunächst eine automatisierte Prüfung durch die Plattform, ob die Aufgabe nicht zwischenzeitlich von einem anderen Crowdworker zur Bearbeitung angenommen wurde. Ist dies der Fall, erscheint auf dem Interface des anklickenden Crowdworkers eine Meldung, dass die konkrete Aufgabe nicht mehr zur Verfügung steht.

Folglich ist davon auszugehen, dass es sich beim Einstellen der Aufgabe in der Regel lediglich um eine Mitteilung im vorvertraglichen Stadium handelt, der Auftraggeber sich aber die finale Entscheidung über das Zustandekommen eines Vertrags mit einem der Crowdworker offenhalten will. Somit ist im Einstellen der Aufgabe grundsätzlich eine invitatio ad offerendum zu sehen.[374]

Dies stellen auch einige Crowdwork-Plattformen in ihren Allgemeinen Geschäftsbedingungen klar, indem sie festlegen, dass es sich bei den Anzeigen der Arbeitsangebote nicht bereits um verbindliche Angebote handle, sondern

373 So auch *Pacha*, Crowdwork, S. 132; *Warter*, Crowdwork, S. 123; vgl. auch § 4 Abs. 2 der Datenschutz-bestimmungen von *clickworker*; Ziffer III. 3. a) der AGB von *Streetspotr* (jeweils letzter Aufruf 27.07.2020)

374 So im Ergebnis auch Arnold/Günther/*Lingemann/Chakrabarti*, Arbeitsrecht 4.0, Kap. 2 Rn. 81; *Gärtner* in Dobreva/Hack-Leoni/Holenstein/Koller/Nedi: Neue Arbeitsformen, S. 159, 175; *Hötte*, MMR 2014, 795, 797; *Kocher/Hensel*, NZA 2016, 984, 985; *Meyer-Michaelis/Falter/Schäfer*, DB 2016, 2543, 2544; *Söbbing*, ITRB 2011, 206, 207; *Wisskirchen/Schwindling*, ZESAR 2017, 318, 322; wohl auch *Pacha*, Crowdwork, S. 133 f.; a.A. *Warter*, Crowdwork, S. 124, der in den Angebotsbeschreibungen stets von rechtsverbindlichen Angeboten ausgeht.

diese lediglich als invitationes ad offerendum aufzufassen seien.[375] Crowdworker werden demnach ihrerseits aufgefordert, ein Angebot zur Abarbeitung des Projektes zu den Konditionen zu unterbreiten, die in der Projektbeschreibung angegeben sind.

Andere Plattformen legen dagegen in ihren Nutzungsbedingungen fest, dass bereits das Einstellen der Aufgabe als verbindliches Angebot des Auftraggebers aufzufassen sei.[376] Bei einer Mehrfachverpflichtung aus oben genannten Gründen wären die Auftraggeber in diesen Fällen gegebenenfalls Schadensersatzansprüchen der Crowdworker ausgesetzt.

(2) Einreichung des Ergebnisses

Handelt es sich beim Einstellen der Aufgabe lediglich um eine invitatio ad offerendum, wird vertreten, dass das eigentliche Angebot in der Einreichung des Arbeitsergebnisses durch den Crowdworker liege.[377] Eine solche Annahme hätte jedoch erhebliche Unsicherheiten für die Crowdworker zur Folge, da diese ihre Arbeit stets unter dem Risiko erbringen müssten, dass ein anderer Crowdworker ihnen mit der Einreichung des Ergebnisses zuvorkommt oder der Auftraggeber die Aufgabe aus sonstigen Gründen von der Plattform nimmt, bevor das Arbeitsergebnis ihm als „Angebot“ unterbreitet werden kann. Des Weiteren wäre dem Auftraggeber so die Möglichkeit eröffnet, unter zahlreichen fertigen Arbeiten das in seinen Augen „beste“ auszuwählen und nur mit dem entsprechenden Crowdworker einen Vertrag abzuschließen, während die anderen Crowdworker die Arbeit umsonst erbracht hätten.[378] Dies würde den Auftraggeber als in der Regel wirtschaftlich ohnehin schon überlegene Partei übermäßig bevorteilen.

---

375 Vgl. etwa § 3.1 der AGB von *clickworker* für Clickworker; § 4.1 der AGB von *Crowdguru* (jeweils letzter Aufruf 27.07.2020).

376 So etwa die Plattform *WorkGenius* (vgl. den Punkt „Auftragserteilung und Bearbeitung von Jobs“ der AGB von *WorkGenius*); unklar bei der Plattform *appJobber*, die zwar in § 5 Abs. 1 der AGB zunächst darlegt, dass der Auftragnehmer durch das Anklicken eines Inserates selbst ein Angebot abgebe, sodann jedoch widersprüchlicherweise bestimmt, dass ein Vertrag über die Erbringung der inserierten Leistung zustande komme, wenn der erste Auftragnehmer das Angebot annehme (jeweils letzter Aufruf 27.07.2020).

377 Arnold/Günther/*Lingemann/Chakrabarti*, Arbeitsrecht 4.0, Kap. 2 Rn. 81; *Hötte*, MMR 2014, 795, 797.

378 Derartige Zustände herrschen nur bei wettbewerbsbasierter Crowdwork (dazu ausführlich Punkt C. II. 1. e)).

Schließlich gehen auch die Betreiber einiger Crowdwork-Plattformen davon aus, dass die Crowdworker ihre Leistung auf der Grundlage eines bereits abgeschlossenen Vertrags erbringen. So wird den Crowdworkern im Falle der Mangelhaftigkeit der Leistung eine dreitägige Frist zur Nacherfüllung eingeräumt. Bei Fehlschlagen der Nacherfüllung oder Verweigerung durch den Crowdworker behalten sich die Plattformen den Rücktritt vom entsprechenden Vertrag vor.[379] Derartige Regelungen können nur Sinn ergeben, wenn die Einreichung des Ergebnisses bereits auf Grundlage eines Vertrags erfolgt.[380]

Die Einreichung des Ergebnisses erfolgt folglich erst nach Vertragsschluss und stellt demnach nicht das auf den Vertragsschluss gerichtete Angebot dar.[381]

(3) Anklicken der Aufgabe[382]

Schließlich könnte die Angebotserklärung bereits in der Auswahl der konkreten Aufgabe zur Bearbeitung zu sehen sein. Dies entspricht aus Sicht eines objektiven Erklärungsempfängers am meisten den Interessen der Beteiligten: Da der Auftraggeber sich in diesem Fall nicht bereits durch die Veröffentlichung der Aufgabe gegenüber jedermann, der diese zur Bearbeitung annimmt, verpflichtet, ist zum einen ein Schutz vor einer Mehrfachverpflichtung des Auftraggebers gewährleistet.[383] Auf der anderen Seite ist auch den Interessen der Crowdworker Genüge getan, da diese ihre Leistung aufgrund der Verpflichtung aus einem bestehenden Vertrag erbringen und nicht erst die fertige Leistung abliefern müssen, um auf die Annahmeerklärung des Auftraggebers zu hoffen.[384]

Als Beispiel für die Praxis kann an dieser Stelle wieder die Plattform *clickworker* herangezogen werden: Gelegentlich kommt es dort vor, dass Aufgaben zwar auf dem Interface der Crowdworker angezeigt werden, nach dem Anklicken aber – wohl aufgrund der zwischenzeitlichen Bearbeitung durch einen anderen Crowdworker – nicht mehr verfügbar sind. Dies geschieht, weil die Plattform den Crowdworker nach Anklicken der Aufgabe[385] auf eine neue Seite weiterleitet,

379 Vgl. nur § 3.2 Abs. 4 der AGB von *clickworker* für Clickworker; § 4.2 der AGB von *Crowdguru* (jeweils letzter Aufruf 27.07.2020).

380 So auch *Warter*, Crowdwork, S. 124.

381 So im Ergebnis auch *Pacha*, Crowdwork, S. 134; a.A. Arnold/Günther/*Lingemann/Chakrabarti*, Arbeitsrecht 4.0, Kap. 2 Rn. 81; *Hötte*, MMR 2014, 795, 797.

382 Gemeint ist das Anklicken des Buttons, durch den die Bearbeitung der entsprechenden Aufgabe beginnen soll.

383 Vgl. zur Gefahr der Mehrfachverpflichtung des Auftraggebers auch oben (Punkt C. II. 2. b) bb) (1)).

384 Siehe dazu auch oben (Punkt C. II. 2. b) bb) (2)).

385 Auf *clickworker* trägt der entsprechende Button die Aufschrift „Beginnen!“.

auf der zunächst überprüft wird, ob die konkrete Aufgabe noch zur Bearbeitung zur Verfügung steht. Nur wenn dies der Fall ist, werden dem Crowdworker die für die Bearbeitung nötigen Daten bereitgestellt und die verbleibende Zeit zur Erledigung der Aufgabe angezeigt. Die Entscheidung, ob einem Crowdworker die erforderlichen Daten zur Verfügung gestellt werden, erfolgt folglich erst, nachdem dieser mit dem Anklicken der Aufgabe ein Angebot zu deren Bearbeitung unterbreitet hat.[386]

Mithin ist das Angebot zum Vertragsschluss – soweit anderweitige Regelungen in Allgemeinen Geschäftsbedingungen nicht entgegenstehen – in der Auswahl der bestimmten Aufgabe durch einen Crowdworker zu sehen.[387] Die Angebotserklärung wird durch das Anklicken des Buttons, durch den die Bearbeitung der entsprechenden Aufgabe beginnen soll, an den Auftraggeber übermittelt. Dass Willenserklärungen auch durch Zuhilfenahme moderner Informations- und Kommunikationssysteme rechtswirksam abgegeben werden können, ist mittlerweile allgemein anerkannt.[388]

(4) Zwischenergebnis

Soweit die tatsächliche Ausgestaltung des Crowdwork-Prozesses auf der jeweiligen Plattform nichts anderes vermuten lässt und die Allgemeinen Geschäftsbedingungen keine entgegenstehenden Regelungen enthalten, ist im Einstellen einer Aufgabe durch den Auftraggeber noch kein Angebot, sondern lediglich eine invitatio ad offerendum zu sehen. Das tatsächliche Angebot wird dem Auftraggeber dagegen nicht erst bei Einreichung des Arbeitsergebnisses, sondern vielmehr bereits bei der Auswahl der zu bearbeitenden Aufgabe unterbreitet.

c) Annahme

Weiter stellt sich die Frage, wann die Annahme des vom Crowdworker unterbreiteten Angebots durch die Plattform bzw. den Crowdsourcer erfolgt. Bei der Annahme handelt es sich um eine einseitige, grundsätzlich empfangsbedürftige,

386 Eine Ausnahme bilden wiederum die Plattformen, die in ihren Nutzungsbedingungen anderweitige Regelungen zum Vertragsschluss vorsehen, siehe dazu schon oben (Punkt C. II. 2. b) bb) (1)).

387 So auch *Pacha*, Crowdwork, S. 134.

388 Vgl. nur BGH 07.11.2001 – VIII ZR 13/01 – NJW 2002, 363, 364; *Dörner*, AcP 202 2002, 363 ff.; *Hergenröder*, ZJS 2/2017, 131 ff.

auf den Abschluss eines Vertrags gerichtete Willenserklärung.[389] Sie muss die vorbehaltlose Zustimmung des Annehmenden zum Angebot des Antragenden erkennen lassen und kann grundsätzlich auch durch konkludentes Verhalten erfolgen.[390] Der Zeitpunkt des Zugangs der Annahmeerklärung stellt regelmäßig auch den Moment des Vertragsschlusses dar.[391]

Im hier interessierenden Bereich könnte man zunächst annehmen, der Auftraggeber behalte sich die Entscheidung bis zur Einreichung des Arbeitsergebnisses durch den Crowdworker vor, sodass eine Annahme erst nach Überprüfung des Ergebnisses erfolgen würde.[392] In diesem Fall wären Crowdworker allerdings der permanenten Gefahr ausgesetzt, bei nicht ausreichender Arbeitsgeschwindigkeit die Aufgabe zwar zu erledigen, jedoch keinen Anspruch auf Bezahlung zu erhalten, weil ein anderer Crowdworker ihnen mit der Einreichung des Ergebnisses zuvorgekommen ist und der Crowdsourcer bereits dessen Angebot angenommen hat. Auch hätten Crowdsourcer so die Möglichkeit, die Einreichung zahlreicher Arbeitsergebnisse abzuwarten und sich letztlich nur gegenüber einem Crowdworker zur Zahlung zu verpflichten. Derartige Zustände herrschen zwar bei wettbewerbsbasierter Crowdwork,[393] jedoch ist die Situation bei Crowdwork-Plattformen, die keine Kreativwettbewerbe ausschreiben, anders zu beurteilen.

Legt der Plattformbetreiber in den Allgemeinen Geschäftsbedingungen fest, dass bereits die Veröffentlichung einer Aufgabe eine verbindliche Angebotserklärung des Auftraggebers darstellt, so ist die Annahme in der Auswahl der konkreten Aufgabe durch den Crowdworker zu sehen. Andernfalls erfolgt die Annahmeerklärung durch den Auftraggeber unmittelbar gefolgt auf das Angebot des Crowdworkers durch die Bereitstellung der für die Bearbeitung erforderlichen Daten.[394]

So stellt beispielsweise die Plattform *clickworker* in ihren Allgemeinen Geschäftsbedingungen klar, dass dem Crowdworker nach Annahme seines

---

389 *Busche* in MüKo BGB, § 147 Rn. 2; Jauernig/*Mansel*, § 147 BGB Rn. 1; Palandt/*Ellenberger*, § 147 BGB Rn. 1; Schulze/*Dörner*, § 147 BGB Rn. 2. Ausnahmen zur Empfangsbedürftigkeit stellen die §§ 151 f. BGB dar.

390 Vgl. BGH 29.04.2015 – VIII ZR 197/14 – NJW 2015, 2177 Rn. 20; *Busche* in MüKo BGB, § 147 Rn. 2 f.; Jauernig/*Mansel*, § 147 BGB Rn. 1 f.; Palandt/*Ellenberger*, § 147 BGB Rn. 2; Schulze/*Dörner*, § 147 BGB Rn. 2.

391 Schulze/*Dörner*, § 147 BGB Rn. 2.

392 So *Warter*, Crowdwork, S. 126.

393 Dazu ausführlich Punkt C. II. 1. e).

394 So auch *Pacha*, Crowdwork, S. 134.

Angebots die Daten, die zur Abarbeitung des Projektes erforderlich sind, auf dessen „Workplace" zur Verfügung gestellt werden.[395] Vor der Zurverfügungstellung der Daten erfolgt sodann noch eine automatisierte Prüfung, ob die Aufgabe nicht zwischenzeitlich durch einen anderen Crowdworker angeklickt wurde.[396] Um eine mehrfache Bearbeitung derselben Aufgabe auszuschließen, verschwindet die Aufgabe sodann auf dem Workplace der anderen Nutzer. Crowdworker, bei denen die Aufgabe mangels Aktualisierung der Website noch als verfügbar angezeigt wird, erhalten beim Anklicken der Aufgabe eine Meldung, dass die Aufgabe nicht mehr verfügbar ist.

d) Zwischenergebnis

Abgesehen von den Fällen der wettbewerbsbasierten Crowdwork kommt bei Crowdwork regelmäßig ein Vertrag zwischen den Parteien zustande. Während die Bestimmung der Vertragsparteien in den Fällen des direkten Crowdsourcing keine großen Probleme bereitet, ist beim indirekten Crowdsourcing im Einzelfall danach zu differenzieren, ob die Plattform selbst die Ausschreibung und Erledigung der Aufgaben koordiniert oder ob die Festlegung und Gestaltung der einzelnen Details bezüglich der Ausschreibung dem Crowdsourcer überlassen ist. Je nach Ausgestaltung des Prozesses kann im Einzelfall eine reine Vermittlungstätigkeit der Plattform vorliegen, die entweder aufgrund eines Dienstvertrags oder eines Maklervertrags, gegebenenfalls mit werkvertraglichen Elementen, erbracht wird. Ergeben die Umstände aber, dass die Crowdwork-Plattform die Aufgaben als eigene ausschreibt, wird sie selbst Vertragspartnerin des Crowdworkers.

Als taugliche Antragserklärungen kommen dabei sowohl das Einstellen der Aufgabe auf der Crowdwork-Plattform als auch die Auswahl einer bestimmten Aufgabe zur Bearbeitung durch den Crowdworker in Betracht. Zwar sind all diese Erklärungen hinreichend bestimmt, jedoch fehlt es in den ersten beiden Fällen regelmäßig an einem für den Antrag erforderlichen Rechtsbindungswillen des

---

395 Vgl. § 3.2 der AGB von *clickworker* für Clickworker (letzter Aufruf 27.07.2020). Für den Fall der Nicht- oder Schlechterfüllung der Aufgabe durch den Crowdworker sichert sich die Plattform an gleicher Stelle ab, indem sie einen Erfüllungsanspruch gegenüber dem Crowdworker selbst ausschließt und sich dafür im Gegenzug nicht zur Abnahme der Leistung des Crowdworkers verpflichtet, wenn diese nicht den Vorgaben entspricht oder der von der Plattform vorgegebene Zeitrahmen zur Leistungserbringung nicht eingehalten wurde.

396 Vgl. dazu auch schon die Ausführungen zur Angebotsunterbreitung durch Anklicken der Aufgabe (Punkt C. II. 2. b) bb) (3)).

Erklärenden. Stellt man auf die Sichtweise eines objektiven Betrachters ab, kann dieser – sofern nicht in den Nutzungsbedingungen der jeweiligen Plattform anderweitige Bestimmungen enthalten sind – nur bei der Auswahl der konkreten Aufgabe durch den Crowdworker bejaht werden. Die Annahmeerklärung ist sodann in der Bereitstellung der für die Bearbeitung erforderlichen Daten durch den Auftraggeber zu sehen.

III. Zusammenfassung

Die Untersuchung der dogmatischen Einordnung des Crowdwork-Prozesses zeigt, dass durch die Registrierung auf der Crowdwork-Plattform und die anschließende Freischaltung zunächst ein Rahmenvertrag zwischen dem Plattformbetreiber und dessen Nutzern zustande kommt, welcher zwar Nebenpflichten bezüglich der Nutzung der Plattform festlegt, jedoch noch keine Hauptleistungspflichten für die Vertragsparteien enthält.

Bezüglich der Bearbeitung der einzelnen Arbeitsaufgaben durch die Crowdworker könnte man zunächst annehmen, diese erfolgten auf Grundlage einer Auslobung durch die Plattform bzw. den Crowdsourcer. Denn die auf den Crowdwork-Plattformen ausgeschriebenen Aufgaben können grundsätzlich als öffentliche Bekanntmachungen angesehen werden, durch die für die Vornahme einer Handlung eine Belohnung ausgesetzt wird. Allerdings fehlt es in diesen Fällen üblicherweise an einem einseitig bindenden Versprechen des Erklärenden. Denn eine Auslegung der Erklärung zeigt, dass eine Bindungswirkung vielmehr beiderseitig zwischen ihm und dem jeweiligen Bearbeiter einer Aufgabe entstehen soll, die Erklärung mithin auf den Abschluss eines Vertrags gerichtet ist. Eine Ausnahme stellt dabei lediglich der Sonderfall der wettbewerbsbasierten Crowdwork dar. Bei den dort ausgeschriebenen Aufgaben ist es für die teilnehmenden Crowdworker klar ersichtlich, dass unter allen Bewerbern am Ende lediglich einer zum „Gewinner" gekürt wird und so die ausgeschriebene Vergütung erhält. In diesen Fällen erfolgt die Bearbeitung auf der Grundlage eines Preisausschreibens nach § 661 BGB.

Im Übrigen kommt für die Bearbeitung der Crowdwork-Aufgaben neben dem Rahmenvertrag ein weiteres Vertragsverhältnis zustande. Die Bestimmung der Vertragsparteien ist dabei vom jeweiligen Geschäftsmodell der Crowdwork-Plattform abhängig. Während beim direkten Crowdsourcing ein Vertrag stets zwischen Crowdsourcer und Crowdworker zustande kommt, da es sich in diesen Fällen bei der Crowdwork-Plattform immer auch um den Crowdsourcer handelt, ist eine pauschale Einordnung der Vertragsverhältnisse in den Fällen des indirekten Crowdsourcing nicht möglich. Vielmehr ist hier nach dem

Geschäftsmodell der verschiedenen Crowdwork-Plattformen im Einzelfall zu differenzieren. Ist das Geschäftsmodell darauf ausgelegt, die Ausschreibung und Erledigung der Aufgaben selbst zu steuern, liegt keine reine Vermittlungstätigkeit der Plattform vor. Daran ändert auch ein anderweitiges Selbstverständnis der Plattform in den Allgemeinen Geschäftsbedingungen nichts. Dies ist insbesondere dann der Fall, wenn die Preisgestaltung im Wesentlichen von der Plattform selbst vorgenommen wird und diese auch im Übrigen die Abwicklung des Prozesses koordiniert. In diesen Fällen ist die Plattform als Vertragspartnerin sowohl gegenüber dem Crowdsourcer als auch gegenüber dem Crowdworker anzusehen. Zwischen Crowdsourcer und Crowdworker entstehen in diesem Fall keinerlei vertragliche Beziehungen. Ein direktes Vertragsverhältnis zwischen Crowdsourcer und Crowdworker, mithin eine reine Vermittlungstätigkeit der Plattform, kann demgegenüber dann angenommen werden, wenn für den Crowdworker klar ersichtlich ist, wer die Aufgabe ausgeschrieben hat, und die Plattform die Einzelheiten bezüglich der Gestaltung der Ausschreibung dem Crowdsourcer überlässt.

Der auf den konkreten Vertragsschluss abzielende Antrag ist dabei – soweit sich nicht aus dem Umständen des Einzelfalls etwas anderes ergibt – noch nicht im Einstellen der Arbeitsaufgabe durch den Crowdsourcer bzw. die Plattform zu sehen. Dieses stellt in der Regel lediglich eine invitatio ad offerendum dar. Das tatsächliche Angebot wird dem Auftraggeber dagegen bei der Auswahl der zu bearbeitenden Aufgabe und nicht erst bei Einreichung des Arbeitsergebnisses unterbreitet. Nur dieser Erklärung ist ein entsprechender Rechtsbindungswille des Erklärenden beizumessen. Die Annahmeerklärung ist sodann schließlich in der Bereitstellung der für die Bearbeitung erforderlichen Daten durch den Auftraggeber zu sehen.

D. (Arbeits-)rechtliche Einordnung der Crowdworker

Nun soll erörtert werden, ob bzw. in welchem Umfang Crowdworker von arbeitsrechtlichen Schutzvorschriften profitieren können. Entscheidend dafür ist die Frage, wie das „Beschäftigungsverhältnis" der Crowdworker rechtlich einzuordnen ist, mithin, welche Rechtsstellung Crowdworker innehaben. Sind sie als Arbeitnehmer anzusehen, findet das Arbeitsrecht mit allen Konsequenzen einschließlich des Kündigungsschutzes nach dem Kündigungsschutzgesetz und der Möglichkeit zur Bildung von Betriebsräten nach dem Betriebsverfassungsgesetz Anwendung. Ist eine Arbeitnehmereigenschaft dagegen zu verneinen, so ist zu prüfen, ob dennoch – in eingeschränktem Umfang – arbeitsrechtliche Vorschriften auf Crowdworker anwendbar sind. Dies wäre der Fall, wenn es sich bei ihnen um sog. arbeitnehmerähnliche Personen handeln würde. Da externe Crowdworker ihre Arbeiten regelmäßig von ihrer Wohnung aus verrichten, könnten sie darüber hinaus sogar dem Anwendungsbereich des Heimarbeitsgesetzes unterfallen. Als spezielle Gruppe der arbeitnehmerähnlichen Personen genießen die in Heimarbeit Beschäftigten einen zusätzlichen Schutz durch das Heimarbeitsgesetz und die Anwendbarkeit einiger weiterer arbeitsrechtlicher Vorschriften. Liegt im Einzelfall auch keine Arbeitnehmerähnlichkeit vor, so sind Crowdworker schließlich als „bloße" Selbständige zu qualifizieren, deren rechtliche Behandlung sich ausschließlich nach zivilrechtlichen Grundsätzen bestimmt, was möglicherweise zu erheblichen Schutzdefiziten führt.

I. Crowdworker als Arbeitnehmer

Als erstes ist der Frage nachzugehen, ob generell oder in bestimmten Fällen die Voraussetzungen des Arbeitnehmerbegriffs erfüllt sind. Mit der Neufassung des § 611a BGB hat der Gesetzgeber im April 2017 eine Legaldefinition des Arbeitsvertrags in das Bürgerliche Gesetzbuch eingefügt.[397] Die Formulierung greift auf die bereits von *Hueck*[398] entwickelte und bis dato vom Bundesarbeitsgericht in

397 Art. 2 des Gesetzes zur Änderung des Arbeitnehmerüberlassungsgesetzes und anderer Gesetze vom 21. Februar 2017, BGBl. 2017 I Nr. 8, S. 258, 261.

398 Hueck/Nipperdey, Lehrbuch des Arbeitsrechts, Band I, § 9 II.

ständiger Rechtsprechung[399] weitergeführte Definition des Arbeitnehmerbegriffs zurück. In dogmatischer Hinsicht gibt es lediglich insofern eine Neuerung, als in § 611a Abs. 1 BGB nicht wie bisher der Begriff des Arbeitnehmers, sondern unmittelbar der des Arbeitsvertrags bestimmt wird. Nach h.M. ist damit aber keine inhaltliche Änderung gegenüber der bisherigen Rechtsprechung des BAG verbunden.[400]

1. Für Arbeitnehmer geltende Schutzvorschriften

Für den Fall, dass bei Crowdwork zwischen Plattform bzw. Crowdsourcer und Crowdworker ein Arbeitsverhältnis begründet wird, könnten Crowdworker von zahlreichen gesetzlichen Bestimmungen zu Gunsten von Arbeitnehmern profitieren. Denn wegen ihrer sozialen Schutzbedürftigkeit hat das Arbeitsrecht für Arbeitnehmer eine umfangreiche Regelung in verschiedenen Gesetzen vorgesehen.[401] Die Bejahung der Arbeitnehmereigenschaft ist entscheidend sowohl für die Anwendung individualrechtlicher- als auch kollektivrechtlicher Arbeitnehmerschutzvorschriften.

So haben Arbeitnehmer etwa einen gesetzlichen Anspruch auf bezahlten Erholungsurlaub in Höhe von jährlich mindestens 24 Werktagen nach § 1 i.V.m. § 3 Abs. 1 BUrlG. Im Unterschied zum „freien" Dienstvertrag, bei dem sich eine Entgeltfortzahlung bei vorübergehender Verhinderung nur nach § 616 BGB bestimmt, gelten für Arbeitnehmer zusätzlich spezielle Regeln für die Entgeltfortzahlung im Krankheitsfall (vgl. § 3 EFZG). Auch im Fall einer Kündigung finden bei Arbeitsverhältnissen die spezielleren, großzügigeren Kündigungsfristen nach § 622 BGB Anwendung, während bei freien Dienstverhältnissen die Kündigungsfristen des § 621 BGB gelten. Darüber hinaus genießen nur Arbeitnehmer einen weitgehenden materiellen Schutz gegen ordentliche Kündigungen (vgl. § 1 KSchG) und unterfallen dem Arbeitszeitgesetz (vgl. § 1 ArbZG).

---

399 Vgl. BAG 27.07.1961 – 2 AZR 255/60 – NJW 1961, 2085; BAG 08.06.1967 – 5 AZR 461/66 – NJW 1967, 1982; BAG 20.01.2010 – 5 AZR 99/09 – NJOZ 2011, 88 Rn. 13; BAG 20.01.2010 – 5 AZR 106/09 – NJOZ 2010, 1705 Rn. 18; BAG 15.02.2012 – 10 AZR 301/10 – NZA 2012, 713 Rn. 13; BAG 17.04.2013 – 10 AZR 272/12 – NZA 2013, 903 Rn. 15; BAG 25.09.2013 – 10 AZR 282/12 – NZA 2013, 1348 Rn. 16; zuletzt BAG 14.06.2016 – 9 AZR 305/15 – NZA 2016, 1453 Rn. 15.

400 Vgl. *Fandel/Kock* in jurisPK-BGB, § 611a Rn. 2; *Fuchs/Baumgärtner* in BeckOK BGB, § 611a Rn. 1 ff.; *Joussen* in BeckOK ArbR, § 611a BGB Rn. 2; *Thüsing* in Henssler/Willemsen/Kalb, § 611a BGB Rn. 5; vgl. auch BT-Drs. 18/9232, S. 4; BT-Drs. 18/10064, S. 17; krit. *Edenfeld* in Erman, § 611a BGB Rn. 1; *Richardi*, NZA 2017, 36, 39.

401 Schulze/*Schreiber*, § 611a BGB Rn. 2.

Weiter fallen sie etwa in den Anwendungsbereich des Arbeitsschutzgesetzes (vgl. § 1 i.V.m. § 2 Abs. 2 Nr. 1 ArbSchG), des Arbeitsplatzschutzgesetzes (vgl. § 1 ff. ArbPlSchG), des Jugendarbeitsschutzgesetzes (vgl. § 1 Abs. 1 Nr. 2 JArbSchG), des Mutterschutzgesetzes (vgl. § 1 Abs. 1 S. 1 MuSchG) oder auch des Neunten Buches des Sozialgesetzbuchs (vgl. insb. §§ 168 ff. SGB IX). Schließlich besteht für Arbeitnehmer ein Anspruch auf Zahlung eines Mindestlohns nach §§ 1, 22 MiLoG.[402]

Aus dem Bereich des kollektiven Arbeitsrechts könnten bei Bejahung der Arbeitnehmereigenschaft etwa Regelungen der betrieblichen Mitbestimmung einschließlich Betriebsvereinbarungen auf Crowdworker Anwendung finden, da diese dann nach § 5 Abs. 1 S. 1 BetrVG vom Anwendungsbereich des Betriebsverfassungsgesetzes erfasst wären. Zudem könnten die Arbeitsverhältnisse der Crowdworker nach § 1 Abs. 1 TVG zum Gegenstand von Tarifverträgen gemacht werden.

Nicht zuletzt begründet die Arbeitnehmereigenschaft nach § 2 ArbGG die Zuständigkeit der Arbeitsgerichtsbarkeit. Schließlich ist die Beantwortung der Frage der Arbeitnehmereigenschaft von Crowdworkern auch aus strafrechtlicher Sicht relevant, wird doch nach § 266a StGB bestraft, wer als Arbeitgeber der Einzugsstelle Beiträge des Arbeitnehmers zur Sozialversicherung vorenthält.[403]

2. Voraussetzungen nach § 611a Abs. 1 BGB

Nach § 611a Abs. 1 BGB ist Arbeitnehmer, wer auf Grund eines Arbeitsvertrags im Dienste eines anderen zur Leistung weisungsgebundener, fremdbestimmter Arbeit in persönlicher Abhängigkeit verpflichtet ist.

Der Definition lassen sich vier wesentliche Merkmale entnehmen: Der Arbeitnehmer muss aufgrund des Arbeitsvertrags, also eines privatrechtlichen Vertrags handeln, und zur Leistung von Arbeit verpflichtet sein. Weiter muss die Arbeit „im Dienste eines anderen" verrichtet werden, der Leistungserfolg mithin im Interesse eines anderen stehen. Schließlich muss die Arbeit weisungsgebunden, fremdbestimmt und in persönlicher Abhängigkeit erfolgen. Zwar werden in § 611a Abs. 1 S. 2 BGB diese drei unbestimmten Rechtsbegriffe nebeneinandergestellt. Geht man aber von dem erklärten gesetzgeberischen Willen aus, dass an der bisherigen Rechtsprechung des Bundesarbeitsgerichts

402 Übersichten der anwendbaren Schutzvorschriften finden sich bei Palandt/*Weidenkaff*, Einf. v. § 611 BGB Rn. 81 ff.; Schulze/*Schreiber*, § 611a BGB Rn. 2.

403 Dazu ausführlich Arnold/Günther/*Lingemann*/*Chakrabarti*, Arbeitsrecht 4.0, Kap. 2 Rn. 157.

nichts geändert werden soll,[404] dann muss es dabei bleiben, dass die persönliche Abhängigkeit ein notwendiges Tatbestandsmerkmal des Arbeitsvertrags und die Weisungsabhängigkeit das zentrale Kriterium zu deren Konkretisierung ist.[405] In der Rechtsprechung des Bundesarbeitsgerichts fließen zwar bei der Bestimmung der persönlichen Abhängigkeit vereinzelt auch weitere Indizien in die Wertung ein,[406] diese spielen aber gegenüber der Weisungsabhängigkeit nur eine untergeordnete Rolle.

Zu beachten ist, dass nach § 611a Abs. 1 S. 4 BGB der Grad der persönlichen Abhängigkeit auch von der Eigenart der jeweiligen Tätigkeit abhängt. Für die Feststellung, ob ein Arbeitsvertrag vorliegt, ist nach § 611a Abs. 1 S. 5 BGB schließlich eine Gesamtbetrachtung aller Umstände vorzunehmen. Dabei soll der Bezeichnung des Vertrags durch die Parteien nur Indizwirkung zukommen, vgl. § 611a Abs. 1 S. 6 BGB. Zeigt die tatsächliche Durchführung des Rechtsverhältnisses, dass eine andere Praxis gelebt wird, kommt es auf die Bezeichnung der Tätigkeit nicht an.[407]

a) Privatrechtlicher Vertrag

Als Verpflichtungsgrundlage sieht § 611a Abs. 1 BGB einen Arbeitsvertag vor. Da das Arbeitsrecht im Allgemeinen nur für Beschäftigungsverhältnisse gilt, die im Rahmen der Privatautonomie begründet werden, kann daraus geschlossen werden, dass die Verpflichtung zur Arbeitsleistung auf einem privatrechtlichen Vertrag oder einem gleichgestellten Verhältnis beruhen muss.[408] Die Voraussetzung soll zudem klarstellen, dass der Arbeitnehmer sich freiwillig in den Dienst

404 BT-Drs. 18/10064, S. 17; zust. *Fandel/Kock* in jurisPK-BGB, § 611a Rn. 2; *Fuchs/Baumgärtner* in BeckOK BGB, § 611a Rn. 1 ff.; *Joussen* in BeckOK ArbR, § 611a BGB Rn. 2; *Thüsing* in Henssler/Willemsen/Kalb, § 611a BGB Rn. 5; krit. *Edenfeld* in Erman, § 611a BGB Rn. 1; *Richardi*, NZA 2017, 36, 39.

405 Vgl. BAG 13.01.1983 – 5 AZR 149/82 – NJW 1984, 1985, 1986 f.; BAG 13.11.1991 – 7 AZR 31/91 – NZA 1992, 1125, 1126; BAG 26.07.1995 – 5 AZR 22/94 – NZA 1996, 477, 478; BAG 13.03.2008 – 2 AZR 1037/06 – NZA 2008, 878 Rn. 17 ff.; BAG 15.02.2012 – 10 AZR 111/11 – NZA 2012, 733 Rn. 14; BAG 19.09.2014 – 10 AZB 43/14 – NZA 2014, 1293 Rn. 18.

406 Dazu näher in Punkt D. I. 2. d) cc).

407 *Preis*, NZA 2018, 817, 821; *Weigert*, ArbRAktuell 2017, 557, 558 f.

408 BeckOGK/*Maties*, § 611a BGB Rn. 27; *Richardi* in Richardi BetrVG, § 5 Rn. 13; Schaub/*Vogelsang*, Arbeitsrechts-Handbuch, § 8 Rn. 11.

eines anderen begeben hat und andererseits auch der Arbeitgeber den Willen zur Beschäftigung haben muss.[409]

Gleichzeitig dient das Merkmal der Abgrenzung zu anderen Rechtsbeziehungen, deren Inhalt zwar auch die Erbringung abhängiger Arbeit ist, die aber nicht nach den Vorschriften des Arbeitsrechts zu beurteilen sind.[410] So fallen beispielsweise alle Personen aus dem Anwendungsbereich des Arbeitsrechts heraus, die ihre Tätigkeit aufgrund eines öffentlich-rechtlichen Rechtsverhältnisses erbringen. Zu erwähnen sind hier insbesondere Beamte, Richter oder auch Soldaten, die aufgrund eines durch Verwaltungsakt (§ 35 VwVfG) begründeten öffentlich-rechtlichen Dienstverhältnisses tätig werden.[411] Auch die Leistung Unfreier, wie Strafgefangener und Sicherungsverwahrter, beruht auf einem öffentlich-rechtlichen Verhältnis und ist daher aus dem Anwendungsbereich des Arbeitsrechts herauszunehmen.[412] Schließlich dient das Merkmal des privatrechtlichen Vertrags oder eines diesem gleichgestellten Verhältnisses als Abgrenzungskriterium für die von Familienangehörigen aufgrund gesetzlicher Verpflichtung – etwa aus §§ 1353 Abs. 1 S. 2, 1360, oder 1619 BGB – erbrachte Arbeitsleistung. Natürlich muss in diesem Bereich berücksichtigt werden, dass daneben ein Arbeitsvertrag zwischen den Parteien geschlossen werden kann.[413]

Im hier interessierenden Bereich der Crowdwork ist das Erfordernis des privatrechtlichen Vertrags oder eines diesem gleichgestellten Rechtsverhältnisses regelmäßig als gegeben anzusehen. Dabei macht es keinen Unterschied, ob die einzelnen „Auftragsverhältnisse" im Einzelfall direkt zwischen Crowdworker und Crowdsourcer (direkte Crowdwork) oder zwischen Crowdworker und Plattformbetreiber (indirekte Crowdwork) zustande kommen und ob die Ausschreibung nur an unternehmensinterne Crowdworker oder (auch) an Externe erfolgt. Bei allen Arten der Crowdwork bewerben sich die Teilnehmer aktiv und

409 BeckOGK/*Maties*, § 611a BGB Rn. 28; Schaub/*Vogelsang*, Arbeitsrechts-Handbuch, § 8 Rn. 11.

410 *Joussen* in BeckOK ArbR, § 611a BGB Rn. 9; Schaub/*Vogelsang*, Arbeitsrechts-Handbuch, § 8 Rn. 13 f.

411 Jauernig/*Mansel*, § 611a BGB Rn. 2; *Junker*, Arbeitsrecht, § 2 Rn. 92; *Preis/Temming*, Individualarbeitsrecht, § 8 Rn. 160.

412 Jauernig/*Mansel*, § 611a BGB Rn. 2; *Junker*, Arbeitsrecht, § 2 Rn. 93; *Preis/Temming*, Individualarbeitsrecht, § 8 Rn. 163; Schaub/*Vogelsang*, Arbeitsrechts-Handbuch, § 8 Rn. 14.

413 BeckOGK/*Maties*, § 611a BGB Rn. 44 f.; *Junker*, Arbeitsrecht, § 2 Rn. 93; *Preis/Temming*, Individualarbeitsrecht, § 8 Rn. 164 f.; Schaub/*Vogelsang*, Arbeitsrechts *Joussen* in BeckOK ArbR, § 611a BGB Rn. 9-Handbuch, § 8 Rn. 20.

eigenständig um ausgeschriebene Projekte, sodass zweifelsfrei von der Freiwilligkeit und dem Willen zur Beschäftigung der Crowdworker ausgegangen werden kann. Schließlich stellt Crowdwork kein nach den oben genannten Kriterien aus dem Bereich des Arbeitsrechts auszugrenzendes Rechtsverhältnis dar.

b) Leistung von Arbeit

Weitere Voraussetzung für das Vorliegen eines Arbeitsverhältnisses ist, dass der Arbeitnehmer durch den Vertrag zur Leistung von Arbeit verpflichtet wird.

aa) Arbeit

Der Begriff „Arbeit“ ist dabei im wirtschaftlichen Sinne zu verstehen.[414] Rechtsprechung und Literatur definieren Arbeit als jede Tätigkeit, die der Befriedigung eines fremden Bedürfnisses dient und im Wirtschaftsleben als Arbeit qualifiziert wird.[415] Damit ein Verhalten im Wirtschaftsleben als Arbeit qualifiziert werden kann, muss es nach den Gepflogenheiten des Wirtschaftslebens einen wirtschaftlichen Wert darstellen. Nach den Gepflogenheiten des Wirtschaftslebens ist rein körperlichen sowie auch geistigen Tätigkeiten ein wirtschaftlicher Wert zuzusprechen, sodass diese als Arbeit qualifiziert werden können.[416]

Die durch Crowdworker verrichteten Tätigkeiten sind grundsätzlich als geistige Arbeiten zu qualifizieren. Geistige Arbeiten zeichnen sich i.d.R. dadurch aus, dass sie im Büro oder am Schreibtisch erledigt werden können und zur Lösung verschiedenster Denkaufgaben dienen. Als Beispiele können hier etwa die Erstellung einer Homepage oder das Korrekturlesen einer schriftlichen Arbeit genannt werden. Auch werden durch die Erledigung der Aufgaben die Bedürfnisse der Auftraggeber befriedigt, da diese sie schließlich ausgeschrieben haben. Folglich handelt es sich bei Crowdwork um Arbeit im wirtschaftlichen Sinne.

---

414 *Fuchs/Baumgärtner* in BeckOK BGB, § 611a Rn. 13; *Müller-Glöge* in MüKo BGB, § 611a Rn. 145; Schaub/*Vogelsang*, Arbeitsrechts-Handbuch, § 8 Rn. 9.

415 Vgl. BAG 08.03.1961 – 4 AZR 71/59 – AP BGB § 611 Lohnanspruch Nr. 12; BAG 25.04.1962 – 4 AZR 213/61 – AP BGB § 611 Mehrarbeitsvergütung Nr. 6; BAG 11.10.2000 – 5 AZR 122/99 – NZA 2001, 458, 459; BAG 16.01.2002 – 5 AZR 303/00 – NZA 2002, 1163, 1164; *Fuchs/Baumgärtner* in BeckOK BGB, § 611a Rn. 13; Schaub/*Vogelsang*, Arbeitsrechts-Handbuch, § 8 Rn. 9; *Schöne* in Boecken/Düwell/Diller/Hanau, § 611 BGB Rn. 62.

416 Vgl. *Preis/Temming*, Individualarbeitsrecht, § 8 Rn. 168.

bb) Leistung

Weiter muss der Vertrag, wenn er ein Arbeitsverhältnis begründen soll, auf die Erbringung von Leistungen gerichtet sein. Da der Arbeitsvertrag ein Spezialfall des Dienstvertrags ist, finden auf ihn auch die Voraussetzungen des § 611 Abs. 1 BGB Anwendung.[417] Danach muss der Dienstnehmer Dienstleistungen erbringen, wofür eine Vergütung entrichtet wird (vgl. zur Vergütungspflicht im Arbeitsverhältnis § 611a Abs. 2 BGB). Diese Merkmale dienen wiederum dazu, den Arbeitsvertrag von anderen Vertragsverhältnissen abzugrenzen:

(1) Dienstleistung

Das Merkmal der Dienstleistung trennt Dienst- und Arbeitsverträge von Werk- und Werklieferungsverträgen nach den § 631 bzw. 650 BGB.[418] Während beim Werkvertrag ein durch Arbeit herbeizuführender Erfolg geschuldet ist (vgl. § 631 Abs. 2 BGB), schuldet der Dienstnehmer nur die Tätigkeit als solche (vgl. § 611 Abs. 1 BGB). Das Erfolgsrisiko der geleisteten Dienste übernimmt in letzterem Fall der Dienstgeber.[419] Der Dienstvertrag ist folglich tätigkeitsbezogen, der Werkvertrag erfolgsbezogen.[420] Davon zu unterscheiden ist wiederum die Abgrenzung vom „freien" Dienstvertrag zum Arbeitsvertrag. Diese vollzieht sich in erster Linie über das Merkmal der Unselbständigkeit im Sinne der Weisungsgebundenheit.[421]

Werden Leistungen auf der Grundlage von Werkverträgen erbracht, kommt ein Arbeitsverhältnis zwischen den Vertragsparteien nicht in Betracht. Denn die besondere Schutzbedürftigkeit eines Arbeitnehmers ergibt sich gerade daraus, dass er Arbeit als zeitabhängige Daueraufgabe schuldet.[422] Daher ist es auch für die Frage des Arbeitnehmerstatus der Crowdworker essentiell, welcher Vertragstyp den dort erbrachten Leistungen zugrunde liegt.

---

417 BeckOGK/*Maties*, § 611a BGB Rn. 72.

418 *Junker*, Arbeitsrecht, § 2 Rn. 94.

419 BeckOGK/*Maties*, § 611a BGB Rn. 74; Jauernig/*Mansel*, § 611a BGB Rn. 3.

420 Vgl. dazu BGH 16.07.2002 – X ZR 27/01 – NJW 2002, 3323, 3324; siehe auch BeckOGK/*Maties*, § 611a BGB Rn. 73.

421 Vgl. BAG 19.11.1997 – 5 AZR 653/96 – NZA 1998, 364, 365; BeckOGK/*Maties*, § 611a BGB Rn. 73; weitergehend *Junker*, Arbeitsrecht, § 2 Rn. 94, der darüber hinaus sogar die Abgrenzung zwischen Werkvertrag und Arbeitsvertrag im Rahmen der Prüfung der Weisungsgebundenheit vornimmt.

422 *Selzer* in Husemann/Wietfeld: Zwischen Theorie und Praxis, S. 27, 35.

(a) Crowdwork als Gegenstand eines Werkvertrags

Betrachtet man gerade die Kleinstaufgaben, wie das Erstellen von Produktbeschreibungen, das Recherchieren von Adressen oder das Übersetzen von Texten, welche zahlenmäßig den wohl größten Anteil der auf Crowdwork-Plattformen ausgeschriebenen Aufgaben darstellen,[423] so stellt man schnell fest, dass es bei diesen nicht auf die Tätigkeit an sich, sondern gerade auf das konkrete Ergebnis ankommt. Denn die jeweils zu erledigenden Aufgaben und deren Umfang werden schon im Voraus klar beschrieben, weshalb es diesbezüglich keiner weiteren Weisungen bedarf.[424] Auch sind die erbrachten Arbeitsergebnisse klar abgrenzbar und den Crowdworkern als eigene Leistungen zuzurechnen, was sie abnahmefähig macht.[425] Das für den Werkvertrag typische Entgeltrisiko trägt dabei bis zur Vollendung der Aufgabe der Crowdworker.[426]

All diese Umstände sprechen klar für das Vorliegen von Werkverträgen. Crowdworker können auf den Plattformen eine Kleinstaufgabe nach der anderen zur Bearbeitung annehmen und diese oft innerhalb von Sekunden oder Minuten abschließen, wofür dann ein (meist) Centbetrag als Vergütung auf dem Konto des Bearbeiters gutgeschrieben wird. In diesen Fällen ist klar, dass keine Dienste, sondern Erfolge geschuldet sind.[427]

Selbstverständlich kommen Werkverträge aber nicht nur bei Kleinstaufgaben, sondern auch bei komplexeren, umfangreicheren Aufgaben in Betracht. Übernimmt ein Crowdworker beispielsweise die Aufgabe, eine Homepage zu programmieren, können die oben genannten Grundsätze gleichermaßen auf die Situation übertragen werden. Denn das Entgelt wird auch hier nur für die Herbeiführung des Leistungsergebnisses geschuldet, und auch das Risiko, die Arbeitszeit umsonst aufgewendet zu haben, liegt grundsätzlich beim Crowdworker.

---

423 *Däubler* bezeichnet diese Aufgaben als „Microtasks", s. *Däubler*, Digitalisierung und Arbeitsrecht, § 18 Rn. 4.

424 Vgl. zu diesem Abgrenzungsmerkmal BGH 16.07.2002 – X ZR 27/01 – NJW 2002, 3323, 3324; BAG 25.09.2013 – 10 AZR 282/12 – NZA 2013, 1348 Rn. 17.

425 Vgl. BAG 09.11.1994 – 7 AZR 217/94 – NZA 1995, 572, 574; BAG 25.09.2013 – 10 AZR 282/12 – NZA 2013, 1348 Rn. 17.

426 *Selzer* in Husemann/Wietfeld: Zwischen Theorie und Praxis, S. 27, 35; zum Abgrenzungsmerkmal des Entgeltrisikos *Richardi*, Die Bedeutung der Entgeltrisikozuweisung für den Dienst- und Werkvertrag, in: FS Georgiades, S. 349 ff., insb. S. 355 ff.; Staudinger/*Richardi/Fischinger*, Übersicht §§ 611 – 613 BGB Rn. 40.

427 Zum selben Ergebnis kommen Arnold/Günther/*Lingemann/Chakrabarti*, Arbeitsrecht 4.0, Kap. 2 Rn. 79; *Giesen/Kersten*, Arbeit 4.0, S. 107, 109; zu pauschal hier *Schubert*, RdA 2018, 200, 203 f., die bei Verträgen mit Crowdworkern wohl generell von Werkverträgen ausgeht.

Eine besondere Situation ergibt sich im Fall, dass bei interner Crowdwork erfolgsbezogene Aufgaben per Crowdsourcing an die unternehmenseigene Belegschaft ausgeschrieben werden.[428] Denn ein Dienstverhältnis in Form eines Arbeitsverhältnisses zum Auftraggeber besteht in diesem Fall bereits. Hier stellt sich die Frage, wie sich eine Erfolgsbezogenheit einzelner Crowdwork-Aufgaben auf die bestehenden Arbeitsverhältnisse der als Crowdworker agierenden Mitarbeiter auswirkt.

Einerseits könnte man annehmen, dass durch die Crowdwork-Aufgaben lediglich eine teilweise Erfolgsabhängigkeit in die Arbeitsverträge integriert wird.[429] In diesem Fall hätte die interne Crowdwork keinen Einfluss auf die Gesamtqualifikation des Rechtsverhältnisses als Arbeitsvertrag, denn die bloße Auferlegung einer Erfolgsgarantie durch den Arbeitgeber führt nicht zur Aushöhlung des arbeitsrechtlichen Schutzes eines abhängig Beschäftigten.[430] Es bliebe beim Arbeitnehmerstatus, mithin beim Dienstcharakter der Arbeit der internen Crowdworker. Es ist aber auch möglich, dass interne Crowdwork-Modelle über eine Art rechtlichen „Doppelstatus" abgebildet werden, indem neben das Arbeitsverhältnis ein Werkvertrag tritt, der Arbeitgeber also seinen Arbeitnehmern eine unternehmerische Tätigkeit innerhalb seines Unternehmens bzw. Unternehmensverbunds anbietet.[431] Das BAG geht im Grundsatz davon aus, dass eine Person sich gegenüber ein und demselben Tätigkeitsgläubiger als Arbeitnehmer und gleichzeitig als Selbständiger verpflichten kann.[432] Dazu sei es erforderlich, dass sich die jeweiligen Teiltätigkeiten des Schuldners im Hinblick auf die Arbeitsorganisation voneinander abgrenzen lassen.[433] Eine solche Abgrenzbarkeit könnte bei Crowdwork insbesondere dann angenommen werden, wenn ein interner Crowdworker die ausgeschriebenen Aufgaben nicht während der Arbeitszeit oder in den Betriebsstätten erledigen dürfte, sondern gehalten wäre, die Aufgaben in seiner Freizeit zu erledigen. In diesem Fall kommt es zum oben genannten „Doppelstatus". Die Parteien schließen zusätzlich zum bestehenden

428 Ausführlich zu interner Crowdwork in Punkt B. II. 1.

429 Dazu ausführlich *Tillmanns*, Strukturfragen des Dienstvertrages, S. 59.

430 Vgl. BAG 25.09.2013 - 10 AZR 282/12 - NZA 2013, 1348 Rn. 16; ErfK/*Preis*, § 611a BGB Rn. 97.

431 *Uffmann* in Industrie 4.0 als Herausforderung des Arbeitsrechts, S. 31, 40; ausführlich zur Problematik des sog. Doppelstatus *Tillmanns*, Strukturfragen des Dienstvertrages, S. 58.

432 Vgl. BAG 22.02.1995 - 5 AZR 234/94; dazu ausführlich *Tillmanns*, Strukturfragen des Dienstvertrages, S. 58.

433 Vgl. BAG 22.02.1995 - 5 AZR 234/94.

Arbeitsvertrag noch Werkverträge bezüglich einzelner Aufgaben ab, die unabhängig vom bestehenden Arbeitsverhältnis zu beurteilen sind. Die Situation gleicht hier der bei externer Crowdwork, in der Crowdworker Aufgaben ebenfalls in ihrer Freizeit und in einer selbstgewählten Betriebsstätte erledigen. Insoweit gelten für diesen Fall auch dieselben Grundsätze.

(b) Crowdwork als Gegenstand eines Dienstvertrags

Jedoch lassen sich auch Fälle nennen, bei denen nicht bloß die Herbeiführung eines Leistungserfolgs geschuldet ist. So werden unter anderem auch Aufgaben ausgeschrieben, bei denen Crowdworker verschiedene Produkte bewerben sollen.[434] Insbesondere bei Plattformen, die komplexere Aufgaben vermitteln, können auch Aufträge, die die längerfristige Betreuung von Projekten oder die Übernahme von Beratungsaufgaben zum Inhalt haben, vergeben werden. So suchen Unternehmen beispielsweise auf der Plattform *Freelancer* Softwareexperten für die Betreuung von Projekten und stellen dabei eine längerfristige Zusammenarbeit in Aussicht, bei welcher der Crowdworker die Arbeit an künftigen Projekten gerne von der Wohnung aus erledigen könne.[435] Auch die Entwicklung oder Erprobung von Software wird teilweise zum Gegenstand von Ausschreibungen auf Crowdwork-Plattformen gemacht.[436] Als weitere Beispiele können etwa die Beurteilung von Finanzierungskonzepten oder die Entwicklung von Firmenlogos und von Designvorschlägen für Produkte genannt werden.[437] Je nach Ausgestaltung der Ausschreibung kann es sich dabei so verhalten, dass nicht nur der konkrete Leistungserfolg, sondern die Tätigkeit an sich im Vordergrund steht. So kommt es etwa bei der Betreuung von IT-Projekten oder beim Testen einer Software nicht entscheidend darauf an, dass der mit der Aufgabe befasste Crowdworker Lücken im System findet oder Programmierfehler ausmerzt. Denn auch für den Fall, dass keine Fehler gefunden werden, wird die Vergütung für die erbrachte Leistung fällig, da die geschuldete Tätigkeit, nämlich das Betreuen bzw. das Testen, erbracht wurde. Gerade bei interner Crowdwork, wo Aufgaben ohnehin im Rahmen des Arbeitsverhältnisses erbracht werden, führt die Bearbeitung einzelner erfolgsbezogener Projekte nicht zu einem Wegfall der Arbeitnehmereigenschaft.[438] Denn einem persönlich abhängig beschäftigten

---

434 Vgl. Arnold/Günther/*Lingemann/Chakrabarti*, Arbeitsrecht 4.0, Kap. 2 Rn. 79; *Selzer* in Husemann/Wietfeld: Zwischen Theorie und Praxis, S. 27, 37.

435 *Selzer* in Husemann/Wietfeld: Zwischen Theorie und Praxis, S. 27, 40.

436 Vgl. *Leimeister*, CuA 10/2014, 17, 18.

437 Vgl. *Däubler*, SR 2016, 2, 12.

438 Vgl. *Selzer* in Husemann/Wietfeld: Zwischen Theorie und Praxis, S. 27, 40.

Arbeitnehmer kann nicht durch die vertragliche Auferlegung einer Erfolgsgarantie der arbeitsrechtliche Schutz entzogen werden.[439]

(c) Crowdwork als Gegenstand einer Auslobung

Zu nennen sind an dieser Stelle schließlich die Fälle der wettbewerbsbasierten Crowdwork, in denen eine Vergütung nur für den Crowdworker anfällt, der das – aus Sicht des Auftraggebers – beste Arbeitsergebnis erzielt hat. Da hier die Vergütung von der Letztentscheidung des Crowdsourcers abhängt, handelt es sich regelmäßig um Preisausschreiben gem. § 661 BGB.[440] In diesem Fall besteht keine Pflicht zur zeitabhängigen Arbeit.[441]

(d) Zwischenergebnis

Bei einem Großteil der im Rahmen von Crowdwork verfügbaren Aufgaben werden Arbeitserfolge geschuldet. Daher ist davon auszugehen, dass diese auf der Grundlage von Werkverträgen bearbeitet werden. Ein weiterer Teil der Aufgaben wird bei der sog. wettbewerbsbasierten Crowdwork auf der Grundlage von Preisausschreiben gem. § 661 BGB verteilt. Allerdings besteht auch ein nicht zu vernachlässigender Anteil der Aufgaben in der Erbringung von Dienstleistungen. Derartige Aufgaben sind überwiegend im „höherwertigen" Segment aufzufinden. Eine pauschale Einordnung von Aufgaben unterschiedlicher Komplexität in die jeweiligen Vertragsarten wäre jedoch zu weit hergeholt. Vielmehr ist stets eine Einzelfallprüfung erforderlich.

(2) Entgeltlichkeit

Die Entgeltlichkeit der Tätigkeit grenzt das Dienst- und Arbeitsverhältnis vom unentgeltlichen Auftrag (vgl. § 662 BGB) ab. Der Auftraggeber ist dem Auftragnehmer allein nach § 670 BGB zum Ausgleich von Aufwendungen verpflichtet, was keine Vergütung im Sinne der §§ 611 ff. BGB darstellt.[442] Ein Dienst- oder Arbeitsverhältnis kann aber nicht schon deshalb verneint werden, weil es an einer Vergütungsvereinbarung zwischen den Vertragsparteien fehlt. Dies macht § 612 Abs. 1 BGB deutlich. Danach wird eine Vergütungsvereinbarung vermutet, wenn die Dienstleistung nach den Umständen nur gegen eine Vergütung zu erwarten ist.

---

439 Vgl. BAG 25.09.2013 – 10 AZR 282/12 – NZA 2013, 1348 Rn. 16; ErfK/*Preis*, § 611a BGB Rn. 97.

440 Ausführlich zum Sonderfall der wettbewerbsbasierten Crowdwork in Punkt C. II. 1. e).

441 Vgl. auch *Selzer* in Husemann/Wietfeld: Zwischen Theorie und Praxis, S. 27, 37 f.

442 BGH 21.10.1954 – IV ZR 128/54 – NJW 1954, 1883, 1884.

Die entgeltliche Bearbeitung der auf Plattformen ausgeschriebenen Aufgaben ist begriffsnotwendig für das Vorliegen von Crowdwork.[443] Das Merkmal der Entgeltlichkeit ist somit unproblematisch gegeben.

cc) Zwischenergebnis

Bei den im Rahmen von Crowdwork ausgeübten Tätigkeiten handelt es sich zweifellos um Arbeit, welche auch gegen Entgelt erbracht wird. Probleme bereitet allerdings das Erfordernis der Dienstleistung: Hier ist im Einzelfall zu prüfen, ob die Arbeiten auf der Grundlage von Dienstverträgen erfolgen, mithin für das Vorliegen eines Arbeitsvertrags nach § 611a Abs. 1 BGB notwendige Leistungen darstellen, oder ob die Leistungen auf die Herbeiführung eines Erfolgs gerichtet sind und somit zur Erfüllung eines Werkvertrags nach § 631 BGB erbracht werden.

c) Für einen anderen

Um ein Arbeitsverhältnis zu begründen, muss die Arbeit gem. § 611a Abs. 1 S. 1 BGB zudem für einen anderen erbracht werden.[444] Das Merkmal dient zur Abgrenzung des Arbeitsverhältnisses vom Gesellschaftsvertrag nach § 705 BGB.[445] Auch dort können zwar Dienste geschuldet sein (vgl. § 706 Abs. 3 BGB, wonach die Beitragsleistung des einzelnen Gesellschafters auch in der Leistung von Diensten bestehen kann), allerdings werden diese, im Unterschied zum Arbeitsvertrag, dort nicht „für einen anderen" erbracht, sondern zur Förderung des gemeinsamen Zwecks, den sich die Gesellschafter gesetzt haben.[446] Sie liegen daher (zumindest auch) im eigenen Interesse des Dienstleistenden.

Dieses Merkmal kann im zu untersuchenden Zusammenhang ohne Zweifel bejaht werden. Die im Rahmen von Crowdwork zu erbringenden Tätigkeiten werden entweder direkt von der Crowdwork-Plattform ausgeschrieben oder im Fall des indirekten Crowdsourcing über eine zwischengeschaltete

443 Vgl. Punkt B. I. 2. d).

444 So auch schon die ständige Rechtsprechung des BAG vor der Einführung des § 611a BGB, vgl. BAG 28.02.1962 – 4 AZR 141/61 – AP BGB § 611 Abhängigkeit Nr. 1; BAG 20.07.1994 – 5 AZR 627/93 – NZA 1995, 161, 162; BAG 19.11.1997 – 5 AZR 21/97 – NZA 1998, 595, 596 f.; BAG 04.12.2002 – 5 AZR 667/01 – NJOZ 2003, 2642, 2646; BAG 15.02.2012 – 10 AZR 301/10 – NZA 2012, 731; BAG 17.04.2013 – 10 AZR 272/12 – NZA 2013, 903, 905.

445 Vgl. BAG 15.04.1993 – 2 AZB 32/92 – NZA 1993, 789, 791.

446 *Schäfer* in MüKo BGB, § 706 Rn. 2 f.; Schulze/*Saenger*, § 706 BGB Rn. 3.

Crowdwork-Plattform an Crowdworker vermittelt. In jedem Fall werden die Tätigkeiten im Interesse eines anderen erbracht.

d) In persönlicher Abhängigkeit

Das zentrale Kriterium zur Bestimmung der Arbeitnehmereigenschaft stellt nach der Rechtsprechung des BAG[447] genauso wie nach der überwiegenden Meinung in der Literatur[448] der Grad der persönlichen Abhängigkeit dar. Der Vertrag muss auf die Leistung unselbständiger Dienste gerichtet sein.[449] Seine Berechtigung erhält das Merkmal der persönlichen Abhängigkeit insbesondere dadurch, dass nicht jeder, der eine Arbeitsleistung auf Grundlage eines Dienstvertrags erbringt, zwingend unter den Arbeitnehmerbegriff fällt, sondern eben nur derjenige, der die Arbeit im Dienst eines anderen erbringt.[450] Werden hingegen selbständige Dienste geleistet, liegt ein „freier" Dienstvertrag vor (vgl. §§ 621, 627 Abs. 1 BGB: „Dienstverhältnis, das kein Arbeitsverhältnis ist").[451]

Maßgeblich für die Bestimmung des Grades der persönlichen Abhängigkeit, mithin für die Abgrenzung des Arbeitsvertrags vom freien Dienstvertrag, ist im Wesentlichen das Weisungsrecht des Dienstberechtigten.[452] Gem. § 611a Abs. 1 S. 4 BGB hängt der Grad der persönlichen Abhängigkeit auch von der Eigenart der jeweiligen Tätigkeit ab. Darüber hinaus ist zu berücksichtigen, ob eine

---

447 St. Rspr., vgl. BAG 28.02.1962 - 4 AZR 141/61 - AP BGB § 611 Abhängigkeit Nr. 1; BAG 20.07.1994 - 5 AZR 627/93 - NZA 1995, 161, 162; BAG 19.11.1997 - 5 AZR 21/97 - NZA 1998, 595, 596 f.; BAG 04.12.2002 - 5 AZR 667/01 - NJOZ 2003, 2642, 2646; BAG 15.02.2012 - 10 AZR 301/10 - NZA 2012, 731; BAG 17.04.2013 - 10 AZR 272/12 - NZA 2013, 903, 905.

448 Vgl. *Fandel/Kock* in jurisPK-BGB, § 611a Rn. 11; *Fuchs/Baumgärtner* in BeckOK BGB, § 611a Rn. 15; BeckOGK/*Maties*, § 611a BGB Rn. 97; Schulze/*Schreiber*, § 611a BGB Rn. 3; *Thüsing* in Henssler/Willemsen/Kalb, § 611a BGB Rn. 47; einschr. *Joussen* in BeckOK ArbR, § 611a BGB Rn. 27; krit. Staudinger/*Richardi/Fischinger*, § 611 BGB Rn. 23 ff.

449 Vgl. BAG 13.01.1983 - 5 AZR 149/82 - NJW 1984, 1985, 1986; BAG 29.08.2012 - 10 AZR 499/11 - NZA 2012, 1433 Rn. 15; vgl. nunmehr auch § 611a Abs. 1 S. 3 BGB, wonach nur derjenige Arbeitnehmer sein kann, der nicht im Wesentlichen frei seine Tätigkeit gestalten und seine Arbeitszeit bestimmen kann.

450 Zöllner/Loritz/*Hergenröder*, Arbeitsrecht, § 5 Rn. 24; *Richardi*, Münchener Handbuch zum Arbeitsrecht, Band 1, § 1 Rn. 8 ff.

451 Vgl. BAG 19.11.1997 - 5 AZR 653/96 - NZA 1998, 364, 365; BeckOGK/*Maties*, § 611a BGB Rn. 73; *Junker*, Arbeitsrecht, § 2 Rn. 96.

452 Vgl. BeckOGK/*Maties*, § 611a BGB Rn. 97; Schaub/*Vogelsang*, Arbeitsrechts-Handbuch, § 8 Rn. 22 f.; Schulze/*Schreiber*, § 611a BGB Rn. 3.

Fremdbestimmtheit der Arbeit vorliegt. Zu fragen ist hier insbesondere, inwieweit der Mitarbeiter in eine fremde Arbeitsorganisation eingebunden ist.[453] Da für die Feststellung, ob ein Arbeitsvertrag vorliegt, nach § 611a Abs. 1 S. 5 BGB eine Gesamtbetrachtung aller Umstände vorzunehmen ist, kann in § 611a Abs. 1 BGB schließlich keine abschließende Regelung aller Begriffselemente gesehen werden, und es bleiben auch die bisher in der Rechtsprechung genannten Elemente des Arbeitnehmerbegriffs maßgeblich.[454]

aa) Weisungsgebundenheit

Schon vor Einführung des § 611a BGB bestimmte die Rechtsprechung den Grad der persönlichen Abhängigkeit in erster Linie nach dem Umfang, in welchem der Dienstnehmer an Weisungen gebunden ist.[455] Nach dieser Rechtsprechung und nunmehr auch nach § 611a Abs. 1 S. 2 BGB kann das Weisungsrecht des Dienstberechtigten sowohl den Inhalt als auch die Durchführung, die Zeit (gemeint ist die zeitliche Lage[456]) und den Ort der Arbeitsleistung betreffen. Dabei ist nicht zu verkennen, dass die Teilbereiche des Weisungsrechts verschieden stark ausgeprägt sein können.[457]

(1) Interne Crowdwork

Zu untersuchen ist zunächst die Frage der Weisungsgebundenheit interner Crowdworker. Interne Crowdwork erfolgt innerhalb eines Unternehmens, indem der Arbeitgeber eine Crowdwork-Plattform installiert, auf welche die Arbeitnehmer seines Unternehmens Zugriff haben.[458] Da hier bereits ein Arbeitsvertrag zwischen dem Auftraggeber und dem internen Crowdworker besteht, kann – soweit die Crowdwork-Tätigkeiten innerhalb der vertraglich geschuldeten

---

453 Schaub/*Vogelsang*, Arbeitsrechts-Handbuch, § 8 Rn. 24 ff.; Schulze/*Schreiber*, § 611a BGB Rn. 3.

454 Schaub/*Vogelsang*, Arbeitsrechts-Handbuch, § 8 Rn. 22.

455 Vgl. BAG 13.01.1983 – 5 AZR 149/82 – NJW 1984, 1985, 1986 f.; BAG 13.11.1991 – 7 AZR 31/91 – NZA 1992, 1125, 1126; BAG 26.07.1995 – 5 AZR 22/94 – NZA 1996, 477, 478; BAG 13.03.2008 – 2 AZR 1037/06 – NZA 2008, 878 Rn. 17 ff.; BAG 15.02.2012 – 10 AZR 111/11 – NZA 2012, 733 Rn. 14; BAG 25.09.2013 – 10 AZR 282/12 – NZA 2013, 1348 Rn. 17; BAG 19.09.2014 – 10 AZB 43/14 – NZA 2014, 1293 Rn. 18.

456 Vgl. BAG 13.11.1991 – 7 AZR 31/91 – NZA 1992, 1125, 1128; BAG 30.10.1991 – 7 ABR 19/91 – NZA 1992, 407, 410; ErfK/*Preis*, § 611a BGB Rn. 35; *Joussen* in BeckOK ArbR, § 611a BGB Rn. 21.

457 Zöllner/Loritz/*Hergenröder*, Arbeitsrecht, § 5 Rn. 27.

458 Zu interner Crowdwork siehe auch Punkt B. II. 1.

Arbeitszeit erbracht werden – eine Weisungsunterworfenheit schon aufgrund des bestehenden Arbeitsverhältnisses angenommen werden.[459] Dem Arbeitgeber steht es jederzeit frei, der Crowdwork ein Ende zu setzen und den Crowdworker wieder mit betrieblichen Arbeitnehmertätigkeiten zu beschäftigen.[460] Durch interne Crowdwork wird der Zweck verfolgt, über die betriebliche Organisation in Abteilungen oder Projektgruppen hinaus Kompetenzen und freie Kapazitäten der eigenen Arbeitnehmer zu nutzen. Es handelt sich dabei lediglich um eine besondere Form der Betriebsorganisation.[461] Daran ändert grundsätzlich auch die Erfolgsbezogenheit einzelner Aufgaben nichts.[462] Denn der arbeitsrechtliche Schutz eines abhängig Beschäftigten kann nicht durch die vertragliche Auferlegung einer Erfolgsgarantie durch den Arbeitgeber ausgehöhlt werden.[463]

(2) Externe Crowdwork

Die Untersuchung der Weisungsgebundenheit externer Crowdworker gestaltet sich dagegen schwieriger. Denn anders als bei interner Crowdwork werden die Arbeiten hier nicht von Arbeitnehmern eines Unternehmens im Rahmen eines bereits bestehenden Arbeitsverhältnisses erbracht, sondern von Dritten, die Aufgaben über ihre elektronischen Endgeräte übernehmen und diese von zu Hause oder unterwegs bearbeiten.

Eine örtliche Weisungsgebundenheit scheidet beim Crowdworker in aller Regel aus. Denn die Besonderheit bei Crowdwork besteht gerade darin, dass der Ort frei gewählt werden kann.[464] Somit besteht bei externer Crowdwork zwar

---

459 So auch Arnold/Günther/*Lingemann/Chakrabarti*, Arbeitsrecht 4.0, Kap. 2 Rn. 86; soweit die Crowdwork-Tätigkeiten dagegen freiwillig außerhalb der vertraglich geschuldeten Arbeitszeit erbracht werden sollen, gelten dieselben Grundsätze wie bei externer Crowdwork; dazu sogleich (Punkt D. I. 2. d) aa) (2)).

460 *Däubler/Klebe*, NZA 2015, 1032, 1035.

461 So auch *Bourazeri*, NZA 2019, 741, 742; *Schubert*, RdA 2018, 200, 202.

462 Sind interne Crowdworker aber gehalten, die Aufgaben außerhalb der geschuldeten Arbeitszeit in ihrer Freizeit zu bearbeiten, kommt es zu einem „Doppelstatus" der Crowdworker, weshalb sie dann bzgl. der Aufgaben wie externe Crowdworker zu behandeln sind, vgl. Punkt D. I. 2. b) bb) (1) (a).

463 Vgl. BAG 25.09.2013 – 10 AZR 282/12 – NZA 2013, 1348 Rn. 16; ErfK/*Preis*, § 611a BGB Rn. 97.

464 So auch Arnold/Günther/*Lingemann/Chakrabarti*, Arbeitsrecht 4.0, Kap. 2 Rn. 88; *Brose*, NZS 2017, 7, 11; *Däubler*, Digitalisierung und Arbeitsrecht, § 18 Rn. 20; *Giesen/Kersten*, Arbeit 4.0, S. 107, 110; *Schubert*, RdA 2018, 200, 204; *Selzer* in Husemann/Wietfeld: Zwischen Theorie und Praxis, S. 27, 38; *Waas* in Waas/Liebman/Lyubarsky/Kezuka: Crowdwork – A Comparative Law Perspective, S. 142, 151.

kein physischer Kontakt zum Auftraggeber, sodass persönliche Weisungen hinsichtlich Zeit, Inhalt und Durchführung der Tätigkeit ausgeschlossen sind. Wie aber bereits vor einigen Jahrzehnten die Forschung zur Telearbeit gezeigt hat, kann eine Weisungsausübung auch mittels elektronischer Kommunikationsmittel erfolgen.[465] Trotz der Tatsache, dass der Ort der Arbeitsleistung vom Betrieb entfernt ist, können Crowdworker somit der zeitlichen und fachlichen Weisung des Dienstberechtigten unterstehen, wenn durch diese eine Kontrolle und Steuerung der Arbeit an sich besteht und die Arbeitsleistung in die Organisation des Betriebs eingegliedert ist.[466]

Auch in der Wahl seiner Arbeitszeit ist ein Crowdworker weitestgehend frei. Zwar bestehen in der Regel zeitliche Vorgaben bezüglich Durchführung oder Abschluss eines Auftrags. Allerdings sind solche Vorgaben bei Auftragsverhältnissen üblich und nicht mit dem zeitlichen Weisungsrecht des Arbeitgebers mit Blick auf die Vorgabe von Beginn und Ende der täglichen Arbeitszeit gleichzusetzen.[467] So kann beispielsweise eine abhängige Beschäftigung nicht schon dann angenommen werden, wenn freie Mitarbeiter im Medienbereich einen redaktionellen Beitrag im Rahmen eines festen Programmschemas zu einer vorgegebenen Zeit abzuliefern haben.[468]

Schließlich erscheint auch eine inhaltliche Weisungsgebundenheit der Crowdworker fraglich, da die zu erledigenden Tätigkeiten durch die Auftraggeber regelmäßig sehr präzise beschrieben werden, sodass nur wenig Spielraum für weitere Weisungen verbleibt.[469] Als Argument für eine inhaltliche Weisungsgebundenheit wird zwar gerne das sog. Zeitungszustellerurteil[470] des BAG

---

465 Vgl. *Selzer* in Husemann/Wietfeld: Zwischen Theorie und Praxis, S. 27, 38 f., der zutreffend feststellt, dass es sich bei Crowdwork aufgrund der räumlichen Trennung und der Kommunikation via elektronischer Medien regelmäßig um Telearbeit handelt.

466 *Kilian/Borsum/Hoffmeister*, NZA 1987, 401, 404; *Selzer* in Husemann/Wietfeld: Zwischen Theorie und Praxis, S. 27, 39.

467 So auch Arnold/Günther/*Lingemann/Chakrabarti*, Arbeitsrecht 4.0, Kap. 2 Rn. 88; *Günther/Böglmüller*, NZA 2015, 1025, 1030; Maschmann/*Heise/Belovitzer*, Kap. 12 Rn. 24, vgl. auch ArbG München 20.02.2019 – 19 Ca 6915/18.

468 Vgl. BAG 20.05.2009 – 5 AZR 31/08 – NZA-RR 2010, 172 Rn. 25.

469 ArbG München 20.02.2019 – 19 Ca 6915/18; vgl. auch *Däubler/Klebe*, NZA 2015, 1032, 1034; *Waas* in Waas/Liebman/Lyubarsky/Kezuka: Crowdwork – A Comparative Law Perspective, S. 142, 155; vgl. dazu auch Ziffer III. 2. b) der AGB von *Streetspotr* (letzter Aufruf 27.07.2020).

470 BAG 16.07.1997 – 5 AZR 312/96 – NZA 1998, 368.

vorgebracht,[471] bei dem das BAG gerade bei einfachen Tätigkeiten trotz vertraglicher Vorwegnahme von Weisungen durch eine genaue Beschreibung der Tätigkeit den Arbeitnehmerstatus von Zeitungszustellern dennoch bejaht hat.[472] Dem ist allerdings entgegenzuhalten, dass die Annahme des BAG auf einer Gesamtschau aller Umstände des Einzelfalls basiert. Zeitungszusteller sind – anders als Crowdworker – zeitlich und örtlich gebunden und in einen laufenden Prozess der Zustellung eingegliedert, was typischerweise für Arbeitnehmer gilt. Eine Vorwegnahme von Weisungen im Vertrag kann daher dennoch jedenfalls als Indiz gegen den Arbeitnehmerstatus, wenn auch nicht als Ausschlusskriterium für den Arbeitnehmerstatus gesehen werden.

Des Weiteren stellt sich in diesem Zusammenhang die Frage, inwieweit sich die Überwachung der Leistung durch digitale Kontrollmechanismen auf die Weisungsgebundenheit externer Crowdworker auswirkt. Dabei ist zu differenzieren zwischen Mechanismen, die bereits den Bearbeitungsablauf begleiten, und solchen, die nach Abschluss der Arbeiten stattfinden und Weisungen möglicherweise auf das Ende der Tätigkeit verlagern.[473]

Ersteres kann dann der Fall sein, wenn durch die Plattformen Kontrollen durchgeführt werden, um zu überprüfen, ob der Crowdworker seiner Aufgabe auch wirklich nachgeht. Konkret kann dies z.B. durch die Verpflichtung zur Protokollierung von Arbeitsabläufen, zum Senden von Screenshots in regelmäßigen Abständen oder auch in der Kontrolle via Webcam oder der Mausbewegungen geschehen.[474] Die bloße Kontrolle an sich führt allerdings noch nicht zur Weisungsgebundenheit. Erst wenn die durch die Kontrolle gewonnenen Informationen dazu benutzt werden, um gegebenenfalls in den Bearbeitungsprozess einzugreifen, kann von einer Weisungsgebundenheit ausgegangen werden.[475]

---

471 Vgl. etwa *Däubler*, Digitalisierung und Arbeitsrecht, § 18 Rn. 20; *Däubler*, SR 2016, 2, 59.

472 Vgl. BAG 16.07.1997 – 5 AZR 312/96 – NZA 1998, 368, 369; anders noch BAG 24.06.1992 – 5 AZR 384/91 – NZA 1993, 174, 176: Hier sah das BAG aufgrund der umfassenden „Vorprogrammierung" der zu erbringenden Tätigkeit noch ein Argument gegen die Arbeitnehmereigenschaft.

473 Vgl. *Brose*, NZS 2017, 7, 11, die in diesem Zusammenhang von „nachgelagerten" Kontrollmechanismen spricht.

474 Vgl. Arnold/Günther/*Lingemann/Chakrabarti*, Arbeitsrecht 4.0, Kap. 2 Rn. 89; *Brose*, NZS 2017, 7, 11; *Hanau*, NJW 2016, 2613, 2615; *Kocher/Hensel*, NZA 2016, 984, 986; *Krause*, Gutachten zum 71. Deutschen Juristentag, S. B 104; *Risak*, ZAS 2015, 11, 15 f.

475 So zutreffend *Brose*, NZS 2017, 7, 11; ähnlich *Bauschke*, öAT 2016, 225.

Ähnlich verhält es sich bei Bewertungs- und Feedbacksystemen der Plattformen, bei denen nach Abschluss der Arbeiten eine Beurteilung der Leistung des Crowdworkers stattfindet. Dienen diese nicht nur der allgemeinen Qualitätskontrolle, sondern vielmehr der Einhaltung konkreter Standards, deutet dies auf eine fachliche Weisungsbindung der Crowdworker hin.[476] Hier ist im Einzelfall zu prüfen, ob die Bewertungs- oder Feedbacksysteme für Sanktionierungen, beispielsweise in Form einer Einschränkung der Freischaltung auf der Plattform, genutzt werden und so Weisungen an das Ende der Tätigkeit verlagert werden.[477] In einer Zusammenschau mit Kontrollmechanismen, die bereits den Bearbeitungsablauf begleiten, könnte sich so eine inhaltliche Weisungsabhängigkeit abzeichnen.[478] Im Einzelfall wird es auf die technische Gestaltung und die jeweiligen Vorgaben der Crowdwork-Plattform ankommen.

(3) Zwischenergebnis

Interne Crowdworker sind, soweit sie die im Rahmen interner Crowdwork vergebenen Arbeiten innerhalb der vertraglich geschuldeten Arbeitszeit erledigen, als Arbeitnehmer eines Betriebs dem umfassenden Weisungsrecht ihres Arbeitgebers – auch bezüglich der im Rahmen der internen Crowdwork vergebenen Aufgaben – unterworfen. Bei externer Crowdwork fehlt es dagegen regelmäßig an einer örtlichen und zeitlichen Weisungsgebundenheit des Crowdworkers. Jedoch kann unter Umständen eine inhaltliche Weisungsgebundenheit bestehen. In diesem Zusammenhang ist zu fragen, inwiefern Kontrollmechanismen in den jeweiligen Prozess eingebaut sind. Dabei spielen sowohl Mechanismen, die bereits den Bearbeitungsablauf begleiten als auch nachgelagerte Kontrollmechanismen eine Rolle. Je nach Ausgestaltung des Einzelfalls kann dabei eine Weisungsgebundenheit des Crowdworkers vorliegen oder auch nicht.

---

476 Vgl. Arnold/Günther/*Lingemann/Chakrabarti*, Arbeitsrecht 4.0, Kap. 2 Rn. 89; *Klebe*, AuR 2016 277; *Lingemann/Otte*, NZA 2015, 1042, 1044.

477 Arnold/Günther/*Lingemann/Chakrabarti*, Arbeitsrecht 4.0, Kap. 2 Rn. 89; *Brose*, NZS 2017, 7, 11.

478 So auch *Brose*, NZS 2017, 7, 11 f.; *Mecke*, SGb 2016, 481, 484; ähnlich *BMAS*, Weißbuch Arbeiten 4.0, S. 171; *Kocher/Hensel*, NZA 2016, 984, 988; *Krause*, Gutachten zum 71. Deutschen Juristentag, S. B 104; *Risak*, BB 2018, I; a.A. *Waas* in Waas/Liebman/Lyubarsky/Kezuka: Crowdwork – A Comparative Law Perspective, S. 142, 153 f., der über Kontrollmechanismen gerade bei einfachen Tätigkeiten keine Einflussnahme auf die Arbeit der Crowdworker sieht.

bb) Fremdbestimmtheit

Als weiteres zur Bestimmung des Grades der persönlichen Abhängigkeit dienliches Merkmal nennt § 611a Abs. 1 S. 1 BGB das Vorliegen einer Fremdbestimmtheit der Tätigkeit. Darin hat unter anderem auch die von der Rechtsprechung geforderte Eingliederung in eine fremde Betriebsorganisation ihren Niederschlag gefunden.[479] Aber auch die Angewiesenheit des Dienstverpflichteten auf die Einrichtungen des Auftraggebers[480] oder der Umstand, dass die Erbringung der Arbeitsleistung erst im Zusammenwirken mit anderen, ebenfalls zur Leistung Verpflichteten möglich und sinnvoll ist,[481] können als Indizien für das Vorliegen einer Fremdbestimmtheit herangezogen werden.[482] Für die Eingliederung in eine fremde Betriebsorganisation kann insbesondere eine ständige Dienstbereitschaft des Dienstverpflichteten sprechen, weil ihm dadurch die Möglichkeit genommen wird, seine Arbeits- und Freizeit selbst einzuteilen.[483] Als deutliche Indizien werden auch die Einbindung des Beschäftigten in eine bestimmte Hierarchie und einen Vertretungsplan, die Nutzung betrieblicher Einrichtungen, wie etwa eines Arbeitszimmers oder eines Büros, sowie das Zurverfügungstellen von Arbeitsgeräten und technischen Hilfsmitteln gesehen.[484]

Während interne Crowdworker die ausgeschriebenen Aufgaben regelmäßig innerhalb der Einrichtungen des Arbeitgebers verrichten und aufgrund des Arbeitsverhältnisses ohnehin von einer Fremdbestimmtheit ihrer Tätigkeit auszugehen ist, ist die Situation bei externer Crowdwork genauer zu analysieren: Ein Crowdworker verrichtet seine Arbeit unter Zuhilfenahme eines festen oder mobilen Endgeräts mittels eines eigens dafür vorgesehenen und durch die

---

479 ErfK/*Preis*, § 611a BGB Rn. 41; vgl. zum Merkmal der Eingliederung BAG 13.08.1980 – 4 AZR 592/78 – AP BGB § 611 Abhängigkeit Nr. 37; BAG 09.09.1981 – 5 AZR 477/79 – AP BGB § 611 Abhängigkeit Nr. 38; BAG 30.11.1994 – 5 AZR 704/93 – NZA 1995, 622, 623; BAG 07.03.2002 – 2 AZR 173/01 – NZA 2002, 963, 964; BAG 20.08.2003 – 5 AZR 610/02 – NZA 2004, 39; krit. hins. der Eigenständigkeit des Merkmals BeckOGK/*Maties*, § 611a BGB Rn. 158 ff.

480 Vgl. BAG 13.08.1980 – 4 AZR 592/78 – AP BGB § 611 Abhängigkeit Nr. 37; BAG 09.09.1981 – 5 AZR 477/79 – AP BGB § 611 Abhängigkeit Nr. 38.

481 Vgl. BAG 13.08.1980 – 4 AZR 592/78 – AP BGB § 611 Abhängigkeit Nr. 37.

482 ErfK/*Preis*, § 611a BGB Rn. 41; Kittner/Zwanziger/Deinert/*Kittner/Deinert*, Arbeitsrecht, § 3 Rn. 34.

483 Vgl. BAG 07.05.1980 – 5 AZR 293/78 – AP § 611 BGB Abhängigkeit Nr. 35; BAG 19.11.1997 – 5 AZR 653/96 – NZA 1998, 364, 366.

484 Vgl. BAG 15.03.1978 – 5 AZR 819/76 – AP BGB § 611 Abhängigkeit Nr. 26; Schaub/*Vogelsang*, Arbeitsrechts-Handbuch, § 8 Rn. 24.

Crowdwork-Plattform bereitgestellten Interface. In beiden Fällen werden eigene Arbeitsgeräte benutzt. Dabei nutzt er nicht die Räumlichkeiten des Auftraggebers, sondern bearbeitet die Crowdwork-Aufgaben an einem selbstgewählten Ort. Das Interface der Plattform ist dabei notwendig, um die entsprechenden Aufgaben zu erhalten, sie zu bearbeiten und letztlich um die Arbeitsergebnisse zu übermitteln. Eine ständige Dienstbereitschaft wird in der Regel nicht gefordert, genauso wenig wie eine Einbindung des Crowdworkers in die Hierarchie des auftraggebenden Betriebs erfolgt.

Für eine Fremdbestimmtheit der Tätigkeit spricht nach Betrachtung der Kriterien der Rechtsprechung lediglich die Tatsache, dass die Nutzung des Interface der Crowdwork-Plattform für die Bearbeitung der Aufgaben notwendig ist, der Crowdworker mithin auf die Einrichtungen des Crowdsourcers angewiesen ist. Deutlich gegen eine Fremdbestimmtheit sprechen hingegen die Wahl der eigenen Betriebsstätte und die Nutzung eigener Arbeitsmittel. Des Weiteren ist aus der Tatsache, dass externe Crowdworker regelmäßig anonym für Crowdsourcer tätig werden, zu schließen, dass keine Einbindung in die Hierarchie des ausschreibenden Unternehmens erfolgt. Die Umstände lassen folglich eher auf das Fehlen einer Fremdbestimmtheit schließen.[485]

So hat auch das Arbeitsgericht München hinsichtlich der Klage eines Crowdworkers gegen den Betreiber der Crowdwork-Plattform *Roamler*[486] auf Feststellung seiner Arbeitnehmereigenschaft entschieden, dass zwar für die Einbindung in die betriebliche Organisation des Plattformbetreibers spreche, dass die seitens der Plattform zur Verfügung gestellte App das entscheidende Kommunikationsmittel sei, auch wenn die App über das eigene Smartphone des Crowdworkers genutzt werde.[487] Eine betriebliche Eingliederung des klagenden Crowdworkers verneinte das Arbeitsgericht München im Ergebnis dennoch. Dagegen sprach im konkreten Fall insbesondere, dass der klagende Crowdworker weder in einem Organigramm des Plattformbetreibers aufgeführt war noch in sonstiger Weise räumlich oder organisatorisch in den Betrieb des Plattformbetreibers eingebunden war.[488]

---

485 So im Ergebnis auch ArbG München 20.02.2019 – 19 Ca 6915/18; Arnold/Günther/*Lingemann/Chakrabarti*, Arbeitsrecht 4.0, Kap. 2 Rn. 87; *Däubler/Klebe*, NZA 2015, 1032, 1034; *Meyer-Michaelis/Falter/Schäfer*, DB 2016, 2543, 2544; *Selzer* in Husemann/Wietfeld: Zwischen Theorie und Praxis, S. 27, 38; *Waas* in Waas/Liebman/Lyubarsky/Kezuka: Crowdwork – A Comparative Law Perspective, S. 142, 151.

486 https://www.roamler.com/de (letzter Aufruf 27.07.2020).

487 Vgl. ArbG München 20.02.2019 – 19 Ca 6915/18.

488 ArbG München 20.02.2019 – 19 Ca 6915/18.

cc) Sonstige Abgrenzungskriterien

Neben der Weisungsgebundenheit und der Fremdbestimmtheit werden von Fall zu Fall weitere, sekundäre Merkmale der persönlichen Abhängigkeit genannt, die im Rahmen einer Gesamtbetrachtung als Teilaspekte von Bedeutung sein können. Beim Begriff der persönlichen Abhängigkeit handelt es sich nach h.M. um einen Typusbegriff, der keinen fest umrissenen Inhalt hat, sondern durch eine Reihe von Kriterien ausgefüllt wird. Diese brauchen zwar nicht jeweils sämtlich vorzuliegen. Jedoch lässt nicht jedes Kriterium für sich allein zwingend eine Einordnung als Arbeitnehmer zu.[489]

(1) Wortwahl der Vertragsparteien

Die Wortwahl der Vertragsparteien konnte schon vor der Einführung des § 611a BGB allenfalls als schwaches Indiz herangezogen werden. Denn der Status der Beschäftigten richtet sich nicht nach den Wünschen der Vertragspartner, sondern danach, wie die Vertragsbeziehung objektiv einzuordnen ist.[490] Andernfalls hätten es die Vertragsparteien in der Hand, den Vertrag einfach nicht als Arbeitsvertrag zu bezeichnen, wodurch dem Arbeitnehmer als regelmäßig schwächerer Partei die besonderen Schutzrechte des Arbeitsrechts genommen würden. Dass dieses Ergebnis nicht mit dem Grundgedanken des Arbeitsrechts als Arbeitsschutzrecht zu vereinbaren ist, liegt auf der Hand. Der Grundsatz der Vertragsfreiheit wurde demnach in diesem Bereich insoweit eingeschränkt, als der vertraglich zum Ausdruck gebrachte Parteiwille unbeachtlich war, wenn nach der tatsächlichen Vertragsdurchführung ein anderes Ergebnis, konkret ein Arbeitsvertrag, näherlag.[491] Diese Einschränkung wurde nunmehr durch die Einfügung des § 611a Abs. 1 S. 6 BGB fixiert, wonach die Bezeichnung im Vertrag unbeachtlich ist, wenn die tatsächliche Durchführung des Vertragsverhältnisses auf ein Arbeitsverhältnis schließen lässt. Die Bezeichnung der Parteien ist allerdings in den Grenzfällen von Bedeutung, in denen die objektive Beurteilung der geleisteten Arbeit beide Ergebnisse, Arbeitsvertrag oder freier Dienstvertrag,

---

489 Vgl. BAG 23.04.1980 – 5 AZR 426/79 – AP BGB § 611 Abhängigkeit Nr. 34; *Fuchs/Baumgärtner* in BeckOK BGB, § 611a Rn. 15; *Junker*, Arbeitsrecht, § 2 Rn. 100; Zöllner/Loritz/*Hergenröder*, Arbeitsrecht, § 5 Rn. 37; Schaub/*Vogelsang*, Arbeitsrechts-Handbuch, § 8 Rn. 22; krit. insb. *Preis*, NZA 2018, 817, 821 ff.; aber auch *Schneider*, Münchener Handbuch zum Arbeitsrecht, Band 1, § 18 Rn. 45.

490 St. Rspr., vgl. zuletzt BAG 17.04.2013 – 10 AZR 272/12 – NZA 2013, 903 Rn. 15.

491 Vgl. BAG 19.11.1997 – 5 AZR 653/96 – NZA 1998, 364, 365; *Berger-Delhey/Alfmeier*, NZA 1991, 257, 260.

zulässt.[492] Im umgekehrten Fall hingegen – wenn die Parteien ausdrücklich einen Arbeitsvertrag vereinbart haben, die objektiven Gegebenheiten aber dagegen sprechen – können dem Leistungserbringer die arbeitsrechtlichen Schutzrechte nicht mehr genommen werden. Ein einmal als Arbeitsvertrag bezeichneter Vertrag bleibt grundsätzlich ein Arbeitsvertrag, auch wenn die objektiven Gegebenheiten den Schluss auf ein freies Mitarbeiterverhältnis zuließen.[493]

Aus diesem Grund sind insbesondere Klauseln in AGB, die festlegen, dass Crowdworker als „unabhängige Vertragspartner" und nicht als Arbeitnehmer tätig werden,[494] rechtlich unbeachtlich bzw. entfalten lediglich Indizwirkung. Durch die tatsächliche Handhabung der Parteien können Rückschlüsse dahingehend gezogen werden, dass etwas anderes gewollt war.[495]

(2) Dauer des Vertragsverhältnisses

Weiter könnte die Dauer des Vertragsverhältnisses für die Bestimmung des Grades der persönlichen Abhängigkeit von Bedeutung sein. Das Arbeitsverhältnis verlangt als Dauerschuldverhältnis grundsätzlich einen gewissen zeitlichen Umfang. Dass an den zeitlichen Umfang aber keine allzu großen Anforderungen zu stellen sind, zeigt die Tatsache, dass auch Beschäftigungen von sehr kurzer Dauer bis hin zu nur einem Tag als Arbeitsverhältnis qualifiziert werden können (z.B. bei einem Tagelöhner).[496] Im Gegensatz dazu können auch freie Mitarbeiter über mehrere Jahre in einem Dauerrechtsverhältnis stehen, ohne dass dieses als Arbeitsverhältnis zu qualifizieren ist.[497] Dem Merkmal sollte daher im Ergebnis nicht allzu viel Bedeutung zukommen.

---

492 BAG 08.06.1967 – 5 AZR 461/66 – NJW 1967, 1982; BAG 14.02.1974 – 5 AZR 298/73 – AP BGB § 611 Abhängigkeit Nr. 12; LAG Hamm 22.06.1989 – 17 Sa 1903/88 – NZA 1990, 192; *Weigert*, ArbRAktuell 2017, 557, 558 f.

493 BAG 01.11.1995 – 5 AZR 84/94 – NZA 1996, 813, 814; BAG 25.01.2007 – 5 AZB 49/06 – NZA 2007, 580 Rn. 12; LAG Köln 28.04.1995 – 13 Sa 48/95 – AuR 1996, 412; LAG Nürnberg 21.12.2007 – 7 Ta 208/07 – NZA-RR 2008, 271, 272; *Fuchs/Baumgärtner* in BeckOK BGB, § 611 Rn. 16;

494 So etwa Ziffer 3 lit. b der AGB von *Amazon Mechanical Turk* (letzter Aufruf 27.07.2020).

495 *Warter*, Crowdwork, S. 157; *Wisskirchen/Schwindling*, ZESAR 2017, 318, 320.

496 Vgl. BAG 16.04.2003 – 7 AZR 187/02 – NZA 2004, 40; *Müller-Glöge* in MüKo BGB, § 611a Rn. 107; *Wank*, Anm. zu BAG 29.01.1992 – 7 ABR 25/91 – AP BetrVG 1972 § 5 Nr. 47; Zöllner/Loritz/*Hergenröder*, Arbeitsrecht, § 5 Rn. 40; einschr. *Beuthien/Wehler*, RdA 1978, 2, 7 f.

497 Vgl. BAG 27.03.1991 – 5 AZR 194/90 – NZA 1991, 933, 935.

(3) Persönliche Leistungsverpflichtung

Ein typisches Merkmal für ein Arbeitsverhältnis stellt die Verpflichtung zur persönlichen Dienstleistung dar. Der zur Dienstleistung Verpflichtete hat nach § 613 S. 1 BGB die Dienste im Zweifel in Person zu erbringen. Diese Zweifelsregel gilt sowohl für freie Dienstverträge als auch für Arbeitsverträge.[498] Darf der zur Dienstleistung Verpflichtete die Leistung durch Dritte erbringen lassen, steht ihm ein eigener Gestaltungsspielraum zu, der gegen eine Arbeitnehmereigenschaft spricht.[499] In Ausnahmefällen kann jedoch die Mithilfe anderer, insbesondere Familienangehöriger oder anderer zuverlässiger Personen, mit der Arbeitnehmereigenschaft vereinbar sein.[500]

Crowdworker werden üblicherweise durch die AGB der Plattformen dazu verpflichtet, die Leistungen in Person zu erbringen. Die Bearbeitung einer Aufgabe durch Dritte auf dem Nutzerkonto des Crowdworkers ist regelmäßig untersagt.[501] Die Pflicht zur höchstpersönlichen Leistungserbringung erklärt sich aus dem Umstand, dass der Zugang zu den einzelnen Aufgaben oft an die persönlichen Fähigkeiten und Qualifizierungen eines Crowdworkers geknüpft ist.[502] Könnten Crowdworker dagegen jederzeit ihre Benutzerkonten untereinander tauschen, würden von Plattformen eingesetzte Bewertungs-, Rating- und Reputationssysteme ihren Sinn verlieren.[503] Das Merkmal kann demnach im Rahmen der Gesamtabwägung als Indiz für eine Arbeitnehmereigenschaft herangezogen werden.

(4) Vergütung

Es besteht Einigkeit darüber, dass weder die Höhe des Entgelts noch die Zahlungsmodalitäten (zeitabhängiges Entgelt, erfolgsabhängige Vergütung) Merkmale für eine Einordnung als Arbeitnehmer sind.[504] Anders ist dies nur in den

---

498 BAG 13.05.1992 – 7 AZR 195/91; BAG 26.05.1999 – 5 AZR 469/98 – NZA 1999, 983, 986; zuletzt LAG Hamm 07.07.2016 – 17 Sa 0840/15; vgl. auch ErfK/*Preis*, § 611a BGB Rn. 32.

499 BAG 16.07.1997 – 5 AZR 312/96 – NZA 1998, 368, 369; BAG 12.12.2001 – 5 AZR 253/00 – NZA 2002, 787; BAG 21.01.2010 – 6 AZR 556/07 – NJW-Spezial 2010, 308; *Müller-Glöge* in MüKo BGB, § 611a Rn. 98.

500 BFH 24.07.1992 – VI R 126/88 – AP BGB § 611 Abhängigkeit Nr. 63; ErfK/*Preis*, § 611a BGB Rn. 32.

501 Vgl. etwa § 3.3 der AGB von *clickworker* für Clickworker (letzter Aufruf 27.07.2020).

502 *Pacha*, Crowdwork, S. 188.

503 *Pacha*, Crowdwork, S. 188; *Warter*, Crowdwork, S. 164.

504 Vgl. BAG 30.10.1991 – 7 ABR 19/91 – NZA 1992, 407, 409; BAG 16.03.1994 – 5 AZR 447/92 – NZA 1994, 1132, 1134; BAG 04.12.2002 – 5 AZR 667/01 – AP BGB § 611

Fällen zu sehen, in denen der Dienstverpflichtete trotz erheblichen Arbeitsaufwands bei vollem wirtschaftlichem Risiko kaum bessere Verdienstmöglichkeiten hat als ein Arbeitnehmer in vergleichbarer Lage.[505]

Demnach spielt auch Tatsache, dass bei Crowdwork gezahlte Vergütungen oftmals deutlich unter Mindestlohnniveau liegen, für die Bestimmung des Grades der persönlichen Abhängigkeit keine Rolle. Entscheidend ist vielmehr, inwieweit die Ausführung der versprochenen Dienste weisungsgebunden und damit fremdbestimmt erfolgt. Dafür sind allein die Umstände der Dienstleistung, nicht aber die Modalitäten der Entgeltzahlung oder die Höhe des Entgelts maßgeblich.

(5) Wirtschaftliche Abhängigkeit

Eine wirtschaftliche Abhängigkeit mag zwar regelmäßig durch eine Tätigkeit in persönlicher Abhängigkeit indiziert sein. Jedoch gibt sie keine Auskunft darüber, ob bei der Ausübung der Tätigkeit Weisungsabhängigkeit besteht.[506] Daher kommt der Frage nach der wirtschaftlichen Abhängigkeit für die Einordnung als Arbeitnehmer nach h.M. keine eigenständige Bedeutung zu.[507] Allerdings ist diese gerade Voraussetzung für die Einordnung eines Beschäftigten als arbeitnehmerähnliche Person, die in gewissen Situationen dem Arbeitnehmer gleichgestellt ist.[508]

(6) Unternehmerische Chancen und Risiken

Nach dem sog. Alternativmodell von *Wank*[509] liegt das entscheidende Abgrenzungsmerkmal in der Verteilung von unternehmerischen Chancen und Risiken. Nach dieser Theorie soll derjenige selbständig sein, der das Berufs- und

---

Abhängigkeit Nr. 115; LAG Rheinland-Pfalz 19.12.2013 – 10 Sa 239/13; ArbG München 20.02.2019 – 19 Ca 6915/18; Deinert/Heuschmid/Zwanziger/*Ulber*, Arbeitsrecht, § 3 Rn. 61; Schaub/*Vogelsang*, Arbeitsrechts-Handbuch, § 8 Rn. 29.

505 Vgl. BGH 04.11.1998 – VIII ZB 12/98 – NZA 1999, 53, 56; Deinert/Heuschmid/Zwanziger/*Ulber*, Arbeitsrecht, § 3 Rn. 61.

506 *Boemke*, DStR 2000, 1694, 1701.

507 Vgl. BAG 30.10.1991 – 7 ABR 19/91 – NZA 1992, 407; BAG 30.11.1994 – 5 AZR 704/93 – NZA 1995, 622; BeckOGK/*Maties*, § 611a BGB Rn. 114; *Boemke*, DStR 2000, 1694, 1701; *Hilger*, RdA 1989, 1, 5 f.; *Rost*, NZA 1999, 113, 114; Schulze/*Schreiber*, § 611a BGB Rn. 3.

508 *Junker*, Arbeitsrecht, § 2 Rn. 97; dazu ausführlich in Punkt D. II.

509 *Wank*, Arbeitnehmer und Selbständige, S. 122 ff.

Existenzrisiko selbst tragen muss. Umgekehrt soll derjenige Arbeitnehmer sein, bei dem diese Risiken von anderen getragen werden.[510]

In der Literatur stößt diese Auffassung überwiegend auf Ablehnung.[511] Mit der Abgrenzung der Selbständigkeit zum Arbeitsverhältnis solle gerade die Frage beantwortet werden, ob die zwischen den Parteien getroffene Risikozuweisung gerechtfertigt ist. Als Folge könne die Risikozuweisung selbst aber nicht als Merkmal für die Annahme eines Arbeitsverhältnisses oder selbständigen Vertragsverhältnisses herangezogen werden.[512]

Allerdings kann das Kriterium des Unternehmerrisikos - neben den übrigen Kriterien - Indizwirkung für die Bestimmung des Grades der persönlichen Abhängigkeit entfalten. Dafür spricht, dass der Selbständige im Gegensatz zum Arbeitnehmer grundsätzlich das Unternehmerrisiko trägt. Die Frage nach der Verteilung des Unternehmerrisikos erlaubt demnach eine erste Einordnung als Arbeitnehmer oder als Selbständiger. Demgegenüber sind aber auch Konstellationen denkbar, in denen der Dienstverpflichtete freiwillig ein gewisses unternehmerisches Risiko trägt, verbunden mit der Chance, dieses bei positiver Geschäftsentwicklung mit einem finanziellen Vorteil honoriert zu bekommen, ohne dass er dabei gleich seine Stellung als Arbeitnehmer und damit einhergehend die besonderen Arbeitnehmerschutzrechte verliert.[513] Es erscheint folglich vorzugswürdig, das Merkmal des Unternehmerrisikos weder als entscheidendes Merkmal anzusehen, noch es gänzlich außer Betracht zu lassen.[514]

---

510 *Wank*, Arbeitnehmer und Selbständige, S. 127 ff; auch die Sozialgerichte sehen die Verteilung des Unternehmerrisikos als wichtiges Abgrenzungskriterium für den sozialrechtlichen Beschäftigtenbegriff, vgl. etwa BSG 01.12.1977 - 12/3/12 RK 39/74 - AP BGB § 611 Abhängigkeit Nr. 27; BSG 21.04.1993 - 11 Rar 67/92 - AP BGB § 611 Abhängigkeit Nr. 67; in jüngerer Zeit LSG Sachsen 22.11.2013 - L 1 KR 76/10; LSG Bayern 26.06.2015 - L 16 R 1240/13.

511 Siehe nur *Boemke*, DStR 2000, 1694, 1702; ErfK/*Preis*, § 611 BGB Rn. 57 f.; *Hromadka* NZA 1997, 569, 579; *Hunold*, NZA-RR 1999, 505; Leinemann/*Worzalla*, Kasseler Handbuch zum Arbeitsrecht, Band 1, 1.1, Rn. 178.

512 Leinemann/*Worzalla*, Kasseler Handbuch zum Arbeitsrecht, Band 1, 1.1, Rn. 177 f.

513 So etwa der Fall eines Frachtführers, der vertraglich eine Erfolgsgarantie übernahm, die notwendigen Betriebsmittel stellte und berechtigt war, die Leistung durch einen Dritten erbringen zu lassen, vgl. LAG Düsseldorf 04.09.1996 - 12 (6) (5) Sa 909/96.

514 So im Ergebnis auch ErfK/*Preis*, § 611a BGB Rn. 54.

(7) Schulung, Training

Schließlich stellt die Möglichkeit des Dienstberechtigten, den Dienstnehmer ohne zusätzliche Vergütung zu Schulungs- und Weiterbildungsveranstaltungen zu verpflichten, in der Regel ein Indiz für die persönliche Abhängigkeit des Dienstnehmers dar.[515] Bei einem freien Dienstvertrag sorgt der Dienstberechtigte dagegen typischerweise nicht für die erforderliche Qualifikation des Dienstnehmers.[516]

Einige Crowdwork-Plattformen testen, bevor sie auf dem Interface gewisse Aufgaben zur Verfügung vergeben, die Fähigkeiten des jeweiligen Crowdworkers.[517] Erst nach entsprechender „Profilierung" werden anspruchsvollere Aufgaben zur Verfügung gestellt.[518] Für die Absolvierung der Tests wird in der Regel keine Vergütung gezahlt. Allerdings kann in diesen Fällen weder von einer Verpflichtung der Crowdworker die Rede sein, noch handelt es sich streng genommen um Schulungs- oder Weiterbildungsveranstaltungen, da hier nicht die Fähigkeiten der Crowdworker erweitert, sondern vielmehr abgefragt und getestet werden sollen. Dennoch ist nicht auszuschließen, dass durch den „Status", den ein Crowdworker durch die Qualifikation für entsprechende Aufgaben erlangt, eine gewisse Bindungswirkung zur Plattform erzeugt wird. Daher ist diesem Umstand im Ergebnis eine Indizwirkung für die Arbeitnehmereigenschaft zuzusprechen.

e) Gesamtbetrachtung

Für die Feststellung, ob ein Arbeitsvertrag vorliegt, ist letztlich gem. § 611a Abs. 1 S. 5 BGB eine Gesamtbetrachtung aller Umstände vorzunehmen. Damit befindet sich die Norm im Einklang mit der Vorstellung der wertenden Gesamtbetrachtung aller maßgebenden Umstände, wie sie aus der Rechtsprechung

---

515 BAG 06.05.1998 – 5 AZR 247/97 – NZA 1999, 205, 207; BAG 15.12.1999 – 5 AZR 3/99 – NZA 2000, 534; Deinert/Heuschmid/Zwanziger/*Ulber*, Arbeitsrecht, § 3 Rn. 56.

516 BAG 15.12.1999 – 5 AZR 3/99 – NZA 2000, 534; Deinert/Heuschmid/Zwanziger/*Ulber*, Arbeitsrecht, § 3 Rn. 56.

517 So muss man etwa auf der Plattform *clickworker* vor der Annahme von Aufgaben, die beispielsweise die Bearbeitung oder Erstellung literarischer Texte zum Gegenstand haben, zuerst eine sog. Projekt-Qualifizierung vornehmen, bei der im Rahmen verschiedener Aufgaben die Rechtschreib- und Satzbaukenntnisse des Crowdworkers getestet werden. Nur bei entsprechend gutem Abschneiden erhält man die Möglichkeit, o.g. Aufgaben zur Bearbeitung anzunehmen.

518 (Weitere) Beispiele zu den Ausgestaltungsmöglichkeiten bei *Risak*, ZAS 2015, 11, 16.

bekannt ist.[519] Auf diese Weise ist es möglich, den Besonderheiten des Einzelfalls Rechnung zu tragen.[520] Zur Bestimmung der Arbeitnehmereigenschaft sind alle Umstände zu berücksichtigen, die für den eigenständigen Typus „Arbeitsvertrag" charakteristisch sind.[521] Die einzelnen Umstände dienen jeweils als Indizien, müssen aber für das Vorliegen der Arbeitnehmereigenschaft nicht sämtlich vorliegen.[522] Die Weisungsgebundenheit ist dabei das wichtigste Kriterium.[523]

aa) Interne Crowdwork

Nach Betrachtung aller genannten Aspekte erscheint die Bestimmung der Arbeitnehmereigenschaft für den Fall der internen Crowdwork grundsätzlich wenig kompliziert. Die als Crowdworker agierenden Unternehmensmitarbeiter sind weiterhin im Unternehmen fest angestellt und erfüllen ihre Pflichten aus dem Arbeitsverhältnis. Sie werden im Rahmen der internen Crowdwork aber nicht für ihren Vertragsarbeitgeber, sondern mit dessen Einverständnis für eine andere Person innerhalb des Unternehmens oder für ein anderes Konzernunternehmen tätig. Aus Sicht der Crowdworker wechselt damit lediglich die Person, die das Direktionsrecht ausübt.[524] Dem Arbeitgeber steht es jederzeit frei, der Crowdwork ein Ende zu setzen und den Crowdworker wieder mit

---

519 Vgl. BAG 16.03.1972 – 5 AZR 460/71 – AP § 611 BGB Lehrer, Dozenten Nr. 10; BAG 09.06.2010 – 5 AZR 332/09 – NJW 2010, 2455 Rn. 19; BAG 29.08.2012 – 10 AZR 499/11 – NZA 2012, 1433 Rn. 15; BAG 11.08.2015 – 9 AZR 98/14 – NZA-RR 2016, 288 Rn. 22; BAG 21.11.2017 – 9 AZR 117/17 – NJW 2018, 1194 Rn. 23; LAG Köln 18.01.2018 – 7 Sa 292/17 Rn. 49.

520 So auch die Gesetzesbegründung in Anlehnung an die Rspr. des BAG, s. BT-Drs. 18/9232, S. 32; vgl. auch BAG 16.03.1972 – 5 AZR 460/71 – AP § 611 BGB Lehrer, Dozenten Nr. 10; BAG 09.06.2010 – 5 AZR 332/09 – NJW 2010, 2455 Rn. 19; BAG 29.08.2012 – 10 AZR 499/11 – NZA 2012, 1433 Rn. 15; BAG 11.08.2015 – 9 AZR 98/14 – NZA-RR 2016, 288 Rn. 22; BAG 21.11.2017 – 9 AZR 117/17 – NJW 2018, 1194 Rn. 23; BeckOGK/*Maties*, § 611a BGB Rn. 124; *Fandel/Kock* in jurisPK-BGB, § 611a Rn. 14; *Junker*, Arbeitsrecht, § 2 Rn. 100.

521 *Joussen* in BeckOK ArbR, § 611a BGB Rn. 30; vgl. auch ErfK/*Preis*, § 611a BGB Rn. 46; Schulze/*Schreiber*, § 611a BGB Rn. 3.

522 *Joussen* in BeckOK ArbR, § 611a BGB Rn. 30.

523 *Preis*, NZA 2018, 817, 821.

524 *Pacha*, Crowdwork, S. 41; *Selzer* in Husemann/Wietfeld: Zwischen Theorie und Praxis, S. 27, 40; ähnlich *Däubler/Klebe*, NZA 2015, 1032, 1035, die die Situation damit vergleichen, dass ein Arbeitnehmer zu einem Kunden geschickt wird, um dort nach genauen Vorgaben eine Maschine zu warten oder eine Einführung in den Umgang mit einer neuen Software zu geben.

„gewöhnlichen" betrieblichen Tätigkeiten zu beschäftigen.[525] Interne Crowdwork verfolgt den Zweck, über die betriebliche Organisation in Abteilungen oder Projektgruppen hinaus Kompetenzen und freie Kapazitäten der eigenen Arbeitnehmer zu nutzen. Es handelt sich dabei lediglich um eine besondere Form der Betriebsorganisation.[526] In diesem Fall bleibt es beim Arbeitnehmerstatus der Beschäftigten.[527]

Daran ändert sich grundsätzlich auch nichts, wenn durch Crowdwork-Aufgaben eine teilweise Erfolgsabhängigkeit in den Arbeitsvertrag integriert wird. In diesem Fall wollen die Parteien an der Gesamtqualifikation ihres Rechtsverhältnisses als Arbeitsvertrag offensichtlich nichts ändern, sodass es beim Arbeitnehmerstatus des internen Crowdworkers bleibt.[528] Eine andere Bewertung ergibt sich nur dann, wenn im Rahmen der internen Crowdwork zwar Aufgaben unternehmensintern an Mitarbeiter ausgeschrieben werden, diese jedoch nicht während der vertraglich geschuldeten Arbeitszeit, sondern nur in der Freizeit verrichtet werden dürfen. In diesem Fall erhalten Arbeitnehmer die Möglichkeit, eine unternehmerische Tätigkeit innerhalb des Unternehmens bzw. Unternehmensverbunds wahrzunehmen, weshalb neben dem Arbeitsvertrag separate Werk- oder Dienstverträge bezüglich einzelner Aufgaben zwischen den Parteien geschlossen werden.[529] Da diese Situation vergleichbar mit der bei externer Crowdwork ist, ist diesbezüglich auch eine Bewertung anhand der Ausführungen zur externen Crowdwork maßgeblich.

---

525 *Däubler/Klebe*, NZA 2015, 1032, 1035.

526 *Schubert*, RdA 2018, 200, 202.

527 So im Ergebnis auch *Däubler*, Digitalisierung und Arbeitsrecht, § 18 Rn. 8; *Däubler/Klebe*, NZA 2015, 1032, 1035; *Deinert*, RdA 2017, 65, 68; Klebe, AuR 2016 277, 279; *Krause*, Gutachten zum 71. Deutschen Juristentag, S. B 100; *Pacha*, Crowdwork, S. 41; *Risak*, ZAS 2015, 11, 12; *Schubert*, RdA 2018, 200, 202; *Selzer* in Husemann/Wietfeld: Zwischen Theorie und Praxis, S. 27, 41; *Warter*, Crowdwork, S. 41.

528 Dazu ausführlich in Punkt D. I. 2. b) bb) (1) (a).

529 Dazu ebenfalls in Punkt D. I. 2. b) bb) (1) (a); *Selzer* weist in Husemann/Wietfeld: Zwischen Theorie und Praxis, S. 27, 41 aber zurecht darauf hin, dass es für den Fall, dass interne Crowdworker Plattformtätigkeiten außerhalb der vertraglich geschuldeten Arbeitszeit erbringen, zu einer Kollision mit dem Arbeitszeitgesetz kommen kann. Denn nach der Rspr. des BAG hat der Arbeitgeber die Einhaltung der Ruhezeit nach § 5 ArbZG auch dann zu überwachen, wenn der Arbeitnehmer Nebentätigkeiten ausübt. Ihm steht insoweit ein Auskunftsanspruch gegen gegen den Arbeitnehmer zu, vgl. BAG 11.12.2001 – 9 AZR 464/00 – NZA 2002, 965, 967. Erst recht darf der Arbeitgeber folglich den Arbeitnehmer nicht selbst während der Ruhezeit im Rahmen einer Nebentätigkeit beschäftigen.

bb) Externe Crowdwork

Externe Crowdworker sind, wie die Prüfung der persönlichen Abhängigkeit gezeigt hat, weder zeitlich noch örtlich weisungsabhängig, da sie in der Regel keinen für die Annahme einer zeitlichen Weisungsgebundenheit relevanten Zeitvorgaben unterliegen und die Tätigkeiten an einer selbstgewählten Arbeitsstätte erbringen können.[530] Für eine Fremdbestimmtheit der Tätigkeit spricht lediglich die Tatsache, dass die Nutzung des Interface der Crowdwork-Plattform für die Bearbeitung der Aufgaben notwendig ist, der Crowdworker mithin auf die Einrichtungen des Crowdsourcers angewiesen ist. Jedoch sprechen insbesondere die nicht-physische Eingliederung des Crowdworkers in den Betrieb des Crowdsourcers und die Nutzung eigener Arbeitsmittel gegen die Fremdbestimmtheit der Tätigkeit.[531]

Allerdings kann nicht geleugnet werden, dass gerade die Kriterien der zeitlichen und örtlichen Weisungsgebundenheit in der heutigen Arbeitswelt durch die fortschreitende Vernetzung und Digitalisierbarkeit von Arbeitsplätzen zunehmend an Bedeutung verlieren.[532] So ist die physische Anwesenheit eines Arbeitnehmers in Zeiten von Homeoffice und Telearbeit in einigen Sparten kaum mehr notwendig, um die geschuldete Arbeit ordnungsgemäß zu verrichten. Auch wird heute bei vielen Tätigkeiten nicht mehr nach einem genauen Zeitplan gearbeitet, sondern vielmehr ein zeitlicher Rahmen vorgegeben.[533]

Dass das Fehlen einer zeitlichen und örtlichen Weisungsgebundenheit eine Qualifizierung des Beschäftigungsverhältnisses als Arbeitsverhältnis nicht pauschal ausschließt, zeigt insbesondere ein im Jahr 2015 vom LAG Hessen entschiedener Fall:[534] In diesem hat das Gericht einen IT-Pragrammentwickler als Arbeitnehmer qualifiziert, obwohl er von zu Hause aus arbeitete und über seine Arbeitszeit im Wesentlichen frei bestimmen konnte. Zwar fehlte es hier nach Auffassung des LAG an einer Weisungsgebundenheit in zeitlicher und örtlicher Hinsicht. Allerdings sprach es diesen Faktoren bei der Tätigkeit als Entwickler im Home-Office auch keine entscheidende Bedeutung zu.[535]

---

530 Ausführlich zur Frage der Weisungsgebundenheit externer Crowdworker in Punkt D. I. 2. d) aa) (2).

531 Vgl. Punkt D. I. 2. d) bb).

532 So auch *Brose*, NZS 2017, 7, 11; *Günther/Böglmüller*, NZA 2015, 1025, 1027; *Pacha*, Crowdwork, S. 172; *vbw*, Position – Der Mensch in der digitalen Arbeitswelt, S. 4; vgl. auch *Uffmann*, NZA-Beilage 2017, 45, 46.

533 *Brose*, NZS 2017, 7, 11.

534 LAG Hessen 13.03.2015 – 10 Sa 575/14.

535 LAG Hessen 13.03.2015 – 10 Sa 575/14 Rn. 49. Dass daraus aber noch nicht geschlossen werden kann, dass Crowdwork stets als Arbeitsverhältnis zu qualifizieren ist,

Auch wenn dem Entwickler die Arbeitnehmereigenschaft schließlich durch das BAG wieder abgesprochen wurde,[536] zeigt gerade die Entscheidung des LAG, dass sich – je nach den Gegebenheiten des Einzelfalls – bei der Prüfung der Weisungsabhängigkeit alles auf die Frage der inhaltlichen Weisungsgebundenheit zuspitzen kann.[537]

Jedoch ist auch eine inhaltliche Weisungsgebundenheit bei externer Crowdwork regelmäßig zu verneinen, da die zu erledigenden Tätigkeiten durch die Auftraggeber meist so genau beschrieben sind, dass kaum noch Spielraum für weitere Weisungen verbleibt. Eine andere Bewertung könnte sich nur dann ergeben, wenn in den Prozess eingebaute arbeitsleistungsbezogene Einfluss- und Kontrollmechanismen sich dermaßen auf die Arbeitsweise der Crowdworker auswirken, dass eine entsprechende Abhängigkeit begründet wird.[538] Eine derartige Kontrolldichte wird bei Crowdwork-Plattformen aktuell aber nur in den seltensten Fällen vorhanden sein, sodass eine persönliche Abhängigkeit externer Crowdworker in aller Regel nicht gegeben ist. Die Arbeitnehmereigenschaft wird folglich in der Praxis in aller Regel zu verneinen sein.[539]

---

ergibt sich aus der weiteren Begründung: Demnach habe die Eingliederung des Klägers in den Betrieb des Arbeitgebers im Wesentlichen dadurch stattgefunden, dass der Kläger unter einer engen Abstimmung mit den anderen Mitarbeitern einen Teil eines Gesamtprojekts zu bearbeiten hatte.

536 Vgl. BAG 14.06.2016 – 9 AZR 305/15 – NZA 2016, 1453 Rn. 20 ff.; maßgeblich für die Entscheidung war insbesondere die unzureichende inhaltliche Weisungsgebundenheit des Entwicklers.

537 So auch *Brose*, NZS 2017, 7, 11; *Kocher/Hensel*, NZA 2016, 984, 987.

538 Vgl. Punkt D. I. 2. d) aa) (2).

539 So im Ergebnis auch LAG München 04.12.2019 – 8 Sa 146/19 – NZA 2020, 316; ArbG München 20.02.2019 – 19 Ca 6915/18; *Bourazeri*, NZA 2019, 741, 744; *Däubler*, AuR 2016, 325, 334; *Däubler/Klebe*, NZA 2015, 1032, 1034 f.; *Deinert*, RdA 2017, 65, 68; *Giesen/Kersten*, Arbeit 4.0, S. 107, 109 f.; *Günther/Böglmüller*, NZA 2015, 1025, 1030; *Hanau*, NJW 2016, 2613, 2615; *Hötte*, MMR 2014, 795, 796; *Klebe/Neugebauer*, AuR 2014, 4, 5; *Koch* in Schaub/Koch, Arbeitsrecht von A-Z, *Crowdsourcing*; *Kocher* in Hensel/Schönefeld/Kocher/Schwarz/Koch, Selbständige Unselbständigkeit, S. 178; *Krause*, Gutachten zum 71. Deutschen Juristentag, S. B 104; Küttner/*Röller*, Personalbuch 2019, Crowdsourcing, Rn. 2; *Oltmanns/Fuhlrott*, NZA 2018, 1225, 1227; *Pacha*, Crowdwork, S. 189; *Schubert*, RdA 2018, 200, 203; *Schramm/Tietgen-Simonsen* in Hanau/Matiaske, Entgrenzung von Arbeitsverhältnissen, S. 12 f.; *Selzer* in Husemann/Wietfeld: Zwischen Theorie und Praxis, S. 27, 40; *Tapper* in Hill/Martini/Wagner, Die digitale Lebenswelt gestalten, S. 253, 272; *Waas* in Waas/Liebman/Lyubarsky/Kezuka: Crowdwork – A Comparative Law Perspective, S. 142, 156; *Warter*,

3. Vergleich zu anderen Formen des Fremdpersonaleinsatzes

Beim Vergleich von Crowdwork mit anderen Modellen des Fremdpersonaleinsatzes wird schnell klar, dass Gemeinsamkeiten nur auf den ersten Blick bestehen. Denn im Gegensatz zu externer Crowdwork besteht bei der Leiharbeit immerhin noch ein Arbeitsverhältnis zum Verleiher. Auf Grundlage eines Arbeitnehmerüberlassungsvertrags werden Leiharbeitnehmer sodann vorübergehend bei einem Dritten beschäftigt, der nicht Vertragspartner des Leiharbeitnehmers ist.[540] Auch wenn Leiharbeiter daher im Vergleich zur Stammbelegschaft im Entleiherbetrieb oftmals zu schlechteren arbeitsvertraglichen Bedingungen tätig werden, unterfallen sie im Gegensatz zu Crowdworkern grundsätzlich der vollen Brandbreite des arbeitsrechtlichen Regelungsregimes.[541]

Ähnlich verhält es sich bei der Vergabe von Aufgaben im Rahmen sog. Industriedienstleistungen, die in den letzten Jahren aufgrund der verbesserten Regulierung und der damit einhergehenden steigenden Unattraktivität von Leiharbeit aus Unternehmersicht zunehmend Zuspruch erfahren haben.[542] Dabei werden sog. Industriedienstleistungsverträge zwischen Unternehmen und externen Gesellschaften abgeschlossen, die sich zur Erbringung selbständiger Vertragsleistungen im Rahmen der industriellen Produktion des jeweiligen Unternehmens verpflichten.[543] Auch hier sind die als Erfüllungsgehilfen beim Industriedienstleister tätigen Personen Arbeitnehmer des Dienstleisters, wenn auch regelmäßig zu schlechteren Konditionen als die Arbeitnehmer des Unternehmens, welches die Aufgaben auslagert.[544]

Neben dem Modell der Leiharbeit und der Industriedienstleistung wurde mit Crowdwork folglich ein weiteres Beschäftigungsmodell geschaffen, welches

---

Crowdwork, S. 189 ff.; *Wisskirchen/Schwindling*, ZESAR 2017, 318, 324; a.A. für die österreichische Rechtslage *Risak*, BB 2018, I.

540 Vgl. ErfK/*Wank*, § 1 AÜG Rn. 14; Schüren/*Hamann*, § 1 AÜG Rn. 38; *Junker*, Arbeitsrecht, § 2 Rn. 112.

541 *Pacha*, Crowdwork, S. 192.; *Selzer* in Husemann/Wietfeld: Zwischen Theorie und Praxis, S. 27, 32.

542 Ausführlich zur Thematik *Greiner*, NZA 2013, 697 ff.; *Hamann*, NZA-Beilage 2014, 3 ff.; *Krause*, KJ 2013, 119 ff.; vgl. auch *Pacha*, Crowdwork, S. 192; *Selzer* in Husemann/Wietfeld: Zwischen Theorie und Praxis, S. 27, 32.

543 *Deinert*, RdA 2017, 65, 70; *Hamann*, NZA-Beilage 2014, 3 f.; *Pacha*, Crowdwork, S. 192; *Selzer* in Husemann/Wietfeld: Zwischen Theorie und Praxis, S. 27, 32.

544 *Pacha*, Crowdwork, S. 193; *Selzer* in Husemann/Wietfeld: Zwischen Theorie und Praxis, S. 27, 32; vgl. auch *Däubler*, KJ 2013, 133, 137 f.; *Kocher*, KJ 2013, 145 ff. jeweils m.w.N.

Unternehmen die Möglichkeit eröffnet, Externe in den Wertschöpfungsprozess einzubeziehen und dadurch bestehende arbeitsrechtliche Standards gezielt zu umgehen.[545] Anders als bei den beiden anderen Formen des Fremdpersonaleinsatzes droht bei Crowdwork aber nicht nur ein weiterer Rückgang des Normalarbeitsverhältnisses. Durch die Vergabe von Aufgaben über eine Plattform haben Unternehmen darüber hinaus die Möglichkeit, ohne den Umweg über die Leiharbeit oder Industriedienstleistung Arbeitsergebnisse gezielt am Markt einzukaufen und damit den Anwendungsbereich des Arbeitsrechts gänzlich zu verlassen.[546]

4. Zwischenergebnis

Während interne Crowdworker üblicherweise im Rahmen ihres Arbeitsverhältnisses Crowdwork-Tätigkeiten verrichten und dies nichts an ihrem ohnehin zum Arbeitgeber bestehenden Arbeitsverhältnis ändert, fehlt es bei einer Vielzahl der im Rahmen externer Crowdwork vergebenen Tätigkeiten bereits am Vorliegen eines für die Annahme eines Arbeitsverhältnisses erforderlichen Dienstvertrags. Bildet dagegen ein Dienstvertrag die rechtliche Grundlage für das Tätigwerden, ist entscheidend auf die Frage abzustellen, ob den Indizien, die den Grad der persönlichen Abhängigkeit bestimmen, im Rahmen einer Gesamtabwägung aller Umstände ein solches Gewicht zukommt, dass daraus im Einzelfall eine persönliche Abhängigkeit des Crowdworkers resultiert.

Externe Crowdworker sind weder in örtlicher noch in zeitlicher Hinsicht weisungsgebunden. Aufgrund der im Voraus sehr detaillierten Beschreibung der Aufgaben ist regelmäßig auch nicht von weiteren Weisungen in Bezug auf den Inhalt der zu erbringenden Leistungen auszugehen. Die Nutzung eigener Arbeitsmittel und die fehlende Einbindung in eine fremde Unternehmenshierarchie lassen darüber hinaus nicht auf eine Fremdbestimmtheit der Tätigkeit schließen. Für die Annahme des Gegenteils liefern nur die Verpflichtung zur persönlichen Leistungserbringung und die Angewiesenheit auf die Software des Crowdsourcers Indizien. Mithin wird man bei einer Gesamtabwägung der Kriterien im Einzelfall in aller Regel zum Ergebnis kommen, dass den Kriterien, die für eine Annahme des erforderlichen Grades der persönlichen Abhängigkeit sprechen, kein ausreichend hohes Gewicht zukommt.

---

545 *Pacha*, Crowdwork, S. 193; vgl. auch *Uffmann* in Industrie 4.0 als Herausforderung des Arbeitsrechts, S. 31, 39, die in diesem Zusammenhang von einer „Exit-Strategie" zum Normalarbeitsverhältnis spricht.

546 *Pacha*, Crowdwork, S. 193.

Generell ausgeschlossen ist eine persönliche Abhängigkeit der Crowdworker indes nicht. Eine andere Bewertung könnte sich etwa dann ergeben, wenn in den Prozess eingebaute arbeitsleistungsbezogene Einfluss- und Kontrollmechanismen sich dermaßen auf die Arbeitsweise der Crowdworker auswirken, dass eine entsprechende persönliche Abhängigkeit begründet wird. Da eine derartige Kontrolldichte bei Crowdwork-Plattformen aktuell aber, soweit ersichtlich, nicht vorhanden ist, sind Crowdworker in der Praxis nicht als Arbeitnehmer zu qualifizieren.

II. Crowdworker als arbeitnehmerähnliche Personen

Die Tatsache, dass externe Crowdworker keine Arbeitnehmer sind, bedeutet aber nicht automatisch, dass ihnen jeglicher arbeitsrechtlicher Schutz verwehrt ist. Denn die „Fallhöhe" zwischen Arbeitnehmereigenschaft und „bloßer" Selbständigkeit wird abgemildert durch das Schutzkonzept der arbeitnehmerähnlichen Person, durch welches betroffene Personengruppen zumindest einen partiellen arbeitsrechtlichen Schutz erhalten können. Es ist daher weiter zu prüfen, ob es sich bei externen Crowdworkern nicht möglicherweise um arbeitnehmerähnliche Personen handelt.

1. Anwendbare arbeitsrechtliche Schutzvorschriften

Bei Bejahung der Arbeitnehmerähnlichkeit würden Crowdworker von einer Reihe arbeitsrechtlicher Schutzvorschriften profitieren.[547] Sie wären nach § 2 S. 2 BUrlG Arbeit-nehmern grundsätzlich gleichgestellt und hätten nach §§ 1, 3 BUrlG Anspruch auf bezahlten Erholungsurlaub.[548] Ebenso fänden Schutzvorschriften des Arbeitsschutzgesetzes (§ 2 Abs. 2 Nr. 3 ArbSchG) oder des Pflegezeitgesetz (§ 7 Abs. 1 Nr. 3 PflegeZG) auf sie Anwendung.[549] Nach letzterem hätten sie z.B. einen Anspruch auf Freistellung bei unerwartetem Pflegebedarf (§ 2 Abs. 1 PflegeZG). Für die Familienpflege verweist § 2 Abs. 2 FPfZG ebenfalls auf § 7 PflegeZG. Nach § 17 Abs. 1 S. 2 BetrAVG kann eine Einbeziehung in die betriebliche Altersversorgung erfolgen. Im Umfeld der Internet-Arbeit dürfte

547 Zur Auflistung der anwendbaren Vorschriften *Däubler*, Digitalisierung und Arbeitsrecht, § 18 Rn. 47; *Klebe*, AuR 2016, 277, 280; KR/*Rost/Kreutzberg-Kowalczyk*, ArbNähnl. Pers., Rn. 42 ff.; *Preis/Temming*, Individualarbeitsrecht, § 9 Rn. 256 f.; Schaub/*Vogelsang*, Arbeitsrechts-Handbuch, § 10 Rn. 7 ff.

548 Krit. *Willemsen/Müntefering*, NZA 2008, 193, 200; *v. Hase/Lembke*, BB 1997, 1095, 1097.

549 Vgl. *Däubler*, SR 2016, 2, 67 f.; *Klebe*, AuR 2016, 277, 280.

von besonderem Interesse sein, dass arbeitnehmerähnliche Personen nach § 26 Abs. 8 S. 1 Nr. 6 BDSG dem neuen[550] Bundesdatenschutzgesetz unterliegen. Für arbeitnehmerähnliche Personen ist auch der persönliche Anwendungsbereich des Allgemeinen Gleichbehandlungsgesetzes eröffnet (vgl. § 6 Abs. 1 Nr. 3 AGG), sodass ihnen unter Umständen Beschwerde- und Leistungs-verweigerungsrechte sowie Schadensersatz- und Entschädigungsansprüche nach §§ 13 ff. AGG zustehen können.[551] Seit dem 01.01.2018 werden nach § 1 Abs. 2 S. 2 Nr. 7 MuSchG arbeitnehmerähnliche Personen grundsätzlich auch vom Mutterschutzgesetz erfasst, sodass insbesondere das Kündigungsverbot des § 17 MuSchG Anwendung findet.[552] Die Möglichkeit zur kollektiven Selbsthilfe wird ihnen dadurch gewährt, dass die Tarifvertragsparteien ihre Arbeitsbedingungen in Tarifverträgen regeln können, vgl. § 12a Abs. 1 TVG. Weiter kommt für arbeitnehmerähnliche Personen nach § 2 S. 1 Nr. 9 SGB VI eine Rentenversicherungspflicht infrage.[553] Schließlich gelten arbeitnehmerähnliche Personen nach § 5 Abs. 1 S. 2 ArbGG als Arbeitnehmer im Sinne des Arbeitsgerichtsgesetzes. Bei der Rechtswegzuständigkeit ist eine Wahlfeststellung durch das Arbeitsgericht zulässig.[554] Somit könnte Crowdworkern gegebenenfalls die Arbeitsgerichtsbarkeit offenstehen.

Zwar erweckt die Aufzählung der Vorschriften, in denen eine Berücksichtigung arbeitnehmerähnlicher Personen erfolgt, zunächst den Anschein, als genössen diese einen umfassenden Rechtsschutz. Beim Vergleich mit den Schutzvorschriften, die für „echte“ Arbeitnehmer gelten, wird jedoch schnell klar, dass arbeitnehmerähnliche Personen auf wesentliche Schutzvorschriften des Arbeitsrechts verzichten müssen.[555]

Dabei ist allen voran das Kündigungsschutzgesetz zu nennen, welches seinen allgemeinen Kündigungsschutz nach § 1 KSchG nur auf Arbeitnehmer

550 In Kraft seit dem 25.05.2018 gem. Art. 8 Abs. 1 des Gesetzes zur Anpassung des Datenschutzrechts an die Verordnung (EU) 2016/679 und zur Umsetzung der Richtlinie (EU) 2016/680 vom 30. Juni 2017, BGBl. 2017 I Nr. 44, S. 2097, 2132.

551 *Willemsen/Müntefering*, NZA 2008, 193, 200.

552 Vor der Aufnahme im MuSchG kam ein Schutz schwangerer arbeitnehmerähnlicher Personen vor Kündigungen über §§ 3 Abs. 1 S. 2, 2 Abs. 4 AGG in Betracht.

553 Vgl. auch Schaub/*Vogelsang*, Arbeitsrechts-Handbuch, § 10 Rn. 7 ff., 12.

554 BAG 14.01.1997 – 5 AZR 22/96 – AP ArbGG 1979 § 2 Nr. 41; BAG 14.12.2004 – 9 AZR 23/04 – NZA 2005, 637, 638.

555 Vgl. auch *Däubler*, Digitalisierung und Arbeitsrecht, § 18 Rn. 48 ff.; *Pacha*, Crowdwork, S. 205 f.

erstreckt.[556] Aber auch schwerbehinderten und zum Wehrdienst einberufenen arbeitnehmerähnlichen Personen ist der besondere Kündigungsschutz nach §§ 168 ff. SGB IX bzw. § 2 ArbPlSchG verwehrt.[557] Ferner erhalten arbeitnehmerähnliche Personen im Krankheitsfall keine Entgeltfortzahlung nach dem EFZG. Eine analoge Anwendung der Vorschriften des Kündigungsschutzgesetzes sowie weiterer arbeitsrechtlicher Vorschriften wie der §§ 612a, 613a oder 622 BGB lehnt das BAG bislang ab.[558] Folglich können unbefristete Dienstverhältnisse mit arbeitnehmerähnlichen Personen stets innerhalb der in §§ 620 Abs. 2, 621 BGB genannten Fristen und ohne Angabe von Gründen gekündigt werden. Da keine Arbeitsverhältnisse vorliegen, findet auch das TzBfG keine Anwendung (vgl. § 620 Abs. 3 BGB). Nur wenn das Dienstverhältnis die Erwerbstätigkeit des Arbeitnehmerähnlichen vollständig oder hauptsächlich in Anspruch nimmt, ist nach § 621 Nr. 5 Hs. 2 BGB eine zweiwöchige Kündigungsfrist einzuhalten.[559] Im Übrigen gilt der allgemeine zivilrechtliche Schutz nach §§ 134, 138, 242 BGB.[560] Schließlich findet eine Einbeziehung arbeitnehmerähnlicher Personen in die Betriebsverfassung mangels Erfassung in § 5 BetrVG ebenfalls nicht statt.[561]

2. Voraussetzungen für eine Arbeitnehmerähnlichkeit

Dennoch ist zu prüfen, ob Crowdworker den zumindest in Teilen bestehenden Schutz arbeitnehmerähnlicher Personen in Anspruch nehmen können. Dazu ist zunächst zu erörtern, welche Voraussetzungen für das Vorliegen einer Arbeitnehmerähnlichkeit zu erfüllen sind.

---

556 *Däubler*, Digitalisierung und Arbeitsrecht, § 18 Rn. 50; KR/*Rost/Kreutzberg-Kowalczyk*, ArbNähnl. Pers., Rn. 47.

557 *Däubler*, Digitalisierung und Arbeitsrecht, § 18 Rn. 50; ErfK/*Rolfs*, § 168 SGB IX Rn. 3; KR/*Rost/Kreutzberg-Kowalczyk*, ArbNähnl. Pers., Rn. 48; *Müller-Glöge* in MüKo BGB, § 611a Rn. 135; *Pacha*, Crowdwork, S. 205; vgl. auch ErfK/*Preis*, § 611a BGB Rn. 83.

558 Vgl. BAG 03.07.1980 - 3 AZR 1077/78 - AP § 613a BGB Nr. 23; BAG 14.12.2004 - 9 AZR 23/04 - NZA 2005, 637; BAG 08.05.2007 - 9 AZR 777/06 - AP § 611 BGB Arbeitnehmerähnlichekeit Nr. 15; vgl. auch *Däubler*, Digitalisierung und Arbeitsrecht, § 18 Rn. 50; KR/*Rost/Kreutzberg-Kowalczyk*, ArbNähnl. Pers., Rn. 49 f.; *Pacha*, Crowdwork, S. 205.

559 Vgl. dazu auch *Fuchs/Baumgärtner* in BeckOK BGB, § 611 Rn. 12.

560 *Pacha*, Crowdwork, S. 205.

561 *Besgen* in BeckOK ArbR, § 5 BetrVG Rn. 23; *Däubler*, Digitalisierung und Arbeitsrecht, § 18 Rn. 50; DKKW/*Trümmer*, § 5 BetrVG Rn. 122; *Fitting*, § 5 BetrVG Rn. 92 ff.; KR/*Rost/Kreutzberg-Kowalczyk*, ArbNähnl. Pers., Rn. 51.

Umschreibungen arbeitnehmerähnlicher Personen finden sich unter anderem in § 5 Abs. 1 S. 2 ArbGG, § 2 S. 2 BUrlG, § 17 Abs. 1 S. 2 BetrAVG, § 1 Abs. 2 Nr. 1 BeschSchG oder § 12a TVG, wobei die arbeitnehmerähnliche Person nach überwiegender Auffassung auch außerhalb des Tarifvertragsgesetzes entsprechend § 12a TVG definiert wird.[562] Im Gegensatz zu Arbeitnehmern sind arbeitnehmerähnliche Personen nicht persönlich abhängig, zeichnen sich aber durch wirtschaftliche Abhängigkeit und soziale Schutzbedürftigkeit vergleichbar einem Arbeitnehmer aus, weil sie Leistungen auf Grund eines Dienst- oder Werkvertrags persönlich für andere und im Wesentlichen ohne Mitarbeit von Arbeitnehmern erbringen.[563]

a) Wirtschaftliche Abhängigkeit

Eine wirtschaftliche Abhängigkeit ist nach h.M. gegeben, wenn der Beschäftigte auf die Verwertung seiner Arbeitskraft und die Einkünfte aus seiner Tätigkeit für den Vertragspartner zur Sicherung seiner Existenzgrundlage angewiesen ist.[564] Dies ist entsprechend § 12a Abs. 1 Nr. 1 lit. a und b TVG dann der Fall, wenn Tätigkeiten entweder überwiegend für eine Person erbracht werden oder – bei mehreren Auftraggebern – die Beschäftigung für einen Auftraggeber überwiegt und die daraus fließende Vergütung die entscheidende Existenzgrundlage für

562 Vgl. BAG 15.04.1993 – 2 AZB 32/92 – NZA 1993, 789, 790 f.; BAG 17.06.1999 – 5 AZB 23/98 – NZA 1999, 1175, 1176; BAG 15.11.2005 – 9 AZR 626/04 – NJOZ 2007, 5250 Rn. 19; BAG 17.01.2006 – 9 AZR 61/05 – NJOZ 2006, 3821 Rn. 13; ErfK/*Preis*, § 611a BGB Rn. 80; *Heuschmid/Klebe*, Erwerbsarbeit in der Plattformökonomie, in: FS Kohte, S. 73, 77; *Schubert*, Der Schutz der arbeitnehmerähnlichen Personen, S. 9; *Schneider*, Münchener Handbuch zum Arbeitsrecht, Band 1, § 21 Rn. 6 f.; *Selzer* in Husemann/Wietfeld: Zwischen Theorie und Praxis, S. 27, 44; Staudinger/*Richardi/Fischinger*, § 611 BGB Rn. 233; *Waas* in Waas/Liebman/Lyubarsky/Kezuka: Crowdwork – A Comparative Law Perspective, S. 142, 161; *Wisskirchen/Schwindling*, ZESAR 2017, 318, 325; a.A. *Neuvians*, Die arbeitnehmerähnliche Person, S. 50 ff.; *Willemsen/Müntefering*, NZA 2008, 193.

563 ErfK/*Preis*, § 611a BGB Rn. 80; *Hromadka*, NZA 1997, 1249, 1253; vgl. auch BAG 17.01.2006 – 9 AZR 61/05 – NJOZ 2006, 3821 Rn. 13; BAG 21.02.2007 – 5 AZB 52/06 – NZA 2007, 699 Rn. 11; *Griebeling*, NZA 1998, 1137, 1140.

564 Vgl. nur BAG 15.02.2005 – 9 AZR 51/04 – NZA 2006, 223, 226; BAG 17.01.2006 – 9 AZR 61/05 – NJOZ 2006, 3821 Rn. 13; BAG 21.02.2007 – 5 AZB 52/06 – NZA 2007, 699 Rn. 11; BAG 21.12.2010 – 10 AZB 14/10 – NZA 2011, 309 Rn. 8; Däubler/*Reinecke/Rachor*, § 12a TVG Rn. 45; ErfK/*Preis*, § 611a BGB Rn. 80; Kempen/Zachert/*Stein*, § 12a TVG Rn. 27; Wiedemann/*Wank*, § 12a TVG Rn. 72 ff.

den Beschäftigten darstellt.[565] Weiter ist eine wirtschaftliche Abhängigkeit nur anzunehmen, wenn eine rechtliche Beziehung von gewisser Dauer begründet wird.[566] Eine nur für kurze Zeit erbrachte Leistung reicht dementsprechend regelmäßig nicht aus, um eine wirtschaftliche Abhängigkeit zu begründen. Für die Beurteilung sind die tatsächlichen Verhältnisse des Beschäftigten maßgebend. Keine Rolle spielt es dabei, ob es ihm erlaubt ist, für andere Auftraggeber tätig zu werden.[567] Auch die Möglichkeit des Beschäftigten, angesichts des zeitlichen Umfangs der Tätigkeit einer anderweitigen Beschäftigung nachzugehen und dadurch weitere Einkünfte zu erzielen, ist bei der Bewertung außer Betracht zu lassen.[568]

Bei der Beurteilung der wirtschaftlichen Abhängigkeit eines Crowdworkers ist zu differenzieren zwischen Plattformen, die lediglich Aufgaben zwischen Crowdsourcer und Crowdworker vermitteln, und solchen, die Aufgaben als eigene ausschreiben, mithin selbst Vertragspartnerinnen des Crowdworkers werden:

Schreibt die Plattform die zu bearbeitende Aufgabe als eigene aus und wird sie somit hinsichtlich der zu bearbeitenden Aufgabe selbst Vertragspartnerin des Crowdworkers, ist auf die wirtschaftliche Abhängigkeit gegenüber dieser abzustellen. Bezieht ein Crowdworker in diesem Fall also den maßgeblichen Teil seines Einkommens von einer Plattform, indem er immer wieder Aufträge von dieser bearbeitet, ist er von ihr wirtschaftlich abhängig.[569] Gerade hauptberufliche

---

565 BAG 08.06.1967 – 5 AZR 461/66 – NJW 1967, 1982, 1983; BAG 15.02.2005 – 9 AZR 51/04 – NZA 2006, 223, 226; BAG 17.01.2006 – 9 AZR 61/05 – NJOZ 2006, 3821 Rn. 14; BAG 21.12.2010 – 10 AZB 14/10 – NZA 2011, 309 Rn. 8; vgl. auch Däubler/*Reinecke/Rachor*, § 12a TVG Rn. 45; *Däubler*, Digitalisierung und Arbeitsrecht, § 18 Rn. 44; ErfK/*Preis*, § 611a BGB Rn. 80; Kempen/Zachert/*Stein*, § 12a TVG Rn. 27; *Kocher*, KJ 2013, 145, 151; Wiedemann/*Wank*, § 12a TVG Rn. 72 ff.

566 BAG 15.11.2005 – 9 AZR 626/04 – NJOZ 2007, 5250 Rn. 20; BAG 17.01.2006 – 9 AZR 61/05 – NJOZ 2006, 3821 Rn. 14; LAG Berlin-Brandenburg 31.08.2010 – 6 Ta 1011/10 – NZA-RR 2010, 657; Däubler/*Reinecke/Rachor*, § 12a TVG Rn. 45; Kempen/Zachert/*Stein*, § 12a TVG Rn. 27; *Willemsen/Müntefering*, NZA 2008, 193, 194.

567 BAG 30.08.2000 – 5 AZB 12/00 – NZA 2000, 1359, 1360.

568 BAG 17.01.2006 – 9 AZR 61/05 – NJOZ 2006, 3821 Rn. 19.

569 So auch *Däubler*, Digitalisierung und Arbeitsrecht, § 18 Rn. 58; *Deinert*, Soloselbständige zwischen Arbeitsrecht und Wirtschaftsrecht, Rn. 24; *Hanau*, NJW 2016, 2613, 2616; *Koch* in Schaub/Koch, Arbeitsrecht von A-Z, *Crowdsourcing*; Küttner/*Röller*, Personalbuch 2019, *Crowdsourcing*, Rn. 2, der Crowdworkern die Rechtsstellung als arbeitnehmerähnliche Person jedoch grundsätzlich abspricht; *Pacha*, Crowdwork, S. 200; *Selzer* in Husemann/Wietfeld: Zwischen Theorie und Praxis, S. 27, 44.

Crowdworker werden meist einer Crowdwork-Plattform treu bleiben, da sie sich dort im Ranking „hocharbeiten" können.[570] Mit steigendem Rang werden immer attraktivere und anspruchsvollere Aufgaben mit höherer Vergütung verfügbar.[571] Ein Wechsel der Plattform erscheint bei solchen Gegebenheiten unvorteilhaft, weil dabei der Status des Crowdworkers verloren ginge.[572] Bei „nebenberuflichen" Crowdworkern, die aufgrund anderer Einkommensquellen nicht auf die Arbeit auf einer Plattform angewiesen sind, kommt eine wirtschaftliche Abhängigkeit dagegen nicht in Betracht, da die Tätigkeit für sie in der Regel nur einen Zuverdienst bzw. eine Freizeitbeschäftigung darstellt und die Einkünfte daraus vergleichsweise unbeachtlich sind.[573]

Eine andere Bewertung ergibt sich, wenn die Plattform lediglich als Vermittlerin zwischen Crowdsourcer und Crowdworker auftritt. In diesen Fällen wird nicht die Plattform, sondern der Crowdsourcer Auftraggeber des Crowdworkers. Folglich ist dann auch nicht auf die wirtschaftliche Abhängigkeit gegenüber der Plattform, sondern auf die Abhängigkeit gegenüber dem einzelnen Crowdsourcer als Vertragspartner abzustellen. Verdeutlicht wird das durch die Beleghebammen-Rechtsprechung des BAG,[574] wonach es nicht genügt, wenn der „Auftraggeber" anstelle einer Vergütung lediglich den Zugang zu Verdienstmöglichkeiten schafft und die Beschäftigten nach einer festgelegten Gebührenordnung direkt von den einzelnen Kunden entlohnt werden. Die wirtschaftliche Existenz sei in einer solchen Konstellation nicht von der Gewährung einer Verdienstmöglichkeit, sondern von der selbständig ausgeübten Tätigkeit abhängig.[575] Gewährt eine Plattform demnach nur die Möglichkeit, mit unterschiedlichen Unternehmen Verträge zu schließen, so entsteht zwischen Crowdworker und Plattform keine arbeitnehmerähnliche Rechtsbeziehung. Abzustellen ist in

570 Schätzungen zufolge sind derzeit 1000–5000 Menschen in Deutschland erwerbssichernd auf einer Plattform tätig, vgl. *ver.di*, Fact-Sheet Nr. 2 - Crowdwork, S. 2. Laut einer Umfrage des Zentrums für europäische Wirtschaftsforschung gaben 66,8% der befragten Crowdworker an, lediglich auf einer Crowdwork-Plattform aktiv zu sein, vgl. *ZEW*, Forschungsbericht 462, S. 37.

571 *Strube* in Benner, Crowdwork - Zurück in die Zukunft?, S. 75, 81,84; *Tapper* in Hill/Martini/Wagner, Die digitale Lebenswelt gestalten, S. 253, 269 f.

572 Vgl. auch *Risak*, ZAS 2015, 11, 13.

573 So auch *Pacha*, Crowdwork, S. 199.

574 BAG 21.02.2007 - 5 AZB 52/06 - NZA 2007, 699.

575 BAG 21.02.2007 - 5 AZB 52/06 - NZA 2007, 699, 700.

diesen Fällen vielmehr auf die Rechtsbeziehungen zwischen Crowdworker und Crowdsourcer.[576]

Eine wirtschaftliche Abhängigkeit erscheint indes für den Fall, dass die Plattform als Vermittlerin zwischen Crowdsourcer und Crowdworker auftritt und die Vertragsparteien keinen Kontakt zueinander haben, gerade bei Bearbeitung eines breiten Aufgabenspektrums unwahrscheinlich. Denn der Crowdworker schließt hier in der Regel Verträge mit zahlreichen verschiedenen Crowdsourcern, sodass insbesondere bei der Bearbeitung von Kleinstaufgaben kaum davon ausgegangen werden kann, dass er einen Großteil seines Einkommens von nur einem Vertragspartner bezieht.[577] Zwar können im Rahmen der Anwendbarkeit des Tarifvertragsgesetzes nach § 12a Abs. 2 TVG mehrere Vertragspartner unter Umständen als eine Person im Sinne des § 12a Abs. 1 Nr. 1 lit. a) und b) TVG gelten. Die verschiedenen Crowdsourcer als Organisationsgemeinschaft oder nicht nur vorübergehende Arbeitsgemeinschaft zu bezeichnen, erscheint jedoch abwegig, da die Crowdsourcer in der Regel völlig unabhängig voneinander Aufgaben ausschreiben und keinerlei Kontakt zueinander pflegen. Ein Verfolgen gemeinsamer Zwecke kommt daher trotz eines weiten Verständnisses der Norm[578] nicht in Betracht.

b) Soziale Schutzbedürftigkeit

Voraussetzung für eine Arbeitnehmerähnlichkeit entsprechend § 12a TVG ist ferner, dass der Betroffene vergleichbar einem Arbeitnehmer sozial schutzbedürftig ist.[579] Eine soziale Schutzbedürftigkeit ist nach der Rechtsprechung des

---

576 So auch *Däubler*, Digitalisierung und Arbeitsrecht, § 18 Rn. 59; *Pacha*, Crowdwork, S. 201 f.; a.A. *Warter*, Crowdwork, S. 200, der in derart gelagerten Fällen dennoch eine wirtschaftliche Abhängigkeit der Crowdworker gegenüber den Plattformbetreibern für möglich hält.

577 Vgl. auch *Däubler*, Digitalisierung und Arbeitsrecht, § 18 Rn. 59; *Däubler/Klebe*, NZA 2015, 1032, 1036; *Deinert*, Soloselbständige zwischen Arbeitsrecht und Wirtschaftsrecht, Rn. 24; *Klebe/Neugebauer*, AuR 2014, 4; Küttner/*Röller*, Personalbuch 2019, *Crowdsourcing*, Rn. 2; *Tapper* in Hill/Martini/Wagner, Die digitale Lebenswelt gestalten, S. 253, 273; *Selzer* in Husemann/Wietfeld: Zwischen Theorie und Praxis, S. 27, 44.

578 Däubler/*Reinecke/Rachor*, § 12a TVG Rn. 46.

579 BAG 15.03.1978 – 5 AZR 819/76 – AP BGB § 611 Abhängigkeit Nr. 26; BAG 02.10.1990 – 4 AZR 106/90 – NZA 1991, 239, 240; BAG 17.01.2006 – 9 AZR 61/05 – NJOZ 2006, 3821 Rn. 14; ErfK/*Preis*, § 611a BGB Rn. 80; a.A. Wiedemann/*Wank*, § 12a TVG Rn. 33 ff., der dieses Merkmal aus systematischen Gründen und wegen des Zwecks des § 12a TVG nicht als Voraussetzung für die Anwendung der Vorschrift sieht.

BAG anzunehmen, wenn das Maß der wirtschaftlichen Abhängigkeit nach der Verkehrsanschauung einen solchen Grad erreicht, wie er im Allgemeinen nur in einem Arbeitsverhältnis vorkommt, und die geleisteten Dienste nach ihrer sozialen Typik mit denen eines Arbeitnehmers vergleichbar sind.[580] Dabei ist das Merkmal abstrakt auf die typischen sozialen Abhängigkeitsverhältnisse der jeweiligen Tätigkeitssparte und nicht auf die persönlichen Verhältnisse des einzelnen Betroffenen zu beziehen.[581] Es kommt also nicht darauf an, ob jemand zur Bestreitung seines Lebensunterhalts auf jene Tätigkeit angewiesen ist, sondern nur darauf, dass derartig Arbeitende allgemein sozial schutzbedürftig sind.[582] Werden unter im Wesentlichen persönlichem Arbeitseinsatz ähnliche Einkünfte erzielt, wie sie Arbeitnehmer bei entsprechenden Beschäftigungen haben, wird man die Schutzbedürftigkeit bejahen können.[583] Liegen die Einkünfte erheblich darüber, ist sie eher zu verneinen.[584]

Crowdworker haben grundsätzlich keinen Verhandlungsspielraum, was die Höhe des Entgelts angeht. Was für die Erledigung einer Aufgabe gezahlt wird, wird in der Regel einseitig von der Crowdwork-Plattform bestimmt. Die Vergütung ist meist gering und die Arbeitsergebnisse stehen ausschließlich den Auftraggebern zur Verfügung. Zwar können Crowdworker im Grunde selbst entscheiden, welche Aufgaben sie bearbeiten möchten. Jedoch entscheiden die Plattformbetreiber oftmals auf Grundlage des Ratings des jeweiligen Crowdworkers, welche Aufgaben ihnen zur Bearbeitung zur Verfügung stehen. Die für einen Selbständigen typische Möglichkeit, Arbeitskraft, Ideen und Fähigkeiten selbst unternehmerisch zu verwerten, besteht demnach nicht.[585] Eine Teilnahme am Markt nach unternehmerisch selbstgesteckten Zielen findet folglich nicht

---

580 BAG 15.03.1978 – 5 AZR 819/76 – AP BGB § 611 Abhängigkeit Nr. 26; BAG 02.10.1990 – 4 AZR 106/90 – NZA 1991, 239, 240; BAG 17.01.2006 – 9 AZR 61/05 – NJOZ 2006, 3821 Rn. 14; krit. *Gamillscheg*, Kollektives Arbeitsrecht I, S. 178.

581 Kempen/Zachert/*Stein*, § 12a TVG Rn. 31 m.w.N.

582 BGH 27.01.2000 – III ZB 67/99 – NZA 2000, 390, 391; Däubler/*Reinecke/Rachor*, § 12a TVG Rn. 54; Kempen/Zachert/*Stein*, § 12a TVG Rn. 31.

583 Vgl. etwa BGH 04.11.1998 – VIII ZB 12/98 – NZA 1999, 53; BAG 17.06.1999 – 5 AZB 23/98 – NZA 1999, 1175.

584 Vgl. BAG 02.10.1990 – 4 AZR 106/90 – NZA 1991, 239; BGH 04.11.1998 – VIII ZB 12/98 – NZA 1999, 53, 56; BAG 21.06.2011 – 9 AZR 820/09 – NZA-RR 2012, 365 Rn. 34; *Däubler/Klebe*, NZA 2015, 1032, 1036; Kempen/Zachert/*Stein*, § 12a TVG Rn. 31.

585 Vgl. *Brose*, NZS 2017, 7, 10; *Kocher/Hensel*, NZA 2016, 984, 988; *Pacha*, Crowdwork, S. 203; *Selzer* in Husemann/Wietfeld: Zwischen Theorie und Praxis, S. 27, 44 f.

statt. Vielmehr besteht für Crowdworker eine Abhängigkeit vom System der Auftragsvergabe der Plattformen.[586]

Im Einzelfall ist allerdings zu untersuchen, in welchem Verhältnis das Einkommen eines Crowdworkers zu sonstigem Erwerbseinkommen steht, da Erlöse aus anderweitigen Vertragsbeziehungen nach Ansicht des BAG ebenfalls auf das Einkommen anzurechnen sind.[587] Bezieht der Crowdworker aus einer anderen hauptberuflichen Tätigkeit oder einer Rente ein Einkommen, das zu seiner Existenzsicherung ausreicht, ist er von der Plattformarbeit nicht wirtschaftlich abhängig. Betreibt er aber Crowdwork als Haupttätigkeit und erzielt dabei nur kleine Gewinne, erreicht die wirtschaftliche Abhängigkeit einen Grad, den man typischerweise in einem Arbeitsverhältnis vorfindet. Damit ist seine Schutzwürdigkeit grundsätzlich mit der eines Arbeitnehmers vergleichbar.

c) Vertragsart

Weiter ist entsprechend § 12a Abs. 1 TVG erforderlich, dass die Tätigkeit aufgrund eines Dienst- oder Werkvertrags geleistet wird. Allerdings geht die wohl h.M. hier aufgrund des Schutzzwecks der Norm von einem weiten Verständnis aus, sodass sämtliche Verträge als erfasst anzusehen sind, die auf den Grundtyp eines der Verträge im Sinne der §§ 611, 631 BGB zurückgeführt werden können.[588] Daher können z.B. auch Franchise-Verträge, Pachtverträge, Geschäftsbesorgungsverträge oder Werklieferungsverträge unter Umständen mit einbezogen sein.[589]

Ob die im Rahmen von Crowdwork ausgeschriebenen Tätigkeiten im Einzelfall auf der Grundlage von Dienst- oder Werkverträgen erledigt werden, spielt demnach an dieser Stelle keine Rolle, da beide Vertragstypen die Annahme einer Arbeitnehmerähnlichkeit rechtfertigen können.[590] Auszuschließen ist die

---

586 So auch *Pacha*, Crowdwork, S. 203; *Selzer* in Husemann/Wietfeld: Zwischen Theorie und Praxis, S. 27, 44 f.; *Warter*, Crowdwork, S. 201; a.A. *Günther/Böglmüller*, NZA 2015, 1025, 1030.

587 Vgl. BAG 02.10.1990 – 4 AZR 106/90 – NZA 1991, 239, 240; offengelassen zu Renteneinkünften BAG 17.01.2006 – 9 AZR 61/05 – NJOZ 2006, 3821 Rn. 17 und Gründungszuschüssen BAG 21.12.2010 – 10 AZR 14/10 – NZA 2011, 309 Rn. 14.

588 Vgl. Däubler/*Reinecke/Rachor*, § 12a TVG Rn. 33 f.; *Giesen* in BeckOK ArbR, § 12a TVG Rn. 2; Kempen/Zachert/*Stein*, § 12a TVG Rn. 32; *Löwisch/Rieble*, TVG, § 12a Rn. 30; Zöllner/Loritz/*Hergenröder*, Arbeitsrecht, § 5 Rn. 60; a.A. *Stolterfoth*, DB 1973, 1068, 1071; *Wlotzke*, DB 1974, 2252, 2258 f.

589 Vgl. im Einzelnen ErfK/*Franzen*, § 12a TVG Rn. 6 m.w.N.

590 Zur Bestimmung der Vertragsart siehe Punkt D. I. 2. b) bb) (1).

Annahme einer Arbeitnehmerähnlichkeit dagegen wiederum bei Tätigkeiten im Rahmen der wettbewerbsbasierten Crowdwork, da hier keine Verträge geschlossen, sondern Aufgaben auf der Grundlage von Preisausschreiben gem. § 661 BGB bearbeitet werden.

d) Persönliche Arbeitsleistung

Schließlich müssen die geschuldeten Leistungen persönlich und im Wesentlichen ohne Mitarbeit von Arbeitnehmern erbracht werden.[591] Mit diesem Tatbestandsmerkmal bezweckt der Gesetzgeber den Schutz des wirtschaftlich abhängigen Einsatzes der eigenen Arbeitskraft zur Existenzsicherung.[592] Entscheidend ist, dass die geschuldete Kern-Arbeitsleistung in Person und nicht von mehreren in Arbeitsteilung erbracht wird.[593] Ausnahmsweise kann das Merkmal jedoch auch dann noch gegeben sein, wenn Familienangehörige die arbeitnehmerähnliche Person gelegentlich unterstützen[594] oder eingestellte Arbeitskräfte nur Hilfsarbeiten verrichten.[595]

Wie schon bei der Prüfung der Arbeitnehmereigenschaft festgestellt, werden Crowdworker üblicherweise durch die Allgemeinen Geschäftsbedingungen der Plattformen zur persönlichen Leistungserbringung verpflichtet.[596] Das Merkmal bereitet demnach keine Probleme.

3. Zwischenergebnis

Ähnlich wie schon bei der Prüfung der Arbeitnehmereigenschaft kann auch die Frage, ob es sich bei Crowdworkern um arbeitnehmerähnliche Personen handelt, nicht pauschal beantwortet werden. Maßgeblich für die Bestimmung der Arbeitnehmerähnlichkeit ist das Ausmaß der wirtschaftlichen Abhängigkeit sowie die soziale Schutzbedürftigkeit, die ähnlich der eines Arbeitnehmers ausgestaltet sein muss.

Eine soziale Schutzbedürftigkeit, die mit der eines Arbeitnehmers vergleichbar ist, besteht regelmäßig. Denn Crowdworker haben üblicherweise keinen Verhandlungsspielraum bezüglich der Höhe des für die Tätigkeit zu entrichtenden Entgelts. Zudem fällt die Vergütung meist gering aus, und die Arbeitsergebnisse

---

591 BAG 15.04.1993 – 2 AZB 32/92 – NZA 1993, 789, 791; ErfK/*Preis*, § 611a BGB Rn. 80.
592 Wiedemann/*Wank*, § 12a TVG Rn. 71.
593 Kempen/Zachert/*Stein*, § 12a TVG Rn. 26; Wiedemann/*Wank*, § 12a TVG Rn. 71.
594 *Giesen* in BeckOK ArbR, § 12a TVG Rn. 3; Kempen/Zachert/*Stein*, § 12a TVG Rn. 26.
595 Kempen/Zachert/*Stein*, § 12a TVG Rn. 26; Wiedemann/*Wank*, § 12a TVG Rn. 71.
596 Siehe Punkt D. I. 2. d) cc) (3).

stehen ausschließlich den Auftraggebern zur Verfügung. Letzteres hat zur Folge, dass Crowdworker nicht vergleichbar einem Unternehmer ihre Arbeitskraft am Markt anbieten und verwerten können.

Für die Beurteilung der wirtschaftlichen Abhängigkeit eines Crowdworkers ist zwischen Plattformen, die lediglich Aufgaben zwischen Crowdsourcer und Crowdworker vermitteln, und solchen, die Aufgaben als eigene ausschreiben, mithin selbst Vertragspartnerinnen des Crowdworkers werden, zu differenzieren.

Für den Fall, dass die Plattform nur als Vermittlerin zwischen Crowdsourcer und Crowdworker auftritt, mithin nicht die Plattform, sondern der Crowdsourcer selbst Vertragspartner des Crowdworkers wird, ist auf die wirtschaftliche Abhängigkeit dem Crowdsourcer gegenüber abzustellen, da die Plattform in diesem Fall lediglich die Möglichkeit bietet, mit unterschiedlichen Parteien Verträge abzuschließen. Eine wirtschaftliche Abhängigkeit ist in diesem Fall zwar möglich. Sie wird in der Praxis jedoch wohl nur in Ausnahmefällen anzunehmen sein, da die große Menge an Auftraggebern und diesen gegenüberstehenden Auftragnehmern es in der Regel nahezu unmöglich macht, einen Großteil seines Einkommens von nur einem Crowdsourcer zu beziehen.

Wird die Crowdwork-Plattform dagegen selbst Vertragspartnerin des Crowdworkers, ist eine wirtschaftliche Abhängigkeit zur Plattform, die in diesem Fall selbst als Auftraggeberin agiert, durchaus möglich. Ein ausschließliches oder zumindest überwiegendes Tätigwerden auf der einen Plattform hätte hier zur Folge, dass der Crowdworker den überwiegenden Teil seines Einkommens über diese Plattform generiert. Das Erwachsen einer wirtschaftlichen Abhängigkeit wird dabei besonders durch Systeme bestärkt, die dem Crowdworker mit steigendem Rang immer anspruchsvollere Aufgaben mit höherer Vergütung zusichern.

Allgemein kann festgestellt werden, dass eine Arbeitnehmerähnlichkeit bei Crowdworkern durchaus denkbar ist, soweit das vom Auftraggeber bezogene Einkommen die entscheidende Existenzgrundlage für einen Crowdworker darstellt.[597] Gerade bei Betrachtung der anwendbaren – oder eher nicht

597 Ebenso *Däubler*, AuR 2016, 325, 334; *Däubler*, SR 2016, 2, 36; *Däubler/Klebe*, NZA 2015, 1032, 1036; *Hanau*, NJW 2016, 2613, 2615; Kittner/Zwanziger/Deinert/*Heuschmid*, Arbeitsrecht (8. Auflage), § 139 Rn. 16 (in 10. Auflage § 9 Rn. 16 eher zurückhaltend); *Koch* in Schaub/Koch, Arbeitsrecht von A-Z, *Crowdsourcing*; *Krause*, Gutachten zum 71. Deutschen Juristentag, S. B 105; *Schneider*, Münchener Handbuch zum Arbeitsrecht, Band 1, § 21 Rn. 30; *Schubert*, RdA 2018, 200, 204; *Selzer* in Husemann/Wietfeld: Zwischen Theorie und Praxis, S. 27, 44 f.; a.A. *Günther/Böglmüller*,

anwendbaren – Rechtsvorschriften wird allerdings klar, dass die Rechtsfigur der arbeitnehmerähnlichen Person an sich kaum eine spürbare Verbesserung der Situation der Crowdworker verspricht.[598]

III. Crowdworker als in Heimarbeit Beschäftigte

Da externe Crowdworker die Arbeiten regelmäßig von ihrer Wohnung oder einem anderen selbstgewählten Ort aus verrichten, könnten sie aber möglicherweise in den Anwendungsbereich des Heimarbeitsgesetzes fallen und so von dem besonderen Schutz profitieren, der für in Heimarbeit Beschäftigte gilt.

Das Heimarbeitsgesetz gilt nach § 1 Abs. 1 HAG für Heimarbeiter und Hausgewerbetreibende. Zusätzlich können bei vergleichbarer Schutzwürdigkeit bestimmte andere Personen den Heimarbeitern gleichgestellt und damit dem Geltungsbereich des Heimarbeitsgesetzes unterstellt werden, vgl. § 1 Abs. 2 HAG. Eine Legaldefinition des Heimarbeiters findet sich in § 2 Abs. 1 HAG. Danach ist Heimarbeiter, wer in selbstgewählter Arbeitsstätte allein oder mit seinen Familienangehörigen im Auftrag von Gewerbetreibenden oder Zwischenmeistern erwerbsmäßig arbeitet, jedoch die Verwertung der Arbeitsergebnisse dem unmittelbar oder mittelbar auftraggebenden Gewerbetreibenden überlässt.[599] Hausgewerbetreibender ist nach § 2 Abs. 2 HAG, wer in eigener Arbeitsstätte mit nicht mehr als zwei fremden Hilfskräften oder Heimarbeitern im Auftrag von Gewerbetreibenden oder Zwischenmeistern Waren herstellt, verarbeitet oder verpackt, wobei er selbst wesentlich am Stück mitarbeitet, jedoch die Verwertung der Arbeitsergebnisse dem unmittelbar oder mittelbar auftraggebenden Gewerbetreibenden überlässt.

Nach ganz h.M. sind die in Heimarbeit Beschäftigten keine Arbeitnehmer, sondern eine gesetzlich besonders geregelte Gruppe der arbeitnehmerähnlichen Personen.[600] Zur Begründung wird angeführt, dass es Heimarbeitern an

NZA 2015, 1025, 1030; *Klebe/Neugebauer*, AuR 2014, 4; Küttner/*Röller*, Personalbuch 2019, *Crowdsourcing*, Rn. 2; *Tapper* in Hill/Martini/Wagner, Die digitale Lebenswelt gestalten, S. 253, 273.

598 So auch *Pacha*, Crowdwork, S. 206.

599 Auf eine Verkehrsanschauung dahingehend, ob es sich um gewerbliche Tätigkeiten handelt, kommt es seit der Einführung des Tatbestandsmerkmals „erwerbsmäßig" unter gleichzeitiger Streichung des Merkmals „gewerblich" durch das Heimarbeitsänderungsgesetz vom 29.10.1974 nicht mehr an, vgl. BAG 14.06.2016 – 9 AZR 305/15 – NZA 2016, 1453 Rn. 47 f.; *Waltermann*, RdA 2019, 94, 98.

600 BAG 10.07.1963 – 4 AZR 273/62 – AP HAG § 2 Nr. 3; BAG 03.07.1980 – 3 AZR 1077/78 – NJW 1981, 1399; BAG 24.03.1998 – 9 AZR 218/97 – NZA 1998, 1001; BAG 24.08.2016 – 7 AZR 625/15 – NZA 2017, 244 Rn. 15; *Kappus*, NJW 1984, 2384, 2385;

der persönlichen Abhängigkeit fehle. Der Auftraggeber habe wegen der Tätigkeit des Heimarbeiters in seiner von ihm selbst gewählten Arbeitsstätte kein Direktionsrecht hinsichtlich der Lage und Dauer der Arbeitszeit und der sonstigen Ausübung seiner Tätigkeit.[601] Vom Selbständigen unterscheidet sich der Heimarbeiter hingegen darin, dass er nicht unmittelbar für den Absatzmarkt arbeitet. Dem Heimarbeiter ist das kaufmännische Risiko seiner Tätigkeit abgenommen. Dies trägt allein der Gewerbetreibende, der den Heimarbeiter beauftragt hat.[602]

1. Anwendbare Schutzvorschriften

Zwar findet das Arbeitsrecht auf in Heimarbeit Beschäftigte grundsätzlich keine Anwendung.[603] Jedoch hat der Gesetzgeber einige Vorkehrungen getroffen, um deren wirtschaftliche und soziale Abhängigkeit ausgleichen.[604] So enthält das Heimarbeitsgesetz unter anderem Regelungen über den Arbeitsschutz, den allgemeinen Gefahrenschutz und auch über Entgelt- und Kündigungsschutz. Weiter werden Heimarbeiter in einzelnen Bestimmungen des Arbeitsrechts den Arbeitnehmern gleichgestellt, sodass eine Einordnung als in Heimarbeit Beschäftigte für Crowdworker auf der Rechtsfolgenseite dennoch eine Reihe von Schutzvorschriften mit sich bringen würde.[605]

a) Schutzvorschriften nach dem HAG

So enthalten die §§ 6 bis 9 HAG zunächst allgemeine Schutzvorschriften, die dem Zweck dienen, den in Heimarbeit Beschäftigten, aber auch dem Staat sowie Arbeitgeberverbänden und Gewerkschaften den Umfang der Heimarbeit

---

KR/*Rost/Kreutzberg-Kowalczyk*, §§ 29, 29a HAG Rn. 2 m.w.N.; Schaub/*Vogelsang*, Arbeitsrechts-Handbuch, § 163 Rn. 9; *Wedde*, Telearbeit, Rn. 192; a.A. *Siebert*, BB 1950, 47, 48.

601 Vgl. *Kappus*, NJW 1984, 2384, 2385; *Wedde*, Telearbeit, Rn. 195.

602 *Kappus*, NJW 1984, 2384, 2385; *Schmidt/Koberski/Tiemann/Wascher*, Heimarbeitsgesetz, § 2 Rn. 6; *Wedde*, Telearbeit, Rn. 196.

603 Schaub/*Vogelsang*, Arbeitsrechts-Handbuch, § 163 Rn. 10.

604 *Kappus*, NJW 1984, 2384, 2385.

605 Vgl. zur Auflistung der anwendbaren Vorschriften auch ErfK/Preis, § 611a BGB Rn. 85; *Kappus*, NJW 1984, 2384, 2385 f.; Schaub/*Vogelsang*, Arbeitsrechts-Handbuch, § 163 Rn. 9 ff.; *Schmidt/Koberski/Tiemann/Wascher*, Heimarbeitsgesetz, Anh. § 19 Rn. 1 ff; *Waas* in Waas/Liebman/Lyubarsky/Kezuka: Crowdwork – A Comparative Law Perspective, S. 142, 167 ff.; Zöllner/Loritz/*Hergenröder*, Arbeitsrecht, § 5 Rn. 67.

transparent zu machen und den Grundsatz der Lohnklarheit sicherzustellen.[606] Dementsprechend ist in § 6 S. 1 HAG vorgesehen, dass derjenige, der Heimarbeit aus- oder weitergibt, Listen aller von ihm beschäftigten Heimarbeiter zu führen hat. Welche Angaben die Listen enthalten müssen, wird durch § 9 der Durchführungsverordnung des Heimarbeitsgesetzes (im Folgenden HAGDV) näher bestimmt. Demnach müssen die Listen insbesondere Daten wie Vor- und Zunamen, Geburtsdatum, die genaue Anschrift der Wohnung des Beschäftigten sowie die Art der Beschäftigung, den Zeitpunkt der erstmaligen Beschäftigung und gegebenenfalls den Zeitpunkt des endgültigen Ausscheidens enthalten (§ 9 Abs. 2 HAGDV).[607] Zudem müssen die Listen nicht nur in den Ausgaberäumen ausgelegt, sondern auch regelmäßig an die oberste Arbeitsbehörde des Landes oder die von ihr bestimmte Stelle übersandt werden, vgl. § 6 S. 2 und 3 HAG. Zweck der Regelungen zur Listenführung ist, dass einerseits die Heimarbeiter selbst kontrollieren können, ob sie ordnungsgemäß geführt werden und andererseits auch die mit der Überwachung beauftragten Stellen sich jederzeit einen Überblick über die im Zeitpunkt der Kontrolle beschäftigten Heimarbeiter verschaffen können.[608]

Des Weiteren schreibt § 8 Abs. 1 S. 1 HAG den Auftraggebern der in Heimarbeit Beschäftigten vor, in den Ausgaberäumen Entgeltverzeichnisse und Nachweise über die sonstigen Vertragsbedingungen offen auszulegen. So wird es Heimarbeitern ermöglicht, sich über die ihnen zustehenden Entgelte und sonstigen Leistungen zu unterrichten und möglicherweise auch ihre Vertragsbedingungen mit denen anderer Heimarbeiter zu vergleichen.[609] Nach § 9 HAG ist jedem Beschäftigten zudem ein Entgeltbuch auszuhändigen, in das die Ausgabe und Abnahme von Arbeit, ihre Art und ihr Umfang, das Entgelt sowie die vereinbarten Termine einzutragen sind. Fallen tatsächlich ausbezahlte Beträge niedriger aus als das festgesetzte Mindestentgelt, kann die oberste Arbeitsbehörde des Landes oder die von ihr bestimmte Stelle die Differenz im eigenen Namen gerichtlich geltend machen, vgl. § 25 HAG.[610]

---

606 HK-ArbR/*Berg*, §§ 6–9 HAG Rn. 1; Küttner/*Röller*, Personalbuch 2019, *Heimarbeit*, Rn. 7; *Otten*, Heim- und Telearbeit, § 6 HAG Rn. 1; *Schmidt/Koberski/Tiemann/Wascher*, Heimarbeitsgesetz, § 6 Rn. 1, 3.

607 Vgl. zum Inhalt der Listen auch *Schmidt/Koberski/Tiemann/Wascher*, Heimarbeitsgesetz, § 6 Rn. 9.

608 Vgl. BT-Drs. Nr. 1357, S. 23; *Otten*, Heim- und Telearbeit, § 6 HAG Rn. 3; *Schmidt/Koberski/Tiemann/Wascher*, Heimarbeitsgesetz, § 6 Rn. 13.

609 *Däubler*, Digitalisierung und Arbeitsrecht, § 18 Rn. 54; *Schmidt/Koberski/Tiemann/Wascher*, Heimarbeitsgesetz, § 8 Rn. 1.

610 *Däubler*, Digitalisierung und Arbeitsrecht, § 18 Rn. 54.

Zwar hat sich der Gesetzgeber aufgrund der Besonderheiten der Beschäftigung in Heimarbeit dafür entschieden, Heimarbeiter nicht in den Anwendungsbereich des Arbeitszeitgesetzes einzubeziehen.[611] Um den Beschäftigten aber dennoch ein gewisses Maß an Arbeitszeitschutz zu gewährleisten, wurde durch die Pflicht zur Vermeidung von Zeitversäumnis (§ 10 HAG) und das Gebot gleichmäßiger Verteilung (§ 11 HAG) zumindest ein abgeschwächter Arbeitszeitschutz geschaffen.[612] So trifft nach § 10 S. 1 HAG den Auftraggeber der Heimarbeit eine Pflicht zur Vermeidung unnötiger Zeitversäumnis bei der Ausgabe oder Abnahme der Arbeit. § 11 Abs. 1 HAG schreibt vor, dass die Arbeitsmenge gleichmäßig auf alle Beschäftigten unter Berücksichtigung ihrer Leistungsfähigkeit verteilt werden soll. Nach § 11 Abs. 2 HAG kann ein nach §§ 3 f. HAG zu errichtender Heimarbeitsausschuss zur Beseitigung von Missständen eine Höchstmenge festsetzen, die in einem bestimmten Zeitraum ausgegeben werden darf. Vorschriften über die Beschränkung der Nachtarbeit, wie sie nach § 6 ArbZG für Arbeitnehmer gelten, existieren im Heimarbeitsgesetz allerdings nicht, obwohl gerade hier die Gefahr groß ist, dass die Arbeitszeitgrenzen nicht beachtet werden.[613]

Interessant erscheinen ferner die Vorschriften zur Entgeltregelung in den §§ 17 ff. HAG. So können etwa nach § 17 Abs. 1 HAG für Heimarbeiter Tarifverträge geschlossen werden. Daneben besteht nach § 19 HAG für den zuständigen Heimarbeitsausschuss die Möglichkeit, sog. bindende Festsetzungen zu erlassen. Danach können Entgelte und sonstige Vertragsbedingungen mit bindender Wirkung für alle Auftraggeber und Beschäftigten im Zuständigkeitsbereich des Heimarbeitsausschusses festgesetzt werden. Die Wirkung einer solchen Entscheidung kommt nach § 19 Abs. 3 HAG der eines für allgemein verbindlich erklärten Tarifvertrags gleich.[614]

Vorschriften zum Entgeltschutz der in Heimarbeit Beschäftigten enthalten die §§ 23 ff. HAG. Danach obliegt insbesondere die Überwachung der Entgelte gemäß § 23 HAG der obersten Arbeitsbehörde des Landes, die nach § 25 HAG auch eine Klagebefugnis hat.

---

611 Vgl. *Schmidt/Koberski/Tiemann/Wascher*, Heimarbeitsgesetz, § 10 Rn. 2.

612 Vgl. *Schmidt/Koberski/Tiemann/Wascher*, Heimarbeitsgesetz, § 10 Rn. 1 f.

613 *Däubler*, Digitalisierung und Arbeitsrecht, § 18 Rn. 55.

614 Vgl. auch *Däubler*, Digitalisierung und Arbeitsrecht, § 18 Rn. 54; *Otten*, Heim- und Telearbeit, § 19 HAG Rn. 23; zur Verfassungsmäßigkeit der Vorschrift BVerfG 27.02.1973 – 2 BvL 27/69 – NJW 1973, 1320, 1321 f.; vgl. auch *Deinert*, RdA 2018, 359, 360.

Regelungen zur Dauer der Kündigungsfrist im Heimarbeitsverhältnis enthält § 29 HAG. Danach kann die Vertragsbeziehung zwischen Heimarbeiter und Auftraggeber zu Beginn zwar mit nur eintägiger Kündigungsfrist beendet werden. Nach längerem Bestand erhöht sich die Kündigungsfrist aber schrittweise. § 29 HAG ist damit weitgehend § 622 Abs. 2 BGB angenähert.[615] Eine gesetzliche Beschränkung der Kündigungsgründe wie etwa in § 1 KSchG besteht nicht; es besteht lediglich der Schutz der zivilrechtlichen Generalklauseln der §§ 138, 242 BGB.[616] Zusätzlich bestehen für den Fall der Kündigung nach § 29 Abs. 7 und 8 HAG besondere Schutznormen hinsichtlich der Zuweisung von Arbeitsmengen. So wird eine Aushöhlung der Kündigungsfrist dadurch vermieden, dass dem in Heimarbeit Beschäftigten weiter Arbeit zuzuweisen und das bisherige Durchschnittsentgelt weiter zu zahlen ist.[617] Für außerordentliche Kündigungen gilt § 626 BGB gemäß § 29 Abs. 6 HAG entsprechend. Schließlich regelt § 29a HAG den Sonderkündigungsschutz im Rahmen der Betriebsverfassung.

b) Schutzvorschriften außerhalb des HAG

Unbeschadet der Bestimmungen des Heimarbeitsgesetzes werden in Heimarbeit Beschäftigte in zahlreichen Rechtsvorschriften wie Arbeitnehmer behandelt. So gelten nach § 5 Abs. 1 S. 2 BetrVG die in Heimarbeit Beschäftigten als Arbeitnehmer im Sinne des Betriebsverfassungsrechts, wenn sie in der Hauptsache für den Betrieb arbeiten. Das ist dann der Fall, wenn die Arbeit für den betreffenden Betrieb gegenüber der für andere Betriebe erbrachten überwiegt.[618] Für die Auslegung des § 5 Abs. 1 S. 2 BetrVG ist dabei unmittelbar auf den Begriff des Heimarbeiters nach § 2 Abs. 1 HAG und des Hausgewerbetreibenden nach § 2 Abs. 2 HAG abzustellen.[619] Ist der Anwendungsbereich des Betriebsverfassungsgesetzes

---

615 BAG 24.03.1998 – 9 AZR 218/97 – NZA 1998, 1001, 1002 f.; *Däubler*, Digitalisierung und Arbeitsrecht, § 18 Rn. 56; *Giesen/Kersten*, Arbeit 4.0, S. 107, 111; *Kappus*, NJW 1984, 2384, 2386.

616 Vgl. BAG 24.03.1998 – 9 AZR 218/97 – NZA 1998, 1001, 1003; APS/*Linck*, § 29 HAG Rn. 2; *Deinert*, RdA 2018, 359, 360; Schaub/*Vogelsang*, Arbeitsrechts-Handbuch, § 163 Rn. 56; *Schubert*, Der Schutz der arbeitnehmerähnlichen Personen, S. 464 ff.; zur Verfassungsmäßigkeit der Ungleichbehandlung gegenüber Arbeitnehmern BAG 24.06.1986 – 3 AZR 1/85 – NZA 1987, 275.

617 Vgl. BAG 13.09.1983 – 3 AZR 270/81 – NZA 1984, 42, 43; BAG 11.07.2006 – 9 AZR 516/05 – NZA 2007, 1365 Rn. 19; *Däubler*, Digitalisierung und Arbeitsrecht, § 18 Rn. 56; *Deinert*, RdA 2018, 359, 360.

618 Vgl. BAG 27.09.1974 – 1 ABR 90/73 – AP BetrVG 1972 § 6 Nr. 1.

619 Vgl. BAG 25.03.1992 – 7 ABR 52/91 – NZA 1992, 899 ff.; *Giesen/Kersten*, Arbeit 4.0, S. 107, 113; *Richardi* in Richardi BetrVG, § 5 Rn. 119 ff.

eröffnet, ist der Betriebsrat beispielsweise vor der erstmaligen Ausgabe von Heimarbeit, bei der Festlegung der Vorgabezeiten oder bei der Kündigung eines in Heimarbeit Beschäftigten zu beteiligen.[620] Auch hat der in Heimarbeit Beschäftigte die Möglichkeit, an Betriebsversammlungen teilzunehmen und Ersatz der Fahrtkosten sowie eine Vergütung für die dort verbrachte Zeit zu verlangen.[621]

Im Hinblick auf Zuschläge für Krankheit und Feiertagsbezahlung greifen die §§ 10 und 11 EFZG. Ein Anspruch auf Lohnfortzahlung im Krankheitsfall besteht für in Heimarbeit Beschäftigte aufgrund der Arbeitserledigung in selbstbestimmter Arbeitszeit und der schwankenden Bezüge grundsätzlich nicht.[622] Dennoch sieht § 10 EFZG einen gewissen finanziellen Schutz vor, indem die Betroffenen einen Zuschlag zum Entgelt erhalten, der ihnen Rücklagen für Zeiträume der Krankheit ermöglichen soll.[623]

Auch enthält § 12 BUrlG Sondervorschriften über die Urlaubsgestaltung der im Bereich der Heimarbeit Beschäftigten. Eine spezielle Regelung war hier erforderlich, weil der Heimarbeiter seine Arbeitszeit grundsätzlich frei gestalten kann und keine bestimmten zeitlichen Verpflichtungen eingeht.[624] Eine Befreiung von der Arbeitspflicht durch die bloße Gewährung von Urlaub, wie es in einem normalen Arbeitsverhältnis der Fall wäre, kann somit nicht vorgenommen werden. Urlaub wird daher oftmals nur nominell gewährt, ohne dass der in Heimarbeit Beschäftigte seinen Arbeitsrhythmus ändert.[625] Interessant ist in diesem Zusammenhang, dass das Gesetz in § 12 Nr. 2 BUrlG auch jene Heimarbeiter erfasst, die nicht ständig beschäftigt sind. In diesem Fall ist der Umfang des Urlaubs entsprechend des durchschnittlichen Tagesverdienstes zu berechnen.[626]

---

620 Vgl. BAG 13.09.1983 – 3 AZR 343/81 – NZA 1984, 41 (Festlegung von Vorgabezeiten); BAG 07.11.1995 – 2 AZR180/95 – NZA 1996, 931 (Kündigung); vgl. auch *Deinert*, RdA 2018, 359, 360; ausführlich zu den Handlungsmöglichkeiten des Betriebsrats *Nies*, Anm. zu ArbG München 24.02.1984 – 10 BV 142/83 – AiB 1984, 78; *Ulber*, AiB 1985, 22, 24.

621 *Däubler*, Digitalisierung und Arbeitsrecht, § 18 Rn. 57; näher dazu *Wedde*, Telearbeit, Rn. 717 i.V.m. Rn. 607 ff.

622 Vgl. ErfK/*Reinhard*, § 10 EFZG Rn. 1; *Waas* in Waas/Liebman/Lyubarsky/Kezuka: Crowdwork – A Comparative Law Perspective, S. 142, 168 f.

623 Vgl. BAG 11.07.2006 – 9 AZR 516/05 – NZA 2007, 1365 Rn. 27.

624 ErfK/*Reinhard*, § 12 BUrlG Rn. 8; *Waas* in Waas/Liebman/Lyubarsky/Kezuka: Crowdwork – A Comparative Law Perspective, S. 142, 169.

625 ErfK/*Reinhard*, § 12 BUrlG Rn. 8; *Waas* in Waas/Liebman/Lyubarsky/Kezuka: Crowdwork – A Comparative Law Perspective, S. 142, 169.

626 Ausführlich zur Berechnung ErfK/*Reinhard*, § 12 BUrlG Rn. 9.

Ferner genießen in Heimarbeit Beschäftigte Schutz vor Benachteiligungen nach § 6 Abs. 1 Nr. 3 AGG und unterliegen dem Beschäftigtendatenschutz gemäß § 26 Abs. 8 Nr. 6 BDSG. Auch erhalten sie nach § 20 Abs. 2 S. 1 BEEG Anspruch auf Elternzeit, soweit sie am Stück mitarbeiten. Nach § 210 Abs. 2 und 3 SGB IX erhalten schwerbehinderte Menschen in Heimarbeit einen entsprechenden Sonderkündigungsschutz, eine Verlängerung der Kündigungsfrist sowie entsprechenden Zusatzurlaub. Über § 17 Abs. 1 S. 2 BetrAVG gilt im Falle einer Versorgungszusage auch der Schutz nach §§ 1 bis 16 BetrAVG.

Des Weiteren erfolgt eine Einbeziehung der in Heimarbeit Beschäftigten für den Arbeitsplatzschutz in § 7 ArbPlSchG, für den Jugendarbeitsschutz in § 1 Abs. 1 Nr. 2 JArbSchG oder für den Mutterschutz in § 1 Abs. 2 S. 2 Nr. 6 und § 8 MuSchG. Bei der Vermögensbildung werden in Heimarbeit Beschäftigte ebenfalls berücksichtigt, vgl. § 1 Abs. 2 S. 2 5. VermBG. Eine wichtige Gleichstellung erfolgt in § 5 Abs. 1 S. 2 ArbGG, da so auch für die im Bereich der Heimarbeit Beschäftigten die Arbeitsgerichtsbarkeit eröffnet ist.

Schließlich gelten Heimarbeiter wegen ihrer besonderen Schutzbedürftigkeit auch sozialversicherungsrechtlich als Beschäftigte, vgl. § 12 Abs. 2 SGB IV. Sie sind somit in allen Zweigen der Sozialversicherung nach den für abhängig Beschäftigte geltenden Vorschriften versichert.[627] Heimarbeiter unterliegen daher der Versicherungspflicht in der gesetzlichen Krankenversicherung (§ 5 Abs. 1 Nr. 1 SGB V), der gesetzlichen Pflegeversicherung (§ 20 Abs. 1 Nr. 1 SGB XI), der gesetzlichen Rentenversicherung (§ 1 S. 1 Nr. 1 SGB VI), der Unfallversicherung (§ 2 Abs. 1 Nr. 1 SGB VII) und der Arbeitslosenversicherung (§§ 13, 24 f. SGB III).[628] Mit Blick auf die Beiträge gelten die Auftraggeber als „Arbeitgeber" im Sinne des Sozialversicherungsrechts, vgl. § 12 Abs. 3 SGB IV. Sie sind daher gemäß § 28e Abs. 1 SGB IV auch verpflichtet, den Gesamtsozialversicherungsbeitrag im Sinne des § 28d SGB IV abzuführen.[629] Kommt der Auftraggeber seiner Pflicht zur Zahlung der Beiträge nicht nach, haben Heimarbeiter nach § 28m Abs. 2 SGB IV das Recht, den Gesamtsozialversicherungsbeitrag selbst zu zahlen. Tun sie das, erhalten sie nach § 28m Abs. 4 SGB IV einen Anspruch gegen den Auftraggeber auf Erstattung des Arbeitgeberanteils.[630]

---

627 Vgl. BSG 10.09.1987 – 12 RK 13/85 – NZA 1988, 629; vgl. auch *Preis*, SR 2017, 173, 178; ausführlich zum sozialversicherungsrechtlichen Begriff des Heimarbeiters KassKomm/*Seewald* § 12 SGB IV Rn. 15 ff.; KKW/*Berchtold* § 12 SGB IV Rn. 9 f.

628 Ausführlich dazu *Schmidt/Koberski/Tiemann/Wascher*, Heimarbeitsgesetz, Anh. § 19 Rn. 199 ff.; vgl. auch *Brose*, NZS 2017, 7, 8 f.

629 Vgl. *Klein*, SPA 2017, 93, 95.

630 Vgl. *Mecke*, SGb 2016, 481, 488.

2. Voraussetzungen für eine Beschäftigung in Heimarbeit

Um dem Geltungsbereich des Heimarbeitsgesetzes zu unterfallen und von den oben genannten Vorschriften zu profitieren, müssten Crowdworker nach § 1 HAG entweder Heimarbeiter oder Hausgewerbetreibende bzw. wegen ihrer besonderen Schutzbedürftigkeit mit diesen Gleichzustellende sein. Die für die Anwendung erforderlichen Begriffsbestimmungen liefert § 2 HAG.

a) Heimarbeiter nach § 2 Abs. 1 HAG

In Heimarbeit Beschäftigte sind unter anderem nach § 1 Abs. 1 lit. a) HAG die Heimarbeiter. Heimarbeiter im Sinne des Heimarbeitsgesetzes ist, wer in selbstgewählter Arbeitsstätte (eigener Wohnung oder selbstgewählter Betriebsstätte) allein oder mit seinen Familienangehörigen im Auftrag von Gewerbetreibenden oder Zwischenmeistern erwerbsmäßig arbeitet, jedoch die Verwertung der Arbeitsergebnisse dem unmittelbar oder mittelbar auftraggebenden Gewerbetreibenden überlässt, vgl. § 2 Abs. 1 HAG.

aa) Selbstgewählte Arbeitsstätte

Die Arbeit muss in einer selbstgewählten Arbeitsstätte geleistet werden. Dabei handelt es sich nach der Definition des Gesetzes entweder um die eigene Wohnung oder eine andere selbstgewählte Betriebsstätte.

Externe Crowdworker sind nicht an einen Arbeitsort gebunden. Sie erledigen die Aufgaben typischerweise in ihrer Wohnung oder von unterwegs. Voraussetzung ist lediglich ein Computer mit einer bestehenden Internetverbindung. Die Arbeitsleistung wird mithin in einer selbstgewählten Arbeitsstätte erbracht.

bb) Mitarbeitende Familienangehörige

Anders als beim Arbeitnehmer, der im Zweifel verpflichtet ist, die Arbeitsleistung in Person zu erbringen, und bei der arbeitnehmerähnlichen Person, deren Arbeit im Wesentlichen ohne Mitarbeit anderer erfolgen muss, kann der Heimarbeiter nach § 2 Abs. 1 HAG seine Arbeit entweder alleine oder zusammen mit seinen hausangehörigen (vgl. § 2 Abs. 5 HAG) Familienangehörigen erbringen. Auf die Anzahl der mitarbeitenden Familienangehörigen kommt es dabei nicht an.[631]

---

631 HK-ArbR/*Berg*, §§ 1, 2 HAG Rn. 4; *Otten*, Heim- und Telearbeit, § 2 HAG Rn. 17; *Schmidt/Koberski/Tiemann/Wascher*, Heimarbeitsgesetz, § 2 Rn. 17.

Da Crowdworker in aller Regel alleine arbeiten und darüber hinaus nach den AGB der Plattformen zur persönlichen Leistung verpflichtet sind, bereitet das Merkmal keine Probleme.[632]

cc) Auftraggeber

Der unmittelbare oder mittelbare Auftraggeber des Heimarbeiters muss Gewerbetreibender oder Zwischenmeister sein, § 2 Abs. 1 S. 1 HAG.

(1) Gewerbetreibender

Der Begriff des Gewerbetreibenden ist in Übereinstimmung mit dem entsprechenden Begriff der Gewerbeordnung auszulegen.[633] Die Rechtsprechung definiert diesen als Selbständigen, der eine auf Dauer angelegte Tätigkeit, einen bestimmten Kreis von Geschäften planmäßig und in der Absicht betreibt, sie als ständige Einnahmequelle berufsmäßig auszunutzen, d.h. aus ihnen Gewinn zu erzielen.[634] Gewerbetreibende können sowohl natürliche wie juristische Personen sein.[635]

Auftraggeber der Crowdworker sind – je nachdem, wer Vertragspartner des Crowdworkers wird – entweder die Crowdwork-Plattformen selbst oder die jeweiligen Crowdsourcer, die die Arbeitsaufträge über eine Vermittlungsplattform ausschreiben.[636] Dabei sind die Plattformen, die Aufgaben ausschreiben, unproblematisch als Gewerbetreibende einzustufen. Für Crowdsourcer, die Aufgaben über Vermittlungsplattformen ausschreiben, kann eine Tätigkeit als Gewerbetreibende jedenfalls immer dann angenommen werden, wenn sie unternehmerisch tätig sind und im Betrieb anfallende Arbeiten an die Crowd auslagern.

(2) Zwischenmeister

Möglicherweise können Crowdwork-Plattformen auch unter den Begriff des Zwischenmeisters gefasst werden. Eine Legaldefinition des Begriffs findet sich

---

632 Vgl. insoweit schon die Ausführungen zur Arbeitnehmerähnlichkeit (Punkt D. II. 2. d)).

633 BAG 25.03.1992 – 7 ABR 52/91 – NZA 1992, 899, 902; *Otten*, Heim- und Telearbeit, § 2 HAG Rn. 35; *Schmidt/Koberski/Tiemann/Wascher*, Heimarbeitsgesetz, § 2 Rn. 20.

634 Vgl. nur BAG 25.03.1992 – 7 ABR 52/91 – NZA 1992, 899, 902; ausführlich zum Begriff des Gewerbes *Pielow* in BeckOK GewO, § 1 Rn. 134 ff.

635 *Pielow* in BeckOK GewO, § 1 Rn. 186.

636 Zur Unterscheidung der Plattformmodelle siehe Punkt C. II. 2. a).

in § 2 Abs. 3 HAG. Demnach ist Zwischenmeister, wer, ohne Arbeitnehmer zu sein, die ihm von Gewerbetreibenden übertragene Arbeit an Heimarbeiter oder Hausgewerbetreibende weitergibt. Er ist Mittler zwischen seinem Auftraggeber und den von ihm selbst beauftragten Personen und organisiert sowohl die Ausgabe als auch die Rücknahme der Heimarbeit.[637] Dabei handelt er stets im eigenen Namen und auf eigene Rechnung.[638] Die von ihm durch Weitergabe der Arbeit beauftragten Personen stehen in keinerlei unmittelbaren Rechtsbeziehungen zu den mittelbaren Auftraggebern. Alleiniger Vertragspartner des Auftraggebers und somit auch Verantwortlicher für die Arbeitsausführung ist der Zwischenmeister.[639]

Vermittlungsplattformen funktionieren zwar als Mittler zwischen Crowdsourcer und Crowdworker. Allerdings vermitteln die Plattformen die Aufgaben nicht in eigenem Namen und auf eigene Rechnung. Sie führen das jeweilige Geschäft nicht als eigenes, sondern schaffen die Begegnungsmöglichkeit zwischen Crowdsourcer und Crowdworker gegen Zahlung einer Provision.[640] Anders als bei der Beauftragung durch einen Zwischenmeister schließen Crowdworker bei dieser Form des Crowdsourcing Verträge unmittelbar mit dem Crowdsourcer, während die Vermittlungsplattform bezüglich der konkreten Aufgabe in keiner Weise in die zwischen den Vertragsparteien bestehenden Pflichten eingebunden ist.[641]

Eine andere Beurteilung könnte sich für Crowdwork-Plattformen ergeben, die selbst Vertragspartner sowohl gegenüber dem Crowdsourcer als auch gegenüber dem Crowdworker werden. Diese geben im Grunde auch die von Crowdsourcern übertragenen Aufgaben an Crowdworker weiter und werden auf Seiten der Crowdworker sogar im eigenen Namen und auf eigene Rechnung tätig. Problematisch ist jedoch, dass die Plattformen die Aufgaben regelmäßig nicht als solche weitergeben, sondern sie vorher entsprechend für die Bearbeitung auf dem Interface der Plattform optimieren, sie dabei oftmals in Teilaufgaben zergliedern und sie sodann wiederum als eigene Aufgaben für die Crowdworker ausschreiben.[642] Eine direkte Weitergabe findet folglich nicht statt. Vielmehr werden die

---

637 *Otten*, Heim- und Telearbeit, § 2 HAG Rn. 37, 78; *Schmidt/Koberski/Tiemann/Wascher*, Heimarbeitsgesetz, § 2 Rn. 43.

638 *Otten*, Heim- und Telearbeit, § 2 HAG Rn. 78.

639 *Otten*, Heim- und Telearbeit, § 2 HAG Rn. 80.

640 Vgl. zur Unterscheidung eines Zwischenmeisters im Sinne des HAG mit einem für Provision tätigen Vermittler auch *Otten*, Heim- und Telearbeit, § 2 HAG Rn. 78.

641 Dazu ausführlich in Punkt C. II. 2. a) bb) (1).

642 Vgl. Arnold/Günther/*Lingemann/Chakrabarti*, Arbeitsrecht 4.0, Kap. 2 Rn. 79; *Kocher/Hensel*, NZA 2016, 984, 985; *Schubert*, RdA 2018, 200, 202; *Selzer* in Husemann/

Aufgaben für die Crowdworker umgestaltet und im Grunde als komplett neue ausgeschrieben. Ähnlich hat bereits im Jahr 1961 der Bundesfinanzhof festgestellt, dass ein vermeintlicher Zwischenmeister nicht mehr als solcher auftritt, wenn er die Waren vor Weitergabe bearbeitet. Er ist dann nicht Mittler, sondern selbst Unternehmer, der andere mit der Herstellung der von ihm geschuldeten Arbeitsergebnisse beschäftigt.[643]

Eine Rechtsstellung als Zwischenmeister kommt für Crowdwork-Plattformen folglich nur dann in Betracht, wenn diese selbst Vertragspartner der Crowdworker sind und die Aufgaben der Crowdsourcer weitergeben, ohne diese zu zerlegen oder in sonstiger Weise abzuändern. In allen anderen Fällen handelt es sich demnach bei Crowdwork-Plattformen nicht um Zwischenmeister.[644]

dd) Erwerbsmäßige Arbeit

Nach § 2 Abs. 1 HAG muss der Heimarbeiter erwerbsmäßig arbeiten. Diese Fassung des § 2 Abs. 1 HAG beruht auf dem Heimarbeitsänderungsgesetz vom 29.10.1974.[645] Vor der Novellierung des Heimarbeitsgesetzes war der Status des Heimarbeiters abhängig von der Ausübung einer gewerblichen Tätigkeit, sodass insbesondere eine Angestelltentätigkeit nicht unter das Heimarbeitsgesetz fallen konnte. Da der Begriff der gewerblichen Tätigkeit zunehmend als zu eng empfunden wurde, ging die Rechtsprechung dazu über, bestimmte einfache Angestelltentätigkeiten als gewerblich einzustufen, sofern sie im Übrigen unter den Bedingungen der Heimarbeit ausgeführt wurden.[646] Nach dem Wortlaut der heutigen Fassung des § 2 Abs. 1 HAG reicht eine erwerbsmäßige Arbeit aus, sodass jede Tätigkeit, die bei Ausübung im Büro eine Angestelltentätigkeit wäre, unter das Heimarbeitsgesetz fällt, soweit sie unter den sonstigen Bedingungen

---

Wietfeld: Zwischen Theorie und Praxis, S. 27, 31; *Waas* in Waas/Liebman/Lyubarsky/Kezuka: Crowdwork – A Comparative Law Perspective, S. 142, 145.

643 BFH 23.02.1961 – V 27/59 – HFR 1961, 186, 187; vgl. auch BFH 08.07.1971 – IV 186/65 – BStBl. 1972, 385 Rn. 23.

644 Zu undifferenziert *Pacha*, Crowdwork, S. 215 f.; *Selzer* in Husemann/Wietfeld: Zwischen Theorie und Praxis, S. 27, 45 f.; *Warter*, Crowdwork, S. 50; die bei indirekter Crowdwork generell davon ausgehen, dass die Plattform als „moderne Form" eines Zwischenmeisters agiert.

645 Gesetz zur Änderung des Heimarbeitsgesetzes und anderer arbeitsrechtlicher Vorschriften (Heimarbeitsänderungsgesetz) vom 29. Oktober 1974, BGBl. 1974 I Nr. 119, S. 2879 ff.

646 BAG 10.07.1963 – 4 AZR 273/62 – AP HAG § 2 Nr. 3; BSG 22.10.1971 – 7 Rar 61/69 – AP HAG § 2 Nr. 7.

der Heimarbeit ausgeführt wird.[647] Darüber hinaus hat das BAG erst kürzlich klargestellt, dass Heimarbeit ebenfalls Tätigkeiten umfasst, die eine höherwertige Qualifikation erfordern.[648]

Die Tätigkeit muss auf eine gewisse Dauer angelegt sein und soll zum Lebensunterhalt beitragen.[649] Nicht erforderlich ist jedoch, dass mit den erzielten Einkünften der Lebensunterhalt der Beschäftigten bestritten werden könnte.[650] Auf die Höhe des Entgelts und den zeitlichen Aufwand kommt es ebenfalls nicht an. So kann auch eine geringfügig und unregelmäßig ausgeübte Tätigkeit Heimarbeit darstellen.[651] Auch die Durchführung der Tätigkeit mithilfe eigener Betriebsmittel steht einem Heimarbeitsverhältnis nicht entgegen.[652]

Die genannten Kriterien lassen sich ohne Probleme auf Crowdwork übertragen. Insbesondere ist es hier unschädlich, wenn das aus Crowdwork resultierende Einkommen unter dem derzeitigen Mindestlohn liegt. Auch dass Crowdworker zur Erledigung der Arbeiten ihre eigenen Computer verwenden, steht einer Erwerbsmäßigkeit der Tätigkeit und damit einer Einordnung als Heimarbeiter nicht entgegen. Schließlich macht es keinen Unterschied, ob die zu bearbeitenden Aufgaben einfacher oder komplexerer Natur sind. Bei Crowdwork handelt es sich demnach um erwerbsmäßige Arbeit.

ee) Wirtschaftliche Abhängigkeit

Die besondere Schutzbedürftigkeit des Heimarbeiters folgt aus dessen wirtschaftlicher Abhängigkeit gegenüber dem Auftraggeber. Das Gesetz selbst nennt für die Bestimmung des Grades der wirtschaftlichen Abhängigkeit als Kriterien die Zahl der fremden Hilfskräfte, die Abhängigkeit von einem oder mehreren

---

647 Vgl. zur Entwicklung *Kappus*, NJW 1984, 2384, 2386 f.; *Schmidt/Koberski/Tiemann/Wascher*, Heimarbeitsgesetz, § 2 Rn. 56 ff.

648 BAG 24.08.2016 – 7 AZR 625/15 – NZA 2016, 1453 Rn. 47; so davor schon die h.L., vgl. *Kappus*, NZA 1987, 408, 409; *Kilian/Borsum/Hoffmeister*, NZA 1987, 401, 404; KR/*Rost/Kreutzberg-Kowalczyk*, §§ 29, 29a HAG Rn. 6; *Schmidt/Koberski/Tiemann/Wascher*, Heimarbeitsgesetz, § 2 Rn. 62; *Selzer* in Husemann/Wietfeld: Zwischen Theorie und Praxis, S. 27, 45; *Wank*, NZA 1999, 225, 233; a.A. *Wlotzke*, DB 1974, 2252, 2253.

649 HK-ArbR/*Berg*, §§ 1, 2 HAG Rn. 6; Schaub/*Vogelsang*, Arbeitsrechts-Handbuch, § 163 Rn. 4; *Schmidt/Koberski/Tiemann/Wascher*, Heimarbeitsgesetz, § 2 Rn. 9.

650 BAG 12.07.1988 – 3 AZR 569/86 – NZA 1989, 141.

651 Vgl. BSG 18.12.1969 – 2 RU 241/65 – BB 1970, 1399 Rn. 5; BAG 12.07.1988 – 3 AZR 569/86 – NZA 1989, 141.

652 *Reinhard*, ArbRB 2017, 161, 162; *Wisskirchen/Schwindling*, ZESAR 2017, 318, 325.

Auftraggebern, die Möglichkeiten des Zugangs zum Absatzmarkt, die Eigeninvestitionen sowie den Umsatz, vgl. § 1 Abs. 2 S. 3 HAG. Durch das Wort „insbesondere“ wird klargestellt, dass die Aufzählung in S. 3 nicht abschließend ist.[653] Jedoch bezieht sich § 1 Abs. 2 S. 3 HAG speziell auf die gleichstellungsfähigen Personen nach § 1 Abs. 2 S. 1 HAG. Aus diesem Grund wird für Heimarbeiter im Sinne des § 2 Abs. 1 HAG teilweise angenommen, dass die einem Arbeitnehmer vergleichbare besondere Schutzbedürftigkeit bereits aus der Erfüllung der Voraussetzungen der Heimarbeit folge.[654] Der Heimarbeiter sei alleine durch sein Angeschlossensein an den auftraggebenden Betrieb und die damit verbundene Unsicherheit der Zuweisung von Arbeit, verbunden mit seiner Anonymität, die ihn anfällig für Lohndumping macht, wirtschaftlich und sozial abhängig.[655]

Dass eine wirtschaftliche Abhängigkeit jedoch zusätzlich zu den in § 2 Abs. 1 HAG beschriebenen Merkmalen vorhanden sein muss, ergibt ein Umkehrschluss aus § 1 Abs. 2 HAG. Gemäß § 1 Abs. 2 S. 1 HAG können bestimmte Personengruppen den in Heimarbeit Beschäftigten gleichgestellt werden, wenn dies „wegen ihrer Schutzbedürftigkeit gerechtfertigt erscheint“. § 1 Abs. 2 S. 2 HAG bestimmt, dass für die Feststellung der Schutzbedürftigkeit das Ausmaß der wirtschaftlichen Abhängigkeit maßgebend ist. Daraus kann geschlossen werden, dass bei Heimarbeitern ebenfalls ein gewisses Maß an wirtschaftlicher Abhängigkeit zum Auftraggeber vorhanden sein muss. Denn wenn der Grad der wirtschaftlichen Abhängigkeit schon über die Schutzbedürftigkeit vergleichbarer Personengruppen entscheidet, leuchtet es nur ein, dass genau dieser Grad der wirtschaftlichen Abhängigkeit auch für die Schutzbedürftigkeit des Heimarbeiters ausschlaggebend sein muss.[656]

---

653 *Schmidt/Koberski/Tiemann/Wascher*, Heimarbeitsgesetz, § 1 Rn. 35.

654 So *Preis*, SR 2017, 173, 178; *Schmidt/Koberski/Tiemann/Wascher*, Heimarbeitsgesetz, § 19 Anh. Rn. 9.

655 *Preis*, SR 2017, 173, 178; *Schmidt/Koberski/Tiemann/Wascher*, Heimarbeitsgesetz, § 19 Anh. Rn. 9.

656 Das Erfordernis einer wirtschaftlichen Abhängigkeit ebenfalls bejahend BVerfG 11.02.1976 – 2 BvL 2/73 – DB 1976, 727, 728; BAG 03.04.1990 – 3 AZR 258/88 – NZA 1991, 267, 269; LAG Hamm 10.10.2005 – 2 Ta 332/05; LAG Köln 21.05.2015 – 7 Sa 1117/14 – Rn. 23; *Däubler*, Digitalisierung und Arbeitsrecht, § 18 Rn. 61; *Deinert*, RdA 2018, 359, 364; *Heuschmid/Klebe*, Erwerbsarbeit in der Plattformökonomie, in: FS Kohte, S. 73, 78 f.; *Klebe*, AuR 2016, 277, 280; *Pacha*, Crowdwork, S. 210 f.; *Selzer* in Husemann/Wietfeld: Zwischen Theorie und Praxis, S. 27, 46; *Waas* in Waas/Liebman/Lyubarsky/Kezuka: Crowdwork – A Comparative Law Perspective, S. 142, 165 f.; ablehnend dagegen *Giesen/Kersten*, Arbeit 4.0, S. 107, 111; *Kocher* in Hensel/Schönefeld/Kocher/Schwarz/Koch, Selbständige Unselbständigkeit, S. 181.

Ähnlich den Ausführungen zur Arbeitnehmerähnlichkeit[657] kann eine wirtschaftliche Abhängigkeit eines Crowdworkers jedenfalls dann angenommen werden, wenn er ausschließlich oder überwiegend für eine Internetplattform oder einen Crowdsourcer tätig ist. Für eine wirtschaftliche Abhängigkeit der Heimarbeiter sprechen nach der Rechtsprechung des BAG darüber hinaus insbesondere einseitige Preisvorgaben des Auftraggebers sowie der Umfang, in welchem die Beschäftigten insgesamt und anteilig für den Auftraggeber arbeiten.[658] Während ersteres bei Crowdwork unproblematisch gegeben ist, da die Preise für einzelne Aufgaben auf den Plattformen einseitig vorgegeben werden, ist ein entsprechender Arbeitsumfang nur dann anzunehmen, wenn die Einkünfte aus Crowdwork als Haupteinnahmequelle dienen und ein maßgeblicher Teil der Arbeit für einen der Auftraggeber erbracht wird.[659] Ein ausschließliches Tätigwerden für einen einzelnen Auftraggeber ist indes nicht erforderlich.[660] Andernfalls würde die Vorschrift des § 29 Abs. 3 HAG leerlaufen. Diese sieht nämlich eine vierwöchige Kündigungsfrist nur für den Fall vor, dass ein in Heimarbeit Beschäftigter überwiegend von einem Auftraggeber oder Zwischenmeister beschäftigt wird.[661] Keine wirtschaftliche Abhängigkeit besteht dagegen für Fälle, in denen der Crowdworker selbstbestimmt auf dem Markt auftritt, insbesondere nach eigenen unternehmerischen Zielen seine Aufträge aussucht und vor allem auch die Preise seiner Dienstleistung zumindest mitbestimmen kann. Das wäre zum Beispiel dann der Fall, wenn der Crowdworker bezüglich der Vergütung einer Aufgabe einen Verhandlungsspielraum innehätte.[662]

ff) Verwertung der Arbeitsergebnisse

Weiter setzt § 2 Abs. 1 S. 1 HAG voraus, dass der Auftraggeber die „Verwertung der Arbeitsergebnisse“ übernimmt. Er muss also das kaufmännische Risiko tragen.[663] Das wäre dann nicht der Fall, wenn der Auftragnehmer unmittelbar für

---

657 Vgl. Punkt D. II. 2. a).

658 Vgl. BAG 03.04.1990 - 3 AZR 258/88 - NZA 1991, 267, 269.

659 *Pacha*, Crowdwork, S. 211.

660 So auch *Otten*, NZA 1995, 289, 292; *Pacha*, Crowdwork, S. 211.

661 Vgl. auch *Pacha*, Crowdwork, S. 211.

662 *Selzer* in Husemann/Wietfeld: Zwischen Theorie und Praxis, S. 27, 46 f.

663 *Otten*, Heim- und Telearbeit, § 2 HAG Rn. 41; *Schmidt/Koberski/Tiemann/Wascher*, Heimarbeitsgesetz, § 2 Rn. 22.

den Absatzmarkt arbeiten, mithin die Arbeitsergebnisse unmittelbar selbst an Dritte verkaufen würde.[664]

Crowdwork-Plattformen, die selbst Vertragspartner der Crowdworker werden, nehmen Crowdworkern die Arbeitsergebnisse ab und veräußern diese dann – gegebenenfalls nach weiterer Zusammensetzung – wiederum an die jeweiligen Crowdsourcer. Die Verwertung der Arbeitsergebnisse obliegt demnach der Plattform als Auftraggeber. Fraglich ist, ob dies bei Vermittlungsplattformen anders zu beurteilen ist, da die Arbeitsleistungen bzw. Ergebnisse hier möglicherweise unmittelbar an den Nachfrager erbracht werden.[665] Die Crowdwork-Plattform stellt in diesen Fällen nur die Begegnungsmöglichkeit dar, die jeweiligen Verträge werden dagegen zwischen Crowdsourcer und Crowdworker geschlossen. Doch auch hier ist ein unmittelbares Arbeiten des Crowdworkers für den Absatzmarkt zu verneinen, da der Crowdsourcer als Auftraggeber und nicht als Dritter auftritt. Das Arbeitsergebnis wird beim Crowdsourcer abgeliefert und dieser kann selbst über die Weiterverwertung disponieren. Anders wäre die Lage nur dann zu beurteilen, wenn der Arbeitsauftrag direkt von der Crowdwork-Plattform käme und der Crowdworker nach der Bearbeitung selbst entscheiden könnte, an wen er das Arbeitsergebnis verkauft.

gg) Beschaffung der Roh- und Hilfsstoffe

Unschädlich für die Einordnung von Crowdworkern als Heimarbeiter ist, ob diese selbst Roh- oder Hilfsstoffe beschaffen. Denn dieses Kriterium soll nach § 2 Abs. 1 S. 2 HAG für die Begriffsbestimmung von Heimarbeit gerade keine Rolle spielen.[666]

hh) „Vergabe“ der Aufträge als Voraussetzung?

Unabhängig vom Vorliegen der Voraussetzungen des § 2 Abs. 1 HAG wird die Anwendbarkeit des Heimarbeitsgesetzes von einem beachtlichen Teil der Literatur abgelehnt, weil der Crowdworker selbst aktiv werden und sich um jeden Auftrag bewerben müsse.[667] Denn anders als bei Crowdwork gehe bei der traditionellen Heimarbeit die Initiative zur Vergabe der einzelnen Aufträge vom

---

664 *Otten*, Heim- und Telearbeit, § 2 HAG Rn. 42; *Schmidt/Koberski/Tiemann/Wascher*, Heimarbeitsgesetz, § 2 Rn. 23.

665 So *Däubler*, Digitalisierung und Arbeitsrecht, § 18 Rn. 63.

666 Dazu ausführlich *Schmidt/Koberski/Tiemann/Wascher*, Heimarbeitsgesetz, § 2 Rn. 24.

667 So *Brose*, NZS 2017, 7, 13; *Däubler*, Digitalisierung und Arbeitsrecht, § 18 Rn. 6; *Däubler/Klebe*, NZA 2015, 1032, 1036; *Franzen* in Industrie 4.0 als Herausforderung des Arbeitsrechts, S. 107, 114; diesen folgend ErfK/*Preis*, § 611a BGB Rn. 59; *Krause*, Gutachten zum 71. Deutschen Juristentag, S. B 105; *Risak*, ZAS 2015, 11, 18; *Schubert*,

Unternehmer aus, was vor allem durch das Gebot zur gleichmäßigen Verteilung von Arbeit in § 11 Abs. 1 HAG deutlich werde.[668]

Dem ist insoweit zuzustimmen, als Aufträge bei Crowdwork nicht aktiv durch den Auftraggeber zugewiesen werden, eine Vergabe von Arbeiten mithin nicht stattfindet.[669] Zu einem anderen Ergebnis gelangte man nur, wenn man eine Zuweisung von Aufgaben bereits in der Freischaltung des Nutzerkontos eines Crowdworkers sehen würde. Allerdings führt eine solche Freischaltung überhaupt erst dazu, dass dem Crowdworker potentielle Aufträge zur Bearbeitung angezeigt werden, für die er sich sodann selbst aktiv bewerben muss.[670]

Jedoch ist der Umstand, dass eine Vergabe einzelner Aufgaben bei Crowdwork nicht stattfindet, für die Anwendbarkeit des Heimarbeitsgesetzes unerheblich. Denn das Verteilungsgebot des § 11 Abs. 1 HAG stellt kein Qualifikationsmerkmal für eine Beschäftigung in Heimarbeit dar. Die Voraussetzungen für eine Eröffnung des Geltungsbereichs des Heimarbeitsgesetzes hat der Gesetzgeber in § 1 HAG festgelegt. Handelt es sich demnach beim Auftragnehmer per Definition um einen in Heimarbeit Beschäftigten oder diesem nach § 1 Abs. 2 HAG Gleichgestellten, bedarf es keiner weiteren Voraussetzungen für eine Anwendbarkeit der für diese Personengruppen geltenden Schutzvorschriften.[671] Weshalb § 11 Abs. 1 HAG einen sachlichen Anwendungsbereich des Gesetzes vorgeben soll, leuchtet nicht ein. Sinn und Zweck der Norm ist die Gewährung eines effektiveren Arbeitszeitschutzes, da eine gleichmäßige Vergabe zwischen mehreren Auftragnehmern einer Überforderung der Beschäftigten durch die Zuteilung einer zu umfangreichen Arbeitsmenge entgegenwirken soll.[672] Zwar entfaltet die Norm für Crowdworker, welche per Definition die Voraussetzungen für eine Beschäftigung in Heimarbeit erfüllen, keine Wirkung, da diese sich selbst um Aufgaben bewerben. Jedoch wirkt sich dies keineswegs auf die generelle Anwendbarkeit des Heimarbeitsgesetzes aus.[673]

RdA 2018, 200, 204; *Tapper* in Hill/Martini/Wagner, Die digitale Lebenswelt gestalten, S. 253, 273.

668 *Brose*, NZS 2017, 7, 13; *Däubler*, Digitalisierung und Arbeitsrecht, § 18 Rn. 6; *Däubler/Klebe*, NZA 2015, 1032, 1036; *Franzen* in Industrie 4.0 als Herausforderung des Arbeitsrechts, S. 107, 114.

669 Vgl. zum Begriff der „Vergabe“ *Brose*, NZS 2017, 7, 13.

670 So auch *Brose*, NZS 2017, 7, 13.

671 Vgl. *Otten*, Heim- und Telearbeit, § 1 HAG Rn. 3.

672 Vgl. HK-ArbR/*Berg*, § 11 HAG Rn. 3; *Otten*, Heim- und Telearbeit, § 11 HAG Rn. 3, 7; *Schmidt/Koberski/Tiemann/Wascher*, Heimarbeitsgesetz, § 11 Rn. 1 f.

673 Im Ergebnis ebenso *Giesen/Kersten*, Arbeit 4.0, S. 107, 111.

Einen möglichen Hinweis auf ein Erfordernis der Vergabe liefert lediglich die sozialrechtliche Definition des Arbeitgebers bzw. Auftraggebers der in Heimarbeit Beschäftigten in § 12 Abs. 3 SGB IV. Demnach gilt als Arbeitgeber der Hausgewerbetreibenden oder Heimarbeiter, wer die Arbeit unmittelbar an sie vergibt.[674] Auftraggeber ist dagegen der, in dessen Auftrag und für dessen Rechnung die in Heimarbeit Beschäftigten arbeiten. Alleine daraus die Konsequenz zu ziehen, dass eine Vergabe der Arbeiten tatbestandlich für das Vorliegen einer Beschäftigung in Heimarbeit erforderlich ist, ist allerdings ein Trugschluss.[675] Denn durch die Definition soll nur klargestellt werden, wer der sozialversicherungsrechtliche Gegenspieler des Beschäftigten ist.[676] Schließlich fielen Crowdsourcer jedenfalls unter den Auftraggeberbegriff im Sinne der Norm, da Crowdworker in deren Auftrag und für deren Rechnung arbeiten. Da der Auftraggeber in der sozialrechtlichen Bewertung mit dem Arbeitgeber im Sinne der Norm identisch ist, ergibt sich daraus kein Unterschied.[677]

Eine andere Bewertung ergibt sich auch nicht aus dem Umstand, dass das BAG in einem Urteil zur klassischen Heimarbeit das Ausmaß der wirtschaftlichen Abhängigkeit der in Heimarbeit Beschäftigten unter anderem von der Art der Auftragsvergabe abhängig macht.[678] Das folgt zum einen daraus, dass es sich bei der Art der Auftragsvergabe nur um ein Indiz zur Bestimmung der wirtschaftlichen Abhängigkeit handelt. Maßgeblich ist letztendlich jedoch eine Gesamtbetrachtung aller wirtschaftlichen Umstände.[679] Daraus zu folgern, dass eine Vergabe der Aufträge notwendig sei, leuchtet nicht ein. Dass das BAG im konkreten Urteil von einer Vergabe der Aufträge spricht, liegt wohl vielmehr daran, dass es sich nach dem damaligen Verständnis von Heimarbeit um eine Selbstverständlichkeit handelte, dass die Aufträge in den Ausgaberäumen verteilt wurden. Zudem wird bei genauerer Betrachtung des Urteils deutlich, dass das BAG nicht das Erfordernis der Vergabe in den Vordergrund stellen wollte, sondern vielmehr die einzelnen Umstände, wie die Vergabe stattfindet. So sollen

---

674 Einen Arbeitgeber im ursprünglichen Rechtssinne haben weder Hausgewerbetreibende noch Heimarbeiter. Um eine Zuordnung der sozialversicherungsrechtlichen Arbeitgeberpflichten zu ermöglichen, wurde dennoch festgelegt, wer als Arbeitgeber gilt. Es handelt sich demnach um einen fiktiven Arbeitgeber, vgl. KKW/*Berchtold* § 12 SGB IV Rn. 11.

675 So aber *Brose*, NZS 2017, 7, 13.

676 KassKomm/*Seewald* § 12 SGB IV Rn. 20; KKW/*Berchtold* § 12 SGB IV Rn. 11.

677 Vgl. KassKomm/*Seewald* § 12 SGB IV Rn. 20.

678 Vgl. BAG 03.04.1990 – 3 AZR 258/88 – NZA 1991, 267, 269.

679 *Schmidt/Koberski/Tiemann/Wascher*, Heimarbeitsgesetz, § 1 Rn. 35, 37.

etwa die konkrete Preisgestaltung, das Risiko des Verlustes künftiger Aufträge bei Ablehnung eines Auftrages oder der Gesamtumfang der Arbeit für den Auftraggeber für die Bestimmung des Ausmaßes der wirtschaftlichen Abhängigkeit ausschlaggebend sein.[680]

Schließlich würde eine Auslegung der dem digitalen Wandel geschuldeten fehlenden Vergabe aufgrund einer neuen Form der Heimarbeit zu Lasten der Beschäftigten dem Grundgedanken des Schutzes der wirtschaftlich Schwächeren, der dem Arbeitsrecht innewohnt, widersprechen. Bei Crowdwork handelt es sich im Grunde um klassische Heimarbeit, nur in „neuem Gewand". Nur weil keine Vergabe stattfindet, sind Crowdworker nicht weniger schutzbedürftig als klassische Heimarbeiter. Die Unterschiede in der technischen Durchführung dürfen den Beschäftigten daher nicht zum Nachteil gereichen. Sicherlich würde sich an der Rechtsstellung des klassischen Heimarbeiters auch nichts ändern, wenn der Auftraggeber den angetretenen Heimarbeitern die verschiedenen Aufgaben vorstellen und diese daraufhin selbst entscheiden lassen würde, welche Aufgabe sie übernehmen wollen.

ii) Zwischenergebnis

Die Voraussetzungen des § 2 Abs. 1 HAG liegen bei Crowdworkern grundsätzlich vor. Entscheidend für eine Einordnung als Heimarbeiter ist – ähnlich wie schon bei der Prüfung der Arbeitnehmerähnlichkeit – die Frage der wirtschaftlichen Abhängigkeit des Crowdworkers vom Auftraggeber. Hier ist wiederum zu differenzieren zwischen Crowdworkern, die gelegentlich in ihrer Freizeit Aufgaben erledigen, und Crowdworkern, für die der Verdienst auf einer Plattform eine wesentliche Einnahmequelle darstellt. Crowdworker, die die Voraussetzungen für eine Arbeitnehmerähnlichkeit erfüllen, werden in der Praxis regelmäßig zugleich die Voraussetzungen für eine Rechtsstellung als Heimarbeiter erfüllen.

b) Hausgewerbetreibende nach § 2 Abs. 2 HAG

Fraglich ist, ob auch eine Rechtstellung als Hausgewerbetreibende in Betracht kommt. Hausgewerbetreibende sind Personen, die in eigener Arbeitsstätte, d.h. in eigener Wohnung oder einer anderen eigenen Betriebsstätte, mit nicht mehr als zwei fremden Hilfskräften oder Heimarbeitern im Auftrag von Gewerbetreibenden oder Zwischenmeistern Waren herstellen, bearbeiten oder verpacken, wobei sie selbst wesentlich am Stück mitarbeiten, die Verwertung der

---

680 Vgl. im Einzelnen BAG 03.04.1990 – 3 AZR 258/88 – NZA 1991, 267, 269.

Arbeitsergebnisse jedoch den unmittelbar oder mittelbar auftraggebenden Gewerbetreibenden überlassen, vgl. § 2 Abs. 2 HAG. Der Hausgewerbetreibende tritt im Gegensatz zum unselbständigen Heimarbeiter als selbständiger Unternehmer in Erscheinung.[681] Seine Tätigkeit besteht darin, Waren herzustellen, sie zu be- und verarbeiten oder zu verpacken. Er verrichtet nicht nur erwerbsmäßige, sondern gewerbliche Arbeiten.[682]

Eine Einordnung als Hausgewerbetreibende im Sinne des § 2 Abs. 2 HAG scheitert im zu untersuchenden Zusammenhang daran, dass Crowdworker weder Waren herstellen noch solche bearbeiten oder verpacken. Darüber hinaus treten sie nicht als selbständige Unternehmer in Erscheinung, sondern verrichten lediglich erwerbsmäßige Arbeit.[683]

c) Gleichstellung nach § 1 Abs. 2 HAG

Schließlich können noch weitere, in § 1 Abs. 2 HAG genannte Personengruppen durch Entscheidung des zuständigen Heimarbeitsausschusses (vgl. § 1 Abs. 4 HAG) gleichgestellt werden, wenn es aufgrund ihrer Schutzbedürftigkeit gerechtfertigt erscheint. Der Kreis der gleichstellungsfähigen Personen, auf die das Heimarbeitsrecht kraft hoheitlicher Entscheidung anwendbar wird, ist in § 1 Abs. 2 lit. a) bis d) HAG abschließend aufgezählt.[684] Bezogen auf Crowdwork kommt lediglich eine sog. Heimarbeiterähnlichkeit nach lit. a) in Betracht.[685] Als heimarbeiterähnliche Personen gelten demnach diejenigen, die in der Regel allein oder mit ihren Familienangehörigen in eigener Wohnung oder selbstgewählter Betriebsstätte eine sich in regelmäßigen Arbeitsvorgängen wiederholende Arbeit im Auftrag eines anderen gegen Entgelt ausüben, ohne dass ihre Tätigkeit als gewerblich anzusehen oder dass der Auftraggeber ein Gewerbetreibender oder Zwischenmeister ist. Der wesentliche Unterschied zum Heimarbeiter nach § 2 Abs. 1 HAG liegt darin, dass der Auftraggeber der heimarbeiterähnlichen Person weder Gewerbetreibender noch Zwischenmeister ist.[686]

---

681 HK-ArbR/*Berg*, §§ 1, 2 HAG Rn. 8.

682 Vgl. *Schmidt/Koberski/Tiemann/Wascher*, Heimarbeitsgesetz, § 2 Rn. 35.

683 Vgl. schon Punkt D. III. 2. a) dd).

684 *Otten*, Heim- und Telearbeit, § 1 HAG Rn. 14.

685 Zum Begriff s. *Otten*, Heim- und Telearbeit, § 1 HAG Rn. 16; *Schmidt/Koberski/Tiemann/Wascher*, Heimarbeitsgesetz, § 1 Rn. 8.

686 Vgl. HK-ArbR/*Berg*, §§ 1, 2 HAG Rn. 16; *Otten*, Heim- und Telearbeit, § 1 HAG Rn. 20 ff. mit einer Aufzählung der in Betracht kommenden Auftraggeber; *Schmidt/Koberski/Tiemann/Wascher*, Heimarbeitsgesetz, § 1 Rn. 8.

Wie bereits oben festgestellt, handelt es sich bei den Auftraggebern der Crowdworker regelmäßig um Gewerbetreibende.[687] Crowdsourcer, die nicht als Gewerbetreibende tätig werden, weil sie zum Beispiel nur einmalig eine Aufgabe zur Bearbeitung ausschreiben, kommen hingegen als Auftraggeber im Sinne des § 1 Abs. 2 S. 1 lit. a) HAG in Betracht. Jedoch wird in einer solchen Konstellation eine vergleichbare Schutzbedürftigkeit regelmäßig zu verneinen sein, da es in diesem Fall wiederum an einer wirtschaftlichen Abhängigkeit des Crowdworkers fehlt.[688]

3. Konsequenzen der Anwendbarkeit des Heimarbeitsrechts

Somit kann festgehalten werden, dass für Crowdworker, die in wirtschaftlicher Abhängigkeit für eine Crowdwork-Plattform bzw. für einen bestimmten Crowdsourcer tätig werden, die Vorschriften des Heimarbeitsgesetzes und auch die sonstigen Schutzvorschriften, die Heimarbeiter in ihren Anwendungsbereich einbeziehen, einschlägig sind.[689]

Infolgedessen unterfallen sie nach § 5 Abs. 1 S. 2 BetrVG dem Anwendungsbereich des Betriebsverfassungsgesetzes, soweit ihre Arbeit für den betreffenden Betrieb gegenüber der für andere Betriebe erbrachten überwiegt. Auch besteht für sie nach § 10 EFZG ein Anspruch auf Zahlung eines Zuschlags zum Arbeitsentgelt zum Zwecke der wirtschaftlichen Absicherung im Krankheitsfall sowie auf Zahlung von Feiertagsgeld nach Maßgabe des § 11 EFZG. Nach §§ 2 Abs. 2 S. 2, 12 BUrlG haben sie Anspruch auf bezahlten Erholungsurlaub, und gemäß § 20 Abs. 2 S. 1 BEEG erhalten sie Anspruch auf Elternzeit und Elterngeld, soweit sie am Stück mitarbeiten. Weibliche Crowdworker profitieren, soweit sie in Heimarbeit beschäftigt sind, insbesondere vom für Heimarbeiterinnen geltenden gesetzlichen Mutterschutz nach § 1 Abs. 2 S. 2 Nr. 6 MuSchG und dem Sonderkündigungsschutz nach § 17 Abs. 1, 3 MuSchG. Zudem gelten in Heimarbeit beschäftigte Crowdworker sozialversicherungsrechtlich als Beschäftigte und

---

687 Vgl. Punkt D. III. 2. a) cc) (1).

688 Vgl. dazu Punkt D. II. 2. a).

689 So im Ergebnis auch *Giesen/Kersten*, Arbeit 4.0, S. 107, 110; *Kocher* in Hensel/Schönefeld/Kocher/Schwarz/Koch, Selbständige Unselbständigkeit, S. 182; *Pacha*, Crowdwork, S. 224; *Selzer* in Husemann/Wietfeld: Zwischen Theorie und Praxis, S. 27, 45 f.; *Waltermann*, RdA 2019, 94, 98; a.A. *Brose*, NZS 2017, 7, 13 f.; *Däubler/Klebe*, NZA 2015, 1032, 1036; ErfK/*Preis*, § 611a BGB Rn. 59; *Krause*, Gutachten zum 71. Deutschen Juristentag, S. B 105; *Mecke*, SGb 2016, 481, 488; *Risak*, ZAS 2015, 11, 18; *Schubert*, RdA 2018, 200, 204; *Tapper* in Hill/Martini/Wagner, Die digitale Lebenswelt gestalten, S. 253, 273.

sind in allen Zweigen der Sozialversicherung nach den für abhängig Beschäftigte geltenden Vorschriften versichert. Schließlich werden sie nach § 5 Abs. 1 S. 2 ArbGG mit Arbeitnehmern gleichgestellt, weshalb auch für sie die Arbeitsgerichtsbarkeit eröffnet ist.[690]

Ferner besteht die Möglichkeit, die Bedingungen der in Heimarbeit beschäftigten Crowdworker gemäß § 17 HAG in Tarifverträgen zu regeln.[691] Solange bei den Crowdworkern noch keine nennenswerte Organisation vorhanden ist, kann ein gemäß §§ 3 f. HAG zu errichtender Heimarbeitsausschuss nach § 19 HAG Entgelte und sonstige Arbeitsbedingungen für die Plattformtätigkeit verbindlich festsetzen und so aktuellen Problemen der Plattformtätigkeit wie etwa deren Ertragsschwäche entgegenwirken.[692] Zuständig für die Bildung des Heimarbeitsausschusses ist das Bundesministerium für Arbeit und Soziales, da Crowdwork länderübergreifende Bedeutung hat.[693] Langfristig sollte das Ziel aber sein, von der Möglichkeit nach § 17 HAG Gebrauch zu machen und Entgelte und sonstige Vertragsbedingungen der Plattformtätigkeit durch Tarifverträge zwischen Gewerkschaften und Auftraggebern bzw. deren Vereinigungen zu regeln. Neben höheren Löhnen besteht für Gewerkschaften so auch die Möglichkeit, etwa höhere Zuschläge zur wirtschaftlichen Absicherung im Krankheitsfall, mehr Urlaub oder Regelungen zu Sonderzahlungsansprüchen für Crowdworker durchsetzen.[694] Für den Fall, dass Crowdwork-Plattformen beispielsweise keine Nachbearbeitungsmöglichkeiten oder diesbezüglich nur unangemessen kurze Fristen vorsehen, könnten in Tarifverträgen auch die gegenwärtigen Gewährleistungsregelungen auf Plattformen modifiziert werden. Sinnvoll erscheint in diesem Zusammenhang auch eine Vereinbarung allgemeiner Kriterien, nach denen ein Auftraggeber die Abnahme einer Arbeitsleistung verweigern darf. Auch Kriterien für die Verfahren, durch welche das Rating eines Crowdworkers ermittelt wird, könnten in tariflichen Regelungen verallgemeinert und auf diese Weise transparenter ausgestaltet werden.[695]

---

690 Vgl. für eine ausführliche Auflistung der für anwendbaren Schutzvorschriften für in Heimarbeit Beschäftigte Punkt D. III. 1.

691 Vgl. *Giesen/Kersten*, Arbeit 4.0, S. 107, 111; *Pacha*, Crowdwork, S. 261; Schaub/*Vogelsang*, Arbeitsrechts-Handbuch, § 163 Rn. 9 ff.

692 *Pacha*, Crowdwork, S. 239; vgl. Auch *Waas* in Waas/Liebman/Lyubarsky/Kezuka: Crowdwork – A Comparative Law Perspective, S. 142, 179.

693 *Giesen/Kersten*, Arbeit 4.0, S. 107, 111.

694 Vgl. *Pacha*, Crowdwork, S. 261.

695 So jeweils *Pacha*, Crowdwork, S. 261.

Schließlich ist der Heimarbeitsschutz nach §§ 23 ff. HAG durch die staatlichen Stellen sicherzustellen. Sie haben gemäß § 23 Abs. 2 HAG die Einhaltung der festgesetzten Entgelte und Arbeitsbedingungen zu überwachen und gegebenenfalls anstelle der berechtigten Heimarbeiter im Wege der gesetzlichen Prozessstandschaft (vgl. § 25 HAG) durchzusetzen.[696] Zu diesem Zweck sind die damit beauftragen staatlichen Stellen nach § 28 Abs. 1 HAG mit umfangreichen Auskunftsansprüchen ausgestattet, sodass Informationsdefizite kein Hindernis bei der Geltendmachung von Ansprüchen der Crowdworker darstellen sollten.[697] Darüber hinaus haben die staatlichen Stellen nach § 24 S. 1 HAG die Befugnis, nicht bezahlte Beträge oder Minderbeträge für die in Heimarbeit beschäftigten Crowdworker einzufordern. Eine vorherige Einwilligung der Betroffenen ist dabei nicht vonnöten.[698]

Im Ergebnis kann festgestellt werden, dass der Gesetzgeber mit dem Heimarbeitsrecht ein taugliches Regelungskonzept geschaffen hat, um einer besonders schutzbedürftigen Untergruppe der arbeitnehmerähnlichen Personen einen den Besonderheiten dieser Beschäftigung angepassten Schutz zu gewährleisten. Ob diese Regelungen in ihrer aktuellen Ausgestaltung indes auch digitale Formen der Heimarbeit ausreichend erfassen und inwieweit diesbezüglich Änderungsbedarf besteht, wird an anderer Stelle erörtert.[699]

4. Zwischenergebnis

Crowdworker arbeiten erwerbsmäßig in selbstgewählter Arbeitsstätte für Auftraggeber, die in der Regel Gewerbetreibende sind und die abgelieferten Arbeitsergebnisse verwerten. Besteht darüber hinaus noch eine wirtschaftliche Abhängigkeit zu einem der Auftraggeber, was insbesondere dann der Fall ist, wenn die Tätigkeit auf einer Plattform eine wesentliche Einnahmequelle des Crowdworkers darstellt, ist eine Rechtsstellung als Heimarbeiter gemäß § 2 Abs. 1 HAG gegeben.

Für eine Rechtsstellung als Hausgewerbetreibende im Sinne des HAG fehlt es dagegen an einer Gewerbsmäßigkeit der Arbeiten. Auch eine Gleichstellung nach § 1 Abs. 2 HAG ist insbesondere deshalb abzulehnen, weil die Auftraggeber

---

696 Vgl. BAG 22.10.1964 – 5 AZR 492/63 – NJW 1965, 836, 837; *Schmidt/Koberski/Tiemann/Wascher*, Heimarbeitsgesetz, § 25 Rn. 10 f.

697 Ausführlich zum Umfang der öffentlich-rechtlichen Ansprüche aus § 28 HAG *Otten*, Heim- und Telearbeit, § 25 HAG Rn. 3 ff.

698 *Schmidt/Koberski/Tiemann/Wascher*, Heimarbeitsgesetz, § 24 Rn. 11.

699 Dazu ausführlich unter Punkt G. III.

der Crowdworker regelmäßig Gewerbetreibende sind. Für Konstellationen, in denen dies nicht der Fall ist, fehlt es regelmäßig an einer wirtschaftlichen Abhängigkeit der Crowdworker. Schließlich wäre eine Abgrenzung zwischen Heimarbeiter, Hausgewerbetreibendem oder einem Gleichzustellenden ohnehin rein theoretischer Natur, da das Heimarbeitsgesetz diese als gleichrangige „in Heimarbeit Beschäftigte" ansieht.[700]

Das Ergebnis verwundert besonders deshalb, weil eine direkte Anwendbarkeit des Heimarbeitsgesetzes auf Crowdworker bisher äußerst selten von der Literatur aufgegriffen, geschweige denn eingehend geprüft wurde. Crowdworker, bei denen die Voraussetzungen für eine Qualifizierung als arbeitnehmerähnliche Person vorliegen, erfüllen regelmäßig auch die Kriterien für eine Beschäftigung in Heimarbeit. Daraus folgt, dass die Schutzvorschriften des Heimarbeitsgesetzes sowie zahlreiche weitere Vorschriften, die eine Gleichstellung der Heimarbeiter regeln, auf Crowdworker anwendbar sind, wenn bei diesen eine wirtschaftliche Abhängigkeit zum Auftraggeber besteht.

Crowdworker, die nicht für eine gewisse Dauer auf einer Plattform oder für bestimmte Crowdsourcer tätig werden, erfahren dagegen keinen Schutz durch das Heimarbeitsrecht. Damit sind insbesondere diejenigen Crowdworker nicht vom Anwendungsbereich des Heimarbeitsgesetzes erfasst, die eine Aufgabe nur einmalig oder nur während eines kurzen Zeitraums übernehmen oder für häufig wechselnde Auftraggeber tätig werden.

IV. Crowdworker als Selbständige

Crowdworker, die aufgrund fehlender persönlicher bzw. wirtschaftlicher Abhängigkeit weder als Arbeitnehmer noch als arbeitnehmerähnliche Personen einzustufen sind, haben notwendigerweise den Status eines „bloßen" Selbständigen. In diesem Fall profitieren sie von keinerlei arbeitsrechtlichem oder diesem vergleichbaren Sonderschutz.[701] Außerdem haben selbständige Crowdworker sich mangels Sozialversicherung auch selbst um die Vorsorge für Lebensrisiken zu kümmern, da für sie keine Pflicht besteht, Beiträge zur Sozialversicherung abzuführen. Auch finden selbständige Crowdworker, die keine

700 *Schmidt/Koberski/Tiemann/Wascher*, Heimarbeitsgesetz, § 2 Rn. 27.

701 Vgl. *Däubler* in Benner, Crowdwork – Zurück in die Zukunft?, S. 243, 246; *Günther/Böglmüller*, NZA 2015, 1025, 1030; *Klebe/Neugebauer*, AuR 2014, 4, 5; *Pacha*, Crowdwork, S. 264; *Selzer* in Husemann/Wietfeld: Zwischen Theorie und Praxis, S. 27, 47; *Tapper* in Hill/Martini/Wagner, Die digitale Lebenswelt gestalten, S. 253, 272.

arbeitnehmerähnlichen Personen sind, keinen Zugang zu den Arbeitsgerichten. Zuständig für sie sind gem. § 13 GVG die ordentlichen Gerichte.

Zu ihrem Schutz kommt aber zumindest die Überprüfung der von Plattformbetreibern verwendeten Nutzungsbedingungen im Rahmen der AGB-Kontrolle nach §§ 305 ff. BGB in Betracht. Da in dieser Arbeit die Beleuchtung des arbeitsrechtlichen Blickwinkels im Vordergrund stehen soll, beschränkt sich die Untersuchung der Rechtsstellung selbständiger Crowdworker vorliegend jedoch auf die Frage, in welchem Umfang nach geltendem Recht die Vorschriften über die Gestaltung rechtsgeschäftlicher Schuldverhältnisse durch Allgemeine Geschäftsbedingungen auf diese Anwendung finden. Für den Fall, dass ein Vertrag für eine Partei ungewöhnlich belastend wirkt, wird ferner in der gebotenen Kürze auf die vom Bundesverfassungsgericht statuierte richterliche Pflicht zur Korrektur bei „struktureller Unterlegenheit" eingegangen. Eine Überprüfung der konkreten Nutzungsbedingungen der Plattformen erfolgt dagegen nicht.[702]

1. Schutz durch Kontrolle der Allgemeinen Geschäftsbedingungen

Die Arbeitsbedingungen bei Crowdwork werden üblicherweise in Allgemeinen Geschäftsbedingungen geregelt, sodass eine Kontrolle gemäß §§ 305 ff. BGB vorzunehmen ist, sofern deutsches Recht Anwendung findet.

Fraglich ist, in welchem Umfang eine Kontrolle der Allgemeinen Geschäftsbedingungen zwischen deren Verwendern und Crowdworkern stattzufinden hat. Ist der Verwender ein Unternehmer – was hier regelmäßig der Fall sein wird – und die andere Seite ein Verbraucher, findet gemäß § 310 Abs. 3 BGB eine schärfere AGB-Kontrolle statt als in anderen Konstellationen. So gelten nach § 310 Abs. 3 Nr. 1 BGB Allgemeine Geschäftsbedingungen als vom Unternehmer gestellt, es sei denn, dass sie durch den Verbraucher in den Vertrag eingeführt wurden. Ferner findet nach § 310 Abs. 3 Nr. 2 BGB ein Großteil der maßgeblichen Bestimmungen zur AGB-Kontrolle auch dann Anwendung, wenn vorformulierte Vertragsbedingungen nur zur einmaligen Verwendung bestimmt sind und soweit der Verbraucher auf Grund der Vorformulierung auf ihren Inhalt keinen Einfluss nehmen konnte. Schließlich sind nach § 310 Abs. 3 Nr. 3 BGB bei der Beurteilung der Angemessenheit einzelner Bestimmungen nach § 307 Abs. 1 und 2 BGB auch die besonderen Umstände des Vertragsabschlusses zu berücksichtigen.

702 Eine beispielhafte Auflistung einiger problematischer Klauseln findet sich bei *Däubler/ Klebe*, NZA 2015, 1032, 1037 und *Hensel* in Hensel/Schönefeld/Kocher/Schwarz/ Koch, Selbständige Unselbständigkeit, S. 218.

a) *Crowdworker als Verbraucher*

Demnach stellt sich die Frage, ob bzw. wann Crowdworker als Verbraucher anzusehen sind. Gemäß § 13 BGB ist als Verbraucher eine natürliche Person anzusehen, die ein Rechtsgeschäft zu Zwecken abschließt, die überwiegend weder ihrer gewerblichen noch ihrer selbständigen beruflichen Tätigkeit zugerechnet werden können. Handelt die Person dagegen bei Abschluss eines Rechtsgeschäfts in Ausübung ihrer gewerblichen oder selbständigen beruflichen Tätigkeit, ist sie gemäß § 14 Abs. 1 BGB als Unternehmer einzustufen.

Eine gewerbliche Tätigkeit, welche zur Versagung des Verbraucherstatus führt, setzt nach h.M. ein selbständiges, planmäßiges und auf eine gewisse Dauer angelegtes Anbieten entgeltlicher Leistungen am Markt voraus.[703] Dies gilt gleichermaßen für eine selbständige berufliche Tätigkeit.[704] Ein Crowdworker, der sich nur hin und wieder um einen Auftrag bemüht, ist daher nicht gleich Unternehmer. Entscheidend für das Vorliegen der Unternehmereigenschaft ist die „Planmäßigkeit", also das systematische Suchen nach Aufträgen. Auf den Anteil an Arbeits- oder Lebenszeit kommt es dagegen nicht an.[705]

Somit kommt man zu folgenden Ergebnissen: Jemand, der hin und wieder bei Crowdwork-Plattformen nachschaut, ob etwas Passendes für ihn angeboten wird, unterliegt den Schutzvorschriften des Verbraucherrechts. Wer dagegen die Ausführung von Aufträgen zu seiner Haupterwerbsquelle machen will, ist Unternehmer.[706] Dies hat zur Folge, dass die oben genannten Sondervorschriften des § 310 Abs. 3 BGB nicht gelten. Außerdem finden nach § 310 Abs. 1 BGB die §§ 308 und 309 BGB keine Anwendung. Die Inhaltskontrolle kann sich dann folglich ausschließlich auf § 307 Abs. 1 und Abs. 2 BGB stützen. Dass der Crowdworker gerade in dieser Fallkonstellation sehr viel abhängiger und damit auch schutzwürdiger ist, spielt dabei keine Rolle. Allerdings kann zumindest

---

703 Vgl. nur BGH 23.3.2006 – VIII ZR 173/05 – NJW 2006, 2250 Rn. 14 m.w.N.; *Däubler/Klebe*, NZA 2015, 1032, 1037; *Micklitz/Purnhagen* in MüKo BGB, § 14 Rn. 19; Jauernig/*Mansel*, § 14 BGB Rn. 2; Palandt/*Ellenberger*, § 14 BGB Rn. 2; ausführlich zum Unternehmerbegriff: Staudinger/*Fritzsche*, § 14 BGB Rn. 2 ff.

704 *Däubler/Klebe*, NZA 2015, 1032, 1037; *Micklitz/Purnhagen* in MüKo BGB, § 14 Rn. 30 f.; Palandt/*Ellenberger*, § 14 BGB Rn. 2.

705 *Däubler* in Benner, Crowdwork – Zurück in die Zukunft?, S. 243, 249.

706 So auch *Däubler* in Benner, Crowdwork – Zurück in die Zukunft?, S. 243, 250; *Hötte*, MMR 2014, 795, 796; *Meyer-Michaelis/Falter/Schäfer*, DB 2016, 2543, 2544; *Schubert*, RdA 2018, 200, 205.

im Rahmen der Inhaltskontrolle nach § 307 Abs. 1 BGB auf die besonderen Umstände Rücksicht genommen werden.[707]

b) Rechtsfolge bei Unwirksamkeit einer Bestimmung

Im Falle der Unwirksamkeit einzelner Klauseln legt § 306 Abs. 1 BGB fest, dass der Vertrag abgesehen von den unwirksamen Klauseln wirksam bleibt. Lücken, die durch die AGB-Kontrolle entstehen, sind in aller Regel durch die gesetzlichen Vorschriften zu ersetzen (vgl. § 306 Abs. 2 BGB). Eine Ausnahme gilt dann, wenn die Klausel aus sich heraus verständlich ist und sich sinnvoll in einen zulässigen und in einen unzulässigen Regelungsteil trennen lässt. Die Teilbarkeit einer Klausel richtet sich nach dem sog. „blue-pencil-Test".[708] Weiterhin gilt das Verbot der geltungserhaltenden Reduktion. Demnach gilt eine Klausel als insgesamt unwirksam und entfaltet keine Wirkung, wenn sie die Rechte eines Nutzers über das zulässige Maß hinaus einschränkt.[709]

2. Pflicht zur Korrektur bei struktureller Unterlegenheit

Ein weiteres Mittel zum „Schutz des Schwächeren" im Zivil- und Wirtschaftsrecht stellt neben der AGB-Kontrolle der vom Bundesverfassungsgericht entwickelte Grundsatz dar, wonach bei einer strukturellen Unterlegenheit eines Vertragspartners eine richterliche Pflicht zur Korrektur besteht, wenn der Vertrag für den schwächeren Teil „ungewöhnlich belastend" wirkt.[710]

Methodisch kommen für die Beantwortung der Frage, ob Crowdworker gegenüber ihren Auftraggebern strukturell unterlegen sind, mehrere Lösungswege in Betracht. So könnte man zunächst die Situation des Crowdworkers direkt unter die vom BVerfG vorgegebenen Grundsätze subsumieren. Überzeugender erscheint es jedoch, § 138 BGB anzuwenden und dabei die vom BVerfG entwickelten Kriterien zu berücksichtigen. Am Ergebnis würde dies indes nichts ändern: Anders als bei der AGB-Kontrolle ist bei der Umsetzung dieses Grundsatzes auch das Verhältnis von Leistung und Gegenleistung einzubeziehen.[711]

Eine strukturelle Unterlegenheit könnte möglicherweise gegenüber dem Betreiber einer Plattform oder einem Crowdsourcer anzunehmen sein, wenn ein

---

707 *Däubler* in Benner, Crowdwork – Zurück in die Zukunft?, S. 243, 250.

708 Dazu näher *Jacobs* in BeckOK ArbR, § 306 BGB Rn. 7 f.

709 Dazu grundlegend BGH 17.05.1982 – VII ZR 316/81 – NJW 1982, 2309, 2310; vgl. auch *Jacobs* in BeckOK ArbR, § 306 BGB Rn. 9.

710 Vgl. BVerfG 19.10.1993 – 1 BvR 567/89 – NJW 1994, 36.

711 *Däubler* in Benner, Crowdwork – Zurück in die Zukunft?, S. 243, 261.

Crowdworker trotz Übernahme einer Vielzahl von Kleinstaufgaben einen ungewöhnlich niedrigen Stundenlohn erhält. Die Unterlegenheit ergibt sich dabei daraus, dass der Crowdworker im Gegensatz zum Arbeitnehmer praktisch keine Verhandlungsmacht hat. Ausgehend von der Rechtsprechung des BAG, wonach bei der Unterschreitung des Tariflohns um mehr als ein Drittel ein Verstoß gegen die guten Sitten anzunehmen ist,[712] könnte auch bei der Beschäftigung eines Selbständigen zu einem Stundenlohn von 2 bis 3 Euro von einer ungewöhnlichen Belastung ausgegangen werden.[713]

Die Korrektur würde in diesem Fall dahingehend erfolgen, dass an die Stelle der unwirksamen Entgeltabrede nach §§ 612 Abs. 2, 632 Abs. 2 BGB die Verpflichtung zur Zahlung einer angemessenen Vergütung tritt.[714]

3. Zwischenergebnis

Zwar findet das Arbeitsrecht auf selbständige, wirtschaftlich nicht von einem Auftraggeber abhängige Crowdworker keine Anwendung. Das heißt aber nicht, dass sie komplett rechtlos gestellt sind. Durch die Kontrollfähigkeit der allgemeinen Geschäftsbedingungen und die Pflicht zur Einhaltung allgemeiner vertragsrechtlicher Schranken erhalten sie zumindest einen gesetzlichen Mindestschutz, der sie vor übermäßigen Beeinträchtigungen bewahrt.

V. Zusammenfassung

Im Ergebnis ist festzuhalten, dass Crowdworker durch das geltende Recht einen von der Vertragsart und der im Einzelfall bestehenden Schutzbedürftigkeit abhängigen, abgestuften rechtlichen Schutz erfahren.

Allen voran ist die Gruppe der internen Crowdworker zu nennen, die Tätigkeiten auf einer vom Arbeitgeber installierten Crowdwork-Plattform verrichten. Hier erfolgen die erbrachten Crowdwork-Tätigkeiten üblicherweise im Rahmen des ohnehin zum Auftraggeber bestehenden Arbeitsverhältnisses, weshalb von vornherein eine Arbeitnehmereigenschaft der internen Crowdworker besteht und es auch bei der Verrichtung der Crowdwork bei dieser bleibt.

---

712 BAG 22.4.2009 – 5 AZR 436/08 – NZA 2009, 837 Rn. 17.

713 Vgl. *Däubler* in Benner, Crowdwork – Zurück in die Zukunft?, S. 243, 261; der eine Übertragung der o.g. Rechtsprechung auch auf das System des gesetzlichen Mindestlohns erwägt.

714 Vgl. *Däubler/Klebe*, NZA 2015, 1032, 1038.

Anders ist die Situation bei externer Crowdwork zu beurteilen, bei der Aufgaben an eine Vielzahl von Personen außerhalb des ausschreibenden Unternehmens gerichtet werden. Ein Arbeitnehmerstatus scheitert bei externer Crowdwork oftmals schon daran, dass bei den vergebenen Aufgaben keine Tätigkeiten an sich, sondern konkrete Arbeitsergebnisse zu erbringen sind, weshalb es bereits an einem für die Begründung eines Arbeitsverhältnisses erforderlichen Dienstvertrag fehlt. Doch auch wenn bei der konkreten Aufgabe eine Dienstleistung geschuldet ist, wird man bei der Prüfung der weiteren Voraussetzungen feststellen müssen, dass ein Arbeitsverhältnis aufgrund der regelmäßig fehlenden persönlichen Abhängigkeit der Crowdworker nicht anzunehmen ist.

Einen zumindest in Teilbereichen bestehenden arbeitsrechtlichen Schutz erfahren Crowdworker indes dann, wenn sie arbeitnehmerähnliche Personen sind. Entscheidend für die Subsumtion unter diese Rechtsform ist, dass Crowdworker zwar nicht persönlich, aber wirtschaftlich von einem Auftraggeber abhängig sind. Eine wirtschaftliche Abhängigkeit ist dabei insbesondere dann anzunehmen, wenn die Crowdwork-Plattform bezüglich der ausgeschriebenen Aufgaben selbst Vertragspartnerin des Crowdworkers wird. Ein ausschließliches oder zumindest überwiegendes Tätigwerden auf einer solchen Plattform kann zur Folge haben, dass Crowdworker einen maßgeblichen Teil ihres Einkommens über die konkrete Plattform generieren und somit eine wirtschaftliche Abhängigkeit zu dieser besteht.

Einen darüberhinausgehenden gesetzlichen Schutz erfahren arbeitnehmerähnliche Crowdworker durch das Heimarbeitsgesetz. Denn die neben der wirtschaftlichen Abhängigkeit erforderlichen Voraussetzungen für die Eröffnung des Anwendungsbereichs des Gesetzes sind regelmäßig gegeben. Unschädlich ist dabei insbesondere, dass die Crowdwork-Tätigkeiten nicht wie bei der früheren Heimarbeit vergeben werden, sondern Crowdworker sich auf Plattformen für die Erledigung einzelner Aufgaben bewerben. Infolgedessen gelten für wirtschaftlich abhängige Crowdworker die Schutzvorschriften des Heimarbeitsgesetzes sowie zahlreiche weitere Vorschriften, die eine Gleichstellung der Heimarbeiter mit Arbeitnehmern bezwecken.

Crowdworker, die weder persönlich noch wirtschaftlich von einem Auftraggeber abhängig sind, erfahren schließlich als „bloße" Selbständige lediglich einen gesetzlichen Mindestschutz. Dieser äußert sich insbesondere in der Möglichkeit, die von Plattformen gestellten Allgemeinen Geschäftsbedingungen auf ihre Vereinbarkeit mit den Regelungen der §§ 305 ff. BGB hin zu überprüfen. Denn auch wenn wirtschaftlich abhängige Crowdworker nicht als Verbraucher im Sinne des § 13 BGB anzusehen sind, wirkt der Schutz über die AGB-Kontrolle dennoch einer unangemessenen Benachteiligung entgegen. In Extremfällen kann schließlich über die Gerichte eine Korrektur einzelner Vertragsbedingungen erfolgen, sollte eine strukturelle Unterlegenheit der Crowdworker vorliegen.

E. Kollektive Interessenvertretung

Im folgenden Kapitel wird untersucht, ob und in welchem Umfang Mechanismen des kollektiven Arbeitsrechts dazu beitragen können, die Einführung und Durchführung von Crowdsourcing und Crowdwork in Betrieben zu regulieren. Ferner wird der Frage nachgegangen, inwieweit sonstige kollektive Mittel – unabhängig von etwaigen rechtlichen Verpflichtungen – geeignet sind, die Beschäftigung im Bereich der Crowdwork sozialer zu gestalten.

I. Betriebsverfassungsrecht

Aus betriebsverfassungsrechtlicher Sicht ist fraglich, inwieweit Crowdworker in Betrieben, die Crowdsourcing einsetzen, eine Rolle spielen. Im Folgenden soll daher geklärt werden, ob Crowdworker überhaupt zur Betriebsratsfähigkeit eines Betriebs beitragen und ob sie wahlberechtigt oder sogar wählbar sind. Unabhängig davon stellt sich des Weiteren die Frage, welche Rechte ein bestehender Betriebsrat bei der Einführung und Anwendung von Crowdsourcing im Betrieb hat.

1. Anwendbarkeit des BetrVG

Um vom Schutz des Betriebsverfassungsgesetzes erfasst zu werden, müssten Crowdworker dem Geltungsbereich des Gesetzes unterfallen. Von den Regelungen des BetrVG erfasst sind alle Arbeitnehmer im Sinne des § 5 Abs. 1 BetrVG.[715] Nach § 5 Abs. 1 S. 1 BetrVG fallen darunter alle Arbeiter und Angestellten einschließlich der zu ihrer Berufsausbildung Beschäftigten. § 5 Abs. 1 S. 2 BetrVG bezieht auch die in Heimarbeit Beschäftigten, die in der Hauptsache für den Betrieb arbeiten, in den Kreis der Arbeitnehmer im Sinne des BetrVG mit ein.[716] Hierbei ist anerkannt, dass für die Auslegung von § 5 Abs. 1 S. 2 BetrVG unmittelbar auf den Begriff des Heimarbeiters nach § 2 Abs. 1 HAG und des Hausgewerbetreibenden nach § 2 Abs. 2 HAG abzustellen ist.[717] Die den Heimarbeitern

---

715 *Besgen* in BeckOK ArbR, § 1 BetrVG Rn. 9.

716 Zur rechtspolitischen Kritikwürdigkeit der Nichtaufnahme „normaler" arbeitnehmerähnlicher Personen in den Anwendungsbereich des BetrVG *Deinert*, Soloselbständige zwischen Arbeitsrecht und Wirtschaftsrecht, Rn. 117.

717 BAG 25.03.1992 – 7 ABR 52/91 – NZA 1992, 899, 902; *Richardi* in Richardi BetrVG, § 5 Rn. 133; *Giesen/Kersten*, Arbeit 4.0, S. 107, 112 f.

nach § 1 Abs. 2 HAG gleichgestellten Personen gelten indes nicht als Arbeitnehmer im Sinne des Betriebsverfassungsgesetzes.[718]

Um dem Geltungsbereich des Betriebsverfassungsgesetzes zu unterfallen, müssten Crowdworker demnach entweder Arbeitnehmer sein oder die Voraussetzungen für eine Beschäftigung in Heimarbeit erfüllen und zusätzlich in der Hauptsache für den Betrieb arbeiten. Während die Arbeitnehmereigenschaft bei Crowdworkern in der Praxis nur in Ausnahmefällen anzunehmen ist,[719] kommt eine Rechtsstellung als Heimarbeiter bei Vorliegen einer wirtschaftlichen Abhängigkeit durchaus in Betracht.[720] Eine Arbeit in der Hauptsache für den Betrieb im Sinne des § 5 Abs. 1 S. 2 BetrVG ist gegeben, wenn die Beschäftigung für den Betrieb gegenüber der Leistung von Heimarbeit für andere Auftraggeber überwiegt.[721] Eine ausschließliche Tätigkeit für den Betrieb ist dagegen nicht erforderlich.[722] Bei Vorliegen der Voraussetzungen kommt das Betriebsverfassungsrecht für entsprechende Crowdworker uneingeschränkt zur Anwendung.[723] Zudem kann der Betriebsrat Mitbestimmungsrechte wahrnehmen, die sich auf die Arbeitnehmer beziehen.[724]

2. Betriebsratswahlen

Eine Erfassung von Crowdworkern durch das Heimarbeitsgesetz hat dementsprechend zur Folge, dass sie im Rahmen der Zusammensetzung und Wahl des Betriebsrats mitzuzählen sind, soweit sie in der Hauptsache für den Betrieb arbeiten. Die entsprechenden Regelungen finden sich in den §§ 7 – 20 BetrVG.

Da das aktive Wahlrecht nach § 7 S. 1 BetrVG allen Arbeitnehmern des Betriebs zusteht, die das 18. Lebensjahr vollendet haben, fallen darunter nach § 5 S. 1 BetrVG auch die in Heimarbeit Beschäftigten, wenn sie in der Hauptsache

718 *Besgen* in BeckOK ArbR, § 5 BetrVG Rn. 21; ErfK/*Koch*, § 5 BetrVG Rn. 8; *Richardi* in Richardi BetrVG, § 5 BetrVG Rn. 141.

719 Vgl. Punkt D. I. 4.

720 Dazu ausführlich in Punkt D. III. 2.

721 Vgl. *Besgen* in BeckOK ArbR, § 5 BetrVG Rn. 22; DKKW/*Trümner*, § 5 BetrVG Rn. 126; ErfK/*Koch*, § 5 BetrVG Rn. 8; *Fitting*, § 5 BetrVG Rn. 311 f.; Deinert/Heuschmid/Zwanziger/*Becker*, Arbeitsrecht, § 117 Rn. 72; *Richardi* in Richardi BetrVG, § 5 Rn. 142.

722 *Richardi* in Richardi BetrVG, § 5 Rn. 142.

723 *Giesen/Kersten*, Arbeit 4.0, S. 107, 113.

724 Auch § 3 Abs. 1 Nr. 1 MitbestG und § 3 Abs. 1 DrittelbG verweisen auf § 5 Abs. 1 BetrVG, sodass die in Heimarbeit Beschäftigten, die in der Hauptsache für einen Betrieb arbeiten, auch Arbeitnehmer i.S. dieser Gesetze sind.

für den Betrieb arbeiten.[725] Sofern sie das 18. Lebensjahr noch nicht vollendet haben, können sie sich unter den Voraussetzungen des § 60 Abs. 1 BetrVG an der Wahl zur Jugend- und Auszubildendenvertretung beteiligen (§ 61 Abs. 1 BetrVG). Darüber hinaus besteht für Crowdworker, die die Voraussetzungen für eine Beschäftigung in Heimarbeit erfüllen, nach § 8 Abs. 1 S. 1 BetrVG auch ein passives Wahlrecht, sofern sie sechs Monate in der Hauptsache für den Betrieb gearbeitet haben.[726]

3. Beteiligungsrechte des Betriebsrats

Auch die Rechte des Betriebsrats sind im Zusammenhang mit Crowdsourcing zu beachten. Für deutsche Betriebe bzw. Unternehmen gilt nach ständiger Rechtsprechung des BAG das sog. Territorialitätsprinzip.[727] Betriebsratsrechte aus dem Betriebsverfassungsgesetz bestehen demnach selbst dann, wenn die maßgeblichen Entscheidungen bei einer Konzernzentrale im Ausland fallen und der nationale Arbeitgeber keinen eigenen Entscheidungsspielraum hat.[728]

Das Betriebsverfassungsgesetz gewährt dem Betriebsrat zur Bewältigung seiner Aufgaben verschiedene Beteiligungsrechte. Zu unterscheiden ist zwischen zwei Hauptgruppen: den Mitwirkungsrechten und den Mitbestimmungsrechten.[729] Die verschiedenen Beteiligungsrechte hat der Gesetzgeber nach ihrer Intensität abgestuft. Während der Betriebsrat im Rahmen seiner Mitbestimmungsrechte gleichberechtigt an den Arbeitgeberentscheidungen beteiligt ist, stellen die Mitwirkungsrechte die „schwächere" Beteiligungsform dar, da der Betriebsrat hier in der Regel lediglich Einfluss auf die Willensbildung des Arbeitgebers nehmen kann.

---

725 *Besgen* in BeckOK ArbR, § 7 BetrVG Rn. 2; ErfK/*Koch*, § 7 BetrVG Rn. 1; *Thüsing* in Richardi BetrVG, § 7 Rn. 2.

726 Zu weitgehend hier *Giesen/Kersten*, Arbeit 4.0, S. 107, 113 f., die eine wirtschaftliche Abhängigkeit für die Anwendbarkeit des HAG nicht für notwendig halten und daher eine aktive und passive Wahlberechtigung der Crowdworker bereits dann als gegeben ansehen, wenn sie monatlich nur minutenweise Aufträge für ein paar Cent abarbeiten.

727 Vgl. nur BVerfG 08.10.1996 – 1 BvL 15/91 – NZA 1997, 263; BAG 11.12.2007 – 1 ABR 67/06 – NZA-RR 2008, 333 Rn. 41; BAG 22.07.2008 – 1 ABR 40/07 – NZA 2008, 1248 Rn. 60.

728 BAG 09.02.1993 – 1 ABR 33/92 – NZA 1993, 906, 909; BAG 11.12.2007 – 1 ABR 67/06 – NZA-RR 2008, 333 Rn. 26; DKKW/*Klebe*, § 87 BetrVG Rn. 21; *Fitting*, § 87 BetrVG Rn. 32, 71.

729 Vgl. nur *Junker*, Arbeitsrecht, § 10 Rn. 698 ff.

a) *Mitwirkungsrechte*

Zuerst ist zu untersuchen, inwieweit für den Betriebsrat bei der Einführung bzw. Durchführung von Crowdsourcing und Crowdwork im Betrieb Mitwirkungsrechte bestehen.

aa) Informationsrechte

Beabsichtigt ein Unternehmen, eine Plattform einzurichten, auf der Arbeitsaufträge in Form von Crowdwork vergeben werden, oder Arbeitsaufträge auf einer fremden Plattform auszuschreiben, besteht das Interesse des Betriebsrats zunächst darin, sich einen genauen Überblick über die Absichten des Unternehmens zu verschaffen. Entsprechende Informationsrechte ergeben sich zum Beispiel aus § 80 Abs. 2 BetrVG, wonach der Betriebsrat zur Durchführung seiner Aufgaben rechtzeitig und umfassend vom Arbeitgeber zu unterrichten ist.[730] Ein Unterrichtungsanspruch des Betriebsrats ergibt sich auch aus § 90 Abs. 1 Nr. 3 und 4 BetrVG, da es bei der Einführung von Crowdsourcing um die Planung von Arbeitsverfahren und Arbeitsabläufen, unter Umständen auch von Arbeitsplätzen geht.[731] Darüber hinaus sind Fragen der Personalplanung (§ 92 Abs. 1 BetrVG) und der Beschäftigungssicherung (§ 92a BetrVG) betroffen. Danach können Betriebsräte vom Arbeitgeber auch Informationen zu wirtschaftlichen Aspekten der geplanten Vergabe von Crowdwork verlangen und so versuchen, sich ein Bild von den organisatorischen, praktischen und wirtschaftlichen Aspekten von Crowdwork im betrieblichen Rahmen zu machen.[732] Schließlich besteht ein Informations- und Beratungsrecht aus § 111 S. 1 BetrVG i.V.m. § 111 S. 3 Nr. 4 und 5 BetrVG. Denn durch Crowdwork wird eine grundlegend neue Arbeitsmethode eingeführt, die grundlegende Änderungen der Betriebsorganisation mit sich bringt.

Die Unterrichtung des Betriebsrats muss nach all diesen Vorschriften zu einem Zeitpunkt erfolgen, in dem der Betriebsrat noch die Möglichkeit hat, die Entscheidungen zu beeinflussen.[733] Dabei hat der Arbeitgeber die Entscheidung zu begründen und die erforderlichen Unterlagen vorzulegen. Falls notwendig,

---

730 *Müller*, Gute Arbeit 2016, 17, 19; *Wedde*, AiB extra 09/2015, 26, 30.

731 So auch *Meyer-Michaelis/Falter/Schäfer*, DB 2016, 2543, 2546; *Wedde*, AiB extra 09/2015, 26, 30.

732 *Müller*, Gute Arbeit 2016, 17, 19; *Wedde*, AiB extra 09/2015, 26, 30.

733 ErfK/*Kania*, § 80 BetrVG Rn. 19; *Thüsing* in Richardi BetrVG, § 80 Rn. 61.

sind die Unterlagen dem Betriebsrat auf Dauer zu überlassen.[734] Den Arbeitgeber trifft des Weiteren die Pflicht, die Informationen ständig aktuell zu halten und sich mit dem Betriebsrat über die vorgesehenen Maßnahmen und ihre Auswirkungen auf die Arbeitnehmer zu beraten.[735] Erst wenn der Betriebsrat ausreichende Informationen erhalten hat, kann er seine Rechte sinnvoll ausüben.

bb) Anhörungs-, Konsultations- und Beratungsrechte

Crowdworker gelten nach § 5 Abs. 1 S. 2 BetrVG als Arbeitnehmer eines Betriebs, sofern die Voraussetzungen für eine Beschäftigung in Heimarbeit vorliegen und sie „in der Hauptsache für den Betrieb arbeiten".[736] Vor der Beendigung der Vertragsbeziehung mit einem solchen Crowdworker ist daher das Anhörungsrecht des Betriebsrats nach § 102 BetrVG zu beachten.[737] Der Auftraggeber muss dem Betriebsrat folglich neben den näheren Informationen über die Person des Beschäftigten die Art, den Zeitpunkt sowie die Gründe für die beabsichtigte Kündigung mitteilen.[738] Wird die Kündigung ohne Anhörung des Betriebsrats ausgesprochen, ist diese nach § 102 Abs. 1 S. 3 BetrVG unwirksam. Ein Weiterbeschäftigungsanspruch nach erfolgtem Widerspruch des Betriebsrats aus § 102 Abs. 5 S. 1 BetrVG besteht dagegen für in Heimarbeit Beschäftigte nicht. Denn Voraussetzung für einen solchen Anspruch ist, dass der Arbeitnehmer nach dem Widerspruch des Betriebsrats Kündigungsschutzklage nach § 4 S. 1 KSchG erhebt. Das Kündigungsschutzgesetz findet jedoch auf in Heimarbeit Beschäftigte keine Anwendung.[739]

Aus § 92 BetrVG ergeben sich neben einem Informationsrecht auch Beratungsrechte des Betriebsrats. Beabsichtigt der Arbeitgeber etwa, Crowdwork im

---

734 *Däubler/Klebe*, NZA 2015, 1032, 1040; DKKW/*Buschmann* § 80 BetrVG Rn. 96 ff., 105 f., 112 ff.; *Fitting*, § 80 BetrVG Rn. 48, 54 ff.; § 90 BetrVG Rn. 9, 12, 34 f.; *Klebe* in Benner, Crowdwork – Zurück in die Zukunft?, S. 277, 279 f.

735 Vgl. BAG 17.03.1987 – 1 ABR 59/85 – NZA 1987, 747, 750; *Däubler/Klebe*, NZA 2015, 1032, 1040; *Fitting*, § 90 BetrVG Rn. 10, 34.

736 Siehe Punkt D. III. 1. b); vgl. auch *Fitting*, § 5 BetrVG Rn. 99; Kittner/Zwanziger/Deinert/ Heuschmid/*Becker*, Arbeitsrecht, § 117 Rn. 72; *Schmidt/Koberski/Tiemann/Wascher*, Heimarbeitsgesetz, § 19 Rn. 140.

737 Vgl. für die „klassischen" in Heimarbeit Beschäftigten BAG 07.11.1995 – 9 AZR 268/94 – NZA 1996, 380; vgl. auch Deinert/Heuschmid/Zwanziger/*Becker*, Arbeitsrecht, § 117 Rn. 72; *Schmidt/Koberski/Tiemann/Wascher*, Heimarbeitsgesetz, § 19 Rn. 142.

738 Vgl. BAG 07.11.1995 – 9 AZR 268/94 – NZA 1996, 380; Deinert/Heuschmid/Zwanziger/*Becker*, Arbeitsrecht, § 117 Rn. 72.

739 Vgl. Punkt D. III. 1. b).

Betrieb einzuführen, hat er sich über den Anteil der Tätigkeiten, die an Dritte vergeben werden sollen, mit dem Betriebsrat zu beraten.[740] Nach § 92 Abs. 2 BetrVG kann dieser dem Arbeitgeber für die Einführung einer Personalplanung und ihre Durchführung Vorschläge unterbreiten.

Auch § 92a BetrVG gewährt dem Betriebsrat ein Beratungsrecht.[741] Danach kann dieser dem Arbeitgeber Vorschläge zur Sicherung und Förderung der Beschäftigung machen. Zu den Regelungsgegenständen zählen nach der beispielhaften Aufzählung in § 92a Abs. 1 S. 2 BetrVG auch neue Formen der Arbeitsorganisation. Der Betriebsrat hat demnach die Möglichkeit, Vorschläge etwa dazu machen, wie auf Crowdwork ganz verzichtet werden könnte oder wie sich das geplante Volumen reduzieren lässt.[742] Diese Vorschläge muss der Arbeitgeber dann mit dem Betriebsrat beraten.

Weiter verpflichtet § 111 S. 1 BetrVG den Arbeitgeber zur Beratung mit dem Betriebsrat über geplante Betriebsänderungen, die wesentliche Nachteile für die Belegschaft oder erhebliche Teile der Belegschaft zur Folge haben können. Ziel der Beratung ist dabei, einen Interessenausgleich zu versuchen sowie einen Sozialplan abzuschließen.[743]

Die Beratungen müssen dabei stets so rechtzeitig erfolgen, dass die Vorstellungen und Ideen, die der Betriebsrat einbringt, bei der Planung vom Arbeitgeber noch berücksichtigt werden können.[744] Der Arbeitgeber ist verpflichtet, die Vorschläge und Forderungen mit dem Betriebsrat zu besprechen.[745] Hält er sie für ungeeignet, muss er in größeren Betrieben (mehr als 100 Beschäftigte, vgl. § 92a Abs. 2 S. 2 BetrVG) eine schriftliche Begründung abgeben.[746] Allerdings verleiht die Verweigerung von Beratung oder Begründung durch den Arbeitgeber dem Betriebsrat keinen Unterlassungsanspruch in Bezug auf Maßnahmen des Arbeitgebers, und auch sonst fehlt es an einer wirkungsvollen Sanktionsmöglichkeit.[747]

Schließlich stellt die Einführung von Crowdsourcing einen Vorgang dar, der geeignet ist, die Interessen der Arbeitnehmer des Unternehmens wesentlich zu

---

740 *Raab* in GK-BetrVG, § 95 Rn. 40.
741 *Müller*, Gute Arbeit 2016, 17, 19.
742 *Müller*, Gute Arbeit 2016, 17, 19; *Wedde*, AiB extra 09/2015, 26, 30.
743 *Besgen* in BeckOK ArbR, § 111 BetrVG Rn. 32; ErfK/*Kania*, § 111 BetrVG Rn. 24.
744 Vgl. BAG 18.10.2006 – 2 AZR 434/05 – NZA 2007, 552 Rn. 25; *Bauer*, NZA 2001, 375, 379; *Fitting*, § 90 BetrVG Rn. 34 f.; *Schiefer*, ZfA 2002, 427, 432.
745 *Klebe* in Benner, Crowdwork – Zurück in die Zukunft?, S. 277, 280.
746 *Müller*, Gute Arbeit 2016, 17, 19; *Wedde*, AiB extra 09/2015, 26, 30.
747 ErfK/*Kania*, § 92a BetrVG Rn. 1.

berühren. Es handelt sich mithin um eine wirtschaftliche Angelegenheit nach § 106 Abs. 3 Nr. 10 BetrVG, weshalb nach § 106 Abs. 1 S. 2 BetrVG bei Bestehen eines Wirtschaftsausschusses dessen Aufgaben zu berücksichtigen sind.[748] Zu diesen gehört die Beratung des Arbeitgebers in wirtschaftlichen Angelegenheiten und die Unterrichtung des Betriebsrats über das Ergebnis der Beratungen.[749]

b) Mitbestimmungsrechte

Die Mitbestimmungsrechte stellen die stärkste Form der Beteiligungsmöglichkeiten des Betriebsrats dar. Bei Bestehen eines Mitbestimmungsrechts ist der Betriebsrat gleichberechtigt an Arbeitgeberentscheidungen beteiligt, weil die Zustimmung in seinem Ermessen steht.[750] Kommt keine Einigung mit dem Arbeitgeber zustande, muss dieser, wenn er an seinen Plänen festhält, die Einigungsstelle nach § 76 BetrVG anrufen. Nur im Rahmen einer dann folgenden Entscheidung der Einigungsstelle kann der Arbeitgeber seine Pläne realisieren.

aa) Auswahlrichtlinien

Nach § 95 BetrVG kann der Betriebsrat bei Richtlinien über die personelle Auswahl bei Einstellungen, Versetzungen, Umgruppierungen und Kündigungen mitbestimmen. Darunter fallen nach teilweise vertretener Ansicht auch Auswahlrichtlinien zum Einsatz von Fremdfirmenarbeit.[751] So könnte zum Beispiel der Anteil externer Crowdworker an der Beschäftigung im Betrieb festgelegt werden.[752] Allerdings würde ein derart weit gefasstes Verständnis des Mitbestimmungsrechts aus § 95 BetrVG über das Ziel hinaus schießen. Sinn und Zweck der Norm ist es, den Betriebsrat bei der Gestaltung von Auswahlrichtlinien einzubeziehen, nicht aber ihm Einfluss auf die Einstellung von Arbeitskräften an sich einzuräumen.[753] Die Gestaltung von Auswahlrichtlinien dient dazu, dem Betriebsrat bei der Auswahl der Arbeitskräfte Rechte zu gewähren, nicht aber

---

748 Ein Wirtschaftsausschuss ist nach § 106 Abs. 1 S. 1 BetrVG in Unternehmen mit in der Regel mehr als 100 ständig beschäftigten Arbeitnehmern zu bilden.

749 *Besgen* in BeckOK ArbR, § 106 BetrVG Rn. 9; ErfK/*Kania*, § 106 BetrVG Rn. 3.

750 *Junker*, Arbeitsrecht, § 10 Rn. 702.

751 Vgl. DKKW/*Klebe*, § 95 BetrVG Rn. 32; *Ulber/zu Dohna-Jaeger*, AiB 2007, 705, 706 f.; a.A. BAG 10.07.2013 - 7 ABR 91/11 - NZA 2013, 1296 Rn. 27; *Fitting*, § 95 BetrVG Rn. 22; *Raab* in GK-BetrVG, § 95 Rn. 40.

752 So *Däubler/Klebe*, NZA 2015, 1032, 1040; DKKW/*Klebe*, § 95 BetrVG Rn. 32; *Klebe/Neugebauer*, AuR 2014, 4, 7; Küttner/*Röller*, Personalbuch 2019, *Crowdsourcing*, Rn. 4; *Meyer-Michaelis/Falter/Schäfer*, DB 2016, 2543, 2546.

753 Vgl. BAG 10.07.2013 - 7 ABR 91/11 - NZA 2013, 1296 Rn. 27.

die Einstellung bestimmter Arbeitskräfte zu verhindern. Ein Recht des Betriebsrats zur Festlegung des Anteils externer Crowdworker an der Beschäftigung im Betrieb aus § 95 BetrVG ist daher abzulehnen. Diesbezüglich steht dem Betriebsrat lediglich ein Informations- und Beratungsrecht nach § 92 Abs. 1 BetrVG zu.[754]

Ungeachtet dessen besteht für Betriebsräte nach § 95 BetrVG jedoch die Möglichkeit, Personalplanungskonzepte zu erarbeiten und so der Verlagerung von Aufträgen entgegenzuwirken.[755]

bb) Mitbestimmung in sozialen Angelegenheiten

Um die Interessen der Arbeitnehmer bei der Regelung sozialer Angelegenheiten zu berücksichtigen, hat der Gesetzgeber § 87 BetrVG eingeführt.[756] Die Vorschrift enthält das zentrale Mitbestimmungsrecht des Betriebsrats und stellt damit die wichtigste Beteiligungsvorschrift im Betriebsverfassungsrecht dar.[757]

Im Rahmen der Digitalisierung spielt dabei insbesondere das Mitbestimmungsrecht in Bezug auf technische Einrichtungen zur Mitarbeiterkontrolle aus § 87 Abs. 1 Nr. 6 BetrVG eine zentrale Rolle. Nach der Rechtsprechung des BAG reicht es für das Eingreifen des Mitbestimmungsrechts bereits aus, wenn eine technische Einrichtung objektiv zur Überwachung der Beschäftigten geeignet ist; auf eine konkrete Überwachungsabsicht kommt es nicht an.[758] Eine objektive Eignung ist bei Crowdwork-Plattformen in der Regel gegeben, da bei Crowdwork eine elektronische An- und Einbindung der Beschäftigten vorausgesetzt wird und sich die Verhaltens- und Leistungsdaten der Plattformnutzer so erfassen und auswerten lassen.[759] Die Vorschrift eröffnet dem Betriebsrat die Möglichkeit, eine völlige Transparenz der Arbeit der Crowdworker zu verhindern, indem in einer Betriebsvereinbarung zum Beispiel klare Regeln darüber festgelegt werden, welche personenbezogenen Daten erfasst werden, wann sie zu löschen sind und wer überhaupt Zugriff auf die Daten hat.[760] Von solchen Regeln können Crowdworker zum Beispiel bei der Einführung digitaler Rating-Systeme

---

754 Siehe oben (Punkt E. I. 3. a)); vgl. auch *Raab* in GK-BetrVG, § 95 Rn. 40.

755 *Müller*, Gute Arbeit 2016, 17, 19 f.; *Wedde*, AiB extra 09/2015, 26, 30 f.

756 Vgl. zum Zweck der Vorschrift BAG 24.02.1987 – 1 ABR 18/85 – NZA 1987, 639, 640.

757 *Preis/Greiner*, Kollektivarbeitsrecht, § 149 Rn. 2197.

758 Grundlegend BAG 14.05.1974 – 1 ABR 45/73 – NJW 1974, 2023, 2024; vgl. auch BAG 06.12.1983 – 1 ABR 43/81 – NJW 1984, 1476, 1483 f.

759 *Meyer-Michaelis/Falter/Schäfer*, DB 2016, 2543, 2546; *Schuster*, AnwBl 2016, 641, 644; *Wedde*, AiB extra 09/2015, 26, 29.

760 *Däubler/Klebe*, NZA 2015, 1032, 1040.

zur Evaluierung ihrer Arbeitsleistung profitieren.[761] Auf der anderen Seite können aber auch Regeln und Vorkehrungen getroffen werden, durch die sichergestellt wird, dass auch externe Crowdworker keine personenbezogenen Daten aus betrieblichen Systemen auf ihre Endgeräte herunterladen und dort abspeichern.[762]

Zu beachten ist, dass dem Betriebsrat nach der Rechtsprechung des BAG kein Initiativrecht bezüglich der Einführung einer technischen Kontrolleinrichtung zusteht.[763] Dies ergebe sich unter Berücksichtigung des Zwecks des Mitbestimmungsrechts, der gerade darin bestehe, Arbeitnehmer vor technischer Kontrolle zu schützen.[764] Allerdings stößt diese Rechtsprechung in der Praxis auf zunehmende Bedenken.[765] Denn gerade bei mobiler und häuslicher Arbeit, wo eine Zeiterfassung immer schwieriger wird, würden durch das Festhalten der Nutzungszeiten von digitalen Geräten zumindest näherungsweise Erkenntnisse über die Dauer der Arbeitszeit geliefert.[766] Diese Erkenntnisse würden dem Betriebsrat wiederum dazu dienen, seiner Überwachungsaufgabe nachzukommen. So könnte er anhand der Daten besser auf die Einhaltung der Arbeitszeiten und der Arbeitszeitvorschriften hinwirken und darüber wachen, dass geleistete Überstunden vergütet werden.[767] Es bleibt abzuwarten, wie lange das BAG seine Rechtsprechung angesichts der Technisierung der Arbeitsvorgänge noch aufrechterhält.

Wird externe Crowdwork in betriebliche Prozesse eingebunden, kann sich das auf die Beschäftigten und deren Arbeitsorganisation auswirken.[768] Daher können bei Kooperationen zwischen betrieblichen Arbeitnehmern und Crowdworkern Mitbestimmungsrechte bezüglich Beginn und Ende der Arbeitszeit

---

761 *Tapper* in Hill/Martini/Wagner, Die digitale Lebenswelt gestalten, S. 253, 281.

762 *Wedde*, AiB extra 09/2015, 26, 31.

763 Vgl. BAG 28.11.1989 – 1 ABR 97/88 – NZA 1990, 406, 407 f.; zust. *Dahl/Brink*, NZA 2018, 1231, 1232; *Fitting*, § 87 BetrVG Rn. 251; *Gräf*, jurisPR-ArbR 26/2015 Anm. 3; *Richardi* in Richardi BetrVG, § 87 Rn. 518; *Wiese/Gutzeit* in GK-BetrVG, § 87 Rn. 597 m.w.N.; vgl. auch BVerwG 29.09.2004 – 6 P 4/04 – NVwZ 2005, 342, 343.

764 BAG 28.11.1989 – 1 ABR 97/88 – NZA 1990, 406, 407 f.

765 S. nur LAG Berlin-Brandenburg 22.01.2015 – 10 TaBV 1812/14 und 10 TaBV 2124/14 – RDV 2015, 206, 207 f.; ArbG Berlin 20.03.2013 – 28 BV 2178/13 – ArbRAktuell 2013, 310; *Byers*, RdA 2014, 37, 38 ff.; *Däubler*, SR 2016, 2, 76 f.; DKKW/*Klebe*, § 87 BetrVG Rn. 166; Düwell/*Kohte*, BetrVG-HaKo § 87 Rn. 72; *Schlömp-Röder*, CR 1990, 477 f.

766 *Däubler*, SR 2016, 2, 76 f.

767 Vgl. LAG Berlin-Brandenburg 22.01.2015 – 10 TaBV 1812/14 und 10 TaBV 2124/14 – RDV 2015, 206, 208.

768 *Müller*, Gute Arbeit 2016, 17, 20.

sowie Verkürzung und Verlängerung der betriebsüblichen Arbeitszeit nach § 87 Abs. 1 Nr. 2 und 3 BetrVG relevant werden. Unter Rückgriff auf diese Mitbestimmungstatbestände können Betriebsräte vermeiden, dass im Betrieb Arbeitszeitfenster ausgeweitet oder den Arbeitszeitbedürfnissen der Crowdworker angepasst werden.[769]

Darüber hinaus kann noch das Mitbestimmungsrecht des § 87 Abs. 1 Nr. 7 BetrVG einschlägig sein, soweit Systeme und Verfahren eingesetzt werden, die sich mit gesundheitlichen Belastungen für die betrieblichen Arbeitnehmer verbinden.[770]

Für die Entgeltzahlung besteht ein Mitbestimmungsrecht des Betriebsrates aus § 87 Abs. 1 Nr. 10 und 11 BetrVG. Da es sich beim Entgelt der Crowdworker typischerweise um eine mengenabhängige Vergütung handelt, besteht hier nicht nur ein Mitbestimmungsrecht hinsichtlich der Entlohnungsgrundsätze, sondern auch hinsichtlich der Entlohnungshöhe, also auch hinsichtlich des Geldfaktors.[771] Dies gibt dem Betriebsrat Möglichkeiten, auf die Vertragsgestaltung Einfluss zu nehmen und jedenfalls zu unterbinden, dass durch Crowdsourcing billige „Konkurrenten" für die betrieblichen Arbeitsplätze geschaffen werden. Auch der Verlagerung des allgemeinen Beschäftigungsrisikos auf Crowdworker kann von diesem Ansatzpunkt aus jedenfalls in gewissen Grenzen ein Riegel vorgeschoben werden.[772]

cc) Weitere Mitbestimmungsrechte

Weitere Mitbestimmungsrechte leiten sich bezogen auf die Erfassung von Informationen über Arbeitnehmer aus § 94 BetrVG ab. So greift das Erfordernis der Zustimmung des Betriebsrats nach § 94 Abs. 1 S. 1 BetrVG etwa dann, wenn Beschäftigungsprofile in sog. Skill-Datenbanken aufgenommen werden.[773] Denn neben Personalfragebögen sind auch sonstige standardisierte Erhebungen des Arbeitgebers zu personenbezogenen Daten unter die Norm zu fassen.[774] Bei einer

---

769 *Müller*, Gute Arbeit 2016, 17, 20; *Wedde*, AiB extra 09/2015, 26, 31.

770 *Müller*, Gute Arbeit 2016, 17, 20; *Wedde*, AiB extra 09/2015, 26, 31.

771 Vgl. zum Umfang der Mitbestimmungsrechte aus § 87 Abs. 1 Nr. 10 und 11 BetrVG insb. BAG 16.12.1986 – 1 ABR 26/85 – NZA 1987, 568; zum Zusammenspiel der beiden Mitbestimmungsrechte *Werner* in BeckOK ArbR, § 87 BetrVG Rn. 186.

772 Zu den Handlungsmöglichkeiten des Betriebsrats bei (klass.) Heimarbeit *Nies*, Anm. zu ArbG München 24.02.1984 – 10 BV 142/83 – AiB 1984, 78.

773 *Klebe/Neugebauer*, AuR 2014, 4, 7.

774 BAG 21.09.1993 – 1 ABR 28/93 – NZA 1994, 375, 376; ErfK/*Kania*, § 94 BetrVG Rn. 2; DKKW/*Klebe*, § 94 BetrVG Rn. 3; *Fitting*, § 94 BetrVG Rn. 8; *Mauer* in BeckOK ArbR, § 94 BetrVG Rn. 1.

Leistungsbewertung der Einsätze der Crowdworker können Beurteilungsgrundsätze nach § 94 Abs. 2 BetrVG vorliegen, deren Aufstellung ebenfalls von der Zustimmung des Betriebsrats abhängt.[775] Betriebsräte können in diesem Zusammenhang vom Arbeitgeber auch Auskünfte und Nachweise dazu verlangen, dass der Zugriff von Crowdworkern auf personenbezogene Daten des Betriebs oder Unternehmens datenschutzrechtlich legitimiert ist.[776]

Ferner können auch Weiterbildungsfragen entsprechend den §§ 96 bis 98 BetrVG zu regeln sein, oder es kann sich bei einer Veränderung der Arbeit der regulär Beschäftigten um eine Versetzung handeln, gegebenenfalls mit einer neuen Eingruppierung, und damit § 99 BetrVG betroffen sein.[777] Die Tatsache, dass Crowdworker bei wirtschaftlicher Abhängigkeit Heimarbeiter im Sinne des HAG und damit Arbeitnehmer im Sinne des BetrVG sind, führt dazu, dass auch vor deren Arbeitsaufnahme der Betriebsrat nach § 99 BetrVG anzuhören und dessen Zustimmung einzuholen ist. Werden dadurch Arbeitsplätze gefährdet, kann die Zustimmung nach § 99 Abs. 2 Nr. 3 BetrVG verweigert werden.

Schließlich stellt die Einführung von Crowdwork sowohl eine grundlegende Änderung der Betriebsorganisation im Sinne des § 111 S. 3 Nr. 4 BetrVG als auch eine Einführung grundlegend neuer Arbeitsmethoden nach § 111 S. 3 Nr. 5 BetrVG dar.[778] Die durch die Einführung von Crowdwork absehbaren Folgen könnten daher durch einen Interessenausgleich oder einen Sozialplan eingedämmt werden (§ 112 BetrVG i.V.m. § 111 S. 3 Nr. 4 und 5 BetrVG).[779]

4. Betriebsvereinbarungen

Sofern in Heimarbeit beschäftigte Crowdworker nach § 5 Abs. 1 S. 2 BetrVG zu den Arbeitnehmern eines Betriebs gehören, können für sie auch in Betriebsvereinbarungen Regelungen getroffen werden, die ihre Entgelte und sonstige Vertragsbedingungen betreffen.[780] Für das Verhältnis zwischen Betriebsvereinbarung und schriftlichen Vereinbarungen gem. § 17 Abs. 1 HAG gelten die allgemeinen

---

775 Vgl. BAG 17.03.2015 – 1 ABR 48/13 – NZA 2015, 885 Rn. 25; DKKW/*Klebe*, § 94 BetrVG Rn. 38, 41, 44.

776 *Wedde*, AiB extra 09/2015, 26, 31.

777 Vgl. *Klebe* in Benner, Crowdwork – Zurück in die Zukunft?, S. 277, 280 f.; *Klebe/Neugebauer*, AuR 2014, 4, 7.

778 *Klebe/Neugebauer*, AuR 2014, 4; *Wedde*, AiB extra 09/2015, 26, 31.

779 *Müller*, Gute Arbeit 2016, 17, 20; *Klebe* in Benner, Crowdwork – Zurück in die Zukunft?, S. 277, 281 f.; *Meyer-Michaelis/Falter/Schäfer*, DB 2016, 2543, 2546; *Wedde*, AiB extra 09/2015, 26, 31.

780 Deinert/Heuschmid/Zwanziger/*Becker*, Arbeitsrecht, § 117 Rn. 73.

Grundsätze des BetrVG, d.h. § 77 Abs. 3 BetrVG und § 87 Abs. 1 Eingangssatz BetrVG.[781] Deshalb ist für in Heimarbeit Beschäftigte eine Betriebsvereinbarung nur dann wirksam, wenn diesbezüglich eine schriftliche Vereinbarung zwischen Gewerkschaften und tarifgebundenen Auftraggebern bzw. deren Verbänden oder eine bindende Festsetzung nicht vorliegt.[782] Im letzteren Fall läge die Tarifbindung durch die Wirkung der bindenden Festsetzung vor, die gem. § 19 Abs. 3 HAG wie ein für allgemeinverbindlich erklärter Tarifvertrag wirkt.[783]

5. Zwischenergebnis

Crowdworker können, wenn sie die Voraussetzungen für eine Beschäftigung in Heimarbeit erfüllen und in der Hauptsache für einen Betrieb arbeiten, bei der Bildung eines Betriebsrats mitwirken, da ihnen dann ein aktives Wahlrecht zusteht. Haben sie sechs Monate oder länger in der Hauptsache für den Betrieb gearbeitet, können sie auch selbst zu Betriebsratsmitgliedern gewählt werden. Zudem stehen einem bestehenden Betriebsrat sowohl bei der Einführung als auch bei der Durchführung von Crowdsourcing und Crowdwork verschiedene Beteiligungsrechte zu, wobei besonders dessen Mitbestimmungsrechte ihm einen weitreichenden Spielraum gewähren. Schließlich können die Bedingungen der Crowdworker im Anwendungsbereich des Betriebsverfassungsgesetzes auch Gegenstand von Betriebsvereinbarungen sein.

II. Tarifvertragsrecht

Eine weitere Möglichkeit der Einflussnahme auf die Arbeitsbedingungen der Crowdworker könnte durch Tarifverträge bestehen. Voraussetzung dafür ist, dass Crowdworker in den Wirkungsbereich von Tarifverträgen fallen. Sofern dies der Fall ist, ist zu prüfen, in welchem Umfang die Bedingungen tariflich regelbar sind.

1. Tarifautonomie für Crowdworker

Grundsätzlich entfalten Tarifverträge Geltung nur für Arbeitnehmer, vgl. § 1 Abs. 1 TVG. Neben den Arbeitnehmern gibt es aber noch weitere

781 Deinert/Heuschmid/Zwanziger/*Becker*, Arbeitsrecht, § 117 Rn. 74; *Schmidt/Koberski/Tie-mann/Wascher*, Heimarbeitsgesetz, § 17 Rn. 35.

782 Leinemann/*Fenski*, Kasseler Handbuch zum Arbeitsrecht, Band 2, 4.6, Rn. 188 f.

783 Leinemann/*Fenski*, Kasseler Handbuch zum Arbeitsrecht, Band 2, 4.6, Rn. 188 f.; Deinert/Heuschmid/Zwanziger/*Becker*, Arbeitsrecht, § 117 Rn. 74.

Personengruppen, deren Arbeitsbedingungen in Tarifverträgen geregelt werden können. So enthält das Tarifvertragsgesetz in § 12a eine Sonderbestimmung, welche die Tarifmacht auf das Rechtsverhältnis zwischen arbeitnehmerähnlichen Personen und ihren Auftraggebern erstreckt.[784] Für den Bereich der Heimarbeit tritt § 12a TVG hinter der spezielleren Regelung des § 17 HAG zurück, die für in Heimarbeit Beschäftigte und diesen Gleichgestellte den Abschluss von Tarifverträgen ermöglicht.[785] Denn nach dieser Vorschrift gelten schriftliche Vereinbarungen zwischen Gewerkschaften einerseits und Auftraggebern oder deren Vereinigungen andererseits über Inhalt, Abschluss oder Beendigung von Vertragsverhältnissen der in Heimarbeit Beschäftigten oder Gleichgestellten mit ihren Auftraggebern als Tarifverträge.

Für die nicht wirtschaftlich abhängigen Crowdworker, die rechtlich als Soloselbständige einzuordnen sind, stellt sich die Frage, ob auch für diese Gruppe Tarifverträge abgeschlossen werden können. Dafür spricht zunächst die verfassungsrechtliche Ausgangslage. Denn Art. 9 Abs. 3 S. 1 GG sieht vor, dass die Sozialpartner im Bereich der „Wahrung und Förderung der Arbeits- und Wirtschaftsbedingungen" aktiv werden können. Auch ist die Koalitionsfreiheit aus Art. 9 Abs. 3 GG dem Wortlaut nach nicht auf bestimmte Personengruppen beschränkt, sondern gilt für „jedermann und alle Berufe".[786] Jedoch bezieht sich die Garantie der Tarifautonomie nach der Rechtsprechung des BVerfG[787] lediglich auf die Regelung der Bedingungen abhängiger Arbeit und nicht auf die Vertragsbedingungen Selbständiger.[788] Maßgeblich ist dabei die persönliche Arbeitsleistung in wirtschaftlicher Abhängigkeit und das Erfordernis, die individuelle Verhandlungsschwäche mit Hilfe kollektiver Interessenvertretung auszugleichen.[789] Erfasst sind demnach insbesondere Konstellationen, bei denen eine

---

784 *Löwisch/Rieble*, TVG, § 12a Rn. 1.

785 Vgl. *Giesen* in BeckOK ArbR, § 12a TVG Rn. 1; Kempen/Zachert/*Stein*, § 12a TVG Rn. 34; *Klumpp*, Münchener Handbuch zum Arbeitsrecht, Band 3, § 236 Rn. 42; *Löwisch/Rieble*, TVG, § 12a Rn. 8; zur verfassungsrechtlichen Zulässigkeit und Ableitung aus Art. 9 Abs. 3 GG BVerfG 27.02.1973 – 2 BvL 27/69 – NJW 1973, 1320, 1321 f.

786 *Heuschmid/Klebe*, Erwerbsarbeit in der Plattformökonomie, in: FS Kohte, S. 73, 79; *Klebe*, AuR 2016, 277, 281; *Schlachter*, Streikrecht außerhalb des Arbeitsverhältnisses?, in: GS Zachert, S. 634 ff.

787 BVerfG 24.04.1996 – 1 BvR 712/86 – NZA 1996, 1157, 1158.

788 *Löwisch/Rieble*, TVG, § 12a Rn. 4.

789 BAG 31.01.2018 – 10 AZR 279/16 – NZA 2018, 867 Rn. 36; vgl. auch *Holler* in Dobreva/Hack-Leoni/Holenstein/Koller/Nedi: Neue Arbeitsformen, S. 181, 190 ff.; *Klumpp*, Münchener Handbuch zum Arbeitsrecht, Band 3, § 236 Rn. 9; *Preis/Greiner*, Kollektivarbeitsrecht, § 80 Rn. 75.

den Arbeitnehmern vergleichbare Schutzbedürftigkeit besteht, was bei wirtschaftlich unabhängigen Soloselbständigen nicht der Fall ist. Diese sind daher nicht von der Tarifautonomie umfasst.[790]

Soweit Crowdworker als Arbeitnehmer oder arbeitnehmerähnliche Personen zu qualifizieren sind, können folglich Tarifverträge für sie abgeschlossen werden. Dem steht auch das EU-Kartellrecht nicht entgegen, da nach der Rechtsprechung des EuGH auch Tarifvereinbarungen, die Arbeitsbedingungen von Selbständigen regeln, die sich in einer vergleichbaren Lage wie Arbeitnehmer befinden, vom Kartellverbot des Art. 101 Abs. 1 AEUV ausgenommen sind.[791]

2. Umfang der tariflichen Regelbarkeit

Welche Regelungen zum Inhalt des normativen Teils von Tarifverträgen gemacht werden können, bestimmt sich grundsätzlich nach § 1 TVG. Danach ist es den Tarifvertragsparteien gestattet, Rechtsnormen über den Inhalt, den Abschluss und die Beendigung von Arbeitsverhältnissen sowie betriebliche und betriebsverfassungsrechtliche Fragen aufzustellen. Aus § 4 Abs. 1 TVG ergibt sich, dass diesen Rechtsnormen unmittelbare und zwingende Wirkung zukommt.[792] Anders als bei Tarifverträgen für Arbeitnehmer und Arbeitnehmerähnliche nach § 12a TVG[793] können nach § 17 HAG für in Heimarbeit Beschäftigte nur schriftliche Vereinbarungen über Inhalt, Abschluss und Beendigung von Vertragsverhältnissen der in Heimarbeit Beschäftigten als Tarifverträge geschlossen werden.[794] Betriebsnormen sind dagegen nach dem eindeutigen Wortlaut des § 17 Abs. 1 HAG ausgeschlossen.[795] Soweit Crowdworker als Heimarbeiter

790 So auch BAG 31.01.2018 – 10 AZR 279/16 – NZA 2018, 867 Rn. 36; *Holler* in Dobreva/Hack-Leoni/Holenstein/Koller/Nedi: Neue Arbeitsformen, S. 181, 208; Kempen/Zachert/*Schubert/Zachert*, § 1 TVG Rn. 781; *Löwisch/Rieble*, TVG, § 12a Rn. 4; *Mohr*, EuZA 2018, 436, 443; *Preis/Greiner*, Kollektivarbeitsrecht, § 80 Rn. 75; a.A. *Klebe*, AuR 2016, 277, 281; *Schlachter*, Streikrecht außerhalb des Arbeitsverhältnisses?, in: GS Zachert, S. 634 ff.

791 EuGH 04.12.2014 – C-413/13 (FNV) – NZA 2015, 55 Rn. 42; Bestätigung und Weiterentwicklung von EuGH 21.09.1999 – C-67/96 (Albany); zust. *Heuschmid/Hlava*, AuR 2015, 193, 194; *Mohr*, EuZA 2018, 436, 449 ff.; krit. *Holler* in Dobreva/Hack-Leoni/Holenstein/Koller/Nedi: Neue Arbeitsformen, S. 181, 208; *Steinle/Haußmann*, EuZW 2015, 313, 316 f.

792 *Löwisch/Rieble*, TVG, § 4 Rn. 29 ff.; *Waas* in BeckOK ArbR, § 1 TVG Rn. 83.

793 Str., vgl. ErfK/*Franzen*, § 12a TVG Rn. 11 m.w.N.

794 Vgl. ErfK/*Franzen*, § 12a TVG Rn. 11; *Löwisch/Rieble*, TVG, § 12a Rn. 19; Wiedemann/*Thüsing*, § 1 TVG Rn. 393.

795 *Löwisch/Rieble*, TVG, § 12a Rn. 19; Wiedemann/*Thüsing*, § 1 TVG Rn. 393.

anzusehen sind, hat der nach §§ 3 f. HAG zu errichtende, zuständige Heimarbeitsausschuss[796] unter anderem nach § 18 lit. a) HAG die Aufgabe, auf das Zustandekommen von Tarifverträgen hinzuwirken.[797]

Ungeachtet der rechtlichen Einordnung von Crowdworkern als Arbeitnehmer oder in Heimarbeit Beschäftigte können bei allen Varianten Beschäftigungsbedingungen ausgehandelt werden, die die spezifischen Gegebenheiten bei dieser Form der Arbeit berücksichtigen. Neben höheren Löhnen besteht für Gewerkschaften so insbesondere die Möglichkeit, höhere Zuschläge zur wirtschaftlichen Absicherung im Krankheitsfall, mehr Urlaub oder Regelungen zu Sonderzahlungsansprüchen für Crowdworker durchzusetzen.[798] Für den Fall, dass Crowdwork-Plattformen beispielsweise keine Nachbearbeitungsmöglichkeiten oder diesbezüglich nur unangemessen kurze Fristen vorsehen, könnten in Tarifverträgen auch die gegenwärtigen Gewährleistungsregelungen auf Plattformen modifiziert werden. Sinnvoll erscheint in diesem Zusammenhang auch eine Vereinbarung allgemeiner Kriterien, nach denen ein Auftraggeber die Abnahme einer Arbeitsleistung verweigern darf. Auch Kriterien für die Verfahren, durch welche das Rating eines Crowdworkers ermittelt wird, könnten in tariflichen Regelungen verallgemeinert und auf diese Weise transparenter ausgestaltet werden.[799]

Für den Fall, dass keine Gewerkschaften oder Vereinigungen der Auftraggeber bestehen oder dass diese nur eine Minderheit der Auftraggeber oder Beschäftigten umfassen, hat der Gesetzgeber in § 19 Abs. 1 HAG geregelt, dass der zuständige Heimarbeitsausschuss mit bindender Wirkung Entgelte und sonstige Vertragsbedingungen festsetzen kann. Eine derartige bindende Festsetzung hat dieselbe Wirkung wie ein allgemeinverbindlicher Tarifvertrag (§ 19 Abs. 3 HAG i.V.m. § 5 Abs. 4 TVG), gilt also unmittelbar normativ für die Beteiligten und ist deshalb in das Tarifregister einzutragen.[800] Verfahrensrechtliche Voraussetzung ist, dass zunächst Auftraggeber und Beschäftigte angehört werden. In materieller Hinsicht erfordert die Regelung, dass „unzulängliche Entgelte gezahlt werden oder die sonstigen Vertragsbedingungen unzulänglich sind."[801] Als unzulänglich

796 Vgl. dazu auch Punkt D. III. 3.

797 *Giesen/Kersten*, Arbeit 4.0, S. 107, 111; vgl. auch HK-ArbR/*Berg*, §§ 17–22 HAG Rn. 4.

798 Vgl. *Pacha*, Crowdwork, S. 261.

799 So jeweils *Pacha*, Crowdwork, S. 261.

800 Zur Verfassungsmäßigkeit dieser Form der Entgeltfestsetzung vgl. BVerfG 27.02.1973 – 2 BvL 27/69 – NJW 1973, 1320, 1321 f.; *Giesen/Kersten*, Arbeit 4.0, S. 107, 112; HK-ArbR/*Berg*, §§ 17–22 HAG Rn. 5; Küttner/*Röller*, Personalbuch 2019, *Heimarbeit* Rn. 11.

801 Vgl. dazu auch *Giesen/Kersten*, Arbeit 4.0, S. 107, 112.

werden gemäß § 19 Abs. 1 S. 2 HAG solche Vertragsbedingungen angesehen, die unter Berücksichtigung der sozialen und wirtschaftlichen Eigenart der Heimarbeit unter den tarifvertraglichen Löhnen oder sonstigen durch Tarifvertrag festgelegten Arbeitsbedingungen für gleiche oder gleichwertige Betriebsarbeit liegen.[802] Schließlich bedarf eine bindende Festsetzung von Entgelten und sonstigen Vertragsbedingungen nach § 19 Abs. 2 S. 1 HAG der behördlichen Zustimmung und Veröffentlichung.

3. Zwischenergebnis

Crowdworker unterliegen der Tarifautonomie, soweit sie in einem Abhängigkeitsverhältnis zu ihrem Auftraggeber stehen. In der Regel wird es sich bei in einem Abhängigkeitsverhältnis stehenden Crowdworkern um Heimarbeiter im Sinne des Heimarbeitsgesetzes handeln. Für diese kann der zuständige Heimarbeitsausschuss den Abschluss von Tarifverträgen nach § 17 HAG veranlassen und so Regelungen bezüglich Inhalt, Abschluss und Beendigung der Vertragsverhältnisse aufstellen. Alternativ hat er nach § 19 HAG die Möglichkeit, Entgelte und sonstige Vertragsbedingungen mit bindender Wirkung für alle Auftraggeber und Beschäftigten seines Zuständigkeitsbereichs festzusetzen.

Ob und in welcher Weise diese Möglichkeit zum Abschluss von Tarifverträgen genutzt wird, liegt in der Hand der Tarifvertragsparteien. Allerdings wird von dieser Möglichkeit für arbeitnehmerähnliche Personen bzw. in Heimarbeit Beschäftigte bislang nur selten Gebrauch gemacht.[803] Nach Angaben des Bundesministeriums für Arbeit und Soziales waren im März 2017 im Tarifregister 44 Tarifverträge mit Regelungen für arbeitnehmerähnliche Personen registriert.[804] Ein auf Crowdworker Bezug nehmender Tarifvertrag ist bisher nicht ersichtlich.

III. Arbeitskampfrecht

Um den Sozialpartnern die Möglichkeit zu gewähren, bei Nichtzustandekommen einer Einigung über einen Tarifvertrag auf anderem Wege für die Verhandlungsbereitschaft der Gegenseite und damit letztlich für das Zustandekommen

---

802 Vgl. hierzu Küttner/*Röller*, Personalbuch 2019, *Heimarbeit* Rn. 13 ff.

803 *Heuschmid/Klebe*, Erwerbsarbeit in der Plattformökonomie, in: FS Kohte, S. 73, 80.

804 *BMAS*, Weißbuch Arbeiten 4.0, S. 174. Bei 40 Abschlüssen handelt es sich um sog. Firmentarifverträge in Rundfunk und Fernsehen. Nur vier weitere Tarifverträge sind klassische Verbandstarifverträge, aus der Branche der Grafikdesigner (Mantel- und Vergütungs-TV Design) und aus der Branche der Zeitungsverlage (Mantel- und Gehalts-TV).

von Tarifverträgen Sorge zu tragen, enthält Art. 9 Abs. 3 GG eine institutionelle Garantie des Rechts zum Arbeitskampf.[805]

Parteien des Arbeitskampfes können grundsätzlich Arbeitnehmer und Arbeitgeber sowie ihre Organisationen sein.[806] Nach § 12a TVG sind arbeitnehmerähnliche Personen den Arbeitnehmern gleichgestellt. Auch sie können daher an einem Arbeitskampf teilnehmen. Gleiches folgt aus § 17 HAG für die in Heimarbeit Beschäftigten als spezielle Gruppe der arbeitnehmerähnlichen Personen.[807] Dementsprechend können auch arbeitnehmerähnliche Personen sowie in Heimarbeit Beschäftigte Tarifverträge durch Streik erkämpfen und ihre Auftraggeber Aussperrungsmaßnahmen gegen sie ergreifen, soweit dies im Übrigen zulässig ist.

1. Streiks

Ob Streiks von Crowdworkern tatsächlich Verhandlungsdruck beim Auftraggeber erzeugen und damit zur Durchsetzung tariflicher Forderungen geeignet sind, wird sich noch zeigen. Denn die kollektive Ablehnung oder Nichterfüllung von Arbeitsaufträgen durch eine organisierte Gruppe von Crowdworkern wird aufgrund der global tätigen „Konkurrenz“ wohl kaum zu einem spürbaren Arbeitsausfall beim Auftraggeber führen. Dennoch dürften Plattformen kein Interesse an der daraus resultierenden negativen Publicity haben, womit einem Streik durch Crowdworker durchaus mehr als nur symbolischer Charakter zukommen könnte.[808]

Auch Sympathiestreiks der Arbeitnehmer zur Unterstützung der arbeitnehmerähnlichen Personen und umgekehrt sind nicht ausgeschlossen.[809] Nach

---

805 Vgl. BVerfG 26.06.1991 – 1 BvR 779/85 – NJW 1991, 2549, 2550; BAG 10.06.1980 – 1 AZR 822/79 – NJW 1980, 1642, 1643 f.; Wiedemann/*Wank*, § 12a TVG Rn. 91.

806 *Junker*, Arbeitsrecht, § 9 Rn. 592.

807 Vgl. Däubler/*Reinecke/Rachor*, § 12a TVG Rn. 77; *Nies*, ZUM 2000, 653, 656; *Gamillscheg*, Kollektives Arbeitsrecht I, S. 992; Kempen/Zachert/*Stein*, § 12a TVG Rn. 44; *Preis/Greiner*, Kollektivarbeitsrecht, § 113 Rn. 1232; Wiedemann/*Wank*, § 12a TVG Rn. 91; a.A. *Eich*, DB 1973, 1699, 1701; *Stolterfoht*, DB 1973, 1068, 1073.

808 Vgl. zur Beurteilung von Streiks freier Mitarbeiter, insb. öffentlich-rechtlicher Rundfunk- und Fernsehanstalten Däubler/*Reinecke/Rachor*, § 12a TVG Rn. 77; *Nies*, ZUM 2000, 653, 656.

809 Vgl. BAG 19.06.2007 – 1 AZR 396/06 – NZA 2007, 1055 Rn. 30 ff.; einschränkend, aber dennoch bejahend BAG 05.03.1985 – 1 AZR 468/83 – NZA 1985, 504, 506 f.; vgl. auch Däubler/*Reinecke/Rachor*, § 12a TVG Rn. 77; Wiedemann/*Wank*, § 12a TVG Rn. 91 f.

der Rechtsprechung des BAG hängt die Rechtmäßigkeit eines drittwirksamen Arbeitskampfes von folgenden Voraussetzungen ab:[810] Zunächst muss ein sachlicher Zusammenhang zwischen den streikenden Arbeitnehmern und dem bestreikten Arbeitgeber einerseits und den Beschäftigten andererseits bestehen, die durch den Streik geschützt werden sollen. Weiter ist es notwendig, dass sich die Beschäftigten, zu deren Gunsten der unterstützende Arbeitskampf geführt wird, selbst aktiv um die Verbesserung ihrer Arbeits- und Wirtschaftsbedingungen bemühen. Drittens muss sich der unterstützende Arbeitskampf als verhältnismäßig erweisen. Bei Vorliegen der Voraussetzungen käme ein solcher Unterstützungsstreik beispielsweise dann in Betracht, wenn Stammbelegschaften die Durchsetzung von Interessen fördern wollten, die Crowdworker mit Blick auf ihre Arbeitsbedingungen oder ihr Arbeitsentgelt erheben.[811]

2. Streikarbeit durch Crowdworker

Auf Arbeitgeberseite stellt sich die Frage, ob dem durch Streik erzeugten Verhandlungsdruck nicht durch den Einsatz von Crowdworkern als Streikarbeiter entgegengewirkt werden könnte.[812] Unter Streikarbeit versteht man die Erbringung von Arbeitsleistung, die außerhalb des Arbeitskampfes von Streikenden geleistet würde.[813] Streikarbeit kann durch eigene Beschäftigte des Arbeitgebers, aber auch durch Leiharbeitnehmer oder sonstige Dritte erbracht werden.[814] Die Rechtsprechung erachtet Streikarbeit bisher als arbeitskampfrechtlich zulässig. Denn dem Arbeitgeber sei es grundsätzlich erlaubt, die Auswirkungen des

810 Vgl. BAG 19.06.2007 – 1 AZR 396/06 – NZA 2007, 1055 Rn. 35 ff.; vgl. auch *Giesen/Kersten*, NZA 2018, 1, 4.

811 *Berg*, RdA 2019, 110, 112; *Giesen/Kersten*, NZA 2018, 1, 4.

812 *Klebe/Neugebauer*, AuR 2014, 4 sprechen in diesem Zusammenhang fälschlicherweise vom Einsatz von Crowdworkern als Streikbrecher. Ein Streikbruch liegt jedoch nur vor, wenn zum Streik aufgerufene Beschäftigte dem Aufruf nicht folgen und stattdessen wie zuvor die vertraglich geschuldete Arbeitsleistung erbringen, s. *Rödl* in Däubler, Arbeitskampfrecht, § 21 Rn. 177. Da vorliegend jedoch Crowdworker als Dritte eingesetzt werden sollen, um die aufgrund des Streiks suspendierten Arbeitspflichten der Beschäftigten zu kompensieren, kann in diesem Zusammenhang nur von Streikarbeit die Rede sein.

813 *Rödl* in Däubler, Arbeitskampfrecht, § 21 Rn. 178.

814 Vgl. *Rödl* in Däubler, Arbeitskampfrecht, § 21 Rn. 178, wobei eigene Beschäftigte im Regelfall zugleich Streikbrecher sind.

Streiks auf seinen Betrieb zu mindern.[815] Dazu gehöre neben der Belohnung streikbrechender Arbeitnehmer[816] auch die Organisation von Streikarbeit in jeder denkbaren Form, also durch arbeitswillige eigene und neu eingestellte Beschäftigte oder durch Vergabe an Dritte.[817]

Allerdings ist es Arbeitgebern, die unmittelbar durch einen Arbeitskampf betroffen sind, seit der Neufassung des § 11 Abs. 5 AÜG im April 2017[818] verboten, Leiharbeitnehmer zu direkter oder indirekter Streikarbeit einzusetzen. Verstöße sind nach § 16 Abs. 1 Nr. 8a i.V.m. Abs. 2 AÜG bußgeldbewehrt.[819] Die Verbotsvorschrift ist seit ihrer Verkündung massiver Kritik ausgesetzt.[820] So werden Zweifel an der Verfassungsmäßigkeit der Norm insbesondere aufgrund von Verstößen gegen die Arbeitskampfparität,[821] die staatliche Neutralitätspflicht[822] sowie die Berufs- und Koalitionsfreiheit der Leiharbeitnehmer[823] vorgebracht.

---

815 BAG 10.09.1985 - 1 AZR 262/84 - NZA 1985, 814, 815; BAG 13.07.1993 - 1 AZR 676/92 - NJW 1994, 74, 75; vgl. auch BAG 13.12.2011 - 1 ABR 2/10 - NZA 2012, 571 Rn. 22 ff.

816 Zur Zulässigkeit echter Streikbruchprämien BAG 13.07.1993 - 1 AZR 676/92 - NZA 1993, 1135, 1137; BAG 14.08.2018 - 1 AZR 287/17. Ausführlich zur Problematik *Gaul*, NJW 1994, 1025; *Schwarze*, NZA 1993, 967.

817 BAG 10.09.1985 - 1 AZR 262/84 - NZA 1985, 814, 815; BAG 13.07.1993 - 1 AZR 676/92 - NJW 1994, 74, 75; krit. *Rödl* in Däubler, Arbeitskampfrecht, § 21 Rn. 204 ff.

818 Vgl. Art. 1 Nr. 7 lit. b), Art. 7 des Gesetzes zur Änderung des Arbeitnehmerüberlassungsgesetzes und anderer Gesetze vom 21. Februar 2017, BGBl. 2017 I Nr. 8, S. 258, 260, 262.

819 Dazu näher *Motz* in BeckOK ArbR, § 16 AÜG Rn. 75 f.

820 Vgl. nur *Bauer/Haußmann*, NZA 2016, 803 ff.; *Boemke*, ZfA 2017, 1 ff.; ErfK/*Wank*, § 11 AÜG Rn. 21; *Franzen*, RdA 2015, 141, 150 f.; *Henssler*, RdA 2016, 18, 24; *Lembke*, BB 2014, 1333, 1340; *Motz* in BeckOK ArbR, § 11 AÜG Rn. 41; *Rieble*, FS Wank, 2014, 475, 477; *Thüsing*, DB 2016, 2663, 2664 f.; *Ubber/Löw*, BB 2015, 3125, 3126 ff.; *Wank*, RdA 2017, 100, 114; *Willemsen/Mehrens*, NZA 2015, 897, 901; zust. dagegen *Deinert*, RdA 2017, 65, 78 f.; *Klein/Leist*, SR 2017, 31, 34 ff.; *Rödl* in Däubler, Arbeitskampfrecht, § 21 Rn. 209.

821 ErfK/*Wank*, § 11 AÜG Rn. 21; *Franzen*, RdA 2015, 141, 150 f.; *Henssler*, RdA 2016, 18, 24; *Lembke*, BB 2014, 1333, 1340; *Thüsing*, NZA 2014, 10, 11; *Thüsing*, NZA 2015, 1478, 1479; *Ubber/Löw*, BB 2015, 3125, 3126 ff.; *Willemsen/Mehrens*, NZA 2015, 897, 901.

822 *Franzen*, RdA 2015, 141, 151; *Ubber/Löw*, BB 2015, 3125, 3126; *Wank*, RdA 2017, 100, 114.

823 *Bauer/Haußmann*, NZA 2016, 803 ff.; *Boemke*, ZfA 2017, 1, 4; ErfK/*Wank*, § 11 AÜG Rn. 21; *Rieble*, Zeitarbeitsverbot im Streik, in: FS Wank, S. 475, 477; *Wank*, RdA 2017, 100, 114.

Ob durch sie auch eine Änderung der Rechtsprechung zur Beschäftigung sonstiger Dritter im Wege der Streikarbeit eingeläutet wird, bleibt abzuwarten.

3. Zwischenergebnis

Handelt es sich bei Crowdworkern um Arbeitnehmer oder arbeitnehmerähnliche Personen, steht ihnen zur Durchsetzung tariflicher Forderungen das Streikrecht zu. Auch können sie bei Vorliegen der entsprechenden Voraussetzungen auf die Hilfe von Arbeitnehmern durch Unterstützungsstreiks hoffen. Weiter ist Arbeitgebern der Einsatz von Crowdworkern als Streikarbeiter nach geltendem Recht und aktueller Rechtsprechung nicht verwehrt. Allerdings bleibt abzuwarten, wie sich die Rechtsprechung angesichts der Neufassung des § 11 Abs. 5 AÜG entwickelt.

IV. Selbsthilfe und sonstige Formen der Interessenvertretung

Schließlich besteht noch die Möglichkeit, Vereinbarungen auf freiwilliger Basis zu treffen, um Mindeststandards für Crowdworker festzulegen.

So können Gewerkschaften sich auch außertariflich für die Schaffung fairer Arbeitsbedingungen einsetzen. Die IG Metall hat beispielsweise in der Vergangenheit zu Leiharbeit und Werkverträgen über 1000 sog. „Besservereinbarungen" abgeschlossen, bevor es zu tariflichen Regelungen kam.[824] Zudem hat sie im April 2016 mit anderen Gewerkschaften aus Schweden, Österreich, Dänemark und den USA mögliche Strategien diskutiert und in einem weiteren Treffen mit Plattformen über deren AGB debattiert.[825] Zusammen mit der Gewerkschaft ver.di hat sie sich zudem für eine Art Verhaltenskodex, den sog. „Code of Conduct", eingesetzt, der den Crowdworkern faire Arbeitsbedingungen garantieren soll.[826] Zur Lösung von Konflikten zwischen Plattformen und Crowdworkern wurde mittlerweile ein Vermittlungsgremium, bestehend aus einem Vertreter der Plattformen, einem Vertreter der IG Metall, einem Crowdworker und einem Mediator, gegründet.[827]

Um über die Arbeitsbedingungen auf den Plattformen zu informieren, haben Gewerkschaften darüber hinaus eigene Internetplattformen aufgebaut.

---

824 *Klebe*, AuR 2016, 277, 280.

825 *Klebe*, AuR 2016, 277, 281.

826 Vgl. *Budras*, Tschüss Büro, FAS vom 30.04.2017; *Giesen/Kersten*, Arbeit 4.0, S. 107, 122; *Heuschmid/Klebe*, Erwerbsarbeit in der Plattformökonomie, in: FS Kohte, S. 73, 81; *Klebe*, AuR 2016, 277, 281.

827 *Däubler*, Digitalisierung und Arbeitsrecht, § 18 Rn. 35; *Liebman*, SR 2017, 221, 235.

Diese bilden eine Grundlage der Beratung und Informationsmöglichkeiten für Crowdworker. Auch in diesem Zusammenhang sind die IG Metall und ver.di zu nennen, die mit den Plattformen „FairCrowdWork Watch“[828] (IG Metall) und „ich-bin-mehr-wert.de“[829] (ver.di) jeweils Beratungsplattformen für Crowdworker betreiben. Zudem wird Crowdworkern über „FairCrowdWork Watch“ die Gelegenheit gegeben, Auftraggeber von der Bezahlung über die AGB bis hin zur Arbeitsqualität zu überprüfen und zu bewerten.[830] Ähnlich ist auch die Plattform „Turkopticon“[831] für Amazon Mechanical Turk aufgebaut.

Um eine Anerkennung ihres Rechtsstatus zu erreichen, sind Crowdworker schließlich angehalten, sich selbst zu organisieren und Marktmacht zu entwickeln. Als Vorbild könnte in dieser Hinsicht die Klage US-amerikanischer Crowdworker auf Mindestlohn gegen die Plattform CrowdFlower dienen, die mit einem Vergleich und der Zahlung von ca. 600.000 $ von der Plattform beendet wurde,[832] offensichtlich um keinen Präzedenzfall zu schaffen.[833] Auch die Klagen von Fahrern gegen Uber und Lyft auf Anerkennung der Arbeitnehmereigenschaft[834] sind in diesem Zusammenhang zu nennen. In ersterer Angelegenheit hat sich Uber bereit erklärt, bis zu 100 Mio. $ zur Erledigung der Sammelklagen in Kalifornien und Massachusetts zu zahlen.[835] Teilweise haben sogar Plattformen wie Honor oder Instacart in den USA oder Book A Tiger, Foodora und Bonativo in Deutschland ihre Beschäftigten als Arbeitnehmer anerkannt.[836]

V. Zusammenfassung

Entscheidend für eine Einbeziehung von Crowdworkern in den Geltungsbereich des kollektiven Arbeitsrechts ist jeweils, dass sie in einem Abhängigkeitsverhältnis zu ihrem Arbeit- bzw. Auftraggeber stehen. Soweit es sich bei ihnen

828 https://www.http://faircrowd.work/de/ (letzter Aufruf 27.07.2020).

829 https://www.ich-bin-mehr-wert.de (letzter Aufruf 27.07.2020).

830 Kramer, IT-ArbR HdB/*Solmecke*, A. Rn. 21.

831 https://turkopticon.ucsd.edu/ (letzter Aufruf 27.07.2020).

832 Vgl. *Otey* vs. *CrowdFlower*, Case No. 12-cv-05524-JST.

833 Dazu näher *Cherry* in Benner, Crowdwork – Zurück in die Zukunft?, S. 231, 232; *Däubler/Klebe*, NZA 2015, 1032, 1033 (Fn. 19); *Warter*, Crowdwork, S. 88 f.

834 Vgl. dazu *dpa/AFP*, San Francisco und Los Angeles verklagen Uber, Zeit Online vom 10.12.2014; *Kuhn*, Gericht erlaubt große Sammelklage gegen Uber, Süddeutsche Zeitung vom 02.09.2015.

835 *ade/Reuters*, Uber zahlt bis zu 100 Millionen Dollar an Fahrer, Spiegel Online vom 22.04.2016.

836 *Klebe*, Entgeltsicherung für Selbständige – WSI-Herbstforum 2017, S. 4

um Arbeitnehmer oder arbeitnehmerähnliche Personen wie auch in Heimarbeit Beschäftigte handelt, können sie sowohl aktiv als auch passiv bei der Bildung eines Betriebsrats mitwirken. Ferner kann die Gestaltung der Arbeitsbedingungen der Crowdworker und deren Zusammenarbeit mit Arbeitnehmern im Betrieb Gegenstand von Betriebsvereinbarungen sein. Crowdworker unterliegen unter oben genannten Bedingungen auch der Tarifautonomie, sodass Regelungen bezüglich Inhalt, Abschluss und Beendigung ihrer Vertragsverhältnisse in Tarifverträgen festgehalten werden können. Handelt es sich bei ihnen um in Heimarbeit Beschäftigte im Sinne des Heimarbeitsgesetzes, besteht zusätzlich die Möglichkeit, Entgelte und sonstige Vertragsbedingungen mit bindender Wirkung für alle Auftraggeber und Beschäftigten im jeweiligen Zuständigkeitsbereich des Heimarbeitsausschusses festzusetzen. Letztlich können auch Crowdworker (ebenfalls unter der Bedingung des Vorliegens eines Abhängigkeitsverhältnisses) tarifliche Forderungen mittels Streik durchsetzen. Auf Arbeitgeberseite besteht dagegen die Möglichkeit, Crowdworker als Streikarbeiter einzusetzen und so dem Streik der eigenen Belegschaft entgegenzutreten. Liegt kein Abhängigkeitsverhältnis zum Auftraggeber vor, können schließlich auf freiwilliger Basis Vereinbarungen abgeschlossen und sonstige Maßnahmen ergriffen werden, um die Arbeitsbedingungen der Crowdworker zu verbessern.

F. Grenzüberschreitende Crowdwork

In den rechtlichen Ausführungen der vorangegangenen Kapitel wurde stets davon ausgegangen, dass sich der Unternehmenssitz der Auftraggeber von Crowdwork-Tätigkeiten in der Bundesrepublik Deutschland befindet und somit deutsches Recht auf die Beziehungen zwischen Crowdworker, Crowdsourcer und Crowdwork-Plattform Anwendung findet.[837] Erledigen Crowdworker hierzulande aber Aufgaben für Auftraggeber, deren Unternehmenssitz sich in einem anderen Land befindet, stellt sich die Frage, ob für diese Crowdworker deutsches Recht anwendbar ist und deutsche Gerichte entscheiden können oder ob das Recht des jeweiligen Staates, in dem der Auftraggeber seinen Sitz hat, zur Anwendung kommt.

I. Anwendbares Recht

Bei grenzüberschreitenden Sachverhalten ist das anzuwendende Recht mithilfe der beiden EU-Rom-Verordnungen[838] zu bestimmen. Das auf Schuldverhältnisse anwendbare Recht wird dabei durch die Rom I-Verordnung festgelegt.[839] Diese ist aus deutscher und europäischer Sicht nicht nur binnenmarktbezogenes, sondern universell geltendes Kollisionsrecht.[840] Nach Art. 3 Abs. 1 Rom I-VO steht den Vertragsparteien die Rechtswahl grundsätzlich frei. Daher ist es auch legitim, dass Plattformbetreiber mit Crowdworkern, in der Regel über ihre Allgemeinen Geschäftsbedingungen, das Recht vereinbaren, das am Sitz

---

837 Vgl. nur § 8.2 der AGB von *clickworker* für Clickworker; § 8.1 der AGB von *Crowdguru*; Ziffer VIII. 1. der AGB von *Streetspotr*; § 7.1 der AGB von *Testbirds*; § 17.2 der AGB von *Textbroker;* § 16.2 der AGB von *twago* (jeweils letzter Aufruf 27.07.2020).

838 Verordnung (EG) Nr. 593/2008 des Europäischen Parlaments und des Rates vom 17. Juni 2008 über das auf vertragliche Schuldverhältnisse anzuwendende Recht (im Folgenden „Rom I-VO“) und Verordnung (EG) Nr. 864/2007 des Europäischen Parlaments und des Rates vom 11. Juli 2007 über das auf außervertragliche Schuldverhältnisse anzuwendende Recht (im Folgenden „Rom II-VO“).

839 *Martiny* in MüKo BGB, Art. 1 Rom I-VO Rn. 5; Maschmann/*Heise/Belovitzer*, Kap. 12 Rn. 13; Palandt/*Thorn*, Art. 1 Rom I-VO Rn. 1; Schulze/*Staudinger*, Art. 1 Rom I-VO Rn. 1.

840 Ferrari/*Ferrari,* Internatinales Vertragsrecht, Art. 2 Rom I-VO Rn. 1; *Martiny* in MüKo BGB, Art. 2 Rom I-VO Rn. 1, 3; Maschmann/*Heise/Belovitzer*, Kap. 12 Rn. 13; *Spickhoff* in BeckOK BGB, Art. 2 Rom I-VO Rn. 1.

des Unternehmens gilt.[841] So gilt etwa bei den Plattformen *clickworker* und *twago* deutsches Recht,[842] während bei *Amazon Mechanical Turk* das Recht des US-Bundesstaats Washington,[843] oder bei *TopCoder* das Recht des US-Bundesstaates California[844] Anwendung findet.[845]

Haben die Parteien dagegen keine Rechtswahl gemäß Art. 3 Abs. 1 Rom I-VO getroffen, bestimmt sich das anzuwendende Recht – soweit keine der vorrangigen Regelungen der Art. 5 bis 8 Rom I-VO greift – nach Art. 4 Rom I-VO.[846] Demnach unterliegen beispielsweise Dienstleistungsverträge nach Art. 4 Abs. 1 lit. b Rom I-VO dem Recht des Staates, in dem der Dienstleister seinen gewöhnlichen Aufenthalt hat. Unter den Begriff der „Dienstleistungen" fallen dabei nach dem unionsrechtlichen Sprachgebrauch nicht nur Tätigkeiten nach den §§ 611 ff. BGB, sondern alle auf eine zweckgerichtete Tätigkeit zielenden entgeltlichen und unentgeltlichen Rechtsgeschäfte.[847] Hierzu zählen insbesondere auch der Auftrag sowie Werk- und Geschäftsbesorgungsverträge des deutschen Rechts.[848]

Für deutsche Crowdworker, die auf ausländischen Plattformen tätig werden, würde dies im Grundsatz bedeuten, dass für diese deutsches Recht nach Art. 4 Abs. 1 Rom I-VO nur dann Anwendung findet, wenn durch die

---

841 Arnold/Günther/*Lingemann/Chakrabarti*, Arbeitsrecht 4.0, Kap. 2 Rn. 77; *Däubler*, Digitalisierung und Arbeitsrecht, § 18 Rn. 107; *Hötte*, MMR 2014, 795, 796; Küttner/*Röller*, Personalbuch 2019, *Crowdsourcing* Rn. 3; *Meyer-Michaelis/Falter/Schäfer*, DB 2016, 2543, 2545.

842 Vgl. § 8.2 der AGB von *clickworker* für Clickworker; § 16.2 der AGB von *twago* (jeweils letzter Aufruf 27.07.2020).

843 Vgl. Ziffer 10 der AGB von *Amazon Mechanical Turk* (letzter Aufruf 27.07.2020).

844 Vgl. den Punkt „Choice of Law and Forum" der AGB von *TopCoder* (letzter Aufruf 27.07.2020).

845 Weitere Beispiele nennt *Däubler*, Digitalisierung und Arbeitsrecht, § 18 Rn. 106.

846 Vgl. *Martiny* in MüKo BGB, Art. 4 Rom I-VO Rn. 3; Ferrari/*Ferrari,* Internatinales Vertragsrecht, Art. 4 Rom I-VO Rn. 2; *Spickhoff* in BeckOK BGB, Art. 4 Rom I-VO Rn. 3.

847 *Däubler*, Digitalisierung und Arbeitsrecht, § 18 Rn. 108; Ferrari/*Ferrari,* Internatinales Vertragsrecht, Art. 4 Rom I-VO Rn. 27; Palandt/*Thorn*, Art. 4 Rom I-VO Rn. 8; Schulze/*Staudinger*, Art. 4 Rom I-VO Rn. 4; *Spickhoff* in BeckOK BGB, Art. 4 Rom I-VO Rn. 10; a.A. Rauscher/*Thorn*, Art. 4 Rom I-VO Rn. 35, 98, wonach nur entgeltliche Rechtsgeschäfte unter den Begriff zu fassen seien.

848 Ferrari/*Ferrari,* Internatinales Vertragsrecht, Art. 4 Rom I-VO Rn. 27; Palandt/*Thorn*, Art. 4 Rom I-VO Rn. 8 ff.; Schulze/*Staudinger*, Art. 4 Rom I-VO Rn. 4; *Spickhoff* in BeckOK BGB, Art. 4 Rom I-VO Rn. 11 ff.

Crowdwork-Plattform keine anderweitige Rechtswahl getroffen wurde. In den Fällen der wettbewerbsbasierten Crowdwork würde dagegen gemäß Art. 4 Abs. 2 Rom I-VO ohne Rechtswahl das Recht des gewöhnlichen Aufenthaltsortes des Ausschreibenden gelten, da die Crowdworker hier aufgrund von Preisausschreiben tätig werden und nur der Ausschreibende sich gegenüber dem Gewinner des Wettbewerbs zu einer Leistung verpflichtet.[849]

Doch auch für den Fall, dass eine Rechtswahl getroffen wurde, können je nach Einordnung des entsprechenden Rechtsverhältnisses Beschränkungen und Ausnahmen nach Maßgabe der Art. 5 ff. Rom I-VO bestehen. Welches Recht bei grenzüberschreitenden Beziehungen zwischen Crowdworker und Crowdsourcer bzw. Crowdwork-Plattform anzuwenden ist, hängt demnach davon ab, wie das Rechtsverhältnis zu qualifizieren ist.

1. Sonderregeln für Arbeitnehmer

So schränkt etwa Art. 8 Rom I-VO die Rechtswahlfreiheit zugunsten des Arbeitnehmerschutzes ein.[850] Zwar wird in Art. 8 Abs. 1 S. 1 Rom I-VO zunächst klargestellt, dass Arbeitsverträge in vollem Umfang unter die allgemeine Bestimmung des Art. 3 Rom I-VO fallen. Die Einschränkung folgt jedoch in Satz 2. Dieser ordnet die Anwendbarkeit zwingender Arbeitnehmerschutzvorschriften der Rechtsordnung des Landes an, in dem sich der gewöhnliche Arbeitsort befindet.[851] Zwingende Bestimmungen im Sinne der Vorschrift sind solche, von denen nicht durch Vereinbarung abgewichen werden darf.[852] Welche Normen im Einzelfall davon betroffen sind, insbesondere ob auch die §§ 307 ff. BGB umfasst sind, ist umstritten.[853] Jedenfalls sind für das deutsche Arbeitsrecht aber

---

849 Vgl. auch Ferrari/*Ferrari*, Internatinales Vertragsrecht, Art. 4 Rom I-VO Rn. 112; *Martiny* in MüKo BGB, Art. 4 Rom I-VO Rn. 283; *Spickhoff* in BeckOK BGB, Art. 4 Rom I-VO Rn. 59; a.A. *Warter*, Crowdwork, S. 292 f.; vgl. zur wettbewerbsbasierten Crowdwork Punkt C. II. 1. e)

850 BeckOGK/*Knöfel*, Art. 8 Rom I-VO Rn. 2; ErfK/*Schlachter*, Art. 3, 8, 9 Rom I-VO Rn. 19; Schulze/*Staudinger*, Art. 8 Rom I-VO Rn. 1.

851 Vgl. OLG Karlsruhe 13.04.2018 – 6 U 161/16 – GRUR 2018, 1030 Rn. 23; ErfK/*Schlachter*, Art. 3, 8, 9 Rom I-VO Rn. 19; *Schönbohm* in BeckOK ArbR, Art. 8 Rom I-VO Rn. 11, 16 f.; Schulze/*Staudinger*, Art. 8 Rom I-VO Rn. 4.

852 *Schönbohm* in BeckOK ArbR, Art. 8 Rom I-VO Rn. 13; Schulze/*Staudinger*, Art. 8 Rom I-VO Rn. 5; vgl. auch *Martiny* in MüKo BGB, Art. 8 Rom I-VO Rn. 34.

853 Vgl. nur Ferrari/*Staudinger*, Internatinales Vertragsrecht, Art. 8 Rom I-VO Rn. 14; Schulze/*Staudinger*, Art. 8 Rom I-VO Rn. 5; *Spickhoff* in BeckOK BGB, Art. 8 Rom I-VO Rn. 16; die sich alle für eine Einbeziehung der §§ 307 ff. BGB aussprechen.

die Vorschriften über den Kündigungsschutz, die Lohnzahlung sowie Urlaubsansprüche als zwingende Normen anzusehen.[854] Auch Vorschriften des BetrVG sind trotz anderer Rechtswahl weiterhin anwendbar.[855] Zwar folgt dies nicht aus Art. 8 Rom I-VO, jedoch gilt im internationalen Betriebsverfassungsrecht das Territorialitätsprinzip.[856] Das BetrVG ist demnach unabhängig vom gewöhnlichen Aufenthalt der Vertragsparteien und unabhängig vom jeweiligen Vertragsstatut für alle im Inland gelegenen Betriebe sowohl inländischer als auch ausländischer Unternehmen maßgeblich.[857]

2. Einschränkung der Rechtswahlfreiheit auch zugunsten arbeitnehmerähnlicher Personen

Des Weiteren soll die Einschränkung der Rechtswahlfreiheit nach Art. 8 Abs. 1 S. 2 Rom I-VO auch für arbeitnehmerähnliche Personen gelten.[858] Begründet wird dies zum einen mit der aufgrund der wirtschaftlichen Abhängigkeit bestehenden vergleichbaren Schutzbedürftigkeit und zum anderen mit dem Interesse des Schutzes vor sozialer Deprivation, die eine weite Auslegung des Anwendungsbereichs der Norm gebieten.[859]

Dem ist zuzustimmen. Denn die Zwecksetzung des Art. 8 Rom I-VO, dem spezifischen Schutzinteresse besonders schützenswerter Personengruppen auch kollisionsrechtlich Rechnung zu tragen, passt auch für die Gruppe der

---

854 Vgl. BAG 10.04.2014 – 2 AZR 741/13 – NJOZ 2016, 535 Rn. 47 (Kündigungsschutz); Ferrari/*Staudinger*, Internatinales Vertragsrecht, Art. 8 Rom I-VO Rn. 14; *Martiny* in MüKo BGB, Art. 8 Rom I-VO Rn. 39; Schulze/*Staudinger*, Art. 8 Rom I-VO Rn. 5; *Spickhoff* in BeckOK BGB, Art. 8 Rom I-VO Rn. 16.

855 Vgl. *Däubler*, Digitalisierung und Arbeitsrecht, § 18 Rn. 107; *Däubler/Klebe*, NZA 2015, 1032, 1039; *Weth/Kerwer*, RdA 1998, 233, 236; dazu ausführlich *Martiny* in MüKo BGB, Art. 8 Rom I-VO Rn. 145 ff.

856 Vgl. dazu schon Punkt E. I. 3.; vgl. auch Palandt/*Thorn*, Art. 8 Rom I-VO Rn. 5.

857 Vgl. BAG 07.12.1989 – 2 AZR 228/89 – NZA 1990, 658, 659; BAG 22.03.2000 – 7 ABR 34/98 – NZA 2000, 1119, 1121; Palandt/*Thorn*, Art. 8 Rom I-VO Rn. 5.

858 So die wohl h.M., vgl. *v. Bar*, Internationales Privatrecht, Bd. 2, § 4 Rn. 447; BeckOGK/*Knöfel*, Art. 8 Rom I-VO Rn. 24; *Däubler/Klebe*, NZA 2015, 1032, 1039; *Deinert*, Internationales Arbeitsrecht, § 4 Rn. 46; *Deinert*, RdA 2018, 359, 364; *Deinert*, Soloselbständige zwischen Arbeitsrecht und Wirtschaftsrecht, Rn. 125; Deinert/Heuschmid/Zwanziger/*Heuschmid*, Arbeitsrecht, § 9 Rn. 16; *Knöfel*, IPRax 2006, 552 ff.; *Mansel*, Allgemeines Gleichbehandlungsgesetz – persönlicher und internationaler Anwendungsbereich in: FS Canaris, Band I, S. 809, 822; *Martiny* in Reithmann/Martiny, Rn. 4832; *Pacha*, Crowdwork, S. 259; Palandt/*Thorn*, Art. 8 Rom I-VO Rn. 3.

859 Vgl. zu letzterem Argument insbesondere *Knöfel*, IPRax 2006, 552, 557.

arbeitnehmerähnlichen Personen. Zwar sind diese nicht in gleichem Maße schutzbedürftig wie Arbeitnehmer. Dennoch erkennen verschiedene Rechtsordnungen ihre erhöhte Schutzbedürftigkeit an und gewähren ihnen einen verstärkten Schutz.[860] Demnach erscheint es in diesem Zusammenhang sinnvoller, auf eine wirtschaftliche Abhängigkeit abzustellen und nicht nach aktivitätsbezogenen Merkmalen wie etwa einer Weisungsgebundenheit zu fragen.[861] Folglich können die zwingenden Vorschriften des deutschen Rechts richtigerweise auch gegenüber arbeitnehmerähnlichen Personen nicht durch Rechtswahl umgangen werden.

Da es sich bei den in Heimarbeit Beschäftigten um eine Untergruppe der arbeitnehmerähnlichen Personen handelt, muss die Einschränkung der Rechtswahlfreiheit nach Art. 8 Abs. 1 S. 2 Rom I-VO folgerichtig auch für diese Gruppe gelten.[862] Dies hat zur Folge, dass auch für auf ausländischen Crowdwork-Plattformen tätige Crowdworker, die die Voraussetzungen für eine Beschäftigung in Heimarbeit erfüllen, die Einhaltung zwingender heimarbeitsrechtlicher Schutzstandards wie etwa Mindestentgeltsätze nach § 19 HAG sicherzustellen ist.[863]

3. Selbständige Crowdworker

Werden Crowdworker dagegen als Selbständige tätig, sind Absprachen über das anwendbare Recht nach Art. 3 Abs. 1 Rom I-VO in vollem Umfang, d.h. ohne die Einschränkung in Bezug auf zwingende Normen zulässig.[864] Für den unwahrscheinlichen Fall, dass der Plattformbetreiber keine Rechtswahl gemäß Art. 3 Abs. 1 Rom I-VO getroffen hat oder dass die Vereinbarung unwirksam

---

860 Vgl. *Deinert*, Internationales Arbeitsrecht, § 4 Rn. 46; *Mansel*, Allgemeines Gleichbehandlungsgesetz – persönlicher und internationaler Anwendungsbereich in: FS Canaris Band I, S. 809, 822.

861 Ähnlich auch BeckOGK/*Knöfel*, Art. 8 Rom I-VO Rn. 24.

862 Für eine Anwendbarkeit des Art. 8 Rom I-VO explizit auf in Heimarbeit Beschäftigte auch *Deinert*, Internationales Arbeitsrecht, § 4 Rn. 46; *Giesen/Kersten*, Arbeit 4.0, S. 107, 117; *Mansel*, Allgemeines Gleichbehandlungsgesetz – persönlicher und internationaler Anwendungsbereich in: FS Canaris, Band I, S. 809, 822; *Martiny* in Reithmann/Martiny, Rn. 4832; *Pacha*, Crowdwork, S. 260; für die österreichische Rechtslage *Warter*, Crowdwork, S. 305; a.A. *Fenski*, FA 2000, 41, 42.

863 Vgl. auch *Giesen/Kersten*, Arbeit 4.0, S. 107, 117; zu den für in Heimarbeit Beschäftigte anwendbaren Schutzvorschriften siehe Punkt D. III. 1.

864 *Däubler*, Digitalisierung und Arbeitsrecht, § 18 Rn. 108; *Däubler/Klebe*, NZA 2015, 1032, 1039; *Pacha*, Crowdwork, S. 260.

ist, greift Art. 4 Abs. 1 lit. b Rom I-VO ein.[865] Da es sich bei den Tätigkeiten der Crowdworker jedenfalls um „Dienstleistungsverträge" im Sinne der Verordnung handelt,[866] gilt das Recht des Staates, in dem der die Dienste Erbringende seinen gewöhnlichen Aufenthalt hat.[867]

a) Abweichende Regelungen für Verbraucher

Nur für Selbständige, die als Verbraucher im Sinne des Art. 6 Rom I-VO anzusehen sind, gilt noch eine Ausnahme zu oben Gesagtem. Für diesen Fall gilt nach Art. 6 Abs. 1 lit. b) Rom I-VO das Recht des Staates, in dem der Verbraucher seinen gewöhnlichen Aufenthalt hat, sofern der Unternehmer eine solche Tätigkeit auf irgendeine Weise auf diesen Staat oder auf mehrere Staaten, einschließlich dieses Staates, ausrichtet und der Vertrag in den Bereich dieser Tätigkeit fällt. Nach Art. 6 Abs. 2 S. 1 Rom I-VO bleiben dann die zwingenden Vorschriften des Verbraucherschutzes unberührt. Darunter fallen im deutschen Recht insbesondere die Vorschriften über die AGB-Kontrolle und die vom Bundesverfassungsgericht entwickelten Grundsätze zum Schutz des schwächeren Vertragsteils.[868] Da auf ausländischen Crowdwork-Plattformen auch deutsche Crowdworker tätig werden können, die Plattformen mithin ihre Geschäftstätigkeit auch auf Deutschland ausrichten, hätte die Wahl ausländischen Rechts folglich den deutschen Crowdworkern gegenüber nur eine beschränkte Wirkung.

Allerdings wird es gerade bei den Crowdworkern, die nicht nur gelegentlich und zum Zeitvertreib Aufgaben bearbeiten, an einer Verbrauchereigenschaft im Sinne des Art. 6 Rom I-VO fehlen.[869] Denn sobald die Tätigkeit planmäßig und

865 *Däubler*, Digitalisierung und Arbeitsrecht, § 18 Rn. 108; *Däubler/Klebe*, NZA 2015, 1032, 1039; vgl. auch *Martiny* in MüKo BGB, Art. 4 Rom I-VO Rn. 3; Ferrari/*Ferrari*, Internatinales Vertragsrecht, Art. 4 Rom I-VO Rn. 2; *Spickhoff* in BeckOK BGB, Art. 4 Rom I-VO Rn. 3.

866 Vgl. dazu schon oben (Punkt F. I.).

867 *Däubler*, Digitalisierung und Arbeitsrecht, § 18 Rn. 108; *Däubler/Klebe*, NZA 2015, 1032, 1039.

868 *Däubler*, Digitalisierung und Arbeitsrecht, § 18 Rn. 109; *Däubler/Klebe*, NZA 2015, 1032, 1039; *Hötte*, MMR 2014, 795, 796; Maschmann/*Heise/Belovitzer*, Kap. 12 Rn. 17; *Meyer-Michaelis/Falter/Schäfer*, DB 2016, 2543, 2545; siehe zur AGB-Kontrolle und den vom BVerfG entwickelten Grundsätzen Punkt D. IV. 1. und 2.

869 Vgl. aufgrund des nahezu gleichlautenden § 13 BGB schon die Ausführungen zur Verbrauchereigenschaft der Crowdworker nach nationalem Recht (Punkt D. IV. 1. b)).

dauerhaft stattfindet, wird der Crowdworker gewerblich tätig, sodass er nicht mehr als Verbraucher, sondern als Unternehmer anzusehen ist.[870]

b) Vorliegen von Eingriffsnormen

Doch auch für Selbständige, die nicht Verbraucher sind, könnten einzelne Vorschriften des deutschen Rechts dennoch Anwendung finden, wenn diese sog. Eingriffsnormen im Sinne des Art. 9 Rom I-VO darstellen.[871] Dies ist gemäß der gesetzlichen Definition in Art. 9 Abs. 1 Rom I-VO dann der Fall, wenn es sich um zwingende Vorschriften handelt, deren Einhaltung vom deutschen Gesetzgeber als so entscheidend für die Wahrung des öffentlichen Interesses, insbesondere seiner politischen, sozialen oder wirtschaftlichen Organisation, angesehen wird, dass sie auf alle Sachverhalte anzuwenden sind, die in ihren Anwendungsbereich fallen. Ob dies für bestimmte Normen oder Normengruppen gilt, ist in der Regel im Wege der Auslegung zu ermitteln.[872] So werden etwa für inländische Betriebe die Normen des BetrVG als Eingriffsnormen angesehen.[873] Aber auch bei wichtigen arbeitnehmerschützenden Regeln des deutschen Arbeitsrechts ist eine solche Auslegung denkbar.[874]

c) Rückgriff auf den ordre public

Schließlich kann für den Fall, dass die Anwendung ausländischen Rechts mit der öffentlichen Ordnung (dem sog. „ordre public") offensichtlich unvereinbar ist und auch sonst keine Eingriffsnorm eingreift, die Anwendung der von Art. 3 bis 8 Rom I-VO berufenen ausländischen Rechtsnormen nach Art. 21 Rom I-VO

---

870 So auch *Däubler*, Digitalisierung und Arbeitsrecht, § 18 Rn. 71, 109; *Däubler/Klebe*, NZA 2015, 1032, 1037, 1039; *Hötte*, MMR 2014, 795, 796; Maschmann/*Heise/Belovitzer*, Kap. 12 Rn. 17, 33; a.A. *Warter*, Crowdwork, S. 296.

871 *Däubler*, Digitalisierung und Arbeitsrecht, § 18 Rn. 110; *Däubler/Klebe*, NZA 2015, 1032, 1039; *Meyer-Michaelis/Falter/Schäfer*, DB 2016, 2543, 2545; vgl. auch *Schönbohm* in BeckOK ArbR, Art. 9 Rom I-VO Rn. 3.

872 Teilweise ist der zwingende Charakter einer Norm aber auch ausdrücklich festgelegt, vgl. z.B. § 185 Abs. 2 GWB, der den ersten und den dritten Teil des Gesetzes auch dann für anwendbar erklärt, wenn eine Maßnahme im Ausland getroffen wurde, sich aber im Inland auswirkt, vgl. *Wurmnest*, EuZW 2012, 933, 936.

873 ErfK/*Schlachter*, Art. 3, 8, 9 Rom I-VO Rn. 29 m.w.N.

874 Vgl. ErfK/*Schlachter*, Art. 3, 8, 9 Rom I-VO Rn. 21; *Meyer-Michaelis/Falter/Schäfer*, DB 2016, 2543, 2545 jeweils mit einzelnen Beispielen und Hinweis darauf, dass einzelne Anwendungsfälle von der Rechtsprechung zu klären sein werden.

ausgesetzt werden.[875] Ein solcher Rückgriff ist allerdings nur in Extremfällen geboten.[876] Nach *Däubler* ist dies etwa dann denkbar, wenn ein in Deutschland für eine ausländische Plattform tätiger Crowdworker trotz intensiver Arbeit nicht mehr als zwei Dollar pro Stunde verdient.[877]

4. Zwischenergebnis

Wird zwischen Crowdworker und Auftraggeber keine Rechtswahl getroffen, gilt bei Vertragsverhältnissen das Recht des gewöhnlichen Aufenthaltsortes des Crowdworkers. Eine Rechtswahl ist allerdings in den Allgemeinen Geschäftsbedingungen üblich und grundsätzlich auch zulässig. Jedoch wird die Rechtswahlfreiheit nicht schrankenlos gewährleistet. Ausnahmen können sich insbesondere aufgrund der Schutzbedürftigkeit des Vertragspartners ergeben.

Dabei gelten etwa für Arbeitnehmer nach Art. 8 Rom I-VO Sonderregeln, welche die Rechtswahlfreiheit zugunsten der Arbeitnehmer beschränken. Diese Regelungen sind nach zutreffender h.M. auch auf die Vertragsverhältnisse arbeitnehmerähnlicher Personen anwendbar, worunter auch die in Heimarbeit Beschäftigten fallen. Für in Heimarbeit beschäftigte Crowdworker, die in Deutschland tätig werden, gelten folglich die zwingenden Vorschriften des deutschen Rechts. Diese können auch nicht durch eine anderweitige Rechtswahl umgangen werden.

Crowdworker, die aufgrund fehlender Schutzbedürftigkeit nicht als Arbeitnehmer oder arbeitnehmerähnliche Personen einzuordnen sind, können dagegen nicht von den Einschränkungen der Rechtswahlfreiheit des Vertragspartners profitieren. Soweit sie aber als Verbraucher im Sinne des Art. 6 Rom I-VO anzusehen sind, finden auf sie die zwingenden Normen des deutschen Verbraucherschutzrechts Anwendung. Eine Verbrauchereigenschaft ist allerdings schon dann nicht mehr gegeben, wenn ein Crowdworker regelmäßig auf einer Crowdwork-Plattform tätig wird. Im Übrigen ist eine Rechtswahl lediglich bei

---

875 Vgl. BeckOGK/*Stürner*, Art. 21 Rom I-VO Rn. 1; *Däubler*, Digitalisierung und Arbeitsrecht, § 18 Rn. 113; Ferrari/*Schulze*, Internationales Vertragsrecht, Art. 21 Rom I-VO Rn. 1; *Spickhoff* in BeckOK BGB, Art. 21 Rom I-VO Rn. 1

876 *Däubler*, Digitalisierung und Arbeitsrecht, § 18 Rn. 113; Ferrari/*Schulze*, Internationales Vertragsrecht, Art. 21 Rom I-VO Rn. 1; einen kurzen Überblick über im Einzelfall bejahte bzw. verneinte Verstöße gegen den deutschen ordre public liefert Ferrari/*Schulze*, Internationales Vertragsrecht, Art. 21 Rom I-VO Rn. 19 f.; vgl. auch BeckOGK/*Stürner*, Art. 21 Rom I-VO Rn. 1, der auf die geringe praktische Bedeutung des Art. 21 Rom I-VO hinweist.

877 Vgl. *Däubler*, Digitalisierung und Arbeitsrecht, § 18 Rn. 113.

Vorliegen von Eingriffsnormen unzulässig, soweit durch die Rechtswahl Rechte des Crowdworkers unangemessen eingeschränkt werden. In Extremfällen, in denen die Anwendung ausländischen Rechts zu untragbaren Ergebnissen führt, ist schließlich ein Rückgriff auf den „ordre public" geboten.

II. Gerichtliche Zuständigkeit

Unabhängig davon, nach welchem Recht eine grenzüberschreitende Streitigkeit zu entscheiden ist, stellt sich die Frage, welches Gericht in einem solchen Fall für eine Klage international zuständig ist. Die Zuständigkeit der Gerichte in grenzüberschreitenden Angelegenheiten richtet sich seit dem 10.01.2015 nach der Brüssel Ia-Verordnung,[878] welche die seit dem 01.03.2002 geltende Brüssel I-Verordnung[879] abgelöst hat.[880] Ob für einen Rechtsstreit zwischen Crowdworker und Auftraggeber die deutschen Gerichte zuständig sind, hängt folglich davon ab, ob diese nach den Vorschriften der Brüssel Ia-VO international zuständig sind. Dies ist wiederum – ähnlich wie schon bei der Frage nach dem anwendbaren Recht – davon abhängig, welchen rechtlichen Status der Crowdworker hat.[881]

Für Arbeitsverhältnisse im Sinne der Verordnung finden sich etwa spezielle Vorschriften in den Art. 20 bis 23 Brüssel Ia-VO. Nach Art. 21 Brüssel Ia-VO können Arbeitnehmer ihren Arbeitgeber dort verklagen, wo sie gewöhnlich ihre Arbeit verrichten oder zuletzt verrichtet haben. Hat der Arbeitgeber seinen Sitz in einem Mitgliedstaat der Europäischen Union, ergibt sich dies aus Art. 21 Abs. 1 lit. b) i) Brüssel Ia-VO.[882] In Bezug auf Arbeitgeber aus Drittstaaten folgt dasselbe Ergebnis aus Art. 21 Abs. 2 Brüssel Ia-VO, der auf Art. 21 Abs. 1 lit.

878 Verordnung (EU) Nr. 1215/2012 des Europäischen Parlaments und des Rates vom 12. Dezember 2012 über die gerichtliche Zuständigkeit und die Anerkennung und Vollstreckung von Entscheidungen in Zivil- und Handelssachen (oftmals auch als „EuGVVO" bezeichnet; im Folgenden „Brüssel Ia-VO").

879 Verordnung (EG) Nr. 44/2001 des Rates vom 22. Dezember 2000 über die gerichtliche Zuständigkeit und die Anerkennung und Vollstreckung von Entscheidungen in Zivil- und Handelssachen (im Folgenden „Brüssel I-VO").

880 Franzen/Gallner/Oetker/*Krebber*, Art. 1 Brüssel Ia-VO Rn. 1; *Preis/Greiner*, Kollektivarbeitsrecht, § 173 Rn. 2958.

881 Vgl. auch *Däubler*, Digitalisierung und Arbeitsrecht, § 18 Rn. 114.

882 *Däubler*, Digitalisierung und Arbeitsrecht, § 18 Rn. 115; Franzen/Gallner/Oetker/*Krebber*, Art. 21 Brüssel Ia-VO Rn. 8; *Gottwald* in MüKo ZPO, Art. 21 Brüssel Ia-VO Rn. 6, 10.

b) Brüssel Ia-VO verweist.[883] Eine anderslautende Gerichtsstandsvereinbarung ist diesem Fall zunächst unbeachtlich. Denn eine Vereinbarung, die von den Vorschriften über die Gerichtsstände nach Art. 21 Brüssel Ia-VO zum Nachteil des Arbeitnehmers abweicht, ist nach Art. 23 Nr. 1 Brüssel Ia-VO nur wirksam, wenn sie nach Entstehung der Streitigkeit getroffen wurde.[884] Dabei unterfallen dem Anwendungsbereich der Art. 20 ff. Brüssel Ia-VO nicht nur Arbeitnehmer im Sinne des deutschen Rechts. Ähnlich den Ausführungen zum anwendbaren Recht bei grenzüberschreitender Crowdwork sind die Regeln für Arbeitnehmer im Sinne der Verordnung aufgrund des vergleichbaren Schutzbedürfnisses auch auf arbeitnehmerähnliche Personen, mithin auch auf in Heimarbeit Beschäftigte, anzuwenden.[885]

Für den Fall, dass ein Crowdworker als Verbraucher im Sinne der Verordnung anzusehen ist, gelten für ihn mit Art. 17 bis 19 Brüssel Ia-VO ähnlich vorteilhafte Regelungen. So kann ein Verbraucher nach Art. 18 Abs. 1 Brüssel Ia-VO ungeachtet des (Wohn-)Sitzes oder der Niederlassung des Vertragspartners bei dem Gericht klagen, in dessen Bezirk er seinen Wohnsitz hat.[886] Auch das Entgegenstehen einer Gerichtsstandsvereinbarung ist nach Art. 19 Nr. 1 Brüssel Ia-VO ähnlich zu behandeln wie oben und demnach nur wirksam, wenn die Vereinbarung nach Entstehung der Streitigkeit getroffen wurde.[887]

---

883 *Däubler*, Digitalisierung und Arbeitsrecht, § 18 Rn. 115; Franzen/Gallner/Oetker/*Krebber*, Art. 21 Brüssel Ia-VO Rn. 10; *Gottwald* in MüKo ZPO, Art. 21 Brüssel Ia-VO Rn. 15.

884 BAG 20.12.2012 – NZA 2013, 925 Rn. 31 ff.; *Däubler*, Digitalisierung und Arbeitsrecht, § 18 Rn. 118; *Gottwald* in MüKo ZPO, Art. 23 Brüssel Ia-VO Rn. 1; Musielak/Voit/*Stadler*, Art. 23 EuGVVO n.F. Rn. 1.

885 Die Begründung entspricht dabei der zur Anwendbarkeit der Vorschriften der Rom I-VO, siehe dazu Punkt F. I. 2.; vgl. auch *Däubler*, Digitalisierung und Arbeitsrecht, § 18 Rn. 115, 118; Franzen/Gallner/Oetker/*Krebber*, Art. 20 Brüssel Ia-VO Rn. 3; *Mankowski*, BB 1997, 465, 469 ff.; Musielak/Voit/*Stadler*, Art. 20 EuGVVO n.F. Rn. 2 (Fn. 9); differenzierend *Gottwald* in MüKo ZPO, Art. 20 Brüssel Ia-VO Rn. 4; a.A. LAG Düsseldorf 28.05.2014 – 12 Sa 1423/13 – GWR 2014, 444; offenlassend dagegen BAG 20.10.2015 – 9 AZR 525/14 – NZA 2016, 254 Rn. 17 ff.

886 *Alio*, NJW 2014, 2395, 2398; *Däubler*, Digitalisierung und Arbeitsrecht, § 18 Rn. 116; *Gottwald* in MüKo ZPO, Art. 18 Brüssel Ia-VO Rn. 4, 6; Musielak/Voit/*Stadler*, Art. 18 EuGVVO n.F. Rn. 4 f.

887 Vgl. *Däubler*, Digitalisierung und Arbeitsrecht, § 18 Rn. 118; *Gottwald* in MüKo ZPO, Art. 19 Brüssel Ia-VO Rn. 1; Musielak/Voit/*Stadler*, Art. 19 EuGVVO n.F. Rn. 2; Saenger/*Dörner*, Art. 19 EuGVVO Rn. 2.

Ist der Crowdworker schließlich weder abhängig Beschäftigter noch Verbraucher, ist mangels einschlägiger Sonderregelungen auf die allgemeinen Bestimmungen der Brüssel Ia-VO zurückzugreifen.[888] Demnach besteht der allgemeine internationale Gerichtsstand gemäß Art. 4 Abs. 1 Brüssel Ia-VO am Wohn- bzw. Unternehmenssitz (vgl. Art. 63 Brüssel Ia-VO) des Beklagten, wenn dieser sich im Hoheitsgebiet eines Mitgliedstaats befindet.[889] Befindet sich der Beklagte in einem Drittstaat, verweist Art. 6 Abs. 1 Brüssel Ia-VO auf das jeweilige nationale Recht. Hat der Auftraggeber des Crowdworkers also seinen Sitz in einem anderen Mitgliedstaat der Europäischen Union, muss er folglich auch dort verklagt werden. Bei Auftraggebern aus Drittstaaten können jedenfalls wegen des besonderen Gerichtsstands des Erfüllungsorts nach § 29 ZPO auch deutsche Gerichte angerufen werden, weil die Arbeit in Deutschland erbracht wird.[890] Anders als in den oben genannten Fällen können bei einer bloßen Selbständigkeit und fehlender Verbrauchereigenschaft des Crowdworkers nach Art. 25 Abs. 1 Brüssel Ia-VO jederzeit Gerichtsstandsvereinbarungen geschlossen werden, soweit dadurch ein Gericht in einem anderen Mitgliedstaat für zuständig erklärt wird und die Bestimmung nach dem Recht des ausgewählten Mitgliedstaats nicht materiell nichtig ist (vgl. Art. 25 Abs. 1 S. 1 a.E. Brüssel Ia-VO).[891]

III. Zusammenfassung

Für die Bestimmung des anwendbaren Rechts hinsichtlich der vertraglichen Beziehungen zwischen Crowdworkern und deren Auftraggebern ist zum einen maßgeblich, ob eine Rechtswahl zwischen den Parteien getroffen wurde und zum anderen, wie deren Rechtsverhältnis einzuordnen ist.

Für den Fall, dass zwischen Crowdworker und Auftraggeber keine Rechtswahl getroffen wird, gilt das Recht des gewöhnlichen Aufenthaltsortes des Crowdworkers. Wird aber eine Vereinbarung getroffen, entfaltet diese grundsätzlich Wirkung zwischen den Parteien. Die Rechtswahlfreiheit wird allerdings nicht schrankenlos gewährleistet. So können sich Ausnahmen insbesondere aufgrund der Schutzbedürftigkeit des Crowdworkers als regelmäßig schwächere Vertragspartei ergeben.

---

888 *Däubler*, Digitalisierung und Arbeitsrecht, § 18 Rn. 117.

889 *Gottwald* in MüKo ZPO, Art. 4 Brüssel Ia-VO Rn. 2; Musielak/Voit/*Stadler*, Art. 4 EuGVVO n.F. Rn. 1; Saenger/*Dörner*, Art. 4 EuGVVO Rn. 1, 3.

890 *Däubler*, Digitalisierung und Arbeitsrecht, § 18 Rn. 117; vgl. auch Musielak/Voit/*Stadler*, Art. 6 EuGVVO n.F. Rn. 1; Saenger/*Dörner*, Art. 6 EuGVVO Rn. 2.

891 *Däubler*, Digitalisierung und Arbeitsrecht, § 18 Rn. 119.

Insbesondere gelten für Arbeitnehmer nach Art. 8 Rom I-VO spezielle Regelungen, welche die Rechtswahlfreiheit zu deren Gunsten beschränken. Diese Regelungen sind nach zutreffender h.M. auch auf die Vertragsverhältnisse arbeitnehmerähnlicher Personen anwendbar, worunter auch die in Heimarbeit Beschäftigten fallen. Crowdworker, die aufgrund fehlender Schutzbedürftigkeit nicht als Arbeitnehmer oder arbeitnehmerähnliche Personen einzuordnen sind, können dagegen nicht von den Einschränkungen der Rechtswahlfreiheit profitieren. Für sie können aber zumindest die zwingenden Normen des deutschen Verbraucherschutzrechts gelten, soweit sie als Verbraucher im Sinne des Art. 6 Rom I-VO einzuordnen sind. Davon ist aber bereits dann nicht mehr auszugehen, wenn ein Crowdworker regelmäßig und somit erwerbsmäßig auf einer Crowdwork-Plattform tätig wird. Im Übrigen kann die Rechtswahl lediglich bei Vorliegen von Eingriffsnormen beschränkt werden, soweit durch sie Rechte des Crowdworkers unangemessen beschnitten werden. In Extremfällen, in denen die Anwendung ausländischen Rechts zu untragbaren Ergebnissen führt, ist schließlich ein Rückgriff auf den „ordre public" geboten.

Ähnlich wie bei der Frage nach dem anwendbaren Recht ist auch hinsichtlich der gerichtlichen Zuständigkeit nach dem rechtlichen Status des Crowdworkers zu differenzieren. Ist er als Arbeitnehmer oder arbeitnehmerähnliche Person zu qualifizieren, kann er nach Art. 21 Abs. 1 Brüssel Ia-VO dort klagen, wo er gewöhnlich seine Arbeit verrichtet oder sie zuletzt gewöhnlich verrichtet hat. Dabei macht es im Ergebnis keinen Unterschied, ob der Auftraggeber sich in einem Mitgliedstaat der Europäischen Union oder in einem Drittstaat befindet. Eine hiervon zum Nachteil des Crowdworkers abweichende Gerichtsstandsvereinbarung ist nur dann wirksam, wenn sie nach Entstehung der Streitigkeit getroffen wurde, und daher in der Regel unbeachtlich.

Ähnlich vorteilhafte Regelungen erfahren Crowdworker, die als Verbraucher einzuordnen sind. In diesem Fall kann der Crowdworker – unabhängig davon, ob der Auftraggeber seinen Sitz in einem Mitgliedstaat der Europäischen Union oder in einem Drittstaat hat – bei dem Gericht klagen, in dessen Bezirk er seinen Wohnsitz hat. Auch hier ist das Entgegenstehen einer Gerichtsstandsvereinbarung nur dann beachtlich, wenn diese nach Entstehung der Streitigkeit getroffen wurde.

Ist der Crowdworker dagegen weder abhängig beschäftigt noch Verbraucher, kann er nicht von den Sonderregelungen der Brüssel Ia-VO profitieren. Hat der Auftraggeber in diesem Fall seinen Sitz in einem anderen Mitgliedstaat der Europäischen Union, muss er in der Regel auch dort verklagt werden. Befindet er sich in einem Drittstaat, können jedenfalls wegen des besonderen Gerichtsstands des Erfüllungsorts nach § 29 ZPO auch deutsche Gerichte angerufen werden. Schließlich kann in diesem Fall auch der Gerichtsstand grundsätzlich frei vereinbart werden.

G. Handlungsbedarf und Handlungsvarianten

Die vorstehenden Untersuchungen haben gezeigt, dass Crowdworker nach geltendem Recht nicht zwingend als Soloselbständige einzuordnen sind. Sofern sich im konkreten Einzelfall eine entsprechende Schutzbedürftigkeit des Crowdworkers feststellen lässt, kommt durchaus eine Rechtsstellung als Heimarbeiter oder sogar als Arbeitnehmer in Betracht.[892] Entscheidend für die Abgrenzung zur „bloßen“ Selbständigkeit ist das Vorliegen einer sozialen Schutzbedürftigkeit und einer zumindest wirtschaftlichen Abhängigkeit gegenüber dem Auftraggeber. Liegen die jeweils erforderlichen Voraussetzungen vor, stehen dem Crowdworker die entsprechenden Schutzmechanismen zur Verfügung.[893]

Jedoch wird insbesondere bei der Anwendung des Heimarbeitsgesetzes deutlich, dass die neu entstandenen digitalen Arbeitsformen, allen voran Crowdwork, bei der Schaffung der Regelungen noch nicht berücksichtigt wurden. Das Heimarbeitsgesetz soll in seiner derzeitigen Fassung vielmehr arbeitsrechtliche Sonderfälle erfassen, die auf die klassischen Arbeitsformen zurückzuführen sind. Daher besteht die Gefahr, dass Probleme, die bei den klassischen Arbeitsformen noch nicht vorhanden waren, nicht bzw. nicht hinreichend berücksichtigt und dementsprechend geregelt wurden. Auch zeigen die zu diesem Thema teilweise erheblich auseinandergehenden Meinungen der Literatur, dass eine Auslegung, wie sie hier vorgenommen wurde, an verschiedenen Stellen durchaus in Zweifel gezogen werden kann und die Dinge auch anders beurteilt werden können. Die deshalb bestehenden Unsicherheiten münden in die Frage nach dem Bedarf, die derzeit gültigen Vorschriften zu verändern, zu ergänzen oder gar neue Vorschriften zu schaffen.

Im Folgenden wird untersucht, inwieweit das geltende Recht bei der Regelung der Problematik Lücken aufweist. Dabei werden verschiedene Überlegungen zur Änderung der geltenden Rechtslage aufgezeigt und auf ihre Sinnhaftigkeit überprüft.

---

892 Dazu im Einzelnen Punkt D.

893 Zu den anwendbaren Vorschriften siehe Punkt D. I. 1. für Arbeitnehmer, Punkt D. II. 1. für arbeitnehmerähnliche Personen, Punkt D. III. 1. für in Heimarbeit Beschäftigte.

I. Modifikation des Arbeitnehmerbegriffs

Eine Erfassung von Crowdworkern als Arbeitnehmer im Sinne des § 611a BGB wird in der Praxis wohl nur in den wenigsten Fällen möglich sein. Grund dafür ist, dass es selbst bei Aufgaben, die über Dienstverträge abgewickelt werden, regelmäßig an einer persönlichen Abhängigkeit des Crowdworkers gegenüber dem Auftraggeber fehlen wird.[894] Um auch Crowdworker in den Arbeitnehmerschutz einzubeziehen, wird daher von einigen Stimmen in der Literatur eine Erweiterung bzw. Anpassung des geltenden Arbeitnehmerbegriffs gefordert.[895] Da der Großteil dieser Forderungen sich jedoch auf die bloße Forderung beschränkt und keine konkreten Änderungsansätze vorbringt, sollen nun einige denkbare Ansätze zur Modifikation des Arbeitnehmerbegriffs vorgestellt werden. Abschließend wird sodann Stellung bezogen.

1. Bestimmung über unternehmerische Chancen und Risiken

Der von der Literatur und Rechtsprechung entwickelte und inzwischen auch vom Gesetzgeber aufgegriffene Arbeitnehmerbegriff und dessen zentrales Erfordernis der persönlichen Abhängigkeit haben schon in der Vergangenheit einige Kritik erfahren.[896] So wird der derzeitigen Begriffsbestimmung etwa entgegengehalten, dass sie darauf verzichte, einen Sinnzusammenhang zwischen der Tatbestandsseite, den Merkmalen des Arbeitnehmerbegriffs, und der Rechtsfolge, der Anwendung des Arbeitsrechts, herzustellen.[897] Auch aufgrund der Diskussion um Crowdwork werden nun wieder Stimmen laut, die sich dafür aussprechen, den Arbeitnehmerbegriff entsprechend dem von *Wank* entwickelten Modell,[898] das auf die unternehmerischen Möglichkeiten des Betroffenen

---

894 Dazu ausführlich in Punkt D. I. 2. d).

895 So etwa *Däubler*, AuR 2016, 325, 334; *Heuschmid/Hlava*, AuR 2015, 193, 195; *Klebe*, AuR 2014, 4, 7; *Klebe*, AuR 2016, 277, 280; *Müller*, Gute Arbeit 2016, 17, 20; *Müller-Gemmeke* in Benner, Crowdwork – Zurück in die Zukunft?, S. 355, 362; zurückhaltend *Krause*, Gutachten zum 71. Deutschen Juristentag, S. B 106 f.

896 Vor allem durch *Wank*, s. *Wank*, Arbeitnehmer und Selbständige, S. 122 ff.; *Wank*, DB 1992, 90, 91 f.; *Wank*, AuR 2001, 291, 294 ff.; *Wank*, AuR 2001, 327 ff.; zuletzt *Wank*, EuZA 2016, 143, 154 ff.; zust. *Klebe*, AuR 2016, 277, 279; s. aber auch *Lieb*, RdA 1977, 210 ff.; *Wiedemann*, Das Arbeitsverhältnis als Austausch- und Gemeinschaftsverhältnis, S. 14 ff.; vgl. auch Staudinger/*Richardi/Fischinger*, § 611 BGB Rn. 44.

897 Vgl. *Wank*, EuZA 2016, 143, 157 ff.

898 *Wank*, Arbeitnehmer und Selbständige, S. 122 ff.; *Wank*, DB 1992, 90, 91 f.; *Wank*, AuR 2001, 291, 294 ff.; *Wank*, AuR 2001, 327 ff.; zuletzt *Wank*, EuZA 2016, 143, 154 ff.

abstellt, zu kodifizieren und statt der Figur der arbeitnehmerähnlichen Person als Zwischenkategorie gegebenenfalls eine inhaltliche Abstufung des Schutzes der Arbeitnehmer vorzunehmen.[899] Das entscheidende Abgrenzungsmerkmal liegt nach dieser Theorie in der Verteilung von unternehmerischen Chancen und Risiken. Demnach soll derjenige selbständig sein, der das Berufs- und Existenzrisiko selbst tragen muss. Umgekehrt soll derjenige Arbeitnehmer sein, bei dem diese Risiken von anderen getragen werden.[900]

In der Literatur stößt diese Auffassung überwiegend auf Ablehnung.[901] Zum einen wäre nach dieser Methode eine vertragstypenbezogene Abgrenzung, wie sie in § 611a BGB vorgenommen wird, nicht mehr möglich.[902] Zum anderen solle mit der Abgrenzung der Selbständigkeit zum Arbeitsverhältnis gerade die Frage beantwortet werden, ob die zwischen den Parteien getroffene Risikozuweisung gerechtfertigt ist. Als Folge könne die Risikozuweisung selbst aber nicht als Merkmal für die Annahme eines Arbeitsverhältnisses oder selbständigen Vertragsverhältnisses herangezogen werden.[903]

---

899 *Neuvians*, Die arbeitnehmerähnliche Person, S. 174 ff.; in diesem Sinne de lege lata auch *Maties*, Der Anwendungsbereich des Arbeitsrechts, in: FS Wank, S. 323 ff.; auch *Däubler*, Für wen gilt das Arbeitsrecht?, in: FS Wank, S. 81, 82, verweist darauf, dass durch Verwendung dieses teleologischen Arbeitnehmerbegriffs eine große Zahl der Soloselbständigen vom Arbeitsrecht erfasst würde; krit. *Deinert*, Soloselbständige zwischen Arbeitsrecht und Wirtschaftsrecht, Rn. 144 f.

900 *Wank*, Arbeitnehmer und Selbständige, S. 127 ff; auch die Sozialgerichte sehen die Verteilung des Unternehmerrisikos als wichtiges Abgrenzungskriterium, vgl. etwa BSG 1.12.1977 – 12/3/12 RK 39/74 – AP BGB § 611 Abhängigkeit Nr. 27; BSG 21.4.1993 – 11 Rar 67/92 – AP BGB § 611 Abhängigkeit Nr. 67; in jüngerer Zeit LSG Sachsen 22.11.2013 – L 1 KR 76/10; LSG Bayern 26.6.2015 – L 16 R 1240/13.

901 Siehe nur *Boemke*, DStR 2000, 1694, 1702; ErfK/*Preis*, § 611a BGB Rn. 54; *Hromadka* NZA 1997, 569, 579; *Hunold*, NZA-RR 1999, 505; Leinemann/*Worzalla*, Kasseler Handbuch zum Arbeitsrecht, Band 1, 1.1, Rn. 178; Staudinger/*Richardi/Fischinger*, § 611 BGB Rn. 48 m.w.N.; zust. dagegen etwa *Thüsing* in Henssler/Willemsen/Kalb, Vor § 611 BGB Rn. 59; *Weber*, Das aufgespaltene Arbeitsverhältnis, S. 257 f.

902 ErfK/*Preis*, § 611a BGB Rn. 54; *Deinert*, Soloselbständige zwischen Arbeitsrecht und Wirtschaftsrecht, Rn. 144; Deinert/Heuschmid/Zwanziger/*Ulber*, Arbeitsrecht, § 3 Rn. 57.

903 Leinemann/*Worzalla*, Kasseler Handbuch zum Arbeitsrecht, Band 1, 1.1, Rn. 177 f.; Ausführlich zur Kritik ErfK/*Preis*, 16. Auflage 2016, § 611 BGB Rn. 57 f.; vgl. auch Deinert/Heuschmid/Zwanziger/*Ulber*, Arbeitsrecht, § 3 Rn. 57 f.

2. Begriff des funktionalen Arbeitgebers

Ein weiteres Modell, das die neuen Arbeitsformen besser erfassen soll, stellt die am englischen Recht orientierte Lehre des sog. funktionalen Arbeitgebers dar.[904] Arbeitgeber ist danach nicht zwingend die einzelne (juristische) Person, die als Gegenpartei des Arbeitnehmers auftritt, sondern vielmehr immer derjenige, der bestimmte Arbeitgeberfunktionen ausübt oder mittels vorgegebener Rollen innerhalb des breiten Rahmens eines Arbeitsvertrags in Erscheinung tritt.[905] Arbeitnehmer ist dementsprechend derjenige, bei dem der Auftraggeber Arbeitgeberfunktionen ausübt. So läge ein Arbeitsverhältnis etwa schon mit der Bestimmung des Beginns und des Endes der Tätigkeit, der Entgegennahme und Nutzung der Arbeitsergebnisse, der Versorgung mit Arbeit bzw. Entgelt und vor allem dem Managen des internen und externen Marktes vor.[906]

3. Europäische Begriffsbestimmung

Auf europäischer Ebene gibt es teilweise lediglich Verweise auf nationales Recht, wie z.B. bei der Arbeitnehmerentsenderichtlinie[907] oder der Richtlinie zur Unterrichtung und Anhörung der Arbeitnehmer,[908] teilweise aber auch im Anschluss an die EuGH-Entscheidung „Lawrie-Blum“[909] eine eigene europäische Begriffsbestimmung, wie z.B. bei der Mutterschutzrichtlinie[910] oder der Richtlinie zu

---

904 Dazu grundlegend *Prassl*, The Concept of the Employer, S. 1 ff.

905 *Prassl*, EuZA 2013, 472, 474.

906 *Prassl/Risak*, Comparative Labor Law & Policy Journal 2016, 619, 635 f.; *Prassl*, EuZA 2013, 472, 476 f.; *Prassl*, The Concept of the Employer, S. 155 ff.; vgl. auch *Klebe*, AuR 2016, 277, 279; *Pacha*, Crowdwork, S. 330 ff.

907 RL 96/71/EG des Europäischen Parlaments und des Rates vom 16.12.1996 über die Entsendung von Arbeitnehmern im Rahmen der Erbringung von Dienstleistungen (ABlEG 1997 Nr. L 18, S. 1), zuletzt geändert durch RL 2018/957 des Europäischen Parlaments und des Rates vom 28.06.2018 zur Änderung der Richtlinie 96/71/EG über die Entsendung von Arbeitnehmern im Rahmen der Erbringung von Dienstleistungen (ABlEU 2018 Nr. L 173, S. 16).

908 RL 2002/14/EG des Europäischen Parlaments und des Rates vom 11.03.2002 zur Festlegung eines allgemeinen Rahmens für die Unterrichtung und Anhörung der Arbeitnehmer in der Europäischen Gemeinschaft (ABlEG 2002 Nr. L 80, S. 29).

909 EuGH 03.07.1986 – Rs 66/85 (Lawrie-Blum) – NVwZ 1987, 41; dazu ausführlich *Borelli*, AuR 2011, 472 ff.

910 RL 92/85/EWG des Rates vom 19.10.1992 über die Durchführung von Maßnahmen zur Verbesserung der Sicherheit und des Gesundheitsschutzes von schwangeren Arbeitnehmerinnen, Wöchnerinnen und stillenden Arbeitnehmerinnen am Arbeitsplatz (ABlEG 1992 Nr. L 348, S. 1).

Massenentlassungen.[911] Arbeitnehmer ist danach derjenige, der während einer bestimmten Zeit für einen anderen nach dessen Weisung Leistungen erbringt, für die er als Gegenleistung eine Vergütung erhält.[912]

4. Sonstige Ansätze

In den USA wird eine Definition verwendet, die dem europäischen Arbeitnehmerbegriff vergleichbar ist.[913] Zur Identifizierung von Arbeitnehmern, die fälschlicherweise als Selbständige eingestuft wurden, gibt es zudem aus jüngerer Zeit die Administrator's Interpretation No. 2015-1 des US Department of Labor vom 15.07.2015.[914] Entscheidend ist danach, ob die Arbeit integraler Teil des Arbeitgebergeschäfts ist, die Möglichkeit des Beschäftigten besteht, Gewinn oder Verlust zu machen in Abhängigkeit von seinen Managementfähigkeiten, wie das Beschäftigten-Investment sich zu dem des Arbeitgebers verhält, ob die Arbeitsaufgabe spezielle Fähigkeiten und Initiativen erfordert, ob die Arbeitsbeziehung dauerhaft oder von unbestimmter Dauer ist und welche Kontrollen der Arbeitgeber ausübt.[915]

5. Stellungnahme

Der Arbeitnehmerbegriff ist als „persönlicher Anwendungsbereich des Arbeitsrechts“[916] dessen Dreh- und Angelpunkt. Ihn angesichts der prekären Situation vieler Crowdworker zu modifizieren, hätte weitreichende Folgen. Bevor eine Änderung des Arbeitnehmerbegriffs in Betracht gezogen wird, ist daher zunächst zu hinterfragen, ob es überhaupt im Interesse der Beteiligten, insbesondere der Crowdworker liegt, die komplette Bandbreite des Arbeitsrechts

---

911 RL 98/59/EG des Rates vom 20.07.1998 zur Angleichung der Rechtsvorschriften der Mitgliedstaaten über Massenentlassungen (ABlEG 1998 Nr. L 225, S. 16); zur Wirkungsweise von Richtlinien *Kerwer*, Das europäische Gemeinschaftsrecht und die Rechtsprechung der deutschen Arbeitsgerichte, S. 87 ff.

912 Vgl. etwa EuGH 13.02.2014 – C-596/12 – Rn. 17; EuGH 09.07.2015 – C-229/14 (Balkaya) – EuZW 2015, 682 Rn. 34; EuGH 11.11.2015 – C-422/14 (Pujante Rivera) – EuZW 2016, 25 Rn. 29; vgl. auch *Klebe*, AuR 2016, 277, 279.

913 *Klebe*, AuR 2016, 277, 279; zur Definition siehe § 203 des Fair Labor Standards Act, abrufbar unter https://www.dol.gov/whd/regs/statutes/FairLaborStandAct.pdf (letzter Aufruf 27.07.2020).

914 Abrufbar unter https://www.blr.com/html_email/AI2015-1.pdf (letzter Aufruf 27.07.2020).

915 Vgl. *Klebe*, AuR 2016, 277, 279.

916 *Maties*, Der Anwendungsbereich des Arbeitsrechts, in: FS Wank, S. 323, 341.

auf sie anzuwenden. Denn nicht alle Crowdworker möchten ihre Flexibilität in einem Arbeitsverhältnis einschränken.[917] Gerade bei Crowdwork ist der wesentliche Vorteil darin zu sehen, dass der Crowdworker selbst über seine Arbeitszeit und seinen Arbeitsort bestimmen kann. Aus diesem Grund wäre es zum Beispiel kontraproduktiv, den Vertragspartner zum Adressaten von Arbeitszeitschutzregelungen zu machen. Der Auftraggeber kann die Arbeitszeitgestaltung des Crowdworkers nur dann beeinflussen, wenn sich dieser überhaupt erst einmal zur Arbeit während eines Zeitraums verpflichtet hat.[918]

Selbst wenn man dem Modell von *Wank* zur Bestimmung der Arbeitnehmereigenschaft über die unternehmerischen Möglichkeiten des Betroffenen folgen würde, hätte das kaum Einfluss auf die Situation der Crowdworker. Denn auch wenn der Crowdworker alleine, ohne eigenes Kapital und ohne eigene Organisation immer wieder für ein Unternehmen oder eine Internetplattform tätig ist und auch keine unternehmerische Chance auf Gewinne hat, weil ihm die Preise für die Erledigung der Aufgaben vorgegeben werden, kann es einen vollständigen Arbeitsrechtsschutz nicht geben, wenn die Vertragsgestaltung im Übrigen ein Direktionsrecht über Zeit und Ort der Arbeitsleistung des Crowdworkers nicht begründet.[919]

Des Weiteren erscheint die rechtspolitische Sinnhaftigkeit einer Abänderung des Arbeitnehmerbegriffs zweifelhaft. Durch eine immer großzügigere Ausweitung des Anwendungsbereichs würden Bereiche vom Arbeitsrecht eingenommen, die weder vom gesamten Arbeitsrecht beherrscht werden sollten noch beherrscht werden wollen.[920] Denn zwischen den Arbeitnehmern und Selbständigen gibt es eine Gruppe, die zwar in gewissen Bereichen einen den Arbeitnehmern vergleichbaren Schutz benötigt, bei der die Regulierung anderer Bereiche aber den Interessen der Parteien widersprechen würde. Aus diesem Grund kann und soll in solchen Fällen weder eine Zuordnung zur offenen Selbständigkeit noch zu den Arbeitnehmern erfolgen.[921] Zum Schutz dieser Gruppe wurde mit der Zwischenkategorie der arbeitnehmerähnlichen Person bereits ein abgestuftes Schutzsystem geschaffen, welches eine Vielzahl dieser Fälle angemessen

---

917 Siehe z.B. zum Selbstverständnis von Softwareentwicklern BT-Drs. 17/12505, S. 48.

918 So auch *Selzer* in Husemann/Wietfeld: Zwischen Theorie und Praxis, S. 27, 43 f.; *Pacha*, Crowdwork, S. 326 f.

919 So zutreffend *Selzer* in Husemann/Wietfeld: Zwischen Theorie und Praxis, S. 27, 43.

920 *Deinert*, Soloselbständige zwischen Arbeitsrecht und Wirtschaftsrecht, Rn. 145; *Pacha*, Crowdwork, S. 326.

921 *Deinert*, Soloselbständige zwischen Arbeitsrecht und Wirtschaftsrecht, Rn. 145.

behandelt.[922] Schließlich ist auch die Unterscheidung von Dienst- und Werkverträgen nicht aufzugeben. Denn die persönliche Abhängigkeit und damit auch die arbeitsrechtliche Schutzbedürftigkeit des Arbeitnehmers folgt gerade aus dem Verzicht auf die selbstbestimmte Verfügung über seine Arbeitskraft nach Zeit, Ort und Dauer, der mit der Verpflichtung, für einen anderen zeitbestimmt zu arbeiten, einhergeht.[923]

Dass für eine Modifikation des Arbeitnehmerbegriffs kein Bedarf besteht, ergibt sich letztlich daraus, dass bereits nach geltendem Recht die Möglichkeit gegeben ist, entsprechend schutzbedürftige Crowdworker in die volle Bandbreite des Arbeitsrechts einzubeziehen. Nach der typologischen Methode des BAG wird die unselbständige von der selbständigen Arbeit gerade nicht anhand zwingend feststehender Merkmale abgegrenzt. Vielmehr sind gemäß § 611a Abs. 1 S. 4 BGB stets die Besonderheiten zu berücksichtigen, die sich aus der Eigenart der jeweiligen Tätigkeit ergeben, und auch die in § 611a Abs. 1 S. 5 BGB vorgeschriebene Gesamtbetrachtung ermöglicht eine flexible Handhabung der einzelnen Merkmale.[924] Der in § 611a BGB normierte Arbeitnehmerbegriff ist folglich offen genug, um auch in persönlicher Abhängigkeit tätige Crowdworker auf einer Plattform herauszufiltern. Dabei wird es jedoch Sache der Rechtsprechung sein, zu entscheiden, wieviel Gewicht den Merkmalen der örtlichen und zeitlichen Weisungsgebundenheit im Rahmen der Beschäftigung auf digitalen Plattformen noch zukommt und inwieweit indirekte Steuerungs- und Kontrollmechanismen zu einer inhaltlichen Weisungsunterworfenheit im Beschäftigungsverhältnis führen können.[925]

6. Zwischenergebnis

Genauso wenig wie allein eine wirtschaftliche Abhängigkeit zur Geltung des Arbeitsrechts insgesamt führt, bedeutet das Fehlen einer persönlichen Abhängigkeit nicht, dass das Arbeitsrecht gar nicht gilt. Je nach Schutzbedürftigkeit und Nähe des zu betrachtenden Falles zur Arbeitnehmersituation können arbeitsrechtliche Regelungen trotz fehlender Arbeitnehmereigenschaft anwendbar sein, wenn z.B. die Voraussetzungen für eine Arbeitnehmerähnlichkeit

---

922 *Deinert*, Soloselbständige zwischen Arbeitsrecht und Wirtschaftsrecht, Rn. 145; *Günther/Böglmüller*, NZA 2015, 1025, 1030; *Selzer* in Husemann/Wietfeld: Zwischen Theorie und Praxis, S. 27, 43 f.

923 So auch *Selzer* in Husemann/Wietfeld: Zwischen Theorie und Praxis, S. 27, 43.

924 Vgl. auch *Preis*, NZA 2018, 817, 823 f.

925 Dazu eingehend in Punkt D. I. 2. d) aa) (2).

vorliegen. Für eine Modifikation des Arbeitnehmerbegriffs besteht daher kein Bedarf.[926]

II. Anpassung des Schutzes für arbeitnehmerähnliche Personen[927]

Als deutlich weniger einschneidende Lösung als die Modifizierung des Arbeitnehmerbegriffs kommt eine Anpassung des Schutzes arbeitnehmerähnlicher Personen in Betracht.[928] Wie bereits festgestellt, sind Crowdworker bei entsprechender Schutzbedürftigkeit als arbeitnehmerähnliche Personen in verschiedene Schutzgesetze mit einbezogen.[929] Dennoch bleibt das dadurch erreichte Schutzniveau deutlich hinter dem eines Arbeitnehmers zurück. Um die „Fallhöhe" zwischen den Schutzbereichen zu verringern, ist eine Erweiterung des Definitionsbereichs der arbeitnehmerähnlichen Person in Betracht zu ziehen. Alternativ, oder auch ergänzend, bietet sich eine Ausdehnung der anwendbaren arbeitsrechtlichen Schutzvorschriften an. So ließe sich möglicherweise eine Verbesserung der Situation der Crowdworker unter gleichzeitiger Wahrung des Abstands zum arbeitsrechtlichen Vollbild erreichen.

1. Erweiterung des Definitionsbereichs

Untersucht wird zunächst, inwieweit eine Weiterentwicklung der Anknüpfungspunkte arbeitsrechtlicher Schutzgehalte beim Begriff der arbeitnehmerähnlichen Person erfolgen könnte. Um den Rechtsstatus der arbeitnehmerähnlichen Person zu erlangen, setzt die Rechtsprechung des BAG einhergehend mit der h.L. voraus, dass der Auftragnehmer wirtschaftlich vom Auftraggeber abhängig und einem Arbeitnehmer vergleichbar sozial schutzbedürftig ist.[930] Weiter

---

926 So im Ergebnis auch *Hanau*, NJW 2016, 2613, 2616; *Pacha*, Crowdwork, S. 339; *Selzer* in Husemann/Wietfeld: Zwischen Theorie und Praxis, S. 27, 43.

927 Eine Anpassung des Schutzes arbeitnehmerähnlicher Personen in Form einer Reformierung des Heimarbeitsgesetzes wird in diesem Punkt noch außer Betracht gelassen. Dazu sodann ausführlich in Punkt G. III.

928 So etwa gefordert von *Deinert*, Soloselbständige zwischen Arbeitsrecht und Wirtschaftsrecht, Rn. 146; *Hanau*, NJW 2016, 2613, 2616; *Klebe*, AuR 2016, 277, 280; *Schubert*, RdA 2018, 200, 205; unter der Bedingung der zunehmenden Bedeutung von Plattformarbeit auch *BMAS*, Weißbuch Arbeiten 4.0, S. 175; *Krause*, Gutachten zum 71. Deutschen Juristentag, S. B 106 f.

929 Dazu ausführlich in Punkt D. II. 1.

930 Vgl. BAG 15.04.1993 – 2 AZB 32/92 – NZA 1993, 789, 790 f.; BAG 17.06.1999 – 5 AZB 23/98 – NZA 1999, 1175, 1176; BAG 15.11.2005 – 9 AZR 626/04 – NJOZ 2007, 5250

müssen die zu erbringenden Leistungen auf Grundlage eines Dienst- oder Werkvertrags persönlich und im Wesentlichen ohne Mitarbeit von Arbeitnehmern erfolgen.[931]

Die oben genannte Begriffsdefinition der arbeitnehmerähnlichen Person stand bereits in der Vergangenheit bei Teilen der Literatur in der Kritik.[932] Bemängelt wurde insbesondere, dass es für die Beurteilung der einem Arbeitnehmer vergleichbaren sozialen Schutzbedürftigkeit an abstrakten, objektiv feststellbaren Kriterien fehle.[933] Auch sei der Inhalt einzelner Begriffsmerkmale noch weitgehend ungeklärt.[934] Für den Auftraggeber komme erschwerend hinzu, dass er die anderweitigen Einkünfte seines Vertragspartners regelmäßig nicht kenne und sich über ihre Existenz und Höhe nur schwer informieren könne. All dies führe zu erheblichen Rechtsunsicherheiten, da es für die Beteiligten in den meisten Fällen kaum vorhersehbar sei, ob der Auftragnehmer als arbeitnehmerähnliche Person oder „gewöhnlicher" Selbständiger einzuordnen sei.[935]

Durch die neu entfachte Diskussion über die Zeitgemäßheit des Arbeitsrechts im Zuge der fortschreitenden Digitalisierung werden nunmehr erneut Rufe nach einer Anpassung des Begriffs der arbeitnehmerähnlichen Person laut.[936]

Der Grund dafür mag wohl darin liegen, dass Crowdworker ihre Aufträge oftmals von mehreren Auftraggebern beziehen, eine wirtschaftliche Abhängigkeit aber nach geltendem Recht daran zu bemessen ist, ob unter mehreren

---

Rn. 19; BAG 17.01.2006 – 9 AZR 61/05 – NJOZ 2006, 3821 Rn. 13; ErfK/*Preis*, § 611a BGB Rn. 80; *Heuschmid/Klebe*, Erwerbsarbeit in der Plattformökonomie, in: FS Kohte, S. 73, 77; *Kocher*, KJ 2013, 145, 151; *Schubert*, Der Schutz der arbeitnehmerähnlichen Personen, S. 9; *Selzer* in Husemann/Wietfeld: Zwischen Theorie und Praxis, S. 27, 44; Staudinger/*Richardi/Fischinger*, § 611 BGB Rn. 233; *Waas* in Waas/Liebman/Lyubarsky/Kezuka: Crowdwork – A Comparative Law Perspective, S. 142, 161; *Wisskirchen/Schwindling*, ZESAR 2017, 318, 325; a.A. *Neuvians*, Die arbeitnehmerähnliche Person, S. 50 ff.; *Willemsen/Müntefering*, NZA 2008, 193.

931 Ausführlich zu den Voraussetzungen für eine Rechtsstellung als arbeitnehmerähnliche Person Punkt D. II. 2.

932 Vgl. etwa *Bayreuther*, NZA 2007, 371, 374; *Willemsen/Müntefering*, NZA 2008, 193, 194.

933 So *Willemsen/Müntefering*, NZA 2008, 193, 194.

934 Vgl. *Willemsen/Müntefering*, NZA 2008, 193, 194 mit verschiedenen Beispielen.

935 *Willemsen/Müntefering*, NZA 2008, 193, 194 mit Verweis auf in der Vergangenheit entschiedene Einzelfälle; wohl auch *Bayreuther*, NZA 2007, 371, 374.

936 So insb. *Deinert*, Soloselbständige zwischen Arbeitsrecht und Wirtschaftsrecht, Rn. 146 ff.; *Klebe*, AuR 2016, 277, 280; *Schubert*, RdA 2018, 200, 205

Auftraggebern einer die nötige Existenzgrundlage liefert.[937] Folglich wird die Annahme einer Arbeitnehmerähnlichkeit bei Crowdworkern nach geltender Rechtslage meist daran scheitern, dass sich deren Schutzbedürftigkeit nicht aus einer Abhängigkeit zu nur einem einzigen Auftraggeber ergibt.[938]

a) *Abstellen auf die Ertragsstärke bzw. -schwäche*

Jedoch stellt *Deinert* zutreffend fest, dass ein Crowdworker, der zwar nicht von einem Auftraggeber die Mehrheit seiner Einkünfte bezieht, aber auf mehreren Plattformen gleichzeitig arbeitet und bei dem der Wegfall eines einzelnen Auftraggebers existenzbedrohend wäre, gleichermaßen schutzbedürftig ist.[939] Aus diesem Grund befürwortet er, weniger auf die Abhängigkeit von einem einzelnen Auftraggeber als auf die gesamte Ertragsstärke bzw. -schwäche eines Selbständigen abzustellen.[940] Eine soziale Schutzbedürftigkeit sei demnach bei denjenigen Beschäftigten anzunehmen, die trotz Ausschöpfung ihrer Arbeitskraft Erträge unterhalb der Pfändungsfreigrenze, mithin unter dem Niveau des Mindestlohns verdienen.[941]

Für diese Ansicht spricht auf den ersten Blick, dass sie zielführend ist und – zumindest aus Sicht des Beschäftigten – die Rechtssicherheit zu fördern vermag. Jedoch ist rätselhaft, wie in einem solchen Szenario bestehende Rechte der arbeitnehmerähnlichen Person geltend gemacht werden sollen. Konsequenz eines Abstellens auf die Ertragsschwäche des Beschäftigten wäre, dass dessen wirtschaftliche Abhängigkeit unabhängig davon zu bestimmen wäre, wer die einzelnen Vertragspartner sind und von wie vielen Vertragspartnern er seine Einkünfte bezieht. Für den Fall, dass ein Crowdworker auf mehreren

---

937 Vgl. BAG 08.06.1967 – 5 AZR 461/66 – NJW 1967, 1982, 1983; BAG 15.02.2005 – 9 AZR 51/04 – NZA 2006, 223, 226; BAG 17.01.2006 – 9 AZR 61/05 – NJOZ 2006, 3821 Rn. 14; BAG 21.12.2010 – 10 AZB 14/10 – NZA 2011, 309 Rn. 8; Däubler/*Reinecke/Rachor*, § 12a TVG Rn. 45; ErfK/*Preis*, § 611a BGB Rn. 80; Kempen/Zachert/*Stein*, § 12a TVG Rn. 27; Wiedemann/*Wank*, § 12a TVG Rn. 72 ff.

938 Vgl. *Kocher*, KJ 2013, 145, 151.

939 Vgl. *Deinert*, Soloselbständige zwischen Arbeitsrecht und Wirtschaftsrecht, Rn. 146.

940 *Deinert*, Soloselbständige zwischen Arbeitsrecht und Wirtschaftsrecht, Rn. 147; zust. *Klebe*, AuR 2016, 277, 280.

941 *Deinert*, Soloselbständige zwischen Arbeitsrecht und Wirtschaftsrecht, Rn. 147 f.; dabei macht er deutlich, dass diese Argumentation nicht zur Anwendung des Mindestlohns führen soll. Jedoch würde ein Ertrag unter der Pfändungsfreigrenze die Anwendung der für arbeitnehmerähnliche Personen zur Anwendung kommenden arbeitsrechtlichen Regeln rechtfertigen.

Plattformen tätig wäre und dabei nach Ausschöpfung seiner Arbeitskraft Einkünfte unterhalb des aktuellen Mindestlohns erzielte, bestünden für ihn so die entsprechenden, für arbeitnehmerähnliche Personen geltenden Schutzrechte.[942] Allerdings käme nicht ein konkreter Vertragspartner als Schutzverpflichteter in Betracht. Vielmehr wären all die Crowdwork-Plattformen und Crowdsourcer, zu denen der Crowdworker im fraglichen Zeitraum vertragliche Beziehungen gepflegt hat – auch diejenigen, für die er nur wenige Minuten lang tätig wurde – ihm gegenüber zur Einhaltung der Schutzvorschriften verpflichtet. So könnte der Crowdworker konsequenterweise gegenüber allen Vertragspartnern einen Anspruch auf Gewährung von bezahltem Erholungsurlaub nach § 1 BUrlG geltend machen, da dieser nach § 2 S. 2 BUrlG auch für arbeitnehmerähnliche Personen besteht. Abgesehen davon, dass eine Bestimmung des Anspruchsumfangs gegenüber den einzelnen Vertragspartnern recht schwer ausfallen dürfte,[943] ist es aus Sicht der Auftraggeber nicht einzusehen, warum sie, trotz kurzfristiger, möglicherweise sogar nur einmaliger Geschäftsbeziehung zu einem Vertragspartner, diesem gegenüber zur Einhaltung derartiger Schutzvorschriften verpflichtet sein sollen.

Des Weiteren würde ein Abstellen auf die Ertragsschwäche dazu führen, dass nur die Selbständigen in den Genuss der für arbeitnehmerähnliche Personen geltenden Schutzvorschriften kämen, die Erträge unterhalb der Pfändungsfreigrenze erwirtschaften. Dagegen würden Selbständige, die höhere Verdienste einfahren, dabei ihre Einkünfte maßgeblich von einem Auftraggeber beziehen und auch sonst ihrer gesamten sozialen Stellung nach einem Arbeitnehmer vergleichbar sozial schutzbedürftig sind, nur aufgrund ihrer höheren Einnahmen nicht mehr vom Schutzbereich der für arbeitnehmerähnliche Personen geltenden Vorschriften profitieren. Infolgedessen würden nur noch „Geringstverdiener" unter den Begriff der arbeitnehmerähnlichen Person fallen, die möglicherweise nicht von einem Auftraggeber wirtschaftlich abhängig, wohl aber wirtschaftlich schutzbedürftig sind. Da durch die Figur der arbeitnehmerähnlichen Person aber kein Arbeitsrecht nach Klassen geschaffen werden, sondern vielmehr den Bedürfnissen einer besonders schützenswerten Personengruppe Rechnung getragen werden soll, erscheint ein Abstellen auf die Ertragsschwäche des Beschäftigten nicht interessengerecht.

---

942 Zu den anwendbaren Vorschriften siehe Punkt D. II. 1.

943 So auch *Pacha*, Crowdwork, S. 339.

b) *Festlegung der Erwerbsquoten*

Eine Erweiterung des Definitionsbereichs der arbeitnehmerähnlichen Person könnte aber alternativ dahingehend erfolgen, dass – angelehnt an § 12a Abs. 3 TVG – eine wirtschaftliche Abhängigkeit für die Beschäftigung auf Crowdwork-Plattformen bereits dann angenommen wird, wenn mindestens ein Drittel des Gesamterwerbs des Beschäftigten von einem Auftraggeber erzielt wird.[944]

Anders als beim Vorschlag von *Deinert*[945] würde eine solche Modifikation die einzelnen Vertragspartner eines Crowdworkers nicht übermäßig benachteiligen, da so nur diejenigen Auftraggeber in die Pflicht genommen werden könnten, die einen maßgeblichen Anteil der Arbeitskraft des Crowdworkers in Anspruch nehmen.[946] Zudem würde so mehr Rechtssicherheit geschaffen, da die Höhe der erforderlichen Einnahmen, die zur Begründung einer wirtschaftlichen Abhängigkeit gegenüber dem Vertragspartner führt, nicht mehr einzelfallabhängig von der Gerichten,[947] sondern nach objektiven, gesetzlich festgelegten Kriterien zu bestimmen wäre.

Schließlich wird eine Erwerbsquote in Höhe von einem Drittel des Gesamterwerbs auch eher der Natur der Plattformarbeit gerecht, da gerade Crowdworker, die ihren Lebensunterhalt mit der Bearbeitung von Kleinstaufgaben finanzieren, oftmals auf mehreren Plattformen tätig sein müssen, um eine ausreichende Anzahl an Aufträgen zu erhalten. So ist es durchaus möglich, dass ein Crowdworker regelmäßig auf drei verschiedenen Crowdwork-Plattformen tätig ist und von allen dreien ähnlich große Einnahmen erzielt. Ein kurzfristiger Wegfall einer dieser Erwerbsquellen würde für den Crowdworker erhebliche Umsatzeinbußen zur Folge haben. Bei Annahme einer wirtschaftlichen Abhängigkeit erst bei einem Erwerb von mehr als der Hälfte des Gesamteinkommens von einem

944 Vgl. *Klebe*, AuR 2016, 277, 280, der eine Arbeitnehmerähnlichkeit (gemeint ist damit wohl aber die wirtschaftliche Abhängigkeit) generell bejahen will, wenn 25% des Erwerbs von einem Auftraggeber erzielt werden.

945 Vgl. *Deinert*, Soloselbständige zwischen Arbeitsrecht und Wirtschaftsrecht, Rn. 147; vgl. auch oben (Punkt G. II. 1. a)).

946 Zu beachten ist, dass neben der wirtschaftlichen Abhängigkeit weiterhin eine soziale Schutzbedürftigkeit bestehen muss, d.h. dass der Crowdworker zusätzlich unter im Wesentlichen persönlichem Arbeitseinsatz ähnliche Einkünfte erzielen muss wie Arbeitnehmer, der eine entsprechende Beschäftigung ausübt; dazu ausführlich in Punkt D. II. 2. b).

947 Vgl. nur BAG 08.06.1967 – 5 AZR 461/66 – NJW 1967, 1982, 1983; BAG 15.02.2005 – 9 AZR 51/04 – NZA 2006, 223, 226; BAG 17.01.2006 – 9 AZR 61/05 – NJOZ 2006, 3821 Rn. 14; BAG 21.12.2010 – 10 AZB 14/10 – NZA 2011, 309 Rn. 8, 12.

Auftraggeber[948] wäre dem Crowdworker dagegen größtenteils die Möglichkeit genommen, höhere Einnahmen durch den Vergleich der Aufträge auf verschiedenen Plattformen zu erzielen. Denn durch eine Verteilung seiner Arbeitskraft auf mehrere Plattformen würde er seine wirtschaftliche Abhängigkeit und damit einhergehend die entsprechenden Schutzrechte verlieren.

Eine Erwerbsquote in Höhe von einem Drittel des Gesamterwerbs sollte indes nur für die Tätigkeit auf Crowdwork-Plattformen gelten, da gerade in diesen Fällen entsprechende Einnahmen häufig erst durch die Begründung mehrerer Beschäftigungsverhältnisse generiert werden können. Eine entsprechende Regelung könnte durch einen neuen Absatz 3a in § 12a TVG eingepflegt werden.[949] Bei einer analogen selbständigen Beschäftigung sollte es hingegen beim Regelfall des § 12a Abs. 1 Nr. 1 lit. b) TVG bleiben.[950] Mehr Klarheit und Rechtssicherheit könnte schließlich erlangt werden, indem die Definition der arbeitnehmerähnlichen Person, wie sie in § 12a TVG (zzgl. des neuen Absatzes 3a) lautet, auf alle Vorschriften übertragen würde, die für arbeitnehmerähnliche Personen spezifische Regelungen enthalten.[951]

---

948 So die in der Regel erforderliche Erwerbsquote für die Annahme einer wirtschaftlichen Abhängigkeit im Sinne des Tarifvertragsgesetzes (vgl. § 12a Abs. 1 Nr. 1 lit. b) TVG).

949 Ähnlich *Klebe*, AuR 2016, 277, 280, der allerdings eine Arbeitnehmerähnlichkeit (gemeint ist damit wohl aber die wirtschaftliche Abhängigkeit) generell bejahen will, wenn 25% des Erwerbs von einem Auftraggeber erzielt werden; a.A. *vbw*, Position – Der Mensch in der digitalen Arbeitswelt, S. 38, die zumindest für den Anwendungsbereich des § 12a TVG keinen Anlass zur Änderung der Erwerbsquote sieht.

950 A.A. *Klebe*, AuR 2016, 277, 280 (siehe vorherige Fußnote).

951 So wird es im Grunde ohnehin schon jetzt von der Rechtsprechung gehandhabt, da die in § 12a TVG genannten Zeit- und Verdienstrelationen regelmäßig im Rahmen der Gesamtabwägung herangezogen werden. Dies geschieht selbst in den Fällen des § 5 Abs. 1 S. 2 ArbGG und § 2 Abs. 1 S. 2 BUrlG, wo die Vorschriften nur eine wirtschaftliche Unselbständigkeit als Voraussetzung für eine Arbeitnehmerähnlichkeit vorgeben, vgl. zur Anwendung des ArbGG BAG 26.09.2002 - 5 AZB 19/01 - NZA 2002, 1412, 1415; BAG 11.06.2003 - 5 AZB 43/02 - NJW 2003, 3365, 3366; BAG 21.02.2007 - 5 AZB 52/06 - NZA 2007, 699 Rn. 11; BAG 21.12.2010 - 10 AZB 14/10 - NZA 2011, 309 Rn. 8; zur Anwendung des BUrlG BAG 15.11.2005 - 9 AZR 626/04 - NJOZ 2007, 5250 Rn. 19 f.; BAG 17.01.2006 - 9 AZR 61/05 - NJOZ 2006, 3821 Rn. 14; vgl. auch *Däubler*, Digitalisierung und Arbeitsrecht, § 18 Rn. 46; ErfK/*Preis*, § 611a BGB Rn. 80 f.; Küttner/*Röller*, Personalbuch 2019, *Arbeitnehmerähnliche Personen* Rn. 1; KR/*Rost/Kreutzberg-Kowalczyk*, ArbNähnl. Pers., Rn. 32; schließlich ist in diesem Zusammenhang auch der von *Henssler* und *Preis* vorgelegte Diskussionsentwurf eines Arbeitsvertragsgesetzes zu nennen, der in § 3 einen Vorschlag für

2. Umkehr der Darlegungs- und Beweislast

Ein weiterer Vorschlag kommt direkt von der Bundesregierung: Diese spricht sich für eine Umkehr der Beweislast bei der Frage der wirtschaftlichen Abhängigkeit aus.[952] Entgegen der ungeschriebenen Grundregel, dass jede Partei die Beweislast für die tatsächlichen Voraussetzungen der ihr günstigeren Rechtsnorm trägt,[953] sollen demnach nicht die Crowdworker darlegen müssen, dass ein Abhängigkeitsverhältnis zum Auftraggeber besteht, sondern vielmehr der Auftraggeber die Beweislast für eine Selbständigkeit des Crowdworkers tragen.[954]

Übersetzt man diesen Vorschlag in die Praxis, stellt man jedoch schnell fest, dass dadurch absurde Zustände geschaffen würden. So bestünde zunächst hinsichtlich aller für einen Auftraggeber tätigen Crowdworker die widerlegbare Vermutung, dass diese in einem Abhängigkeitsverhältnis zum Auftraggeber stehen. Als Selbständige wären folglich nur noch diejenigen Crowdworker anzusehen, bei denen der Auftraggeber den positiven Nachweis der wirtschaftlichen Unabhängigkeit erbringen könnte. Für einen Crowdsourcer, der auf einer Vermittlungsplattform tätig ist, wäre ein solcher Nachweis faktisch unmöglich, da dieser in der Regel, abgesehen vom Benutzernamen des Crowdworkers, keinerlei Informationen über die Person hat, die für ihn tätig wurde. Aber auch bei den Crowdwork-Plattformen, die selbst Vertragspartner des Crowdworkers werden, haben die Plattformbetreiber mangels Auskunftspflicht der Crowdworker keinen Einblick in die Einkommensverhältnisse der für sie tätigen Crowdworker. Daher sollte es hier bei der Grundregel bleiben, dass der Crowdworker die für ihn günstigeren Tatsachen, also auch das Bestehen einer wirtschaftlichen Abhängigkeit nachzuweisen hat, wenn dieser aus seiner Arbeitnehmerähnlichkeit resultierende Rechte geltend machen will.

Will ein Crowdworker dagegen das Vorliegen eines Arbeitsverhältnisses gegenüber dem Betreiber einer Crowdwork-Plattform geltend machen, erscheint

---

eine allgemeine Legaldefinition der arbeitnehmerähnlichen Person enthält, die sich ebenfalls am Wortlaut des § 12a TVG orientiert, vgl. *Henssler/Preis*, NZA-Beilage 2007, 6, 8.

952 Vgl. BT-Drs. 18/12840, S. 218 mit Verweis auf die Beschlüsse des 71. Deutschen Juristentags; vgl. auch *Bauschke*, öAT 2016, 225, 227; *Udsching*, JZ 2018, 241, 243.

953 So die ganz h.M., vgl. nur BGH 20.03.1986 – IX ZR 42/85 – NJW 1986, 2426, 2427; BGH 24.06.1987 – I ZR 127/05 – NJW 1988, 640, 642; BGH 14.01.1991 – II ZR 190/89 – NJW 1991, 1052, 1053; BGH 18.05.2005 – VIII ZR 368/03 – NJW 2005, 2395, 2396; BGH 10.03.2010 – IV ZR 264/08 – NJW-RR 2010, 1378 Rn. 9; vgl. auch *Prütting* in MüKo ZPO, § 286 Rn. 110 ff.; Saenger/*Sanger*, § 286 ZPO Rn. 58.

954 Vgl. *Bauschke*, öAT 2016, 225, 227; *Udsching*, JZ 2018, 241, 243.

eine Verteilung der Darlegungs- und Beweislast nach den Grundsätzen der sog. sekundären Behauptungslast sinnvoll.[955] Demnach würde es für Crowdworker zunächst ausreichen, sich auf die Darlegung und den Beweis solcher Umstände zu beschränken, die ihrer Wahrnehmung zugänglich sind. In Betracht kommen dabei Indizien wie etwa das Bestehen von Bewertungs-, Rating- und Reputationssystemen, die für das Vorliegen einer persönlichen Abhängigkeit sprechen können.[956] Die Plattformbetreiber müssten daraufhin etwa den Nachweis erbringen, dass diese auf der Plattform etablierten Systeme werkvertragstypisch ausgestaltet sind.[957]

3. Anpassung der anwendbaren Vorschriften

Einigkeit herrscht unter nahezu allen Kritikern des aktuellen Begriffs der arbeitnehmerähnlichen Person darüber, dass eine Erweiterung des Rechtsschutzes dieser Personengruppe auch dahingehend zu erfolgen hat, dass arbeitnehmerähnliche Personen in den Schutzbereich mehrerer Gesetze einzubeziehen sind.[958]

Durch die Erstreckung einiger arbeitsrechtlicher Vorschriften auf arbeitnehmerähnliche Personen erfahren diese nach geltendem Recht zwar einen gewissen arbeitsrechtlichen Mindestschutz. So werden sie insbesondere im Bundesurlaubsgesetz mit Arbeitnehmern gleichgestellt sowie von den Schutzvorschriften des Arbeitsschutzgesetzes, des Pflegezeitgesetzes und auch des Allgemeinen Gleichbehandlungsgesetzes erfasst. Weiter können durch die entsprechende Anwendbarkeit der Vorschriften des Tarifvertragsgesetzes die Arbeitsbedingungen arbeitnehmerähnlicher Personen in Tarifverträgen geregelt und gemäß § 5 Abs. 1 S. 2 ArbGG Rechtsstreitigkeiten vor den Arbeitsgerichten ausgetragen werden.[959] Jedoch ist der Schutz im Ergebnis dennoch als lückenhaft anzusehen,

---

955 So der Vorschlag von *Pacha*, Crowdwork, S. 342; zur sekundären Behauptungslast BGH 02.11.1995 – IX ZR 15/95 – NJW 1996, 522, 523; BGH 13.06.2002 – VII ZR 30/01 – NJW-RR 2002,1309, 1310; *Prütting* in MüKo ZPO, § 286 Rn. 103; Saenger/*Sanger*, § 286 ZPO Rn. 93.

956 Vgl. dazu Punkt D. I. 2. d) aa) (2); vgl. auch *Pacha*, Crowdwork, S. 342.

957 *Pacha*, Crowdwork, S. 342.

958 Vgl. nur *Bauschke*, öAT 2016, 225, 227; *BMAS*, Forschungsbericht Nr. 463: Foresight-Studie „Digitale Arbeitswelt", 2016, S. 82; *Deinert*, Soloselbständige zwischen Arbeitsrecht und Wirtschaftsrecht, Rn. 151; *Hanau*, NJW 2016, 2613, 2616; *Klebe*, AuR 2016, 277, 280; *Krause*, NZA 2016, 1004, 1007; *Krause*, Gutachten zum 71. Deutschen Juristentag, S. B 107; *Preis*, SR 2017, 173, 179; *Schubert*, RdA 2018, 200, 205.

959 Eine ausführliche Auflistung der auf arbeitnehmerähnliche Personen anwendbaren Vorschriften findet sich in Punkt D. II. 1.

da trotz zahlreicher Bezugnahmen immer noch viele der für den Rechtsschutz eines Arbeitnehmers essentiellen Vorschriften keine Anwendung finden.[960]

a) Gleichstellung in § 5 Abs. 1 S. 2 BetrVG

Während sich dabei eine Exklusivität des Kündigungsschutzgesetzes etwa noch mit dem wesentlich höheren Schutzbedürfnis, das aus der persönlichen Abhängigkeit des Arbeitnehmers resultiert, begründen lässt,[961] leuchtet es nicht ein, weshalb arbeitnehmerähnliche Personen nicht generell vom Anwendungsbereich des Betriebsverfassungsgesetzes erfasst werden sollen. Eine Eröffnung des Anwendungsbereichs des Gesetzes ist derzeit gemäß § 5 Abs. 1 S. 2 BetrVG lediglich für die in Heimarbeit Beschäftigten, die in der Hauptsache für einen Betrieb arbeiten, vorgesehen. Zwar mag eine derartige Privilegierung historisch auf die besondere soziale Lage der in Heimarbeit Beschäftigten zurückzuführen sein,[962] jedoch ist aus heutiger Sicht kein Grund ersichtlich, weshalb bei der Anwendbarkeit des Betriebsverfassungsgesetzes zwischen diesen und sonstigen arbeitnehmerähnlichen Personen differenziert werden sollte, da arbeitnehmerähnliche Personen unabhängig davon, ob die zusätzlichen Voraussetzungen für eine Beschäftigung in Heimarbeit gegeben sind, in der Hauptsache für einen Betrieb tätig sein können und daher insoweit auch nicht weniger schutzbedürftig erscheinen.[963] Aus diesem Grund hat eine Gleichstellung der Arbeitnehmerähnlichen mit den in Heimarbeit Beschäftigten in der Betriebsverfassung zu erfolgen.[964] Selbstverständlich ist dabei neben den Voraussetzungen für das Vorliegen einer Arbeitnehmerähnlichkeit weiter an der Voraussetzung festzuhalten,

---

960 Vgl. auch *Däubler*, Digitalisierung und Arbeitsrecht, § 18 Rn. 51; *Däubler*, Für wen gilt das Arbeitsrecht?, in: FS Wank, S. 81, 84 f.; *Deinert*, Soloselbständige zwischen Arbeitsrecht und Wirtschaftsrecht, Rn. 142; *Preis/Temming*, Individualarbeitsrecht, § 9 Rn. 258, S. 94; *Waas* in Waas/Liebman/Lyubarsky/Kezuka: Crowdwork – A Comparative Law Perspective, S. 142, 162 f.; a.A. *Wank*, RdA 2010, 193, 204.

961 Vgl. *Preis*, SR 2017, 173, 179.

962 *Schubert*, RdA 2018, 200, 205; zur rechtsgeschichtlichen Entwicklung *Hromadka*, NZA 1997, 1249 ff.; KR/*Rost*, 11. Aufllage, § 29, 29a HAG Rn. 3 ff.

963 Vgl. auch *Krause*, Gutachten zum 71. Deutschen Juristentag, S. B 95; *Otto*, Anm. zu BAG 25.03.1992 – 7 ABR 52/91 – AP BetrVG 1972 § 5 Nr. 48 (unter II 4); *Schubert*, RdA 2018, 200, 205; *Preis*, SR 2017, 173, 179.

964 So auch *Franzen*, ZfA 2000, 285, 320; *Klebe*, AuR 2016, 277, 280; *Krause*, Gutachten zum 71. Deutschen Juristentag, S. B 95; *Nebe*, AuR 2014, 51, 57.

dass die arbeitnehmerähnliche Person in der Hauptsache für einen Betrieb tätig sein muss.[965]

b) Mindestlohn

Des Weiteren wird von Teilen der Literatur zur Vermeidung der Unterwanderung arbeitsrechtlicher Standards und zum Ausgleich der strukturellen Unterlegenheit der arbeitnehmerähnlichen Personen eine Erstreckung des Mindestlohns auch auf diese gefordert.[966]

Die Vorgabe eines für Auftraggeber zu zahlenden Mindestlohns erscheint jedoch insbesondere für Crowdwork unpassend. Denn der Mindestlohn, wie er nach §§ 1, 22 MiLoG für Arbeitnehmer gilt, bezieht sich auf Arbeit als zeitabhängige Daueraufgabe, für die ein Mindestwert pro Stunde festgesetzt wird.[967] Die im Rahmen von Crowdwork zu erbringenden Tätigkeiten werden jedoch nur in seltenen Fällen als zeitabhängige Daueraufgaben erbracht. Vielmehr sind im Regelfall Werkleistungen zu erbringen, mithin werden Erfolge und nicht nur Tätigkeiten an sich geschuldet.[968] Da in diesen Fällen die Vergütung an das Ergebnis und nicht an die dafür aufgewendete Zeit anknüpft, erscheint ein Vergleich des Mindestlohns mit der gezahlten Vergütung kaum durchführbar.[969]

---

965 Vgl. auch *Franzen*, ZfA 2000, 285, 320; *Krause*, Gutachten zum 71. Deutschen Juristentag, S. B 95.

966 Vgl. insb. *Schubert*, RdA 2018, 200, 205 mit Verweis auf den für das Vereinigte Königreich geltenden National Minimum Wage Act 1998, durch den auch arbeitnehmerähnliche Personen in die Mindestlohnregelungen einbezogen werden; aber auch *Cherry* in Benner, Crowdwork – Zurück in die Zukunft?, S. 231, 240; *Klebe*, AuR 2016, 277, 280; ähnlich auch *Preis*, SR 2017, 173, 178, der eine Anwendung der Mindestlohnregelungen auf das Heimarbeitsrecht erwägt; a.A. *Selzer* in Husemann/Wietfeld: Zwischen Theorie und Praxis, S. 27, 47.

967 *Selzer* in Husemann/Wietfeld: Zwischen Theorie und Praxis, S. 27, 47; vgl. auch *Greiner* in BeckOK ArbR, § 1 MiLoG Rn. 49; *Müller-Glöge* in MüKo BGB, § 1 MiLoG Rn. 17.

968 Siehe dazu schon Punkt D. I. 2. b) bb) (1).

969 So auch Maschmann/*Heise/Belovitzer*, Kap. 12 Rn. 59; *Selzer* in Husemann/Wietfeld: Zwischen Theorie und Praxis, S. 27, 47, der in diesem Zusammenhang darauf hinweist, dass Entgeltvereinbarungen in derartigen Fällen über § 138 BGB zu korrigieren seien, was unter Umständen für Crowdworker sogar günstiger sein kann als die Orientierung am arbeitsrechtlichen Mindestlohn, weil der für eine Sittenwidrigkeit benötigte Marktpreis als Referenzwert nicht das übliche Gehalt eines abhängig Beschäftigten sei, sondern der Preis, den ein Selbständiger auf dem freien Markt erhalten würde, dazu näher *Müller-Glöge* in MüKo BGB, § 611a Rn. 722.

Vorzugswürdig erscheint daher in diesem Zusammenhang vielmehr eine Regulierung der für einzelne Aufgaben zu zahlenden Entgelte über staatlich implementierte Gebühren, wie sie bereits im Taxigewerbe oder bei einigen freien Berufen üblich sind.[970]

c) *Maßregelungsverbot*

Auch können in der Praxis trotz Annahme einer Arbeitnehmerähnlichkeit Probleme bei der Durchsetzung der entsprechenden Rechte auftreten. So besteht etwa für den Fall, dass ein Crowdworker die ihm zustehenden Rechte gegen seinen Auftraggeber durchsetzen will, die Gefahr, dass diesem keine Aufträge mehr zugeteilt werden.[971] Zwar befürwortet die herrschende Literatur eine Anwendung des § 612a BGB auf Arbeitnehmerähnliche.[972] Das BAG hat allerdings eine entsprechende Anwendung des Maßregelungsverbots auf arbeitnehmerähnliche Personen abgelehnt und prüft in diesen Fällen stattdessen einen Verstoß gegen § 138 BGB.[973] So kommen Rechtsprechung und Lehre zwar im Endeffekt zum selben Ergebnis, jedoch wäre aus Gründen der Rechtsklarheit eine Erstreckung des § 612a BGB auch auf arbeitnehmerähnliche Personen begrüßenswert, da diese schließlich in gleicher Weise wie Arbeitnehmer in die Situation kommen können, wegen der Ausübung ihrer Rechte benachteiligt zu werden.[974]

4. Haftungsprivilegierung bei betrieblich veranlassten Schadensfällen

Schließlich ist auch eine Anwendung der von der Rechtsprechung entwickelten Grundsätze des innerbetrieblichen Schadensausgleichs auch auf

970 So werden die Gebühren für eine Beförderung via Taxi über die kommunalen Taxitarife geregelt, die Vergütung für Rechtsanwälte richtet sich nach dem RVG, Ärzte rechnen nach der GOÄ ab und für Architekten und Ingenieure gilt die HOAI; vgl. *Schliemann*, Zum Schutz wirtschaftlich schwacher Solo-Dienst- und Werkvertragsunternehmer, in: FS Wank, S. 531, 541; zur Idee der Einführung einer Gebührenordnung für Crowdwork-Tätigkeiten weiter unten (Punkt G. V.).

971 Vgl. *Däubler*, Digitalisierung und Arbeitsrecht, § 18 Rn. 50.

972 APS/*Linck*, § 612a BGB Rn. 3; *Benecke*, NZA 2011, 481, 482; ErfK/*Preis*, § 612a BGB Rn. 4; *Gamillscheg*, AR-Blattei SD 1183, Rn. 8; Däubler/Deinert/Zwanziger/*Däubler*, § 612a BGB Rn. 8; KR/*Treber*, § 612a BGB Rn. 7; *Müller-Glöge* in MüKo BGB, § 612a Rn. 4; a.A. Staudinger/*Richardi/Fischinger*, § 612a BGB Rn. 8.

973 BAG 14.12.2004 – 9 AZR 23/04 – NZA 2005, 637, 638; zust. Staudinger/*Richardi/Fischinger*, § 612a BGB Rn. 8.

974 *Däubler*, Digitalisierung und Arbeitsrecht, § 18 Rn. 50.

arbeitnehmerähnliche Personen zu erwägen.[975] Durch die Haftungsprivilegierung lässt sich bei einem Schadensfall, der aufgrund betrieblich veranlasster Tätigkeit verursacht wurde, je nach Maß des Verschuldens des Verursachers oftmals eine Minderung oder gar ein kompletter Fortfall des Ersatzanspruchs des Auftraggebers erreichen.[976] Für arbeitnehmerähnliche Personen greifen indes nach Auffassung der Rechtsprechung keine vergleichbaren Grundsätze zur Haftungsbeschränkung gegenüber ihren Vertragspartnern.[977] Dem ist jedoch entgegenzuhalten, dass es beim innerbetrieblichen Schadensausgleich um die Zurechnung von Organisationsrisiken, mithin um ein Mitverschulden des Arbeitgebers analog § 254 BGB geht und nicht um eine Beschränkung der Haftung aufgrund der Fürsorgepflicht des Arbeitgebers, wie es die Rechtsprechung vor dem Grundsatzbeschluss des Großen Senats des BAG im Jahr 1994[978] noch annahm.[979] Sofern eine arbeitnehmerähnliche Person sich einer fremdbestimmten Betriebsorganisation unterordnen muss, ist daher mit Blick auf ihre Schutzbedürftigkeit ebenfalls eine Haftungsprivilegierung anzunehmen.[980] Denn ein selbständiger Informatiker kann ebenso einer fremdbestimmten

975 Ausführlich zu den Grundsätzen des innerbetrieblichen Schadensausgleichs BeckOGK/*Maties*, § 611a BGB Rn. 1643 ff.; *Junker*, Arbeitsrecht, § 5 Rn. 294 ff.; Schulze/*Schreiber*, § 619a BGB Rn. 3 ff.; zur Entwicklung in den letzten Jahren *Schwab*, NZA-RR 2016, 173 ff.

976 Vgl. BAG 27.09.1994 - GS 1/89 (A) - NZA 1994, 1083, 1086; BAG 05.02.2004 - 8 AZR 91/03 - NZA 2004, 649, 650; BeckOGK/*Maties*, § 611a BGB Rn. 1693 f.; *Deinert*, Soloselbständige zwischen Arbeitsrecht und Wirtschaftsrecht, Rn. 93; Schulze/*Schreiber*, § 619a BGB Rn. 6.

977 Vgl. BGH 01.02.1963 - VI ZR 271/61 - NJW 1963, 1100, 1103; BGH 07.10.1969 - VI ZR 223/67 - NJW 1970, 34, 35; BGH 05.12.1983 - II ZR 252/82 - NJW 1984, 789, 790; LAG Berlin 29.10.1990 - 9 Sa 67/90; zust. ErfK/*Preis*, § 619a BGB Rn. 19; Schaub/*Linck*, Arbeitsrechts-Handbuch, § 59 Rn. 31.

978 BAG 27.09.1994 - GS 1/89 (A) - NZA 1994, 1083.

979 Vgl. BAG 27.09.1994 - GS 1/89 (A) - NZA 1994, 1083, 1085; BAG 16.02.1995 - 8 AZR 493/93 - NZA 1995, 565, 566; BAG 21.05.2015 - 8 AZR 116/14 - NZA 2015, 1517 Rn. 48; *Deinert*, Soloselbständige zwischen Arbeitsrecht und Wirtschaftsrecht, Rn. 94; Schulze/*Schreiber*, § 619a BGB Rn. 5; *Schwab*, NZA-RR 2016, 173, 174; zur Rechtsprechung vor dem Grundsatzbeschluss des Großen Senats BAG 24.11.1987 - 8 AZR 524/82 - NZA 1988, 579, 583 m.w.N.

980 So auch LAG Berlin 11.04.2003 - 6 Sa 2262/02; LAG Hessen 02.04.2013 - 13 Sa 857/12 - BB 2013, 1726 Rn. 47; *Deinert*, Soloselbständige zwischen Arbeitsrecht und Wirtschaftsrecht, Rn. 94; *Henssler* in MüKo BGB, § 619a Rn. 18; ähnlich für den sozialrechtlichen Begriff der beschäftigtenähnlichen Person BSG 24.06.2003 - B 2 U 39/02 R - NJW 2004, 966, 967; a.A. ErfK/*Preis*, § 619a BGB Rn. 19; Schaub/*Linck*,

Betriebsorganisation ausgesetzt sein wie ein Kontraktlogistiker, der den innerbetrieblichen Transport seines Vertragspartners organisiert.[981]

5. Zwischenergebnis

Eine Anpassung des Schutzes für arbeitnehmerähnliche Personen könnte einerseits durch Anpassung des Definitionsbereichs erfolgen. Dabei ist aber fraglich, ob die von der Literatur vorgebrachten Vorschläge sinnvoll in der Praxis umgesetzt werden können. Ein Abstellen auf die Ertragsstärke bzw. –schwäche eines Beschäftigten ist nach hier vertretener Auffassung abzulehnen, da dadurch nur noch wirtschaftlich schutzbedürftige „Geringstverdiener" unter den Begriff der arbeitnehmerähnlichen Person fielen, während besserverdienende Selbständige trotz wirtschaftlicher Abhängigkeit und sozialer Schutzbedürftigkeit von den anwendbaren Schutzvorschriften ausgenommen wären. Zudem würde ein derartiges Modell die Vertragspartner des Beschäftigten erheblich benachteiligen, da diese auch dann zur Einhaltung der für arbeitnehmerähnliche Personen geltenden Schutzvorschriften gezwungen wären, wenn sie nur einmalige bzw. kurzzeitige Geschäftsbeziehungen zum Beschäftigten gepflegt haben.

Vorzuziehen ist daher der Vorschlag, in Anlehnung an § 12a TVG eine bestimmte Erwerbsquote zur Bestimmung der wirtschaftlichen Abhängigkeit eines Beschäftigten festzulegen. Diese sollte für die Beschäftigung auf Crowdwork-Plattformen entsprechend § 12a Abs. 3 TVG vorliegen, wenn ein Drittel des Gesamterwerbs eines Crowdworkers von einer einzigen Crowdwork-Plattform bezogen wird. In diesem Sinne ist ein neuer Absatz 3a in § 12a TVG einzufügen. Weiter ist sodann der Wortlaut des § 12a TVG auf alle Vorschriften zu erstrecken, die für arbeitnehmerähnliche Personen spezifische Regelungen enthalten.

Eine Umkehr der Darlegungs- und Beweislast hinsichtlich des Merkmals der wirtschaftlichen Abhängigkeit ist abzulehnen, da dies in der Praxis zu unbilligen Ergebnissen führen würde. Jedoch ist hinsichtlich der Geltendmachung der Tatsachen, die für die Begründung einer persönlichen Abhängigkeit sprechen, eine Verteilung der Darlegungs- und Beweislast nach den Grundsätzen der sekundären Behauptungslast anzudenken.

Arbeitsrechts-Handbuch, § 59 Rn. 31; vgl. zum Meinungsstand auch *Schwab*, NZA-RR 2016, 173, 176.

981 So das Beispiel von *Deinert*, Soloselbständige zwischen Arbeitsrecht und Wirtschaftsrecht, Rn. 94.

Ferner erscheint eine Anpassung der für arbeitnehmerähnliche Personen anwendbaren Schutzvorschriften geboten, da der Schutz, den diese Beschäftigtengruppe nach geltendem Recht erfährt, ihrem Schutzbedürfnis nicht gerecht wird. Dabei ist de lege ferenda eine Gleichstellung aller Arbeitnehmerähnlichen in der Betriebsverfassung vorzunehmen. Weiter sollte der Wortlaut des § 612a BGB dahingehend geändert werden, dass das darin enthaltene Maßregelungsverbot auch für arbeitnehmerähnliche Personen gilt. Eine Erstreckung des Mindestlohns auf arbeitnehmerähnliche Personen ist dagegen abzulehnen.

Schließlich sollte das BAG seine Rechtsprechung ändern und sich der neueren Rechtsprechung einiger Landesarbeitsgerichte und des BSG anschließen, welche die Grundsätze des innerbetrieblichen Schadensausgleichs auch auf arbeitnehmer- bzw. beschäftigtenähnliche Personen anwenden.

III. Reformierung des Heimarbeitsgesetzes

Des Weiteren könnte eine Verbesserung des Schutzes für Crowdworker möglicherweise durch eine Reformierung des Heimarbeitsgesetzes erreicht werden.[982]

Das Heimarbeitsgesetz in seiner aktuellen Fassung blickt auf eine mehr als hundertjährige Geschichte zurück. Erste Regelungen zum Schutz der „Hausarbeiter" stammen aus dem Jahr 1911,[983] als der Gesetzgeber einsah, dass in Heimarbeit Beschäftigte zwar nicht einem Arbeitnehmer vergleichbar schutzwürdig sind, wohl aber im Vergleich zu anderen Selbständigen eine erhöhte Schutzbedürftigkeit aufweisen.[984] In den folgenden Jahren wurden sodann zahlreiche Erweiterungen und Anpassungen des Schutzes der in Heimarbeit Beschäftigten vorgenommen, welche schließlich im Jahr 1974 in das

982 So gefordert von *Brose*, NZS 2017, 7, 14; *Bücker*, Industrielle Beziehungen 2016, 187, 206; *Hanau*, NJW 2016, 2613, 2616; *Heuschmid/Klebe*, Erwerbsarbeit in der Plattformökonomie, in: FS Kohte, S. 73, 79; *Klebe*, AuR 2016, 277, 280; *Kocher/Hensel*, NZA 2016, 984, 989; *Krause*, NZA 2016, 1004, 1007; *Krause*, Gutachten zum 71. Deutschen Juristentag, S. B 106; *Pacha*, Crowdwork, S. 365; *Preis*, SR 2017, 173, 181; *Schindele*, ArbRAktuell 2015, 363, 366; *Schubert*, RdA 2018, 200, 205; ebenfalls Schritte in diese Richtung erwägend *BMAS*, Weißbuch Arbeiten 4.0, S. 175; krit. mit Blick auf die sozialversicherungsrechtlichen Folgen *Giesen/Kersten*, Arbeit 4.0, S. 107, 117 ff.; *Mecke*, SGb 2016, 481, 488.

983 RGBl. 1911 I, S. 976 ff.

984 Bis zur ersten gesetzlichen Regelung im Jahr 1911 fanden zahlreiche Streiks statt, um auf die Notlage der in Heimarbeit Beschäftigten aufmerksam zu machen, vgl. *Preis*, SR 2017, 173; *Schmidt/Koberski/Tiemann/Wascher*, Heimarbeitsgesetz, Einl. Rn. 4.

Heimarbeitsgesetz, wie wir es heute kennen, mündeten.[985] Durch den Verzicht auf das Erfordernis der „gewerblichen" und dessen Ersetzung durch das Erfordernis der „erwerbsmäßigen" Arbeit wurden in dieser Fassung erstmals auch sog. Büroheimarbeiter erfasst, wodurch der Anwendungsbereich des Gesetzes erheblich erweitert wurde.[986] Durch die steigende Popularität der Leiharbeit und die Möglichkeit des „Home-Office" wurde es sodann jedoch still um das Heimarbeitsgesetz.[987]

Tatsächlich belegen statistische Daten, dass die Bedeutung der (traditionellen) Heimarbeit sogar schon seit dem Jahr 1970 kontinuierlich abgenommen hat. Waren im Jahr 1970 noch 221.802 Personen in diesem Teilarbeitsmarkt tätig,[988] sank die Zahl der in Heimarbeit Beschäftigten bis zum Jahr 1996 auf 116.156.[989] Bis zum Jahr 2010 verringerte sich ihre Anzahl auf knapp ein Drittel.[990] Nach den zuletzt verfügbaren Daten haben zum Jahresende 2017 nur noch 26.187 Menschen eine Beschäftigung in Heimarbeit ausgeübt.[991] Die hauptsächlich betroffenen Wirtschaftszweige lassen dabei vermuten, dass die traditionelle Heimarbeit bis heute zum überwiegenden Teil im produzierenden Bereich angesiedelt ist.[992] Arbeiten im digitalen Sektor wurden bei der Zählung bisher offensichtlich nicht erfasst. Jedoch zeigt die Prüfung der Rechtsstellung der Crowdworker, dass auch diese bei entsprechender wirtschaftlicher Abhängigkeit die Voraussetzungen des § 2 Abs. 1 HAG erfüllen und somit in den Anwendungsbereich des Heimarbeitsgesetzes fallen können.[993] Zu einem ähnlichen Ergebnis gelangte auch das BAG, als es im Fall eines als „freier Mitarbeiter" tätig gewordenen Softwarebetreuers und -entwicklers die Anwendbarkeit des Heimarbeitsgesetzes bejahte und damit

985 Vgl. für einen detailierten Überblick über die Entwicklung des Heimarbeitsgesetzes Leinemann/*Fenski*, Kasseler Handbuch zum Arbeitsrecht, Band 2, 4.6, Rn. 1 ff.; *Preis*, SR 2017, 173 f.; *Schmidt/Koberski/Tiemann/Wascher*, Heimarbeitsgesetz, Einl. Rn. 4 ff.

986 *Preis*, SR 2017, 174; vgl. auch *Otten*, Heim- und Telearbeit, Vor § 1 HAG Rn. 5.

987 *Preis*, spricht gar von einem „Niedergang der klassischen Heimarbeit", vgl. *Preis*, SR 2017, 175.

988 *Bretschneider/Husmann/Schnabel*, Handbuch einkommens-, vermögens- und sozialpolitischer Daten, S. A 45.

989 Bekanntmachung des BMAS – I a 3 – BArbBl. Heft 12/1996, S. 128.

990 Vgl. Bekanntmachung des BMAS v. 17.08.2009 – III a 5 – H – 32010 – GMBl. 2010 Nr. 62, S. 1256 (38.525 traditionelle Heimarbeiter).

991 Bekanntmachung des BMAS v. 27.04.2018 – III a 5 – H – 32010 – GMBl. 2018 Nr. 29, S. 570.

992 Vgl. *Ulber*, AiB 1985, 22.

993 Vgl. Punkt D. III. 2. a).

zu erkennen gab, dass auch digitale Arbeiten eine Beschäftigung in Heimarbeit nicht ausschließen.[994]

Fraglich bleibt dennoch, inwieweit die unter analogen Bedingungen entwickelten Rechte und Pflichten noch brauchbare Regelungen für zeitgemäße Formen häuslicher Arbeit bereithalten. Fest steht, dass der Gesetzgeber mit dem Heimarbeitsgesetz einen Rechtsrahmen geschaffen hat, der für eine besonders schützenswerten Gruppe von Erwerbstätigen spezifische Schutzmechanismen wie etwa Arbeitszeitschutz, Gefahrenschutz, Entgeltregelungen und Kündigungsfristenschutz beinhaltet.[995] Inwieweit diese Vorschriften in ihrer aktuellen Fassung allerdings passende Regelungen für rein virtuelle Tätigkeiten enthalten und ob derartige Arbeitsformen überhaupt nach dem Willen des Gesetzgebers erfasst werden sollen, ist zunächst durch einen Vergleich der klassischen Heimarbeit mit der im digitalen Raum erbrachten Arbeit in Form von Crowdwork zu ermitteln. Anschließend soll überprüft werden, inwieweit nicht mehr zeitgemäße Regelungen als Vorlage für neue Regelungen zum Umgang mit modernen Arbeitsformen dienen können.

1. Vergleichbarkeit traditioneller Heimarbeit mit Crowdwork

Dem Heimarbeitsgesetz, das seit seiner letzten Reform im Jahr 1974[996] kaum noch eine nennenswerte Änderung erfahren hat,[997] liegt ein Bild der Heimarbeit zu Grunde, das mit Crowdwork auf den ersten Blick nur wenig gemeinsam hat. So zeigen etwa die §§ 6 und 8 HAG, dass noch von einer Verteilung der Arbeiten in Ausgaberäumen ausgegangen wird. Entgeltverzeichnisse müssen nach § 8 Abs. 2 HAG einzelne Arbeitsstücke und die Preise für mitzuliefernde Roh- und Hilfsstoffe ausweisen. § 10 S. 1 HAG schreibt vor, dass bei der Ausgabe und der Abnahme der Heimarbeit Zeitversäumnisse zu vermeiden sind, und die Regelungen zum Gefahrenschutz gehen davon aus, dass die Heimarbeit mit Maschinen, Werkzeugen und sonstigen Geräten verrichtet wird (vgl. § 12 HAG).[998]

---

994 Vgl. BAG 14.06.2016 – 9 AZR 305/15 – NZA 2016, 1453; vgl. auch *Deinert*, RdA 2018, 359, 360 ff.; *Klein*, SPA 2017, 93 ff.; *Preis*, SR 2017, 173, 176 f.; *Range-Ditz*, ArbRB 2017, 7 f.; *Reinhard*, ArbRB 2017, 161 ff.; *Wahlers*, jurisPR-ITR 5/2017 Anm. 4.

995 Vgl. Punkt D. III. 3; vgl. auch *Krause*, Gutachten zum 71. Deutschen Juristentag, S. B 106.

996 Vgl. Gesetz zur Änderung des Heimarbeitsgesetzes und anderer arbeitsrechtlicher Vorschriften (Heimarbeitsänderungsgesetz) vom 29. Oktober 1974, BGBl. 1974 I Nr. 119, S. 2879 ff.

997 Leinemann/*Fenski*, Kasseler Handbuch zum Arbeitsrecht, Band 2, 4.6, Rn. 5 f.

998 Vgl. *Bücker*, Industrielle Beziehungen 2016, 187, 206.

Schließlich macht das Gebot der gleichmäßigen Verteilung von Arbeit in § 11 Abs. 1 HAG deutlich, dass der Gesetzgeber bei der traditionellen Heimarbeit von einer „Vergabe" der Aufträge ausging, während eine aktive Zuweisung von Aufträgen bei Crowdwork nicht stattfindet.[999]

Betrachtet man aber die Gemeinsamkeiten zwischen traditioneller Heimarbeit und Crowdwork, wird schnell klar, dass diese sich im Kern, gerade im Rahmen der konkreten Durchführung der Tätigkeiten, nur geringfügig unterscheiden. So zeichnen sie sich beide aus Sicht des Auftraggebers durch eine gewisse Anonymität aus. In Heimarbeit Beschäftigte werden gerade deshalb einem besonderen Schutz unterstellt, weil sie nicht am Markt sichtbar in Erscheinung treten.[1000] So verhält es sich sowohl bei der klassischen Heimarbeit als auch bei Crowdwork. Denn für den Auftraggeber ist es in der Regel in beiden Fällen unerheblich, welche bestimmte Person die geforderte Leistung erbringt.[1001] Weiter erledigen die Auftragnehmer in beiden Fällen ihre Arbeiten regelmäßig von zu Hause oder jedenfalls an einem Arbeitsplatz ihrer Wahl. Auch was die Arbeitszeitgestaltung anbelangt, sind Crowdworker wie auch traditionelle Heimarbeiter relativ frei.[1002] Ähnlichkeiten weist zudem die vertragliche Ausgestaltung auf: So bildet bei der klassischen Heimarbeit das Heimarbeitsverhältnis den „äußeren rechtlichen Rahmen", während für die einzelnen auszuführenden Arbeiten separate Werk- oder Dienstverträge abgeschlossen werden.[1003] Bei Crowdwork gestalten sich die Vertragsverhältnisse ähnlich, indem zunächst durch die Anmeldung des Crowdworkers und die anschließende Freischaltung durch die Crowdwork-Plattform ein Rahmenvertrag begründet wird und bezüglich der jeweils übernommenen

---

999 Dieser Aspekt wird von der wohl h.L. als Grund für das Scheitern der Anwendbarkeit des Heimarbeitsgesetzes auf Crowdwork herangezogen, vgl. nur *Brose*, NZS 2017, 7, 13; *Däubler*, Digitalisierung und Arbeitsrecht, § 18 Rn. 6; *Däubler/Klebe*, NZA 2015, 1032, 1036; *Franzen* in Industrie 4.0 als Herausforderung des Arbeitsrechts, S. 107, 114. Dem ist jedoch zu widersprechen, da eine Vergabe der Aufträge keine Voraussetzung für die Eröffnung des Anwendungsbereichs nach § 2 Abs. 1 HAG darstellt. Dazu ausführlich in Punkt D. III. 2. a) hh).

1000 Vgl. *Schubert*, Der Schutz der arbeitnehmerähnlichen Personen, S. 15; so auch die sozialversicherungsrechtliche Sonderstellung begründend *Brose*, NZS 2017, 7, 14.

1001 *Waas* in Waas/Liebman/Lyubarsky/Kezuka: Crowdwork – A Comparative Law Perspective, S. 142, 177.

1002 *Waas* in Waas/Liebman/Lyubarsky/Kezuka: Crowdwork – A Comparative Law Perspective, S. 142, 177.

1003 *Brose*, NZS 2017, 7, 14; *Otten*, NZA 1995, 289, 291.

Aufgaben sodann weitere Vertragsverhältnisse entstehen.[1004] Ein weiterer Aspekt, der zur besonderen Schutzbedürftigkeit der in Heimarbeit Beschäftigten führt, ist, dass diese in der Regel keinerlei Kontakt zueinander pflegen, mithin keine Betriebsgemeinschaft zwischen ihnen besteht.[1005] Im Vergleich zu Arbeitnehmern ist es für sie somit weitaus schwieriger, sich kollektiv zu organisieren und so ihre Interessen durchzusetzen.[1006] Das trifft mindestens in gleicher Intensität auch auf Crowdworker zu, da es für diese in der Regel überhaupt nicht möglich ist, Kontakt zu anderen auf der jeweiligen Crowdwork-Plattform Beschäftigten aufzunehmen.[1007] Schließlich werden Crowdworkern, in der Regel abhängig von ihrem Qualifikationsprofil und der Anzahl der bereits erledigten Arbeiten, nur bestimmte Aufträge zur Verfügung gestellt. Sie haben folglich, ähnlich wie traditionelle Heimarbeiter, keinen freien Zugriff auf die Aufträge, sondern sind vom System der Auftragsvergabe des Unternehmers abhängig, der auch die Preise für die Erledigung einzelner Aufträge vorgibt.[1008]

Natürlich hat der Gesetzgeber die Anwendung des Heimarbeitsrechts auf Crowdworker ursprünglich nicht vorgesehen. Jedoch zeigen die oben aufgeführten Gemeinsamkeiten, dass Crowdwork sich im Grunde kaum von der traditionellen Heimarbeit unterscheidet. So macht es eben keinen Unterschied, ob ein Auftraggeber sich die Übersetzung eines Buches wünscht, welches per Post zum Heimarbeiter und nach getaner Übersetzung auf gleichem Wege zum Auftraggeber zurückgeschickt wird, oder ob stattdessen eine Crowdwork-Plattform es dem Auftraggeber ermöglicht, die Übersetzung über das Internet zu beauftragen, woraufhin das Arbeitsergebnis ebenfalls über dieses übermittelt wird.[1009]

1004 *Brose*, NZS 2017, 7, 14; *Waas* in Waas/Liebman/Lyubarsky/Kezuka: Crowdwork – A Comparative Law Perspective, S. 142, 177.

1005 *Otten*, Heim- und Telearbeit, Vor § 1 HAG Rn. 8; *Waas* in Waas/Liebman/Lyubarsky/Kezuka: Crowdwork – A Comparative Law Perspective, S. 142, 177.

1006 *Waas* in Waas/Liebman/Lyubarsky/Kezuka: Crowdwork – A Comparative Law Perspective, S. 142, 177; vgl. auch *Otten*, Heim- und Telearbeit, Vor § 1 HAG Rn. 7.

1007 Vgl. *Waas* in Waas/Liebman/Lyubarsky/Kezuka: Crowdwork – A Comparative Law Perspective, S. 142, 177.

1008 *Brose*, NZS 2017, 7, 14.

1009 So das Beispiel von *Selzer*, der Crowdwork zutreffend als klassische Heimarbeit im „modernen Gewand“ bezeichnet, vgl. *Selzer* in Husemann/Wietfeld: Zwischen Theorie und Praxis, S. 27, 45.

2. Anwendungsprobleme

Trotz Vergleichbarkeit der traditionellen Heimarbeit mit Crowdwork ist fraglich, ob die ursprünglich für die Heimarbeit unter analogen Bedingungen entwickelten Rechte und Pflichten auch auf Tätigkeiten übertragbar sind, die losgelöst von physischen Betriebsstätten im virtuellen Raum erbracht werden.

a) Listenführung

So erscheint es bereits problematisch, ob die in § 6 HAG geregelte Pflicht zur Listenführung im Rahmen von Crowdwork eingehalten werden kann. Nach § 6 S. 1 HAG hat derjenige, der Heimarbeit aus- oder weitergibt, die Pflicht, alle von ihm beschäftigten Heimarbeiter sowie diejenigen, derer er sich zur Weitergabe von Heimarbeit bedient, in Listen auszuweisen. Demnach haben die Auftraggeber der Crowdworker letztere, soweit es sich bei ihnen um Heimarbeiter handelt, in Listen aufzuführen. Dabei sind die Beschäftigten nach der Rechtsprechung des BAG nicht verpflichtet, ihren Auftraggeber darüber zu informieren, dass sie dem Schutz des Heimarbeitsgesetzes unterliegen.[1010] Vielmehr folge aus Wortlaut und Sinn der §§ 6 ff. HAG, dass derjenige, der Heimarbeit ausgibt, sich seinerseits in zumutbarer Weise vergewissern muss, ob die von ihm mit Lohnaufträgen beschäftigten Personen unter das Heimarbeitsgesetz fallen.[1011] Folglich sind die Auftraggeber selbst verpflichtet, zu überprüfen, welche der für sie tätigen Crowdworker die Voraussetzungen für eine Beschäftigung in Heimarbeit erfüllt.[1012] Die Nichtbeachtung der Vorschrift stellt nach § 32a Abs. 2 Nr. 1 HAG eine Ordnungswidrigkeit dar.

Zwar können die Plattformbetreiber in der Regel anhand der Entgeltabrechnungen der auf einer Crowdwork-Plattform beschäftigten Crowdworker nachvollziehen, in welchem Umfang ein Crowdworker innerhalb eines bestimmten Zeitraums auf der Plattform tätig wurde und wie hoch dessen Vergütung ausfiel. Da es aber an weiteren Informationen, wie etwa zu sonstigen Erwerbstätigkeiten des Crowdworkers oder zum Verhältnis der auf der Plattform bezogenen Einkünfte zu sonstigen Einkünften fehlt, wird die Frage, ob die Verdienste eine wirtschaftliche Abhängigkeit des Crowdworkers begründen, in den meisten Fällen nur schwer zu beantworten sein. Noch schwieriger dürfte die Einhaltung

---

1010 Vgl. BAG 15.12.1960 – 5 AZR 437/58 – AP § 2 HAG Nr. 2; BAG 21.01.1965 – 5 AZR 223/64 – AP § 1 HAG Nr. 1.

1011 BAG 21.01.1965 – 5 AZR 223/64 – AP § 1 HAG Nr. 1; vgl. auch *Pacha*, Crowdwork, S. 229; Schaub/*Vogelsang*, Arbeitsrechts-Handbuch, § 163 Rn. 22.

1012 So auch *Pacha*, Crowdwork, S. 229.

der Pflicht zur Listenführung ausfallen, wenn Crowdworker auf Vermittlungsplattformen ihre Aufgaben direkt von einzelnen Crowdsourcern beziehen. Da hier nicht die Crowdwork-Plattform selbst Vertragspartnerin des Crowdworkers wird, sondern die zahlreichen Crowdsourcer direkt Verträge mit den noch zahlreicheren Crowdworkern abschließen, wird es praktisch für einen Crowdsourcer nahezu unmöglich sein, in Erfahrung zu bringen, ob ein Crowdworker in einem bestimmten Zeitraum überwiegend für ihn tätig wurde.

Des Weiteren ist fraglich, wie die in § 6 S. 2 HAG enthaltene Pflicht zum Aushang der Listen in den Ausgaberäumen realisiert werden soll. Gemäß der Vorschrift sind die Listen in den Ausgaberäumen an gut sichtbarer Stelle auszuhängen. Je drei Abschriften der Listen sind nach § 6 S. 3 HAG halbjährlich an die oberste Arbeitsbehörde des jeweiligen Bundeslandes oder die von ihr bestimmte Stelle zu übersenden, welche nach § 6 S. 4 HAG der zuständigen Gewerkschaft und der zuständigen Vereinigung der Auftraggeber auf Verlangen gleichermaßen Abschriften zu übersenden hat. Zweck der Regelungen ist, dass einerseits die Heimarbeiter selbst kontrollieren können, ob sie ordnungsgemäß geführt werden und andererseits auch die mit der Überwachung beauftragten Stellen sich jederzeit einen Überblick über die im Zeitpunkt der Kontrolle beschäftigten Heimarbeiter verschaffen können.[1013]

Nun erfolgt die Auftragsvergabe bei Crowdwork ausschließlich über virtuelle Crowdwork-Plattformen. Physische Ausgaberäume existieren hier nicht, zumal ein Aushang der Listen in einem realen Raum auch angesichts der Tatsache, dass Crowdworker nicht ortsgebunden tätig werden und ihre Aufgaben von überall auf der Welt aus verrichten können, nur wenig Sinn machen würde.[1014] Aber selbst wenn durch eine weite Auslegung des Begriffs der Ausgaberäume im Ergebnis auch virtuelle Plattformen darunter zu fassen wären, stieße ein Aushang bzw. in diesem Sinne eine Veröffentlichung derartiger Listen für die Nutzer der Plattform an anderer Stelle auf Probleme: Gemäß § 9 Abs. 2 HAGDV müssen die Listen insbesondere Daten wie Vor- und Zunamen, Geburtsdatum sowie die genaue Anschrift der Wohnung des Beschäftigten enthalten. Dabei handelt es sich jeweils um personenbezogene Daten im Sinne des Art. 4 Nr. 1 DSGVO bzw. § 46 Nr. 1 BDSG.[1015] Ein freier Zugang zu diesen Daten auf einer

1013 Vgl. BT-Drs. Nr. 1357, S. 23; *Otten*, Heim- und Telearbeit, § 6 HAG Rn. 3; *Pacha*, Crowdwork, S. 230; *Schmidt/Koberski/Tiemann/Wascher*, Heimarbeitsgesetz, § 6 Rn. 13.

1014 Vgl. *Pacha*, Crowdwork, S. 230.

1015 Vgl. *Schild* in BeckOK DatenschutzR, Art. 4 DSGVO Rn. 3; *Schild* in BeckOK DatenschutzR, § 46 BDSG Rn. 2.

virtuellen Plattform, auf der sich grundsätzlich jedermann ohne großen Aufwand registrieren kann, wäre unter datenschutzrechtlichen Gesichtspunkten höchst bedenklich.[1016]

b) *Mitteilungspflicht bei erstmaliger Ausgabe von Heimarbeit*

Ein ähnliches Problem besteht hinsichtlich der Mitteilungspflicht aus § 7 HAG. Zum Zwecke der Einbeziehung neuer Auftraggeber und der von ihnen beschäftigten Heimarbeiter in die Überwachung durch die zuständigen staatlichen Stellen haben danach diejenigen, die erstmalig Personen mit Heimarbeit beschäftigen wollen, dies der obersten Arbeitsbehörde des jeweiligen Bundeslandes bzw. der von ihr bestimmten Stelle schriftlich in dreifacher Ausfertigung mitzuteilen.[1017]

Aufgrund der Unsicherheit über die Heimarbeitereigenschaft einzelner Crowdworker ist – folgt man der hier vertretenen Ansicht, dass Crowdworker bei entsprechender wirtschaftlicher Abhängigkeit die Voraussetzungen für eine Beschäftigung in Heimarbeit erfüllen – jedes Unternehmen, das Crowdworker in Anspruch nimmt, angehalten, provisorisch anzuzeigen, dass potentiell Heimarbeiter im Betrieb beschäftigt werden.[1018] Bei Nichtbeachtung der Mitteilungspflicht droht dem Auftraggeber nach § 32a Abs. 2 Nr. 1, Abs. 3 HAG ein Bußgeld.

c) *Unterrichtungspflicht, Entgeltverzeichnisse*

Zu nennen sind des Weiteren die bei Nichtbeachtung nach § 32a Abs. 2 Nr. 1, Abs. 3 HAG gleichfalls bußgeldbewährten Pflichten aus §§ 7a und 8 HAG. Gemäß § 7a S. 1 HAG hat derjenige, der Heimarbeit aus- oder weitergibt, die Personen, die die Arbeit entgegennehmen, vor Aufnahme der Beschäftigung über die Art und Weise der zu verrichtenden Arbeit, über damit verbundene Gefahren sowie über die Maßnahmen und Einrichtungen zur Abwendung dieser Gefahren zu unterrichten. Diese Unterrichtung muss sich der Auftraggeber nach § 7a S. 2 HAG schriftlich bestätigen lassen.

Zwar ist eine Umsetzung der oben genannten Pflichten durch die Crowdwork-Plattformen, soweit ersichtlich, noch nicht erfolgt. Eine Unterrichtung der

---

1016 So auch *Pacha*, Crowdwork, S. 230.

1017 *Heinkel*, Münchener Handbuch zum Arbeitsrecht, Band 2, § 200 Rn. 44; Deinert/Heuschmid/Zwanziger/*Becker*, Arbeitsrecht, § 117 Rn. 29; *Otten*, Heim- und Telearbeit, § 7 HAG Rn. 1; *Schmidt/Koberski/Tiemann/Wascher*, Heimarbeitsgesetz, § 7 Rn. 1.

1018 Vgl. auch *Pacha*, Crowdwork, S. 231.

Crowdworker über die in § 7a HAG genannten Inhalte mit gleichzeitiger Bestätigungsfunktion sollte jedoch ohne größeren Aufwand implementiert werden können.

Nach § 8 HAG ist derjenige, der Heimarbeit ausgibt oder abnimmt, verpflichtet, Entgeltverzeichnisse und Nachweise über sonstige Vertragsbedingungen offen auszulegen, sodass die Beschäftigten jederzeit die Möglichkeit haben, sich über die ihnen zustehenden Entgelte und sonstigen Leistungen zu informieren.[1019]

Die geltenden Vertragsbedingungen sind in der Regel bereits über die Nutzungsbedingungen der Crowdwork-Plattformen ersichtlich, sodass insoweit der Pflicht aus § 8 HAG genüge getan ist.[1020] Jedoch fehlt es bislang regelmäßig an Entgeltverzeichnissen, durch die sich Crowdworker einen Überblick über die Entgelte für einzelne Leistungen verschaffen können.[1021] Derartige Verzeichnisse müssten in Zukunft, auch zum Zwecke der Lohnklarheit, erstellt und zum Download bereitgestellt werden.[1022]

Problematisch erscheint indessen die Einhaltung der oben genannten Pflichten in den Fällen, in denen Crowdsourcer über Vermittlungsplattformen direkt Verträge mit Crowdworkern abschließen. Zwar sind auch Zwischenmeister zur Einhaltung der Pflichten aus §§ 7a und 8 HAG verpflichtet.[1023] Jedoch schreiben Vermittlungsplattformen die Aufträge nicht in eigenem Namen und auf eigene Rechnung aus, sondern schaffen lediglich die Begegnungsmöglichkeit zwischen Crowdsourcer und Crowdworker gegen Zahlung einer Provision, weshalb es sich bei ihnen nicht um Zwischenmeister im Sinne des Heimarbeitsgesetzes handelt.[1024] Da es Crowdsourcern aufgrund der Anonymität der Crowdworker schwer fallen dürfte, zu ermitteln, ob die für sie tätigen Crowdworker die Voraussetzungen für eine Beschäftigung in Heimarbeit erfüllen, müssten sie provisorisch jeden der für sie tätigen Crowdworker über die Inhalte des § 7a HAG unterrichten und Entgeltverzeichnisse erstellen, die den Crowdworkern gemäß

1019 Vgl. BT-Drs. Nr. 1357, S. 23; *Heinkel*, Münchener Handbuch zum Arbeitsrecht, Band 2, § 200 Rn. 33; *Schmidt/Koberski/Tiemann/Wascher*, Heimarbeitsgesetz, § 8 Rn. 1.

1020 So auch *Pacha*, Crowdwork, S. 231.

1021 Vgl. zum erforderlichen Inhalt der Entgeltverzeichnisse *Schmidt/Koberski/Tiemann/Wascher*, Heimarbeitsgesetz, § 8 Rn. 9.

1022 Ebenfalls Schritte in diese Richtung erwägend *Pacha*, Crowdwork, S. 231.

1023 Vgl. *Otten*, Heim- und Telearbeit, § 7a HAG Rn. 3, § 8 HAG Rn. 3; *Schmidt/Koberski/Tiemann/Wascher*, Heimarbeitsgesetz, § 7a Rn. 3, § 8 Rn. 3.

1024 Vgl. dazu Punkt D. III. 2. a) cc) (2).

§ 8 Abs. 1 S. 2 HAG zur Einsichtnahme vorzulegen sind, um ihren Pflichten nachzukommen. Dies führt, gerade in Relation zu der wahrscheinlich geringen Zahl der Crowdworker, zu denen tatsächlich ein Heimarbeitsverhältnis besteht, zu einem nicht unerheblichen zusätzlichen zeitlichen und damit auch finanziellen Aufwand für die Crowdsourcer.

d) *Entgeltbelege*

Nicht mehr zeitgemäß erscheint die nach § 9 HAG bestehende Pflicht der Auftraggeber, den bei ihnen in Heimarbeit Beschäftigten Entgeltbücher bzw. Entgelt- oder Arbeitszettel mit den zu einer ordnungsgemäßen Sammlung geeigneten Heften auszuhändigen, in die bei jeder Ausgabe und Abnahme von Arbeit ihre Art und ihr Umfang, die Entgelte und die Tage der Ausgabe und der Lieferung einzutragen sind.[1025] Denn durch die elektronische Erfassung und die jederzeitige Zugriffsmöglichkeit der Crowdworker über ihr Benutzerkonto erhalten diese auch ohne die in § 9 HAG genannten Entgeltbelege[1026] einen Überblick über die Art der erledigten Aufträge, das dafür erhaltene Entgelt sowie die genauen Zeiten, in denen die Aufträge zur Bearbeitung angenommen und erledigt wurden.[1027] Auf diesem Wege kann gleichwohl die Pflicht nach § 9 Abs. 3 S. 2 und 3 HAG eingehalten werden, die zu erfassenden Daten auf Verlangen der zuständigen staatlichen Behörde zur Entgeltprüfung vorzulegen, sodass kein Bedarf mehr zur Führung physischer Entgeltbücher besteht.[1028]

e) *Arbeitszeitschutz*

Auch die ohnehin schon knapp gehaltenen Regelungen des Heimarbeitsgesetzes zum Arbeitszeitschutz werfen im Hinblick auf Crowdwork Probleme auf. Schon bei der traditionellen Heimarbeit gestaltete sich eine wirksame Kontrolle der Arbeitszeit schwierig, da in Heimarbeit Beschäftigte ihre Arbeitszeit in

---

1025 Vgl. dazu *Heinkel*, Münchener Handbuch zum Arbeitsrecht, Band 2, § 200 Rn. 34.

1026 Unter den Oberbegriff „Entgeltbelege“ fallen sowohl die Entgeltbücher nach § 9 Abs. 1 S. 1 HAG als auch die Entgelt- oder Arbeitszettel mit einem zur ordnungsgemäßen Sammlung geeigneten Heft nach § 9 Abs. 2 HAG, vgl. *Otten*, Heim- und Telearbeit, § 9 HAG Rn. 3.

1027 Vgl. *Pacha*, Crowdwork, S. 232.

1028 A.A. *Pacha*, Crowdwork, S. 232, die de lege ferenda eine Zugriffsmöglichkeit für Entgeltprüfer sowie andere berechtigte Stellen fordert, welche allerdings nach hier vertretener Ansicht aufgrund der schon nach geltendem Recht bestehenden Verpflichtung zur Vorlage auf Verlangen (vgl. § 9 Abs. 3 S. 2 HAG) obsolet ist.

der Regel frei einteilen können.[1029] Aus diesem Grund hat sich der Gesetzgeber auch bewusst gegen eine Erstreckung des Arbeitszeitgesetzes auf in Heimarbeit Beschäftigte entschieden, da sich ein Arbeitszeitschutz, wie er dort vorgesehen ist, für diese Personengruppe kaum realisieren ließe.[1030] Um aber trotz der Eigenart der Heimarbeit dennoch ein gewisses Maß an Arbeitszeitschutz zu gewährleisten, wurde durch die Pflicht zur Vermeidung von Zeitversäumnis (§ 10 HAG) und das Gebot gleichmäßiger Verteilung (§ 11 HAG) ein arbeitszeitrechtlicher Mindestschutz geschaffen.[1031] Eine wirksame Kontrolle sollte so insbesondere durch die in § 11 HAG vorgesehene Möglichkeit der Einschränkung der Aufgabenausgabe erreicht werden.[1032]

So können Heimarbeitsausschüsse nach § 11 Abs. 2 S. 1 HAG für den Fall, dass infolge einer ungleichmäßigen Verteilung von Heimarbeit Missstände bestehen, verbindlich die Arbeitsmenge festsetzen, die für einen bestimmten Zeitraum ausgegeben werden darf. Nach dem Sinn und Zweck des § 11 HAG soll die Arbeitsbelastung eines in Heimarbeit Beschäftigten nicht höher sein als die einer vollleistungsfähigen Arbeitskraft, die ihre Arbeit ohne Hilfskräfte in einer vergleichbaren Zeit erbringt.[1033] Als Orientierungspunkt dient dabei die tarifliche Arbeitszeit der vergleichbaren Betriebsarbeiter.[1034] Werden einzelne Personen bei der Verteilung der Heimarbeit zu sehr belastet, kann die Arbeitsmenge, die für einen bestimmten Zeitraum für die einzelnen in Heimarbeit Beschäftigten ausgegeben werden darf, durch den zuständigen Heimarbeitsausschuss festgelegt werden.[1035]

Hinsichtlich der Anwendung auf Crowdwork gestaltet sich die Regelung deshalb problematisch, weil auch bei der Festsetzung der zulässigen Arbeitsmenge auf einer Crowdwork-Plattform für Crowdworker immer noch die Möglichkeit

---

1029 Vgl. *Heinkel*, Münchener Handbuch zum Arbeitsrecht, Band 2, § 200 Rn. 23; *Pacha*, Crowdwork, S. 248; *Schmidt/Koberski/Tiemann/Wascher*, Heimarbeitsgesetz, § 10 Rn. 1 f.

1030 Vgl. *Schmidt/Koberski/Tiemann/Wascher*, Heimarbeitsgesetz, § 10 Rn. 2; vgl. auch ErfK/*Wank*, § 2 ArbZG Rn. 3; *Otten*, Heim- und Telearbeit, § 10 HAG Rn. 1; *Schmidt/Koberski/Tiemann/Wascher*, Heimarbeitsgesetz, Vorbemerkung zu § 10.

1031 Vgl. HK-ArbR/*Berg*, §§ 10–11 HAG Rn. 1.

1032 *Pacha*, Crowdwork, S. 248; *Schmidt/Koberski/Tiemann/Wascher*, Heimarbeitsgesetz, § 10 Rn. 2.

1033 Vgl. Deinert/Heuschmid/Zwanziger/*Becker*, Arbeitsrecht, § 117 Rn. 37.

1034 Deinert/Heuschmid/Zwanziger/*Becker*, Arbeitsrecht, § 117 Rn. 37.

1035 Deinert/Heuschmid/Zwanziger/*Becker*, Arbeitsrecht, § 117 Rn. 38; Leinemann/*Fenski*, Kasseler Handbuch zum Arbeitsrecht, Band 2, 4.6, Rn. 145.

besteht, nebenbei auf anderen Plattformen tätig zu werden.[1036] Die Regelungen zum Arbeitszeitschutz sollen die Beschäftigten gerade vor Gefahren schützen, die durch das Überschreiten der zeitlichen Leistungsgrenzen insbesondere für deren Gesundheit drohen.[1037] Ein entsprechender Schutz der Heimarbeiter vor Überarbeitung durch die Annahme zu vieler Aufträge kann nach den bestehenden Vorschriften jedoch nicht erreicht werden.

f) Mithaftung der Auftraggeber

Ferner ist in § 21 Abs. 2 HAG zum Schutz der in Heimarbeit Beschäftigten eine Mithaftung des Auftraggebers für den Fall vorgesehen, dass der Zwischenmeister den Heimarbeitern zu niedrige oder gar keine Entgelte zahlt.[1038] Der Auftraggeber soll demnach für die Entgelte mithaften, wenn er dem Zwischenmeister zum eigenen wirtschaftlichen Vorteil eine Vergütung zahlt, die eine ausreichende Entgeltzahlung an die Heimarbeiter ausschließt oder gefährdet.

§ 21 Abs. 2 HAG begründet damit eine Durchgriffshaftung des Auftraggebers gegenüber den Heimarbeitern, obwohl zwischen ihnen kein Vertragsverhältnis besteht.[1039] Da der wirtschaftliche Vorteil der Heimarbeit neben dem Zwischenmeister auch dem Auftraggeber zufließt, soll dieser seine Mithaftung gemäß § 21 Abs. 2 HAG nur ausschließen können, wenn er zum Schutz der Heimarbeiter bei der Beauftragung des Zwischenmeisters eine besondere Sorgfalt beachtet.[1040] Ergeben sich für ihn aus den Umständen Anhaltspunkte, dass für die Heimarbeiter Nachteile wegen einer Unzuverlässigkeit des Zwischenmeisters oder wegen der Vereinbarung eines zu geringen Zwischenmeisterentgelts eintreten können, kompensiert § 21 Abs. 2 HAG eine Verletzung der Sorgfaltspflicht mit der gesamtschuldnerischen Haftung des Auftraggebers.[1041] Zu beachten ist dabei, dass sich der Heimarbeiter bezüglich der Entgeltforderung zunächst an den Zwischenmeister wenden muss. Erst bei Verzug oder Gefährdung der Erfüllung

---

1036 So auch *Pacha*, Crowdwork, S. 249.

1037 Vgl. *Otten*, Heim- und Telearbeit, § 11 HAG Rn. 10; *Schmidt/Koberski/Tiemann/Wascher*, Heimarbeitsgesetz, § 11 Rn. 1; zum Zweck des Arbeitszeitgesetzes *Kock* in BeckOK ArbR, § 1 ArbZG Rn. 1.

1038 Vgl. HK-ArbR/*Berg*, §§ 17–22 HAG Rn. 11; *Otten*, Heim- und Telearbeit, § 21 HAG Rn. 5; *Schmidt/Koberski/Tiemann/Wascher*, Heimarbeitsgesetz, § 21 Rn. 3.

1039 *Otten*, Heim- und Telearbeit, § 21 HAG Rn. 5.

1040 BAG 05.11.2002 – 9 AZR 409/01 – NZA 2003, 1267, 1270.

1041 BAG 05.11.2002 – 9 AZR 409/01 – NZA 2003, 1267, 1270; Küttner/*Röller*, Personalbuch 2019, *Heimarbeit* Rn. 14; *Otten*, Heim- und Telearbeit, § 21 HAG Rn. 7, 9.

seiner Ansprüche kann er den Auftraggeber unmittelbar in Anspruch nehmen.[1042] Eine Gefährdung der Ansprüche der Heimarbeiter ist nach der Rechtsprechung des BAG etwa dann anzunehmen, wenn sich der Zwischenmeister in der Insolvenz befindet.[1043]

Unabhängig von der Frage, ob es sich bei den Crowdwork-Plattformen um Zwischenmeister im Sinne des Heimarbeitsgesetzes handelt, erscheint die Regelung des § 21 Abs. 2 HAG mit Blick auf Crowdwork nur wenig zielführend. Die Vorschrift erfasst lediglich die Situation, dass die unmittelbaren Auftraggeber die bei ihnen in Heimarbeit Beschäftigten nicht oder nicht angemessen vergüten. Dies würde für den hier interessierenden Bereich bedeuten, dass Crowdworker bei einer Gefährdung ihrer Ansprüche neben den Crowdwork-Plattformen als unmittelbaren Auftraggeberinnen auch die Crowdsourcer in Anspruch nehmen könnten.[1044] Jedoch ist umgekehrt eine Mithaftung der Plattformbetreiber für den Fall, dass die Crowdsourcer zu niedrige oder keine Entgelte zahlen, von der Vorschrift nicht vorgesehen.[1045] Für den Fall, dass auf einer Vermittlungsplattform ein Crowdsourcer die Abnahme der Leistung und damit auch die Zahlung der Vergütung verweigert, bestünde für Crowdworker folglich selbst bei Annahme einer Rechtsstellung der Crowdwork-Plattform als Zwischenmeisterin nicht die Möglichkeit, ihre Zahlungsansprüche gegenüber dieser durchzusetzen.[1046]

g) Entgeltschutz

Der im siebten und achten Abschnitt des Heimarbeitsgesetzes zur Durchsetzung der Entgeltansprüche etablierte Entgeltschutz soll in erster Linie durch Kontroll- und Klagebefugnisse staatlicher Stellen verwirklicht werden.[1047] Damit soll insbesondere dem Umstand Rechnung getragen werden, dass die in Heimarbeit Beschäftigten in der Regel – vor allem aus Furcht vor zukünftiger Nichtberücksichtigung bei der Vergabe von Heimarbeit durch den Auftraggeber – ihre

---

1042 BAG 05.11.2002 – 9 AZR 409/01 – NZA 2003, 1267, 1271; *Otten*, Heim- und Telearbeit, § 21 HAG Rn. 14; *Schmidt/Koberski/Tiemann/Wascher*, Heimarbeitsgesetz, § 21 Rn. 10; a.A. *Brecht*, Heimarbeitsgesetz, § 21 Rn. 6; Küttner/*Röller*, Personalbuch 2019, *Heimarbeit* Rn. 14.

1043 Vgl. BAG 05.11.2002 – 9 AZR 409/01 – NZA 2003, 1267, 1271.

1044 *Pacha*, Crowdwork, S. 245.

1045 *Pacha*, Crowdwork, S. 246.

1046 Vgl. *Pacha*, Crowdwork, S. 246.

1047 HK-ArbR/*Berg*, §§ 23–28 HAG Rn. 1.

Ansprüche nicht individuell geltend machen und einklagen.[1048] Dementsprechend hat die oberste Arbeitsbehörde des Landes gemäß § 23 Abs. 1 HAG für eine wirksame Überwachung der Entgeltregelungen nach §§ 17 ff. HAG und sonstigen Arbeitsbedingungen Sorge zu tragen und dafür Entgeltprüfer einzusetzen. Durch § 24 HAG wird sie ermächtigt, Auftraggeber oder Zwischenmeister aufzufordern, an die bei ihnen in Heimarbeit Beschäftigten vorenthaltenes Entgelt nachzuzahlen. Zur Durchsetzung der Ansprüche ist die staatliche Stelle nach § 25 HAG dazu ermächtigt, anstelle der berechtigten Heimarbeiter im Wege der gesetzlichen Prozessstandschaft Zahlungsklage zu erheben.[1049] Zu diesem Zweck ist sie nach § 28 Abs. 1 HAG auch mit umfangreichen Auskunftsansprüchen ausgestattet.[1050] Entgegen dem Wortlaut, aber dem Sinn und Zweck der Norm entsprechend, umfasst § 25 HAG nach der Rechtsprechung des BAG auch die Befugnis zur Erhebung von Auskunftsklagen, wodurch eine Bezifferung einer entsprechenden Zahlungsklage teilweise erst ermöglicht wird.[1051]

Dementsprechend sind die oben genannten Kontrollbefugnisse auch im Rahmen der Arbeit auf Crowdwork-Plattformen zu verwirklichen, um einen wirksamen Entgeltschutz der in Heimarbeit beschäftigten Crowdworker zu gewährleisten. Problematisch erscheint in dieser Hinsicht allerdings die derzeitige Fassung des § 28 Abs. 1 HAG. Zur Auskunft verpflichtet sind nach dem Wortlaut der Vorschrift nur die Auftraggeber, Zwischenmeister, Beschäftigten und fremden Hilfskräfte. Auf Crowdwork-Plattformen, bei denen die Plattformbetreiber die zu erledigenden Aufgaben selbst ausschreiben, ergeben sich somit zwar keine Probleme, da die Plattformbetreiber hier als Auftraggeber tätig werden und somit kein Interesse mehr an einer Auskunftserteilung des ursprünglichen Crowdsourcers besteht. Tritt die Crowdwork-Plattform dagegen als Vermittlerin auf, agiert diese, wie bereits dargelegt, weder als Auftraggeberin noch als Zwischenmeisterin.[1052] Denn anders als bei der Beauftragung durch einen Zwischenmeister im Sinne des § 2 Abs. 3 HAG vermitteln die Plattformen in diesen Fällen die zu bearbeitenden Aufgaben nicht in eigenem Namen und auf eigene Rechnung. Ihre Aufgabe besteht vielmehr darin, die Begegnungsmöglichkeit

---

1048 HK-ArbR/*Berg*, § 11 HAG Rn. 1; *Schmidt/Koberski/Tiemann/Wascher*, Heimarbeitsgesetz, § 23 Rn. 1.

1049 Vgl. BAG 05.11.2002 – 9 AZR 409/01 – NZA 2003, 1267, 1268; *Heinkel*, Münchener Handbuch zum Arbeitsrecht, Band 2, § 200 Rn. 35; HK-ArbR/*Berg*, §§ 23–28 HAG Rn. 5; Küttner/*Röller*, Personalbuch 2019, *Heimarbeit* Rn. 16.

1050 *Schmidt/Koberski/Tiemann/Wascher*, Heimarbeitsgesetz, § 28 Rn. 1 ff.

1051 Vgl. BAG 10.04.1984 – 3 AZR 60/82 – NZA 1985, 362, 363 f.

1052 Vgl. Punkt D. III. 2. a) cc) (2).

zwischen Crowdsourcer und Crowdworker zu schaffen, wofür sie die Zahlung einer Provision beanspruchen.[1053] Vertragsbeziehungen bezüglich einer konkreten Aufgabe entstehen in diesen Fällen folglich nur zwischen Crowdworker und Crowdsourcer.

Somit fallen Vermittlungsplattformen nach geltendem Recht nicht unter den Kreis der nach § 28 HAG zur Auskunft Verpflichteten und sind mithin nicht verpflichtet, die notwendigen Informationen über die Crowdsourcer gegenüber der zuständigen staatlichen Stelle herauszugeben. Da Crowdsourcer beim Tätigwerden auf diesen Plattformen auch nicht verpflichtet sind, Firmennamen oder sonstige Daten anzugeben, die eine Identitätsfeststellung ermöglichen, sondern regelmäßig unter Pseudonymen handeln, ist eine Feststellung des Vertragspartners durch die entsprechende Stelle kaum möglich. Um dem Zweck der Vorschrift gerecht zu werden und eine wirksame Durchführung der mit der Entgeltfestsetzung und der Entgeltprüfung beauftragten Stellen zu ermöglichen, ist daher eine Erweiterung des Kreises der zur Auskunft Verpflichteten erforderlich.

h) Zwischenergebnis

Die Anwendung der ursprünglich für die Heimarbeit unter analogen Bedingungen entwickelten Rechte und Pflichten auf rein virtuelle Tätigkeiten gestaltet sich trotz Vergleichbarkeit der traditionellen Heimarbeit mit Crowdwork in vielerlei Hinsicht problematisch. Dies ist insbesondere auf den Umstand zurückzuführen, dass das Heimarbeitsgesetz in seiner gegenwärtigen Ausgestaltung keinerlei Instrumentarien bereithält, um auf den rein virtuellen Charakter der Plattformtätigkeit reagieren zu können. Hinzu kommt, dass der Gesetzgeber bei der Schaffung des Heimarbeitsgesetzes offensichtlich nicht davon ausgegangen ist, dass moderne Informations- und Kommunikationssysteme es einst ermöglichen würden, Heimarbeit losgelöst von physischen Betriebsstätten im virtuellen Raum zu erbringen.

Dies wird insbesondere bei der Anwendung der nach § 6 HAG bestehenden Pflicht des Auftraggebers zur Führung, zum Aushang und zur Weitergabe von Listen über die bei ihm in Heimarbeit Beschäftigten deutlich. Denn ob ein Crowdworker in wirtschaftlicher Abhängigkeit zum Auftraggeber tätig wird, mithin die Voraussetzungen für eine Beschäftigung in Heimarbeit erfüllt, wird für den Auftraggeber mangels Auskunftspflicht der Crowdworker in der Regel

---

1053 Vgl. zur Unterscheidung eines Zwischenmeisters im Sinne des HAG mit einem für Provision tätigen Vermittler auch *Otten*, Heim- und Telearbeit, § 2 HAG Rn. 78.

nur schwer feststellbar sein. Darüber hinaus stößt ein Aushang der Listen, wie vom Gesetz vorgesehen, auf datenschutzrechtliche Hindernisse.

Probleme bereiten des Weiteren die Informationspflichten nach § 7a HAG und die Pflicht zur Auslegung von Entgeltverzeichnissen gemäß § 8 HAG. Soweit Crowdsourcer Aufgaben über Vermittlungsplattformen an Crowdworker ausschreiben, sind diese nach geltendem Recht selbst als Ausgeber der Heimarbeit (vgl. §§ 7a S. 1, 8 Abs. 1 S. 1 HAG) zur Unterrichtung der in Heimarbeit beschäftigten Crowdworker über die Inhalte des § 7a HAG und zur Vorlage von Entgeltverzeichnissen nach § 8 HAG verpflichtet. Aufgrund der genannten Schwierigkeiten bezüglich der Feststellung eines Heimarbeitsverhältnisses dürfte dieser Umstand in der Praxis große Probleme bereiten.

Nicht mehr zeitgemäß erscheint ferner die Regelung des § 9 HAG, nach der Auftraggeber verpflichtet sind, den bei ihnen in Heimarbeit Beschäftigten entsprechende Entgeltbelege auszuhändigen, in die bei jeder Ausgabe und Abnahme von Arbeit ihre Art und ihr Umfang, die Entgelte und die Tage der Ausgabe und der Lieferung einzutragen sind. Die notwendigen Informationen können heutzutage – gerade bei Crowdwork – durch elektronische Erfassung erlangt werden, sodass auf diesem Wege auch der Pflicht nach § 9 Abs. 3 S. 2 und 3 HAG nachgekommen werden kann, entsprechende Belege für eine eventuelle Entgeltprüfung bereitzuhalten.

Auch die Regelungen des Heimarbeitsgesetzes zum Arbeitszeitschutz bringen für Crowdwork kaum einen Mehrwert, weil auch bei der Festsetzung der zulässigen Arbeitsmenge auf einer Crowdwork-Plattform für Crowdworker immer noch die Möglichkeit besteht, nebenbei auf anderen Plattformen tätig zu werden.

Das in § 21 Abs. 2 HAG vorgesehene Konzept der Mithaftung des Auftraggebers erscheint im Ansatz auch für Crowdwork sinnvoll. Allerdings setzt die Vorschrift voraus, dass es sich beim mittelbaren Auftraggeber um einen Zwischenmeister handelt, welcher bei Crowdwork in der Regel jedoch nicht existiert. Des Weiteren erfasst die Norm nicht die bei Crowdwork wesentlich bedeutenderen Fallkonstellationen, in denen auf Vermittlungsplattformen eine Gefährdung der Ansprüche eines Crowdworkers gegenüber dem Crowdsourcer besteht, sodass eine Mithaftung der Crowdwork-Plattform nicht geregelt ist.

Die Entgeltschutzvorschriften in §§ 23 ff. HAG eröffnen den zuständigen staatlichen Stellen die Möglichkeit, eine wirksame Kontrolle der Einhaltung der Entgeltregelungen und sonstiger Arbeitsbedingungen durchzuführen, indem sie diese mit zahlreichen Auskunftsansprüchen und sogar einer Klagebefugnis in gesetzlicher Prozessstandschaft ausstatten. Jedoch stößt die Durchführbarkeit der zur Kenntniserlangung von Missständen nötigen Auskunftsansprüche bei Crowdwork auf das Problem, dass Crowdwork-Plattformen, die lediglich als

Vermittlerinnen tätig werden, nicht in den Kreis der zur Auskunft Verpflichteten nach § 28 Abs. 1 S. 1 HAG fallen, weshalb die Ermittlung der Crowdsourcer in der Praxis äußerst schwer fallen dürfte.

3. Änderungsansätze

Die Prüfung der Anwendbarkeit der Vorschriften des Heimarbeitsgesetzes auf Crowdwork macht deutlich, dass der Schutz der in Heimarbeit beschäftigten Crowdworker hinter dem der in analoger Heimarbeit Beschäftigten in weiten Teilen zurücksteht. Zurückzuführen ist dieser Umstand insbesondere darauf, dass die Beteiligten mit einem Gesetz konfrontiert werden, das seit seiner letzten Reform im Jahr 1974 kaum noch eine nennenswerte Änderung erfahren hat und sich somit noch an dem Leitbild der Heimarbeit des 20. Jahrhunderts orientiert.[1054] Das Heimarbeitsgesetz in seiner gegenwärtigen Ausgestaltung hält dementsprechend keinerlei Instrumentarien bereit, um auf den rein virtuellen Charakter der Plattformtätigkeit reagieren zu können.

Wie jedoch schon die wissenschaftliche Diskussion um den Rechtsschutz der Telearbeiter[1055] vor einigen Jahrzehnten zeigte, hält das Heimarbeitsgesetz grundsätzlich durchaus geeignete Instrumentarien bereit, um auch dem Schutzbedürfnis moderner Beschäftigungsformen gerecht zu werden.[1056] Befeuert wurde die Diskussion um eine Reform des Heimarbeitsgesetzes durch eine Entscheidung des BAG aus dem Jahr 2016,[1057] in der die Anwendung des Heimarbeitsgesetzes auf einen Softwarebetreuer und -entwickler bejaht wurde.[1058]

Um den in Heimarbeit Beschäftigten auf digitalen Plattformen aber einen vergleichbaren Schutz zu gewähren wie den in traditioneller Heimarbeit Beschäftigten, ist zu erörtern, inwieweit Änderungen an den bestehenden Regelungen des Heimarbeitsgesetzes vorzunehmen sind, um die oben aufgezeigten Anwendungsprobleme zu beheben. Ob dabei tatsächlich, wie teilweise gefordert, eine Öffnung des Heimarbeitsgesetzes für alle arbeitnehmerähnlichen Personen geboten ist,[1059] oder ob dessen spezifischer Schutz weiterhin nur einer besonders

---

1054 Vgl. Punkt G. III. 1; vgl. auch *Pacha*, Crowdwork, S. 345.

1055 Vgl. etwa *Kappus*, NJW 1984, 2384 ff.; *Wank*, NZA 1999, 225, 233 f.; *Boemke* BB 2000, 147, 148; *Schmidt/Koberski/Tiemann/Wascher*, Heimarbeitsgesetz, § 2 Rn. 86 ff.

1056 Vgl. *Deinert*, RdA 2018, 359.

1057 BAG 14.06.2016 – 9 AZR 305/15 – NZA 2016, 1453.

1058 Vgl. dazu schon Punkt G. III.; vgl. auch *Deinert*, RdA 2018, 359, 360 ff.; *Klein*, SPA 2017, 93 ff.; *Preis*, SR 2017, 173, 176 f.; *Range-Ditz*, ArbRB 2017, 7 f.; *Reinhard*, ArbRB 2017, 161 ff.; *Wahlers*, jurisPR-ITR 5/2017 Anm. 4.

1059 So *Klebe*, AuR 2016, 277, 280; *Preis*, SR 2017, 173, 181; *Schubert*, RdA 2018, 200, 205.

schutzbedürftigen Untergruppe vorbehalten bleiben soll,[1060] ist ebenso zu diskutieren wie die Frage, welche Normen des Heimarbeitsgesetzes noch zeitgemäß sind und inwieweit einzelne Vorschriften als Vorlage dienen können, um den speziellen Schutzbedürfnissen der digitalen Plattformarbeit gerecht zu werden.

Ziel soll es dabei nicht sein, ein komplettes Konzept zur Änderung des Heimarbeitsgesetzes vorzustellen. Jedoch sollen anhand konkreter Beispiele die maßgeblichen Punkte herausgearbeitet werden, die inhaltlich zu überarbeiten sind, um Formen der digitalen Heimarbeit besser zu erfassen.

a) Erweiterung des Anwendungsbereichs

Zu denken ist zunächst an eine Erweiterung des Anwendungsbereichs des Heimarbeitsgesetzes, welche insbesondere durch Anpassung der in § 2 HAG genannten Begriffe erfolgen könnte. Auf diesem Wege besteht unter anderem die Möglichkeit, die Arbeit auf Crowdwork-Plattformen explizit in den Schutzbereich des Heimarbeitsgesetzes einzubeziehen.[1061] Ferner ist eine Neudefinition der Figur des Zwischenmeisters zu erwägen, sodass insbesondere auch vermittelnde Crowdwork-Plattformen in den Pflichtenkreis der Auftraggeber einbezogen werden.

aa) Begriff des Heimarbeiters

Ein denkbarer Lösungsweg besteht darin, zur Bestimmung der Heimarbeitereigenschaft künftig auf das Erfordernis der wirtschaftlichen Abhängigkeit zu verzichten und so die Heimarbeit generell für Crowdwork zu öffnen.[1062] Auf diesem Wege könnten zwar die spezifischen Schutzmechanismen des Heimarbeitsgesetzes insbesondere zu Arbeitszeit, Arbeitsschutz, Entgelt und Kündigungsfristen für alle Crowdworker zur Anwendung gebracht werden.[1063] Jedoch erscheint eine derartige Ausdehnung des Anwendungsbereichs zu weitgehend, da so auch

---

1060 So *Brose*, NZS 2017, 7, 14; *Bücker*, Industrielle Beziehungen 2016, 187, 214; *Hanau*, NJW 2016, 2613, 2616; *Kocher/Hensel*, NZA 2016, 984, 989; *Krause*, Gutachten zum 71. Deutschen Juristentag, S. B 106; wohl auch *BMAS*, Weißbuch Arbeiten 4.0, S. 175.

1061 Zwar fallen Crowdworker, sofern die entsprechenden Voraussetzungen gegeben sind, nach hier vertretener Auffassung ohnehin in den Anwendungsbereich des HAG (siehe Punkt D. III. 3.), allerdings würde eine ausdrückliche Aufnahme von Crowdworkern in § 2 HAG klarstellende Wirkung entfalten und so zur Rechtssicherheit beitragen.

1062 So der Vorschlag von *Klebe*, NZA-Beilage 2017, 77, 83.

1063 Vgl. *Kocher/Hensel*, NZA 2016, 984, 989; *Krause*, Gutachten zum 71. Deutschen Juristentag, S. B 106.

Crowdworker vom Schutz des Heimarbeitsrechts erfasst wären, die nur einmalig oder während eines kurzen Zeitraums auf einer Crowdwork-Plattform tätig werden. Für eine rechtliche Gleichstellung derjenigen Crowdworker, die lediglich ab und zu auf einer Crowdwork-Plattform tätig werden und sich so möglicherweise ein zusätzliches „Taschengeld" zum Haupterwerb verdienen, mit diejenigen, deren Einnahmen aus der Plattformtätigkeit einen wesentlichen Beitrag zum Lebensunterhalt darstellen, ist kein sachlicher Grund ersichtlich. Die Situation ist insoweit nicht anders zu beurteilen als bei sonstigen in selbständiger Tätigkeit erbrachten Arbeiten, bei denen keine wirtschaftliche Abhängigkeit zu einem Auftraggeber besteht.

Daher sollte es bei dem Erfordernis der wirtschaftlichen Abhängigkeit bleiben, sodass nur diejenigen Crowdworker, bei denen eine besondere, eine Arbeitnehmerähnlichkeit begründende Schutzbedürftigkeit besteht, vom Anwendungsbereich des Heimarbeitsgesetzes erfasst werden. Maßgeblich zur Bestimmung der wirtschaftlichen Abhängigkeit soll dabei weiterhin das Erfordernis der Schutzbedürftigkeit gegenüber denjenigen Auftraggebern sein, von denen der Crowdworker den überwiegenden Teil seiner Einkünfte bezieht.[1064]

De lege ferenda bietet es sich jedoch an, eine explizite Einbeziehung der Tätigkeit auf Crowdwork-Plattformen in den Anwendungsbereich des Heimarbeitsgesetzes vorzunehmen. Insoweit würde der Forderung der überwiegenden, sich mit der Thematik befassenden Literatur entsprochen werden, die eine Einschlägigkeit des Heimarbeitsgesetzes auf Crowdwork nach geltendem Recht zwar verneint, jedoch eine Öffnung des Heimarbeitsgesetzes insbesondere für arbeitnehmerähnliche Crowdworker fordert.[1065] Nach hier vertretener Auffassung besteht zwar kein dringender Bedarf zur Änderung der Definition des Heimarbeiters, da Crowdworker bereits nach der aktuellen Fassung des § 2 Abs. 1 HAG in den Anwendungsbereich des Gesetzes fallen können. Jedoch würde eine Einbeziehung der Plattformarbeit klarstellende Wirkung entfalten und somit zur Rechtssicherheit beitragen.

Schließlich ist an dieser Stelle der Vorschlag von *Deinert*[1066] zur Einführung einer sog. „Heimarbeiterbescheinigung" aufzugreifen. Für Crowdworker, die in wirtschaftlicher Abhängigkeit zu einem Auftraggeber tätig werden und auch im Übrigen einem Arbeitnehmer vergleichbar sozial schutzbedürftig sind, könnte

1064 Vgl. dazu schon Punkt G. II. 1. b); a.A. *Pacha*, Crowdwork, S. 356 f.

1065 Vgl. nur *Klein*, SPA 2017, 93, 95; *Kocher/Hensel*, NZA 2016, 984, 989; *Krause*, Gutachten zum 71. Deutschen Juristentag, S. B 106; *Schubert*, RdA 2018, 200, 205.

1066 *Deinert*, RdA 2018, 359, 366.

durch Einführung einer entsprechenden Regelung[1067] die Möglichkeit eröffnet werden, eine solche Bescheinigung beim zuständigen Heimarbeitsausschuss bzw. bei der zuständigen Arbeitsbehörde zu beantragen, woraufhin, nach Prüfung der Voraussetzungen, eine Bescheinigung zum Nachweis der Heimarbeitereigenschaft ausgestellt wird.[1068] Auf das Erfordernis der wirtschaftlichen Abhängigkeit gegenüber bestimmten Auftraggebern sollte indes nicht verzichtet werden.[1069] Vielmehr sollte die Bescheinigung nicht nur als Nachweis der Heimarbeitereigenschaft für den Heimarbeiter selbst, sondern auch für den bzw. die betroffenen Auftraggeber gelten. Letztere hätten so die Möglichkeit, sich einen Überblick über die Anzahl der bei ihnen in Heimarbeit Beschäftigten zu verschaffen. Auch könnte auf diesem Weg ein Teil der zuvor erörterten Anwendungsprobleme behoben werden: Da die Einhaltung der Pflichten zur Listenführung (§ 6 HAG) und zur Mitteilung der erstmaligen Beschäftigung gegenüber der zuständigen Stelle (§ 7 HAG) bei Crowdwork gerade aufgrund der Unkenntnis des Auftraggebers über die Heimarbeitereigenschaft einzelner Crowdworker nur schwer möglich ist,[1070] könnte die Feststellungswirkung einer Heimarbeiterbescheinigung derartigen Unsicherheiten entgegenwirken und somit zur Einhaltung der oben genannten Pflichten beitragen.

bb) Einbeziehung von Intermediären in den Pflichtenkreis der Zwischenmeister

Reformbedarf besteht weiter hinsichtlich der aktuellen Begriffsdefinition des Zwischenmeisters in § 2 Abs. 3 HAG. Nach der derzeitigen Definition werden Zwischenmeister als Mittelspersonen zwischen Auftraggebern und in Heimarbeit Beschäftigten tätig, indem sie vom (ursprünglichen) Auftraggeber übertragene Arbeiten an die in Heimarbeit Beschäftigten weitergeben.[1071] Anders als bei Vermittlungsplattformen, bei denen Vertragsverhältnisse bezüglich einzelner Aufgaben lediglich zwischen Crowdsourcer und Crowdworker entstehen,[1072] kommen bei Einschaltung eines Zwischenmeisters keine Vertragsbeziehungen zwischen dem eigentlichen Auftraggeber und den in Heimarbeit Beschäftigten zustande.[1073] Vielmehr wird der Zwischenmeister als unmittelbarer Auftraggeber

---

1067 Vgl. dazu insbesondere den Formulierungsvorschlag zum neuen § 2 HAG in *Deinert*, RdA 2018, 359, 367.

1068 *Deinert*, RdA 2018, 359, 366.

1069 A.A. *Deinert*, RdA 2018, 359, 366; vgl. dazu schon Punkt G. II. 1. a).

1070 Vgl. dazu die Punkte G. III. 2. a) und b).

1071 *Schmidt/Koberski/Tiemann/Wascher*, Heimarbeitsgesetz, § 2 Rn. 43.

1072 Dazu ausführlich Punkt D. III. 2. a) cc) (2).

1073 *Otten*, Heim- und Telearbeit, § 2 HAG Rn. 80.

Vertragspartner der in Heimarbeit Beschäftigten.[1074] Folglich obliegt auch ihm die Pflicht zur Führung und zum Aushang der Heimarbeiterlisten (§ 6 HAG). Er hat die erstmalige Ausgabe von Heimarbeit bei der zuständigen staatlichen Stelle anzuzeigen (§ 7 HAG), Entgeltverzeichnisse auszulegen (§ 8 HAG) und für Entgeltbelege zu sorgen (§ 9 HAG). Ferner hat er nach §§ 23 ff. HAG für die Einhaltung der Entgeltregelungen einzustehen und ist nach § 28 Abs. 1 S. 1 HAG gegenüber den mit der Entgeltfestsetzung beauftragten Stellen zur Auskunft verpflichtet. Er hat den Kündigungsschutz nach § 29 HAG zu beachten und unterliegt schließlich auch den Straf- und Orndungswidrigkeitenvorschriften nach §§ 31 ff. HAG.[1075]

All diese Pflichten gelten jedoch de lege lata nicht für Vermittlungsplattformen, da diese bezüglich der einzelnen Aufgaben nicht Vertragspartner der Crowdworker werden, sondern lediglich die Begegnungsmöglichkeit zwischen Crowdsourcer und Crowdworker gegen Zahlung einer Provision schaffen und somit nicht vom Definitionsbereich des Zwischenmeisters nach § 2 Abs. 3 HAG erfasst sind.[1076] Dies mag auf den ersten Blick zwar gerechtfertigt erscheinen, da Zwischenmeister, anders als die Betreiber der Vermittlungsplattformen, Vertragspartner der in Heimarbeit Beschäftigten werden, weshalb auch entsprechende Vertragspflichten zwischen diesen begründet werden. Jedoch ist auf der anderen Seite die Situation zu berücksichtigen, die durch die Zwischenschaltung der Vermittlungsplattform entsteht. So dient die Plattform in diesen Fällen als zentrale Kontaktstelle sowohl für Crowdsourcer als auch für Crowdworker. Eine Möglichkeit zur direkten Kontaktaufnahme zwischen den Vertragsparteien besteht regelmäßig nicht. Vielmehr treten sowohl Crowdsourcer als auch Crowdworker zumeist unter einem Pseudonym auf, weshalb es insbesondere für Crowdworker überhaupt nicht ersichtlich ist, für wen sie eine ausgeschriebene Aufgabe letztlich erledigen. So haben diese etwa im Fall, dass ein Crowdsourcer die Bezahlung eines Arbeitsauftrages verweigert, keine Möglichkeit, den Crowdsourcer direkt zu kontaktieren. Sie sind gehalten, sich an die Crowdwork-Plattform zu wenden, welche sodann wiederum gegebenenfalls Kontakt mit dem Crowdsourcer aufnimmt. Die dermaßen zentrale Stellung der Vermittlungsplattformen im Verhältnis zwischen Crowdsourcer und Crowdworker lässt deren Einbeziehung in

---

1074 *Otten*, Heim- und Telearbeit, § 2 HAG Rn. 85; *Schmidt/Koberski/Tiemann/Wascher*, Heimarbeitsgesetz, § 2 Rn. 45.

1075 *Schmidt/Koberski/Tiemann/Wascher*, Heimarbeitsgesetz, § 2 Rn. 45.

1076 Vgl. Punkt D. III. 2. a) cc) (2).

den Pflichtenkreis der Zwischenmeister sinnvoll erscheinen. Zwar werden diese aufgrund ihrer bloßen Vermittlertätigkeit nicht als Auftraggeber der Crowdworker tätig, jedoch sollte die Rolle der Plattform als Intermediär ebenfalls die für Zwischenmeister geltenden Pflichten mit sich ziehen.

Auf diesem Wege wären sie gehalten, zahlreichen Schutzpflichten des Heimarbeitsgesetzes, insbesondere den Pflichten zur Listenführung nach § 6 HAG, zur Anzeige der erstmaligen Ausgabe von Heimarbeit nach § 7 HAG, zur Unterrichtung der in Heimarbeit beschäftigten Crowdworker im von § 7a HAG vorgegebenen Umfang, zur Führung von Entgeltverzeichnissen nach § 8 HAG und zur Aushändigung von Entgeltbelegen nach § 9 HAG nachzukommen. Sie hätten nach §§ 24, 26 HAG für die ordnungsgemäße Entgeltzahlung einzustehen und nach § 28 Abs. 1 S. 1 HAG gegenüber den mit der Entgeltfestsetzung beauftragten Stellen auf deren Verlangen hin Auskunft über alle die Entgelte berührenden Fragen zu erteilen und hierbei neben den Entgeltbelegen auch die erforderlichen Unterlagen für die Entgeltfestsetzung oder Entgeltprüfung vorzulegen. Ferner wären sie hinsichtlich der in Heimarbeit beschäftigten Crowdworker zur Einhaltung der Kündigungsschutzvorschriften nach § 29 HAG verpflichtet. Die Nichteinhaltung der Pflichten aus dem Heimarbeitsgesetz wäre für sie nach §§ 31 ff. HAG straf- bzw. bußgeldbewehrt.

cc) Zwischenergebnis

Zur besseren Erfassung der modernen Formen der Heimarbeit ist eine Erweiterung des Anwendungsbereichs des Heimarbeitsgesetzes geboten. Dabei sollte, um Unsicherheiten bezüglich der rechtlichen Einordnung entsprechend schutzbedürftiger Crowdworker zu beseitigen, eine explizite Einbeziehung der Tätigkeit auf Crowdwork-Plattformen in den Anwendungsbereich des Heimarbeitsgesetzes erfolgen. Zudem sollte (nicht nur) für Crowdworker die Möglichkeit eröffnet werden, beim zuständigen Heimarbeitsausschuss bzw. bei der zuständigen Arbeitsbehörde eine Heimarbeiterbescheinigung zu beantragen, welche zum Nachweis der Heimarbeitereigenschaft dient. Des Weiteren ist eine Einbeziehung der als Intermediär agierenden Crowdwork-Plattformen in den Pflichtenkreis der Zwischenmeister im Sinne des Heimarbeitsgesetzes geboten, sodass auch diese zur Einhaltung der für Zwischenmeister geltenden Schutzvorschriften gegenüber den in Heimarbeit beschäftigten Crowdworkern verpflichtet sind.

b) Modernisierung der allgemeinen Schutzvorschriften

Die allgemeinen Schutzbestimmungen in den §§ 6 bis 9 HAG behandeln die Verpflichtung der Auftraggeber zur Listenführung (§ 6 HAG), die Anzeige bei erstmaliger Ausgabe von Heimarbeit (§ 7 HAG), die Unterrichtung der Beschäftigung über die Art und Weise der Arbeit und die Unfall- und Gesundheitsgefahren (§ 7a HAG), die Offenlegung von Entgeltverzeichnissen (§ 8 HAG) sowie die Aushändigung, Führung und Sammlung von Entgeltbelegen (§ 9 HAG). Die Regelungen haben die Funktion, den Umfang der Heimarbeit und die Entgelt- und sonstigen Arbeitsbedingungen den in Heimarbeit Beschäftigten, den zuständigen Arbeitsbehörden, den Gewerkschaften und den Vereinigungen der Auftraggeber nachprüfbar offenzulegen und die Überwachung der Durchführung des Heimarbeitsgesetzes zu erleichtern.[1077] Auch mit Blick auf die modernen Formen der Heimarbeit erscheinen derartige Regelungen sinnvoll.[1078] Jedoch bereiten sie in ihrer gegenwärtigen Ausgestaltung bei der Anwendung auf digitale Heimarbeit insoweit Schwierigkeiten, als sie bislang von einer körperlichen Anwesenheit der Beschäftigten bei der Ausgabe und Abnahme der Heimarbeit ausgehen. Ein Aushang von Listen nach § 6 S. 2 HAG mit dem in § 9 Abs. 2 HAGDV vorgegebenen Inhalt erscheint indes auf Crowdwork-Plattformen nicht zielführend, da Crowdworker die zu bearbeitenden Aufgaben nicht in physischen Ausgaberäumen entgegennehmen, sondern ihr digitales Interface als „virtueller Ausgaberaum" dient. Nicht zuletzt bezweckt der Aushang der Listen neben der Nachprüfbarkeit durch die staatlichen Stellen auch die Ermöglichung der Kontrolle durch die Beschäftigten selbst, ob sie ordnungsgemäß geführt werden.[1079] Da sie aber nicht körperlich in den Betriebsräumen des ausschreibenden Unternehmens anwesend sind, besteht für sie auf diesem Weg keine Möglichkeit, Einsicht in die Listen zu nehmen. Ähnlich verhält es sich mit den Entgeltverzeichnissen, die nach § 8 Abs. 1 S. 1 HAG ebenfalls in den Räumen der Ausgabe und Abnahme offen auszulegen sind.

Um die allgemeinen Schutzvorschriften auch für digitale Formen der Heimarbeit praxistauglich zu machen, empfiehlt es sich daher, Listen und Verzeichnisse im Sinne der §§ 6, 8 HAG auch in digitaler Form zuzulassen. Selbstverständlich dürften derartige Dokumente, die nach der Vorgabe des § 9 Abs. 2 HAGDV unter anderem personenbezogene Daten im Sinne des Art. 4 Nr. 1 DSGVO bzw. § 46 Nr. 1 BDSG enthalten, nicht für jedermann zugänglich sein.[1080] Eine eingeschränkte Veröffentlichung der Dokumente nur für diejenigen, die zur Einsicht

1077 So die amtl. Begründung zum Gesetzesentwurf, BT-Drs. Nr. 1357, S. 22; HK-ArbR/*Berg*, §§ 6–9 HAG Rn. 1.

1078 So auch *Preis*, SR 2017, 173, 178.

1079 *Schmidt/Koberski/Tiemann/Wascher*, Heimarbeitsgesetz, § 6 Rn. 13.

1080 Vgl. dazu schon Punkt G. III. 2. a).

berechtigt sind, sollte heutzutage jedoch keine Probleme bereiten. So sollte die Liste nach § 6 HAG, in der jeder, der beim konkreten Auftraggeber in Heimarbeit beschäftigt ist, aufgeführt ist, in ihrer Gesamtheit nur für die berechtigten staatlichen Stellen wie die zuständigen Arbeitsbehörden, Heimarbeitsausschüsse oder Entgeltprüfer zugänglich gemacht werden. Insoweit bliebe auch der Zweck der Vorschrift gewahrt, den zuständigen Stellen einen Überblick über die bei einem Auftraggeber tätigen Heimarbeiter zu verschaffen.[1081] Entgeltverzeichnisse und sonstige Vertragsbedingungen nach § 8 HAG könnten dagegen für angemeldete Crowdworker auf deren Interface zum Download bereitgestellt werden und so zu mehr Transparenz insbesondere hinsichtlich der Entlohnung einzelner Aufgaben beitragen.[1082] Schließlich könnten auch die Entgeltbelege nach § 9 HAG in digitaler Form für die betroffenen Crowdworker zur Verfügung gestellt werden, sodass eine Aushändigung von Entgeltbüchern bzw. Entgelt- oder Arbeitszetteln (§ 9 Abs. 2 HAG) nicht mehr vonnöten ist.

c) Anpassung der Vorschriften zum Arbeitszeitschutz

Ferner ist eine Anpassung der Vorschriften zum Arbeitszeitschutz zu erwägen. Dabei ist insbesondere eine Anpassung des § 11 HAG geboten, der in seiner aktuellen Fassung eine ungleiche Verteilung der Arbeit an in Heimarbeit Beschäftigte verhindern soll. Zweck der Vorschrift ist es, sicherzustellen, dass nicht einzelne Heimarbeiter durch übermäßige Belastung mit Aufträgen eine untragbare Ausdehnung ihrer Arbeitszeit vornehmen müssen, während andere infolge einer geringen Zuteilung von Aufträgen in wirtschaftliche Not geraten. Deshalb soll der Auftraggeber die Arbeitsmenge auf die Beschäftigten gleichmäßig, allerdings unter Berücksichtigung ihrer Leistungsfähigkeit verteilen.[1083] Besondere Bedeutung erlangt die Vorschrift deshalb, weil die in Heimarbeit Beschäftigten angesichts der geringen Entgelte häufig dazu neigen, sich gegenseitig Konkurrenz zu machen und versuchen, möglichst viel Arbeit vom Auftraggeber zu erlangen.[1084] Auf der anderen Seite sollen der Umfang der verteilten

---

1081 Vgl. zum Zweck der Vorschrift die amtl. Begründung zum Gesetzesentwurf, BT-Drs. Nr. 1357, S. 22; vgl. auch HK-ArbR/*Berg*, §§ 6–9 HAG Rn. 1; *Schmidt/Koberski/Tiemann/Wascher*, Heimarbeitsgesetz, § 6 Rn. 3.

1082 Vgl. *Waas* in Waas/Liebman/Lyubarsky/Kezuka: Crowdwork – A Comparative Law Perspective, S. 142, 178.

1083 HK-ArbR/*Berg*, § 11 HAG Rn. 3; *Otten*, Heim- und Telearbeit, § 11 HAG Rn. 3, 7; *Schmidt/Koberski/Tiemann/Wascher*, Heimarbeitsgesetz, § 11 Rn. 1 f.

1084 So die amtl. Begründung zum Gesetzesentwurf, vgl. BT-Drs. Nr. 1357, S. 23 f.

Heimarbeit und die dadurch eröffneten Verdienstmöglichkeiten nicht von der Willkür des Auftraggebers abhängig gemacht werden.[1085]

In Bezug auf Crowdwork müsste zunächst der Wortlaut des § 11 Abs. 1 HAG insoweit abgeändert werden, dass dieser nicht mehr eine Verteilung, mithin eine aktive Zuweisung von Aufträgen durch den Auftraggeber voraussetzt. Eine Lockerung der Vorschrift könnte beispielsweise dahingegend erfolgen, dass das Gebot der gleichmäßigen Verteilung der Heimarbeit bereits dann zu berücksichtigen ist, wenn ein Arbeitsangebot vom Auftraggeber auf einer Crowdwork-Plattform veröffentlicht wird.[1086] Des Weiteren sollte es in Betracht gezogen werden, die Plattformen zu verpflichten, geeignete technische Maßnahmen zu ergreifen, um einer Überanstrengung einzelner Crowdworker entgegenzuwirken.[1087] So könnten etwa elektronische Systeme dafür sorgen, dass Crowdworker bei Überschreitung der täglichen bzw. wöchentlichen Höchstarbeitszeit für einen gewissen Zeitraum von der weiteren Aufgabenbearbeitung ausgeschlossen werden.[1088]

d) Mithaftung der Intermediäre für Entgelte

Eine weitere Anpassung des Heimarbeitsgesetzes müsste dahingehend erfolgen, dass die als Intermediäre tätigen Betreiber von Vermittlungsplattformen in die Haftung der Auftraggeber mit einbezogen werden. Bislang begründet § 21 Abs. 2 HAG lediglich eine Durchgriffshaftung des Auftraggebers neben seinem Zwischenmeister für die Entgelte der in Heimarbeit Beschäftigten.[1089] Die Betreiber von Vermittlungsplattformen werden folglich – unabhängig davon, ob sie als Zwischenmeister im Sinne des Heimarbeitsgesetzes eingestuft werden oder nicht – nach geltendem Recht im Fall einer unzureichenden Entgeltzahlung durch den Auftraggeber nicht in die Haftung mit einbezogen. Die Entscheidung des Gesetzgebers, nur die Auftraggeber in die Haftung der Zwischenmeister einzubeziehen, ist auf das der traditionellen Heimarbeit zugrunde liegende Leitbild des wirtschaftlich schwachen Zwischenmeisters zurückzuführen, der seinerseits in einem Abhängigkeitsverhältnis zum Auftraggeber steht.[1090]

1085 *Waas* in Waas/Liebman/Lyubarsky/Kezuka: Crowdwork – A Comparative Law Perspective, S. 142, 178.

1086 Vgl. *Klebe*, NZA-Beilage 2017, 77, 83.

1087 So auch *Pacha*, Crowdwork, S. 249; *Waas* in Waas/Liebman/Lyubarsky/Kezuka: Crowdwork – A Comparative Law Perspective, S. 142, 178.

1088 *Pacha*, Crowdwork, S. 249.

1089 Vgl. dazu schon Punkt G. III. 2. f).

1090 Vgl. BT-Drs. Nr. 1357, S. 27.

Dieses Bild spiegelt jedoch nicht die Situation, wie sie bei Crowdwork auf Vermittlungsplattformen besteht, wider. Die dermaßen zentrale Position, die Plattformbetreiber hier einnehmen, lässt einen Vergleich mit dem wirtschaftlich schwachen, für einen mittelbaren Auftraggeber tätigen Zwischenmeister, wie ihn das Heimarbeitsgesetz kennt, nicht zu. Denn anders als Zwischenmeister nehmen die Intermediäre durch die Ausgestaltung der Plattform und der rechtlichen Rahmenbedingungen nicht nur erheblichen Einfluss auf die Crowdworker, sondern auch auf die Crowdsourcer, die auf der jeweiligen Vermittlungsplattform tätig werden. Durch die verbindliche Vorgabe des Ablaufs und der Funktionsweise der Aufgabenausschreibung und –bearbeitung für die beteiligen Parteien koordinieren die Plattformbetreiber folglich nicht nur die Aufgabenvergabe für die Auftraggeber, sondern steuern maßgeblich den gesamten Crowdwork-Prozess.[1091]

Insofern erscheint eine Mithaftung der Plattformbetreiber nach dem Rechtsgedanken des § 21 Abs. 2 HAG für den Fall, dass die Auftraggeber eine eingereichte Arbeitsaufgabe nicht oder nicht angemessen vergüten, sachgerecht. Entsprechend § 21 Abs. 2 HAG sollte die Haftung jedoch auch in diesen Fällen nur subsidiär eintreten.[1092] Crowdworker wären demnach zunächst gehalten, sich bezüglich ihrer Entgeltforderung an den Crowdsourcer zu wenden. Erst bei Verzug oder Gefährdung der Erfüllung seiner Ansprüche könnten sie den Plattformbetreiber unmittelbar in Anspruch nehmen.[1093]

e) *Zwischenergebnis*

Die Untersuchung zeigt, dass zur Anpassung des Heimarbeitsgesetzes an die modernen Formen der Heimarbeit keine allzu tiefgreifenden Änderungen notwendig sind. Essentiell für eine bessere Erfassung von Crowdwork ist eine Einbeziehung der als Intermediär agierenden Vermittlungsplattformen in den Pflichtenkreis der Zwischenmeister. Eine explizite Einbeziehung der Plattformarbeit in den Definitionsbereich des Heimarbeiters ist zwar ebenfalls wünschenswert, entfaltet allerdings nur klarstellende Wirkung. Schließlich sollten

---

1091 So auch *Kocher/Hensel*, NZA 2016, 984, 986; *Pacha*, Crowdwork, S. 353.

1092 Vgl. *Schmidt/Koberski/Tiemann/Wascher*, Heimarbeitsgesetz, § 21 Rn. 10.

1093 Vgl. zu den Voraussetzungen der Haftung des Auftraggebers nach § 21 Abs. 2 HAG BAG 05.11.2002 – 9 AZR 409/01 – NZA 2003, 1267, 1271; *Otten*, Heim- und Telearbeit, § 21 HAG Rn. 14; *Schmidt/Koberski/Tiemann/Wascher*, Heimarbeitsgesetz, § 21 Rn. 10; a.A. *Brecht*, Heimarbeitsgesetz, § 21 Rn. 6; Küttner/*Röller*, Personalbuch 2019, *Heimarbeit* Rn. 14.

Crowdworker und andere arbeitnehmerähnliche Personen, welche die Voraussetzungen für eine Beschäftigung in Heimarbeit erfüllen, die Möglichkeit haben, zum Nachweis der Heimarbeitereigenschaft eine Heimarbeiterbescheinigung zu beantragen.

Mit der Erweiterung des Anwendungsbereichs einhergehend sind die allgemeinen Schutzvorschriften des Heimarbeitsgesetzes zeitgemäß auszugestalten, sodass insbesondere eine Veröffentlichung von Listen und Verzeichnissen im Sinne der §§ 6 und 8 HAG auch auf elektronischem Wege möglich ist. Auch die nach § 9 HAG erforderliche Aushändigung von Entgeltbelegen sollte für die betroffenen Crowdworker durch das zur Verfügung stellen in digitaler Form ersetzt werden. Hinsichtlich der Vorschriften zum Arbeitszeitschutz sind überwiegend kleinere Anpassungen vorzunehmen, um diese für die heutige Zeit praxistauglich zu machen. So sollte das Gebot der gleichmäßigen Verteilung der Heimarbeit nach § 11 Abs. 1 HAG bereits bei der Veröffentlichung von Crowdwork-Aufgaben auf einer Plattform zu berücksichtigen sein. Des Weiteren sollte es den Crowdwork-Plattformen obliegen, die Einhaltung von Arbeitszeitschutzvorschriften durch die dort beschäftigten Crowdworker mit Hilfe technischer Maßnahmen sicherzustellen. Schließlich ist eine Mithaftung der Betreiber von Vermittlungsplattformen nach dem Rechtsgedanken des § 21 Abs. 2 HAG angezeigt. Für den Fall, dass ein Auftraggeber eine eingereichte Arbeitsaufgabe nicht oder nicht angemessen vergütet, könnte der mit der Aufgabe befasste Crowdworker so bei Verzug oder Gefährdung der Erfüllung seines Anspruchs auch den Betreiber der entsprechenden Crowdwork-Plattform unmittelbar in Anspruch nehmen.

4. Zwischenergebnis

Zwar liegt dem Heimarbeitsgesetz in seiner aktuellen Fassung ein Bild der Heimarbeit zu Grunde, das mit Crowdwork auf den ersten Blick nur wenig gemeinsam hat. Jedoch macht ein Vergleich der traditionellen Heimarbeit mit Crowdwork schnell deutlich, dass diese sich im Grunde kaum voneinander unterscheiden. Eine nähere Prüfung der unter analogen Bedingungen entwickelten Rechte und Pflichten des Heimarbeitsgesetzes zeigt indes, dass diese bei der Anwendung auf im virtuellen Raum erbrachte Tätigkeiten nicht mehr zeitgemäß sind. Besondere Probleme bereitet dabei nicht nur der Umstand, dass die Feststellung einer die Beschäftigung eines Crowdworkers in Heimarbeit begründenden wirtschaftlichen Abhängigkeit für den Auftraggeber mangels Auskunftspflicht der Crowdworker in der Regel mit erheblichen Schwierigkeiten verbunden ist. Auch die Figur des Zwischenmeisters, wie sie bei der traditionellen Heimarbeit vorkommt, existiert bei Crowdwork in der Regel nicht. Vielmehr handelt es sich bei denjenigen, die Vertragspartner der Crowdworker werden, stets um deren direkte Auftraggeber. Eine Weitergabe übertragener Arbeiten, wie sie im Sinne des Heimarbeitsgesetzes durch Zwischenmeister erfolgt, findet insbesondere bei Vermittlungsplattformen nicht statt, da diese bezüglich einzelner Aufgaben nicht selbst Vertragspartner der Crowdworker werden, sondern lediglich die Kontaktmöglichkeit zwischen Crowdsourcer und Crowdworker gegen Zahlung einer Provision schaffen.

Folglich sollte, wie zuletzt im Jahr 1974 geschehen, eine Reformierung des Heimarbeitsgesetzes erfolgen. In diesem Rahmen ist Crowdworkern die Möglichkeit zu eröffnen, beim zuständigen Heimarbeitsausschuss bzw. bei der zuständigen Arbeitsbehörde eine Heimarbeiterbescheinigung zu beantragen, welche zum Nachweis der Heimarbeitereigenschaft dient. Zudem sollte der Anwendungsbereich des Heimarbeitsgesetzes dahingehend erweitert werden, dass die als Intermediäre tätig werdenden Betreiber von Vermittlungsplattformen in den Pflichtenkreis der Zwischenmeister einbezogen werden. Des Weiteren sind die im Gesetz vorgesehenen Schutzvorschriften für die in Heimarbeit Beschäftigten zeitgemäß auszugestalten, sodass neben den traditionellen Formen der Heimarbeit auch die Besonderheiten der Arbeit auf Crowdwork-Plattformen angemessen berücksichtigt werden. Insoweit wäre dem Schutzinteresse arbeitnehmerähnlicher Crowdworker genüge getan. Eines darüber hinausgehenden Schutzes bedarf es nicht.

IV. Stärkung der Rechtsstellung Soloselbständiger

Schließlich sind noch diejenigen Crowdworker in Blick zu nehmen, die mangels wirtschaftlicher Abhängigkeit und einem Arbeitnehmer vergleichbarer sozialer Schutzbedürftigkeit keinen besonderen, für arbeitnehmerähnliche Personen vorgesehenen Schutz erfahren. In Bezug auf diese Personengruppe wird von Teilen der Literatur die Frage aufgeworfen, ob eine Stärkung der Rechtsstellung durch die Übertragung bestimmter Schutzrechte erfolgen sollte.[1094]

Für eine Ausweitung des Schutzes Soloselbständiger besteht jedoch, gerade mit Blick auf Crowdwork, kein Bedarf. Ein erhöhter Schutzbedarf resultiert gerade daraus, dass ein maßgeblicher Teil des Einkommens von einem Auftraggeber bezogen wird. Soweit im Rahmen von Crowdwork Tätigkeiten von

1094 So etwa *Hanau*, NJW 2016, 2613, 2616; *Kocher/Hensel*, NZA 2016, 984, 988; vgl. auch *Krause*, Gutachten zum 71. Deutschen Juristentag, S. B 107.

Personen erbracht werden, die finanziell anderweitig abgesichert sind und sich durch Crowdwork in ihrer Freizeit etwas Geld hinzuverdienen wollen, erscheint eine Überprüfbarkeit der von Plattformbetreibern verwendeten Nutzungsbedingungen im Rahmen der AGB-Kontrolle nach §§ 305 ff. BGB, wie sie bereits nach geltendem Recht besteht, ausreichend.[1095]

Aus sozialversicherungsrechtlicher Sicht ist die Situation indes anders zu beurteilen: Hier ist der Vorschlag des 68. Deutschen Juristentages aufzugreifen, wonach Soloselbständige durch eine Modifikation des § 2 S. 1 Nr. 9 lit. b) SGB VI generell in die Rentenversicherungspflicht einzubeziehen sind.[1096] Dadurch wäre die Soloselbständigkeit, die nicht anderweitig, namentlich in berufsständischen Versorgungswerken abgesichert ist, von der gesetzlichen Rentenversicherung erfasst.[1097] Die Diskussion um die Änderung des § 2 S. 1 Nr. 9 lit. b) SGB VI besteht jedoch nicht erst seit dem Aufkommen von Crowdwork, sondern wird von großen Teilen der Literatur bereits seit langem als überfällig angesehen.[1098] Alternativ ist die Schaffung eines berufsständischen Versorgungswerks nach dem Vorbild der Künstler-Sozialversicherung zu erwägen, für das etwa die Auftraggeber von Crowdwork-Tätigkeiten den hälftigen Arbeitgeberbeitrag aufzubringen hätten.[1099]

Des Weiteren wird von Teilen der Literatur vorgeschlagen, die personelle Reichweite der Tarifmacht auszuweiten, sodass über § 12a TVG hinaus auch die Arbeitsbedingungen Soloselbständiger zum Gegenstand von Tarifverträgen gemacht werden können.[1100] Dieser Vorschlag ist jedoch abzulehnen. Denn

---

1095 So auch *Krause*, Gutachten zum 71. Deutschen Juristentag, S. B 103; ausführlich zum Umfang der Überprüfbarkeit der Nutzungsbedingungen der Plattformbetreiber in Punkt D. IV.

1096 *Harich*, Sitzungsbericht des 68. Deutschen Juristentages, S. M 190; zur Begründung dieses Vorschlags siehe *Waltermann*, Gutachten zum 68. Deutschen Juristentag, S. B 103; *Waltermann*, RdA 2010, 162, 169; zust. auch *Selzer* in Husemann/Wietfeld: Zwischen Theorie und Praxis, S. 27, 47; *Mecke*, SGb 2016, 481, 487.

1097 *Waltermann*, Gutachten zum 68. Deutschen Juristentag, S. B 103; vgl. auch *Krause*, NZA 2016, 1004, 1007; *Mecke*, SGb 2016, 481, 487; *Schubert*, RdA 2018, 200, 206; *Tapper* in Hill/Martini/Wagner, Die digitale Lebenswelt gestalten, S. 253, 282.

1098 Vgl. nur *Hanau*, NJW 2016, 2613, 2616; *Krause*, Gutachten zum 71. Deutschen Juristentag, S. B 108; *Schubert*, RdA 2018, 200, 206; *Waltermann*, Gutachten zum 68. Deutschen Juristentag, S. B 103, jeweils m.w.N.

1099 Vgl. dazu *Hanau*, NJW 2016, 2613, 2616; *Klebe*, AuR 2016, 277, 280; *Krause*, Gutachten zum 71. Deutschen Juristentag, S. B 108; *Schubert*, RdA 2018, 200, 206.

1100 So *Deinert*, Soloselbständige zwischen Arbeitsrecht und Wirtschaftsrecht, Rn. 152 ff.; *Däubler*, Industrielle Beziehungen 2016, 236, 244; *Klebe*, AuR 2016, 277, 281; *Krause*, Gutachten zum 71. Deutschen Juristentag, S. B 107.

obwohl nach dem Wortlaut des Art. 9 Abs. 3 GG die Koalitionsfreiheit nicht auf bestimmte Personengruppen beschränkt ist, sondern für „jedermann und alle Berufe" gilt, hat das BVerfG zutreffend festgestellt, dass sich die Garantie der Tarifautonomie lediglich auf die Regelung der Bedingungen abhängiger Arbeit und nicht auf die Vertragsbedingungen Soloelbständiger erstreckt.[1101] Daran ist auch weiter festzuhalten. Maßgebliche Kriterien für eine tarifliche Regelbarkeit von Arbeitsbedingungen sind die persönliche Arbeitsleistung in wirtschaftlicher Abhängigkeit und das Erfordernis, die individuelle Verhandlungsschwäche mit Hilfe kollektiver Interessenvertretung auszugleichen.[1102] Erfasst sind demnach insbesondere Konstellationen, bei denen eine den Arbeitnehmern vergleichbare Schutzbedürftigkeit besteht, was bei wirtschaftlich unabhängigen Soloselbständigen aber nicht der Fall ist. Diese sind daher zu Recht nicht von der Tarifautonomie umfasst.[1103]

V. Gebührenordnung zur Regelung von Mindestentgelten

Um den oftmals unter dem Niveau des Mindestlohns liegenden Entgelten auf Crowdwork-Plattformen zu begegnen, besteht für Gewerkschaften nach § 17 HAG die Möglichkeit, die Entgelte der in Heimarbeit beschäftigten Crowdworker über Tarifverträge zu regeln. Solange bei den Crowdworkern noch keine nennenswerte Organisation vorhanden ist, kann ein gemäß §§ 3 f. HAG zu errichtender Heimarbeitsausschuss nach § 19 HAG Entgelte und sonstige Arbeitsbedingungen für die Plattformtätigkeit verbindlich festsetzen und der Ertragsschwäche der in Heimarbeit beschäftigten Crowdworker auf diesem Wege entgegenwirken.[1104] Einer Gesetzesänderung bedarf es hierfür nicht.

Zu beachten ist jedoch, dass die Entgeltregelungen der §§ 17 ff. HAG lediglich Geltung gegenüber denjenigen Crowdworkern entfalten, die dem

1101 BVerfG 24.04.1996 – 1 BvR 712/86 – NZA 1996, 1157, 1158.; vgl. auch *Löwisch/ Rieble*, TVG, § 12a Rn. 4.

1102 Vgl. BAG 31.01.2018 – 10 AZR 279/16 – NZA 2018, 867 Rn. 36; *Klumpp*, Münchener Handbuch zum Arbeitsrecht, Band 3, § 236 Rn. 9; *Löwisch/Rieble*, TVG, § 12a Rn. 4; *Preis/Greiner*, Kollektivarbeitsrecht, § 80 Rn. 75.

1103 So auch BAG 31.01.2018 – 10 AZR 279/16 – NZA 2018, 867 Rn. 36; *Hanau*, NJW 2016, 2613, 2616; Kempen/Zachert/*Schubert/Zachert*, § 1 TVG Rn. 781; *Löwisch/ Rieble*, TVG, § 12a Rn. 4; *Mohr*, EuZA 2018, 436, 443; *Preis/Greiner*, Kollektivarbeitsrecht, § 80 Rn. 75; a.A. *Klebe*, AuR 2016, 277, 281; *Schlachter*, Streikrecht außerhalb des Arbeitsverhältnisses?, in: GS Zachert, S. 634 ff.

1104 Siehe dazu Punkt D. III. 3.

Anwendungsbereich des Heimarbeitsgesetzes unterfallen.[1105] Soll hingegen der bestehenden Ertragsschwäche bei Crowdwork generell entgegengewirkt werden, sind de lege ferenda Regelungen notwendig, welche die Entgelte, die Auftraggeber für die Erledigung einzelner Aufgaben an Crowdworker zu zahlen haben, verbindlich festlegen.

In diesem Zusammenhang bietet es sich an, Mindestentgelte für die Bearbeitung einzelner Crowdwork-Aufgaben einzuführen. Dies könnte etwa durch Taxen im Sinne von § 612 Abs. 2 bzw. § 632 Abs. 2 BGB geschehen. Bei Taxen handelt es sich um auf Bundes- oder Landesrecht beruhende, staatlich implementierte Vergütungssätze.[1106] Ähnlich wie es bereits im Taxigewerbe oder auch bei vielen freien Berufen üblich ist,[1107] könnte so eine Gebührenordnung für die Arbeit auf Crowdwork-Plattformen etabliert werden. Die auf diese Weise festgelegten Entgelte würden nicht nur dazu beitragen, die Verdienste der Crowdworker auf ein angemessenes Niveau anzuheben. Auch dem für viele Unternehmen derzeit bestehenden Anreiz, Crowdworker nur aufgrund der niedrigen Kosten in den Wertschöpfungsprozess einzubeziehen und sich so um eine faire Entlohnung der Arbeit zu drücken, würde auf diesem Wege entgegengetreten.

Schließlich sollten Gewerkschaften weiterhin die Möglichkeit haben, höhere Entgelte für die in Heimarbeit beschäftigten Crowdworker über Tarifverträge auszuhandeln. Die im Rahmen einer derartigen Gebührenordnung eingeführten Taxen sollten demnach dispositiv ausgestaltet werden.[1108] So würden durch sie lediglich Mindestentgelte vorgegeben, von denen immer noch durch

1105 Vgl. zum Geltungsbereich der als Tarifverträge geltenden Vereinbarungen nach § 17 HAG *Schmidt/Koberski/Tiemann/Wascher*, Heimarbeitsgesetz, § 17 Rn. 31; zum Geltungsbereich der bindenden Festsetzungen nach § 19 HAG *Schmidt/Koberski/Tiemann/Wascher*, Heimarbeitsgesetz, § 19 Rn. 48.

1106 BeckOGK/*Maties*, § 612 BGB Rn. 93; Staudinger/*Richardi/Fischinger*, § 612 BGB Rn. 51.

1107 So werden die Gebühren für eine Beförderung via Taxi über die kommunalen Taxitarife geregelt, die Vergütung für Rechtsanwälte richtet sich nach dem RVG, Ärzte rechnen nach der GOÄ ab und für Architekten und Ingenieure gilt die HOAI; weitere Beispiele nennen BeckOGK/*Maties*, § 612 BGB Rn. 93; *Fuchs/Baumgärtner* in BeckOK BGB, § 612 Rn. 11; vgl. auch *Schliemann*, Zum Schutz wirtschaftlich schwacher Solo-Dienst- und Werkvertragsunternehmer, in: FS Wank, S. 531, 541.

1108 Sog. Dispositivtaxen, vgl. BeckOGK/*Maties*, § 612 BGB Rn. 93; *Busche* in MüKo BGB, § 632 Rn. 21.

Tarifverträge zu Gunsten der in Heimarbeit Beschäftigten Crowdworker abgewichen werden kann.[1109]

VI. Zusammenfassung

Zusammenfassend lässt sich festhalten, dass die Frage nach dem Handlungsbedarf hinsichtlich des Phänomens Crowdwork nicht pauschal beantwortet werden kann. Um die neuen rechtlichen Herausforderungen, die Crowdwork mit sich bringt, zu bewältigen, empfehlen sich verschiedene Ansätze, die nicht nur die Interessen der beteiligten Parteien unterschiedlich berücksichtigen, sondern auch unterschiedlich stark in das bestehende Rechtssystem eingreifen. Dabei ist eine vollständige gesetzliche Regulierung aufgrund der Komplexität des Themas unmöglich nur mit einem der oben aufgeführten Ansätze zu erreichen.

Eine Erweiterung des Arbeitnehmerbegriffs unter Aufgabe der Zwischenkategorie der arbeitnehmerähnlichen Personen ist abzulehnen. Vorzugswürdig erscheint es vielmehr, an der Dreiteilung mit Arbeitnehmern und Selbständigen und der Zwischenkategorie der Arbeitnehmerähnlichen festzuhalten. Fest steht aber, dass die Schutzvorschriften zu Gunsten derer, die in wirtschaftlicher Abhängigkeit zu ihrem Auftraggeber tätig werden und auch im Übrigen einem Arbeitnehmer vergleichbar schutzbedürftig sind, in mehreren Bereichen einer Neujustierung bedürfen.

Dabei ist bereits beim Definitionsbereich der arbeitnehmerähnlichen Person anzusetzen. Aus Gründen der Rechtssicherheit sollten in Anlehnung an § 12a TVG bestimmte Erwerbsquoten zur Bestimmung der wirtschaftlichen Abhängigkeit eines Beschäftigten festgelegt werden. Für die Beschäftigung auf Crowdwork-Plattformen wird vorgeschlagen, eine wirtschaftliche Abhängigkeit vom Auftraggeber entsprechend § 12a Abs. 3 TVG dann anzunehmen, wenn ein Drittel des Gesamterwerbs eines Crowdworkers von diesem bezogen wird. Vorschläge, die auf eine Umkehr der Darlegungs- und Beweislast hinsichtlich des Merkmals der wirtschaftlichen Abhängigkeit zielen, sind indes abzulehnen. Eine Umverteilung der Beweislast ist lediglich hinsichtlich der Geltendmachung der Tatsachen, die für die Begründung einer persönlichen Abhängigkeit sprechen, anzudenken. Ferner ist der Schutz der arbeitnehmerähnlichen Personen auszuweiten, indem nicht länger nur die in Heimarbeit Beschäftigten, sondern alle Arbeitnehmerähnlichen,

1109 Im Ergebnis ebenfalls für die Einführung von Mindestentgelten *Schubert*, RdA 2018, 200, 205.

die in der Hauptsache für einen Betrieb arbeiten, den Arbeitnehmern im Sinne der Betriebsverfassung gleichgestellt werden. Auch das Maßregelungsverbot nach § 612a BGB und die Grundsätze zum innerbetrieblichen Schadensausgleich sollten auf arbeitnehmerähnliche Personen ausgedehnt werden.

Eine Blaupause für einen sinnvollen Schutz der arbeitnehmerähnlichen, auf digitalen Plattformen beschäftigten Crowdworker bietet darüber hinaus das Heimarbeitsgesetz. Da dessen letzte Aktualisierung jedoch vor nun bald 50 Jahren erfolgte, erscheint eine Anpassung der Vorschriften an die modernen Formen der Heimarbeit überfällig. Obwohl Crowdworker nach hier vertretener Ansicht bereits de lege lata unter den Begriff des Heimarbeiters im Sinne des § 2 Abs. 1 S. 1 HAG subsumiert werden können, ist aus Gründen der Rechtsklarheit eine explizite Einbeziehung der Plattformarbeit in den Anwendungsbereich des Gesetzes vorzunehmen. In diesem Rahmen ist Crowdworkern zudem die Möglichkeit zu eröffnen, beim zuständigen Heimarbeitsausschuss bzw. bei der zuständigen Arbeitsbehörde eine Heimarbeiterbescheinigung zu beantragen, welche zum Nachweis der Heimarbeitereigenschaft dient. Eine weitere notwendige Änderung ergibt sich hinsichtlich der als Intermediäre tätig werdenden Betreiber von Vermittlungsplattformen. Diese sollten in den Pflichtenkreis der Zwischenmeister im Sinne des § 2 Abs. 3 HAG einbezogen werden, sodass auch diese zur Einhaltung der entsprechenden Schutzvorschriften verpflichtet sind. Neben der Modernisierung einiger heimarbeitsrechtlicher Vorschriften empfiehlt sich insbesondere eine Modifikation des § 21 Abs. 2 HAG, um auch Intermediäre in die Haftung für die Entgelte der Crowdworker einzubeziehen. Insgesamt ist es angezeigt, das Heimarbeitsrecht dahingehend zu reformieren, dass auch digitale Erwerbsformen wie Crowdwork angemessen berücksichtigt werden. Ein über den Standard des Heimarbeitsrechts hinausgehender Schutz ist für arbeitnehmerähnliche Crowdworker indes nicht erforderlich.

Für eine Erweiterung des Schutzbereichs Soloselbständiger besteht hingegen kein Bedarf. Hier bietet sich lediglich in sozialrechtlicher Hinsicht eine Einbeziehung Soloselbständiger in die gesetzliche Rentenversicherungspflicht oder alternativ die Schaffung eines berufsständischen Versorgungswerks nach dem Vorbild der Künstler-Sozialversicherung an, bei dem die Auftraggeber von Crowdwork-Tätigkeiten den hälftigen Arbeitgeberbeitrag aufzubringen hätten.

Der Entstehung eines Niedriglohnsektors durch billige Plattformarbeiter kann schließlich entgegengewirkt werden, indem die Entgeltsätze, die Unternehmen für einzelne Arbeiten mindestens entrichten müssen, auf staatlicher Ebene durch Taxen verbindlich festgelegt werden. Dabei wäre insbesondere eine Gebührenordnung begrüßenswert, wie sie beispielsweise auch im Taxigewerbe oder bei vielen freien Berufen besteht.

H. Schluss

Zum Schluss werden die in der Arbeit ermittelten Forschungsergebnisse nochmals zusammenfassend dargestellt, bevor die Arbeit mit einem Blick in die Zukunft abschließt.

I. Forschungsergebnisse

Als Crowdwork wird die Erscheinungsform des Crowdsourcing bezeichnet, bei der die im Rahmen des Crowdsourcing vergebenen Aufgaben auf sogenannten Crowdwork-Plattformen gegen Entgelt bearbeitet werden. Die auf diesen Plattformen tätigen Menschen werden als Crowdworker bezeichnet. Crowdwork kann auf verschiedene Arten stattfinden. Zu unterscheiden ist zunächst zwischen interner und externer Crowdwork, wobei letztere sich nochmals in direkte und indirekte externe Crowdwork aufspaltet. Während bei interner Crowdwork Aufgaben unternehmensintern von Mitarbeitern auf einer Crowdwork-Plattform bearbeitet werden, werden die zu bearbeitenden Aufgaben bei externer Crowdwork im Prinzip an jede im World Wide Web agierende Person ausgeschrieben. Voraussetzung ist lediglich, dass diese auf der jeweiligen Crowdwork-Plattform registriert ist und die entsprechenden Nutzungsbedingungen sowie gegebenenfalls Qualifikationsmerkmale erfüllt. Von direktem Crowdsourcing ist die Rede, wenn die wesentlichen Arbeitsschritte wie das Beschreiben und Einstellen der Aufgaben auf der Plattform, die Auswahl der geeigneten Crowdworker oder die Kontrolle der Ergebnisse vom Crowdsourcing betreibenden Unternehmen selbst vorgenommen werden. Bei indirektem Crowdsourcing ist dagegen ein als Intermediär agierender Dritter zwischengeschaltet, der die jeweilige Aufgabe als eigene unter den Crowdworkern ausschreibt.

Das Wachstum, das Crowdwork in den letzten Jahren verzeichnet hat, ist enorm. Während weltweit bereits eine Vielzahl von Crowdwork-Plattformen, teils mit besseren und teils mit schlechteren Verdienstmöglichkeiten, existiert, ist auch und gerade in Deutschland ein beachtlicher Markt entstanden. Zu erwähnen ist hier insbesondere die derzeit in Deutschland marktführende Plattform *clickworker*, auf der inzwischen mehr als 2 Millionen Nutzer registriert sind. Aufgrund des rasanten Wachstums erfährt Crowdwork auch bei Großkonzernen zunehmenden Zuspruch. Besonders der Konzern IBM, aber auch Facebook, Audi, BMW oder Microsoft machen inzwischen von der Möglichkeit Gebrauch,

Aufgaben, die früher noch von angestellten Arbeitnehmern erledigt werden mussten, an die Crowd auszulagern.

Die Untersuchung der dogmatischen Einordnung des Crowdwork-Prozesses zeigt, dass durch die Registrierung auf der Crowdwork-Plattform und die anschließende Freischaltung zunächst ein Rahmenvertrag zwischen dem Plattformbetreiber und dessen Nutzern zustande kommt, welcher zwar Nebenpflichten bezüglich der Nutzung der Plattform festlegt, jedoch noch keine konkreten Leistungspflichten für die Vertragsparteien enthält. Bezüglich der Bearbeitung der einzelnen Arbeitsaufgaben durch die Crowdworker könnte man zunächst annehmen, diese erfolgten auf Grundlage einer Auslobung durch die Plattform bzw. den Crowdsourcer. Denn die auf den Crowdwork-Plattformen ausgeschriebenen Aufgaben können grundsätzlich als öffentliche Bekanntmachungen angesehen werden, durch die für die Vornahme einer Handlung eine Belohnung ausgesetzt wird. Allerdings fehlt es in diesen Fällen üblicherweise an einem einseitig bindenden Versprechen des Erklärenden. Denn eine Auslegung der Erklärung zeigt, dass eine Bindungswirkung vielmehr beiderseitig zwischen ihm und dem jeweiligen Bearbeiter einer Aufgabe entstehen soll, die Erklärung mithin auf den Abschluss eines Vertrags gerichtet ist. Eine Ausnahme stellt dabei lediglich der Sonderfall der wettbewerbsbasierten Crowdwork dar. Bei den dort ausgeschriebenen Aufgaben ist es für die teilnehmenden Crowdworker klar ersichtlich, dass unter allen Bewerbern am Ende lediglich einer zum „Gewinner" gekürt wird und so die ausgeschriebene Vergütung erhält. In diesen Fällen erfolgt die Bearbeitung auf Grundlage eines Preisausschreibens nach § 661 BGB.

Im Übrigen kommt für die Bearbeitung der Crowdwork-Aufgaben neben dem Rahmenvertrag ein weiteres Vertragsverhältnis zustande. Die Bestimmung der Vertragsparteien ist dabei vom jeweiligen Geschäftsmodell der Crowdwork-Plattform abhängig. Während beim direkten Crowdsourcing ein Vertrag stets zwischen Crowdsourcer und Crowdworker zustande kommt, da es sich in diesen Fällen bei der Crowdwork-Plattform immer auch um den Crowdsourcer handelt, ist eine pauschale Einordnung der Vertragsverhältnisse in den Fällen des indirekten Crowdsourcing nicht möglich. Vielmehr ist hier nach dem Geschäftsmodell der verschiedenen Crowdwork-Plattformen im Einzelfall zu differenzieren. Ist das Geschäftsmodell darauf ausgelegt, die Ausschreibung und Erledigung der Aufgaben selbst zu steuern, liegt keine reine Vermittlungstätigkeit der Plattform vor. Daran ändert auch ein anderweitiges Selbstverständnis der Plattform in den Allgemeinen Geschäftsbedingungen nichts. Dies ist insbesondere dann der Fall, wenn die Preisgestaltung im Wesentlichen durch die Plattform selbst vorgenommen wird und diese auch im Übrigen die Abwicklung des Prozesses koordiniert. In diesen Fällen ist der Plattformbetreiber als Vertragspartner sowohl auf Seiten des Crowdsourcers als auch auf Seiten des Crowdworkers anzusehen. Zwischen Crowdsourcer und Crowdworker entstehen in diesem Fall keinerlei vertragliche Beziehungen. Ein direktes Vertragsverhältnis zwischen Crowdsourcer und Crowdworker, mithin eine reine Vermittlungstätigkeit der Plattform, kann demgegenüber dann angenommen werden, wenn für den Crowdworker klar ersichtlich ist, wer die Aufgabe ausgeschrieben hat und die Plattform die Einzelheiten bezüglich der Gestaltung der Ausschreibung dem Crowdsourcer überlässt. Der auf den konkreten Vertragsschluss abzielende Antrag ist dabei – soweit sich nicht aus dem Umständen des Einzelfalls etwas anderes ergibt – noch nicht im Einstellen der Arbeitsaufgabe durch den Crowdsourcer bzw. die Plattform zu sehen. Dieses stellt in der Regel lediglich eine invitatio ad offerendum dar. Das tatsächliche Angebot wird dem Auftraggeber dagegen bei der Auswahl der zu bearbeitenden Aufgabe und nicht erst bei Einreichung des Arbeitsergebnisses unterbreitet. Nur dieser Erklärung ist ein entsprechender Rechtsbindungswille des Erklärenden beizumessen. Die Annahmeerklärung ist sodann schließlich in der Bereitstellung der für die Bearbeitung erforderlichen Daten durch den Auftraggeber zu sehen.

Crowdworker erfahren de lege lata einen von der Vertragsart und der im Einzelfall bestehenden Schutzbedürftigkeit abhängigen, abgestuften rechtlichen Schutz. Allen voran ist die Gruppe der internen Crowdworker zu nennen, die Tätigkeiten auf einer vom Arbeitgeber installierten Crowdwork-Plattform verrichten. Hier erfolgen die erbrachten Crowdwork-Tätigkeiten üblicherweise im Rahmen des ohnehin zum Auftraggeber bestehenden Arbeitsverhältnisses, weshalb von vornherein eine Arbeitnehmereigenschaft der internen Crowdworker besteht und es auch bei der Verrichtung der Crowdwork bei dieser bleibt. Anders ist die Situation bei externer Crowdwork zu beurteilen, bei der Aufgaben an eine Vielzahl von Personen außerhalb des ausschreibenden Unternehmens gerichtet werden. Ein Arbeitnehmerstatus scheitert bei externer Crowdwork oftmals schon daran, dass bei den vergebenen Aufgaben keine Tätigkeiten an sich, sondern konkrete Arbeitsergebnisse zu erbringen sind, weshalb es bereits an einem für die Begründung eines Arbeitsverhältnisses erforderlichen Dienstvertrag fehlt. Ist dagegen bei der konkreten Aufgabe eine Dienstleistung geschuldet, kommt die weitere Prüfung, abgesehen von wenigen Ausnahmen, zum Ergebnis, dass ein Arbeitsverhältnis mangels persönlicher Abhängigkeit der Crowdworker nicht anzunehmen ist. Ein in Teilbereichen bestehender Schutz kann indes über die Figur der arbeitnehmerähnlichen Person erlangt werden. Entscheidend für die Subsumtion unter diese Rechtsform ist, dass Crowdworker zwar nicht persönlich, aber wirtschaftlich von einem Auftraggeber abhängig sind. Eine wirtschaftliche Abhängigkeit ist dabei insbesondere anzunehmen, wenn

Crowdworker auf einer Plattform tätig werden, die bezüglich der ausgeschriebenen Aufgaben selbst Vertragspartnerin der Crowdworker wird. Ein ausschließliches oder zumindest überwiegendes Tätigwerden auf einer solchen Plattform kann zur Folge haben, dass Crowdworker einen maßgeblichen Teil ihres Einkommens über die konkrete Plattform generieren und somit eine wirtschaftliche Abhängigkeit zu dieser besteht.

Einen darüberhinausgehenden gesetzlichen Schutz erfahren arbeitnehmerähnliche Crowdworker durch das Heimarbeitsgesetz. Denn die neben der wirtschaftlichen Abhängigkeit erforderlichen Voraussetzungen für die Eröffnung des Anwendungsbereichs des Gesetzes sind regelmäßig gegeben. Unschädlich ist dabei insbesondere, dass die Crowdwork-Tätigkeiten nicht wie bei der früheren Heimarbeit vergeben werden, sondern Crowdworker sich auf Plattformen für die Erledigung einzelner Aufgaben bewerben. Infolgedessen gelten für wirtschaftlich abhängige Crowdworker die Schutzvorschriften des Heimarbeitsgesetzes sowie zahlreiche weitere Vorschriften, die eine Gleichstellung der Heimarbeiter bezwecken. Crowdworker, die weder persönlich noch wirtschaftlich gegenüber einem Auftraggeber abhängig sind, erfahren schließlich als „bloße" Selbständige lediglich einen gesetzlichen Mindestschutz. Dieser äußert sich insbesondere in der Möglichkeit, die von Plattformen gestellten Allgemeinen Geschäftsbedingungen auf ihre Vereinbarkeit mit den Regelungen der §§ 305 ff. BGB hin zu überprüfen (auch wenn wirtschaftlich abhängige Crowdworker nicht als Verbraucher im Sinne des § 13 BGB anzusehen sind, wirkt der Schutz über die AGB-Kontrolle dennoch einer unangemessenen Benachteiligung entgegen). In Extremfällen kann schließlich über die Gerichte eine Korrektur einzelner Vertragsbedingungen erfolgen, sollte eine strukturelle Unterlegenheit der Crowdworker festgestellt werden.

Voraussetzung für eine Einbeziehung von Crowdworkern in den Geltungsbereich des kollektiven Arbeitsrechts ist, dass sie in einem Abhängigkeitsverhältnis zu ihrem Arbeit- bzw. Auftraggeber stehen. Soweit es sich bei ihnen um Arbeitnehmer oder arbeitnehmerähnliche Personen wie auch in Heimarbeit Beschäftigte handelt, können sie sowohl aktiv als auch passiv bei der Bildung eines Betriebsrats mitwirken. Ebenfalls kann die Gestaltung der Arbeitsbedingungen der Crowdworker und deren Zusammenarbeit mit Arbeitnehmern im Betrieb Gegenstand von Betriebsvereinbarungen sein. Crowdworker unterliegen unter oben genannten Bedingungen auch der Tarifautonomie, sodass Regelungen bezüglich Inhalt, Abschluss und Beendigung ihrer Vertragsverhältnisse in Tarifverträgen festgehalten werden können. Handelt es sich bei ihnen um in Heimarbeit Beschäftigte im Sinne des Heimarbeitsgesetzes, besteht zusätzlich die Möglichkeit, Entgelte und sonstige Vertragsbedingungen mit bindender

Wirkung für alle Auftraggeber und Beschäftigten im jeweiligen Zuständigkeitsbereich des Heimarbeitsausschusses festzusetzen. Letztlich können auch Crowdworker (ebenfalls unter der Bedingung des Vorliegens eines Abhängigkeitsverhältnisses) tarifliche Forderungen mittels Streik durchsetzen. Auf Arbeitgeberseite besteht dagegen die Möglichkeit, Crowdworker als Streikarbeiter einzusetzen und so dem Streik der eigenen Belegschaft entgegenzutreten. Liegt kein Abhängigkeitsverhältnis zum Auftraggeber vor, können lediglich auf freiwilliger Basis Vereinbarungen abgeschlossen und sonstige Maßnahmen ergriffen werden, um die Arbeitsbedingungen der Crowdworker zu verbessern.

Für die Bestimmung des anwendbaren Rechts hinsichtlich der vertraglichen Beziehungen zwischen Crowdworkern und deren Auftraggebern ist zum einen maßgeblich, ob eine Rechtswahl zwischen den Parteien getroffen wurde, und zum anderen, wie deren Rechtsverhältnis einzuordnen ist. Für den Fall, dass zwischen Crowdworker und Auftraggeber keine Rechtswahl getroffen ist, gilt das Recht des gewöhnlichen Aufenthaltsortes des Crowdworkers. Wird aber eine Vereinbarung getroffen, entfaltet diese grundsätzlich Wirkung zwischen den Parteien. Die Rechtswahlfreiheit wird allerdings nicht schrankenlos gewährleistet. So können sich Ausnahmen insbesondere aufgrund der Schutzbedürftigkeit des Crowdworkers als regelmäßig schwächere Vertragspartei ergeben. Insbesondere gelten für Arbeitnehmer nach Art. 8 Rom I-VO spezielle Regelungen, welche die Rechtswahlfreiheit zu deren Gunsten beschränken. Diese Regelungen sind nach zutreffender h.M. auch auf die Vertragsverhältnisse arbeitnehmerähnlicher Personen anwendbar, worunter auch die in Heimarbeit Beschäftigten fallen. Crowdworker, die aufgrund fehlender Schutzbedürftigkeit nicht als Arbeitnehmer oder arbeitnehmerähnliche Personen einzuordnen sind, können dagegen nicht von den Einschränkungen der Rechtswahlfreiheit des Vertragspartners profitieren. Für sie können aber zumindest die zwingenden Normen des deutschen Verbraucherschutzrechts gelten, soweit sie als Verbraucher im Sinne des Art. 6 Rom I-VO einzuordnen sind. Davon ist aber bereits dann nicht mehr auszugehen, wenn ein Crowdworker regelmäßig und somit erwerbsmäßig auf einer Crowdwork-Plattform tätig wird. Im Übrigen kann die Rechtswahl lediglich bei Vorliegen von Eingriffsnormen beschränkt werden, soweit durch sie Rechte des Crowdworkers unangemessen beschnitten werden. In Extremfällen, in denen die Anwendung ausländischen Rechts zu untragbaren Ergebnissen führt, ist schließlich ein Rückgriff auf den „ordre public" geboten.

Ähnlich wie bei der Frage nach dem anwendbaren Recht ist auch hinsichtlich der gerichtlichen Zuständigkeit nach dem rechtlichen Status des Crowdworkers zu differenzieren. Ist er als Arbeitnehmer oder arbeitnehmerähnliche Person zu qualifizieren, kann er nach Art. 21 Abs. 1 Brüssel Ia-VO dort klagen, wo er gewöhnlich seine Arbeit verrichtet oder sie zuletzt gewöhnlich verrichtet hat. Dabei macht es im Ergebnis keinen Unterschied, ob der Auftraggeber sich in einem Mitgliedstaat der Europäischen Union oder in einem Drittstaat befindet. Eine hiervon zum Nachteil des Crowdworkers abweichende Gerichtsstandsvereinbarung ist nur dann wirksam, wenn sie nach Entstehung der Streitigkeit getroffen wurde, und daher in der Regel unbeachtlich. Ähnlich vorteilhafte Regelungen erfahren Crowdworker, die als Verbraucher einzuordnen sind. In diesem Fall kann der Auftraggeber – unabhängig davon, ob er seinen Sitz in einem Mitgliedstaat der Europäischen Union oder in einem Drittstaat hat – bei dem Gericht klagen, in dessen Bezirk er seinen Wohnsitz hat. Auch hier ist das Entgegenstehen einer Gerichtsstandsvereinbarung nur dann beachtlich, wenn diese nach Entstehung der Streitigkeit getroffen wurde. Ist der Crowdworker dagegen weder abhängig beschäftigt noch Verbraucher, kann er nicht von den Sonderregelungen der Brüssel Ia-VO profitieren. Hat der Auftraggeber in diesem Fall seinen Sitz in einem anderen Mitgliedstaat der Europäischen Union, muss er in der Regel auch dort verklagt werden. Befindet er sich in einem Drittstaat, können jedenfalls wegen des besonderen Gerichtsstands des Erfüllungsorts nach § 29 ZPO auch deutsche Gerichte angerufen werden. Schließlich kann in diesem Fall auch der Gerichtsstand grundsätzlich frei vereinbart werden.

Die Frage nach dem Handlungsbedarf hinsichtlich des Phänomens Crowdwork lässt sich nicht pauschal beantworten. Um die neuen rechtlichen Herausforderungen, die Crowdwork mit sich bringt, zu bewältigen, empfehlen sich verschiedene Ansätze, die nicht nur die Interessen der beteiligten Parteien unterschiedlich berücksichtigen, sondern auch unterschiedlich stark in das bestehende Rechtssystem eingreifen. Dabei ist eine vollständige gesetzliche Regulierung aufgrund der Komplexität des Themas unmöglich nur mit einem der oben aufgeführten Ansätze zu erreichen. Eine Erweiterung des Arbeitnehmerbegriffs unter Aufgabe der Zwischenkategorie der arbeitnehmerähnlichen Personen ist abzulehnen. Vorzugswürdig erscheint es vielmehr, an der Dreiteilung mit Arbeitnehmern und Selbständigen und der Zwischenkategorie der Arbeitnehmerähnlichen festzuhalten. Fest steht aber, dass die Schutzvorschriften zu Gunsten derer, die in wirtschaftlicher Abhängigkeit zu ihrem Auftraggeber tätig werden und auch im Übrigen einem Arbeitnehmer vergleichbar schutzbedürftig sind, in mehreren Bereichen einer Neujustierung bedürfen. Dabei ist bereits beim Definitionsbereich der arbeitnehmerähnlichen Person anzusetzen. Aus Gründen der Rechtssicherheit sollten in Anlehnung an § 12a TVG bestimmte Erwerbsquoten zur Bestimmung der wirtschaftlichen Abhängigkeit eines Beschäftigten festgelegt werden. Für die Beschäftigung auf Crowdwork-Plattformen wird vorgeschlagen, eine wirtschaftliche Abhängigkeit vom

Auftraggeber entsprechend § 12a Abs. 3 TVG dann anzunehmen, wenn ein Drittel des Gesamterwerbs eines Crowdworkers von diesem bezogen wird. Vorschläge, die auf eine Umkehr der Darlegungs- und Beweislast hinsichtlich des Merkmals der wirtschaftlichen Abhängigkeit zielen, sind indes abzulehnen. Eine Umverteilung der Beweislast ist lediglich hinsichtlich der Geltendmachung der Tatsachen, die für die Begründung einer persönlichen Abhängigkeit sprechen, anzudenken. Ferner ist der Schutz der arbeitnehmerähnlichen Personen auszuweiten, indem nicht länger nur die in Heimarbeit Beschäftigten, sondern alle Arbeitnehmerähnlichen, die in der Hauptsache für einen Betrieb arbeiten, den Arbeitnehmern im Sinne der Betriebsverfassung gleichgestellt werden. Auch das Maßregelungsverbot nach § 612a BGB und die Grundsätze zum innerbetrieblichen Schadensausgleich sollten auf arbeitnehmerähnliche Personen ausgedehnt werden.

Eine Blaupause für einen sinnvollen Schutz der arbeitnehmerähnlichen, auf digitalen Plattformen beschäftigten Crowdworker bietet darüber hinaus das Heimarbeitsgesetz. Da dessen letzte Aktualisierung jedoch vor nun bald 50 Jahren erfolgte, erscheint eine Anpassung der Vorschriften an die modernen Formen der Heimarbeit überfällig. Obwohl Crowdworker nach hier vertretener Ansicht bereits de lege lata unter den Begriff des Heimarbeiters im Sinne des § 2 Abs. 1 S. 1 HAG subsumiert werden können, ist aus Gründen der Rechtsklarheit eine explizite Einbeziehung der Plattformarbeit in den Anwendungsbereich des Gesetzes vorzunehmen. In diesem Rahmen ist Crowdworkern zudem die Möglichkeit zu eröffnen, beim zuständigen Heimarbeitsausschuss bzw. bei der zuständigen Arbeitsbehörde eine Heimarbeiterbescheinigung zu beantragen, welche zum Nachweis der Heimarbeitereigenschaft dient. Eine weitere notwendige Änderung ergibt sich hinsichtlich der als Intermediäre tätig werdenden Betreiber von Vermittlungsplattformen. Diese sollten in den Pflichtenkreis der Zwischenmeister im Sinne des § 2 Abs. 3 HAG einbezogen werden, sodass auch sie zur Einhaltung der entsprechenden Schutzvorschriften verpflichtet sind. Neben der Modernisierung einiger heimarbeitsrechtlicher Vorschriften empfiehlt sich insbesondere eine Modifikation des § 21 Abs. 2 HAG, um auch Intermediäre in die Haftung für die Entgelte der Crowdworker einzubeziehen. Insgesamt ist es angezeigt, das Heimarbeitsrecht dahingehend zu reformieren, dass auch digitale Erwerbsformen wie Crowdwork angemessen berücksichtigt werden. Ein über den Standard des Heimarbeitsrechts hinausgehender Schutz ist für arbeitnehmerähnliche Crowdworker indes nicht erforderlich. Für eine Erweiterung des Schutzbereichs Soloselbständiger besteht kein Bedarf. Hier bietet sich lediglich in sozialrechtlicher Hinsicht eine Einbeziehung Soloselbständiger in die gesetzliche Rentenversicherungspflicht oder alternativ die Schaffung eines berufsständischen Versorgungswerks nach dem Vorbild der Künstler-Sozialversicherung an, bei dem die Auftraggeber von Crowdwork-Tätigkeiten den hälftigen Arbeitgeberbeitrag aufzubringen hätten. Der Entstehung eines Niedriglohnsektors durch billige Plattformarbeiter kann schließlich entgegengewirkt werden, indem die Entgeltsätze, die Unternehmen für einzelne Arbeiten mindestens entrichten müssen, auf staatlicher Ebene durch Taxen verbindlich festgelegt werden. Dabei wäre insbesondere eine Gebührenordnung begrüßenswert, wie sie beispielsweise auch im Taxigewerbe oder bei vielen freien Berufen besteht.

II. Ausblick

Noch handelt es sich bei Crowdwork um ein relativ junges Phänomen. Inwieweit die Digitalisierung unsere Arbeitswelt verändern und sich Crowdwork in der Zukunft entwickeln wird, ist schwer abzuschätzen.[1110] Dass tatsächlich, wie im eingangs erwähnten Zitat von *Kurt van Haaren* prognostiziert, ein Verfall der arbeitsrechtlichen Schutzmechanismen droht, weil ein „Heer formal Selbständiger" ohne Aussicht auf langfristige Beschäftigung von Job zu Job wandert, ist zwar zu bezweifeln. Dennoch sollte nicht darüber hinweggesehen werden, dass diese neue Form der Arbeitsorganisation, die sich bis vor wenigen Jahren noch relativ unbemerkt entwickelt hat, das Potenzial hat, bestehende Betriebsstrukturen aufzubrechen und die Arbeitswelt, wie wir sie kennen, grundlegend zu verändern.[1111] Der Gefahr der Entstehung eines neuen Niedriglohnsektors muss durch die Schaffung eines geeigneten Rechtsrahmens für den Bereich Crowdwork entgegengewirkt werden. Weitreichende Änderungen des bestehenden Rechts sind dafür nicht notwendig. Vielmehr geben die geltenden Regelungen für arbeitnehmerähnliche Personen, insbesondere in Heimarbeit Beschäftigte, bereits eine Vielzahl von Instrumenten in die Hand, die durch meist geringe Modifikationen geeignet sind, einen angemessenen Rechtsrahmen zu schaffen.

Das Bundesministerium für Arbeit und Soziales und die Gewerkschaft Nahrung-Genuss-Gaststätten (NGG) haben anlässlich des 2. Riders Day Germany im Februar 2019 ein gemeinsames Grundsatzpapier vorgelegt, das die Arbeitsbedingungen von Essensauslieferern analysiert und die Herausforderungen durch die Plattformökonomie skizziert. In diesem Papier wird auch darauf

---

1110 Vgl. *BMAS*, Weißbuch Arbeiten 4.0, S. 54, 57; *Hirsch-Kreinsen*, RdA 2019, 88, 90; *Krause*, NZA-Beilage 2017, 53, 59; *Rinck*, RdA 2019, 127, 128.

1111 Vgl. *Klebe/Heuschmid* in Ales/Deinert/Kenner: Core and Contingent Work in the European Union, S. 198; *Klebe*, Clickworkern geht es nicht gut, TAZ vom 02.08.2015; *Paus*, Confronting Dystopia, S. 124 f.

hingewiesen, dass das Bundesministerium für Arbeit und Soziales sich in dieser Legislaturperiode – angetrieben von der neu gegründeten Denkfabrik Digitale Arbeitsgesellschaft – intensiv mit den Fragen der tatsächlichen und rechtlichen Verfasstheit von Vertragsverhältnissen auf dem Gebiet der Plattformökonomie auseinandersetzen werde. Auch im Rahmen des von Bundesminister Hubertus Heil ausgerufenen Zukunftsdialogs „Neue Arbeit – neue Sicherheit" sollen neue Gestaltungsansätze für die Plattformökonomie entwickelt werden.[1112] Wie diese im Endeffekt ausfallen und ob in dieser Arbeit genannte Vorschläge umgesetzt werden, bleibt abzuwarten. Festzuhalten ist jedenfalls, dass faire Arbeitsbedingungen und ein angemessener sozialer Schutz abhängig Beschäftigter gleichermaßen für analoge wie digitale Erwerbstätigkeiten gelten müssen.

1112 *BMAS/NGG*, Arbeitsbedingungen von Essenslieferantinnen und –lieferanten in der Plattformökonomie, S. 3.

Abkürzungsverzeichnis

a.A.	andere Ansicht
abl.	ablehnend
ABlEG	Amtsblatt der Europäischen Gemeinschaften
ABlEU	Amtsblatt der Europäischen Union
AcP	Archiv für die civilistische Praxis
a.F.	alte Fassung
a.M.	am Main
AGB	Allgemeine Geschäftsbedingungen
AGG	Allgemeines Gleichbehandlungsgesetz
AiB	Arbeitsrecht im Betrieb
AktG	Aktiengesetz
AMT	Amazon Mechanical Turk
Anh.	Anhang
Anm.	Anmerkung
AnwBl	Anwaltsblatt
amtl.	amtlich(e)
AP	Arbeitsrechtliche Praxis
AR-Blattei	Arbeitsrechts-Blattei
AR-Blattei SD	Arbeitsrechts-Blattei, Systematische Darstellungen
ArbG	Arbeitsgericht
ArbGG	Arbeitsgerichtsgesetz
ArbNähnl. Pers.	Arbeitnehmerähnliche Person
ArbNErfG	Arbeitnehmer-Erfindungsgesetz
ArbR	Arbeitsrecht
ArbRAktuell	Arbeitsrecht Aktuell
ArbRB	Arbeitsrechtsberater
ArbSchG	Arbeitsschutzgesetz
ArbZG	Arbeitszeitgesetz
Art.	Artikel
AuR	Arbeit und Recht
AÜG	Arbeitnehmerüberlassungsgesetz
BAG	Bundesarbeitsgericht
BArbBl.	Bundesarbeitsblatt
BB	Betriebs-Berater
Bd.	Band

BDSG	Bundesdatenschutzgesetz
BeckOGK	beck-online.GROSSKOMMENTAR
BeckOK	Beck'scher Online-Kommentar
BEEG	Bundeselterngeld- und Elternzeitgesetz
begr.	begründet
Begr.	Begründung
BeschSchG	Beschäftigtenschutzgesetz
BetrAVG	Betriebsrentengesetz
BetrVG	Betriebsverfassungsgesetz
BFH	Bundesfinanzhof
BGB	Bürgerliches Gesetzbuch
BGBl.	Bundesgesetzblatt
BGH	Bundesgerichtshof
BMAS	Bundesministerium für Arbeit und Soziales
BPersVG	Bundespersonalvertretungsgesetz
BSG	Bundessozialgericht
BStBl.	Bundessteuerblatt
BT-Drs.	Bundestags-Drucksache
BUrlG	Bundesurlaubsgesetz
B.V.	Besloten Vennootschap (niederländische Gesellschaftsform)
BVerfG	Bundesverfassungsgericht
BVerwG	Bundesverwaltungsgericht
bzgl.	bezüglich
bzw.	beziehungsweise
CEO	Chief Executive Officer
CR	Computer und Recht
CSCW	Computer Supported Cooperative Work
CuA	Computer und Arbeit
DAI	Deutsches Anwaltsinstitut e.V.
DAR	Deutsches Autorecht
DB	Der Betrieb
DesignG	Designgesetz
DGB	Deutscher Gewerkschaftsbund
DGUV	Deutsche Gesetzliche Unfallversicherung
dies.	dieselbe(n)
DKKW	Däubler/Kittner/Klebe/Wedde
DNotI	Deutsches Notarinstitut
DrittelbG	Drittelbeteiligungsgesetz
DSGVO	Datenschutzgrundverordnung

DStR	Deutsches Steuerrecht
e.A.	eine Ansicht
EFZG	Entgeltfortzahlungsgesetz
Einf.	Einführung
Einl.	Einleitung
einschr.	einschränkend
EMRK	Europäische Menschenrechtskonvention
entspr.	entspricht / entsprechend
ErfK	Erfurter Kommentar
EU	Europäische Union
EuGH	Europäischer Gerichtshof
EuGVVO	Verordnung des Rates über die gerichtliche Zuständigkeit und die Anerkennung und Vollstreckung von Entscheidungen in Zivil- und Handelsrechtssachen
EuZA	Europäische Zeitschrift für Arbeitsrecht
EuZW	Europäische Zeitschrift für Wirtschaftsrecht
e.V.	eingetragener Verein
EWG	Europäische Wirtschaftsgemeinschaft
f.	folgende
FA	Fachanwalt Arbeitsrecht
FAS	Frankfurter Allgemeine Sonntagszeitung
FAZ	Frankfurter Allgemeine Zeitung
FD-ArbR	Fachdienst Arbeitsrecht
ff.	fortfolgende
FIfF	Forum Informatiker für den Frieden
FLSA	Fair Labor Standards Act
Fn.	Fußnote
FPfZG	Familienpflegegesetz
FS	Festschrift
GeschmMG	Geschmacksmustergesetz
GewArch	Gewerbearchiv
GewO	Gewerbeordnung
GG	Grundgesetz
ggf.	gegebenenfalls
GK	Gemeinschaftskommentar
GMBl.	Gemeinsames Ministerialblatt
GOÄ	Gebührenordnung für Ärzte
GRUR-RR	Gewerblicher Rechtsschutz und Urheberrecht Rechtsprechungs-Report

GS	Gedächtnisschrift
GWB	Gesetz gegen Wettbewerbsbeschränkungen
GWR	Gesellschafts- und Wirtschaftsrecht
HAG	Heimarbeitsgesetz
HAGDV	Heimarbeitsgesetz-Durchführungsverordnung
HdB	Handbuch
HFR	Höchstrichterliche Finanzrechtsprechung
HGB	Handelsgesetzbuch
hins.	hinsichtlich
HIIG	Alexander von Humboldt Institut für Internet und Gesellschaft
HIT	Human Intelligence Task
HK	Handkommentar
h.L.	herrschende Lehre
h.M.	herrschende Meinung
HOAI	Honorarordnung für Architekten und Ingenieure
Hrsg.	Herausgeber
hrsg.	herausgegeben
Hs.	Halbsatz
http	Hypertext Transfer Protokol
IBM	International Business Machines Corporation
i.d.R.	in der Regel
IKT	Informations- und Kommunikationstechnologie
int.	international(es)
IP	Internet Protocol
IPRax	Praxis des Internationalen Privat- und Verfahrensrechts
i.R.v.	im Rahmen von
i.S.d.	im Sinne des / im Sinne der
IT	Informationstechnologie
ITR	IT-Recht
i.V.m.	in Verbindung mit
JArbSchG	Jugendarbeitsschutzgesetz
jM	juris – die Monatszeitschrift
jurisPK	juris Praxiskommentar
jurisPR	juris Praxisreport
JZ	Juristen Zeitung
Kap.	Kapitel
KassKomm	Kasseler Kommentar
KJ	Kritische Justiz

KKW	Knickrehm/Kreikebohm/Waltermann
klass.	klassisch(er)
krit.	kritisch
KSchG	Kündigungsschutzgesetz
LAG	Landesarbeitsgericht
LG	Landgericht
Lit.	Literatur
lit.	littera
LSG	Landessozialgericht
MDR	Monatsschrift für Deutsches Recht
MiLoG	Mindestlohngesetz
MitbestG	Mitbestimmungsgesetz
MMR	Multimedia und Recht
MüKo	Münchener Kommentar
m.w.N.	mit weiteren Nachweisen
m.z.N.	mit zahlreichen Nachweisen
n.F.	neue Fassung
NGG	Gewerkschaft Nahrung-Genuss-Gaststätten
NJOZ	Neue Juristische Online-Zeitschrift
NJW	Neue Juristische Wochenschrift
Nr.	Nummer
Nrn.	Nummern
NVwZ	Neue Zeitschrift für Verwaltungsrecht
NZA	Neue Zeitschrift für Arbeitsrecht
NZA-RR	Neue Zeitschrift für Arbeitsrecht – Rechtsprechungs-Report
NZBau	Neue Zeitschrift für Baurecht und Vergaberecht
NZS	Neue Zeitschrift für Sozialrecht
öAT	Zeitschrift für das öffentliche Arbeits- und Tarifrecht
o.g.	oben genannt(er)
OLG	Oberlandesgericht
OVG	Oberverwaltungsgericht
PflegeZG	Pflegezeitgesetz
PKW	Personenkraftwagen
RdA	Recht der Arbeit
RDV	Recht der Datenverarbeitung
RGBl.	Reichsgesetzblatt
RL	Richtlinie
Rn.	Randnummer
Rspr.	Rechtsprechung

RVG	Rechtsanwaltsvergütungsgesetz
R & D	Research and Development
s.	siehe
s.a.	siehe auch
s.o.	siehe oben
s.u.	siehe unten
S.	Satz / Seite
SGb	Die Sozialgerichtsbarkeit
SGB	Sozialgesetzbuch
sog.	sogenannt(er)
SPA	Schnellinformation für Personalmanagement und Arbeitsrecht
StGB	Strafgesetzbuch
TAZ	Die Tageszeitung
TMG	Telemediengesetz
TV	Tarifvertrag / Tarifverträge
TVG	Tarifvertragsgesetz
u.	unten / unter
u.a.	unter anderem / und anderen
u.Ä.	und Ähnliches
UKlaG	Unterlassungsklagengesetz
UrhG	Urheberrechtsgesetz
URL	Uniform Resource Locator
u.s.w.	und so weiter
u.U.	unter Umständen
u.v.m.	und viele(s) mehr
v.	von
vbw	Vereinigung der Bayerischen Wirtschaft e.V.
VermBG	Vermögensbildungsgesetz
VertragsR	Vertragsrecht
VGH	Verwaltungsgerichtshof
vgl.	vergleiche
VO	Verordnung
Vol.	Volume
Vorb.	Vorbemerkung(en)
WSI	Wirtschafts- und Sozialwissenschaftliches Institut
www	World Wide Web
ZAS	Zeitschrift für Arbeits- und Sozialrecht
z.B.	zum Beispiel

ZESAR	Zeitschrift für europäisches Sozial- und Arbeitsrecht
ZEW	Zentrum für Europäische Wirtschaftsforschung
ZfA	Zeitschrift für Arbeitsrecht
ZfWG	Zeitschrift für Wett- und Glücksspielrecht
ZJS	Zeitschrift für das Juristische Studium
ZPO	Zivilprozessordnung
ZUM	Zeitschrift für Urheber- und Medienrecht
ZUM-RD	Zeitschrift für Urheber- und Medienrecht – Rechtsprechungs-Dienst

Literaturverzeichnis

Ales, Edoardo/ Deinert, Olaf/ Kenner, Jeff: Core and Contingent Work in the European Union – A Comparative Analysis, 2017. Zitiert: *Bearbeiter* in Ales/ Deinert/Kenner: Core and Contingent Work in the European Union, S.

Alio, Tarek: Die Neufassung der Brüssel I-Verordnung, NJW 2014, 2395.

Al-Ani, Ayad/ Stumpp, Stefan/ Schildhauer, Thomas: Crowd-Studie 2014 – Die Crowd als Partner in der deutschen Wirtschaft, HIIG Discussion Paper Series No. 2014-02. Zitiert: *Al-Ani/Stumpp/Schildhauer*, Crowd-Studie 2014, HIIG Discussion Paper Series 2014-02, S.

Al-Ani, Ayad/ Stumpp, Stefan: Motivationen und Durchsetzung von Interessen auf kommerziellen Plattformen, HIIG Discussion Paper Series No. 2015-05. Zitiert: *Al-Ani/Stumpp*, Motivationen und Durchsetzung von Interessen auf kommerziellen Plattformen, HIIG Discussion Paper Series 2015-05, S.

Arnold, Christian/ Günther, Jens: Arbeitsrecht 4.0 – Praxishandbuch zum Arbeits-, IP- und Datenschutzrecht in einer digitalisierten Arbeitswelt, 1. Auflage 2018. Zitiert: Arnold/Günther/*Bearbeiter*, Arbeitsrecht 4.0, Kap. Rn.

Ascheid, Reiner/ Preis, Ulrich/ Schmidt, Ingrid: Kündigungsrecht – Großkommentar zum gesamten Recht der Beendigung von Arbeitsverhältnissen, 5. Auflage 2017. Zitiert: APS/*Bearbeiter*, § Rn.

Astheimer, Sven: Die Mär vom Clickworker, FAZ vom 02.07.2016.

AR-Blattei SD – Arbeitsrecht-Blattei Systematische Darstellungen, hrsg. v. *Dieterich, Thomas/ Neef, Klaus/ Schwab, Brent*, Loseblattwerk in 11 Ordnern, 2007. Zitiert: *Bearbeiter*, AR-Blattei SD Nr., Rn.

Bar, Christian von: Internationales Privatrecht – Zweiter Band – Besonderer Teil, 1. Auflage 1991. Zitiert: *v. Bar*, Internationales Privatrecht, Bd. 2.

Barnes, Sally-Anne/ Green, Anne/ Hoyos, Maria de: Crowdsourcing and Work: Individual Factors and Circumstances influencing Employability, New Technology, Work and Employment 2015, 16.

Bauer, Christina/ Friesen, Siegfried: UberPOP – rechtlich top oder eher ein Flop?, DAR 2015, 61.

Bauer, Jobst-Hubertus: Neues Spiel bei der Betriebsänderung und der Beschäftigungssicherung?, NZA 2001, 375.

Bauer, Jobst-Hubertus/ Haußmann, Katrin: Arbeiten verboten! – Das neue Streikbrecherverbot für Leiharbeitnehmer, NZA 2016, 803.

Bauer, Jobst-Hubertus/ Lingemann, Stefan/ Diller, Martin/ Haußmann, Katrin: Anwalts-Formularbuch Arbeitsrecht, 6. Auflage 2017. Zitiert: *Bearbeiter* in Bauer/Lingemann/Diller/Haußmann, Anwalts-Formularbuch Arbeitsrecht, Kap. Rn.

Baurmann, Gioia/ Kolja, Rudzio: Die neuen Heimwerker, DIE ZEIT v. 21.04.2016.

Bauschke, Hans-Joachim: Arbeitsrecht 4.0 – Eine kurze Bestandsaufnahme aus aktuellem Anlass, öAT 2016, 225.

Bayreuther, Frank: Das Grünbuch der europäischen Kommission zum Arbeitsrecht, NZA 2007, 371.

beck-online.GROSSKOMMENTAR BGB, hrsg. v. *Artz, Markus/ Ball, Wolfgang/ Benecke, Martina/ Budzikiewicz, Christine, u.a.*, 2019. Zitiert: BeckOGK/*Bearbeiter*, § Rn.

beck-online.GROSSKOMMENTAR Rom I-VO, hrsg. v. *Budzikiewicz, Christine/ Weller, Marc-Philippe/ Wurmnest, Wolfgang*, 2019. Zitiert: BeckOGK/*Bearbeiter*, § Rn.

Beck'scher Online-Kommentar Arbeitsrecht, hrsg. v. *Rolfs, Christian/ Kreikebohm, Ralf/ Giesen, Richard/ Udsching, Peter*, 53. Edition, 2019. Zitiert: *Bearbeiter* in BeckOK ArbR, § Rn.

Beck'scher Online-Kommentar BGB, hrsg. v. *Bamberger, Heinz Georg/ Roth, Herbert/ Hau, Wolfgang/ Poseck, Roman*, 52. Edition, 2019. Zitiert: *Bearbeiter* in BeckOK BGB, § Rn.

Beck'scher Online-Kommentar Datenschutzrecht, hrsg. v. *Brink, Stefan/ Wolff, Heinrich Amadeus*, 29. Edition 2019. Zitiert: *Bearbeiter* in BeckOK DatenschutzR, § Rn.

Beck'scher Online-Kommentar GewO, hrsg. v. *Pielow, Johann-Christian*, 47. Edition, 2019. Zitiert: *Bearbeiter* in BeckOK GewO, § Rn.

Benecke, Martina: Umfang und Grenzen des Maßregelungsverbots und des Verbots der „Viktimisierung" – Der Konflikt nach dem Konflikt, NZA 2011, 481.

Benner Christiane: Amazonisierung oder Humanisierung der Arbeit durch Crowdsourcing? Gewerkschaftliche Perspektiven in einer digitalen Arbeitswelt, in: Benner, Crowdwork – Zurück in die Zukunft?, S. 289 ff. Zitiert: *Benner* in Benner, Crowdwork – Zurück in die Zukunft?, S.

Benner, Christiane: Crowdwork – Zurück in die Zukunft? Perspektiven digitaler Arbeit, 2015. Zitiert: *Bearbeiter* in Benner, Crowdwork – Zurück in die Zukunft?, S.

Berg, Peter: Arbeitskampf(recht) vor neuen Herausforderungen, RdA 2019, 110.

Berger-Delhey, Ulf/ Alfmeier, Klaus: Freier Mitarbeiter oder Arbeitnehmer?, NZA 1991, 257.

Beuthien, Volker/ Wehler, Thomas: Stellung und Schutz der freien Mitarbeiter im Arbeitsrecht, RdA 1978, 2.

BITKOM (Bundesverband Informationswirtschaft Telekommunikation und neue Medien e.V.): Crowdsourcing für Unternehmen – Leitfaden, 2014. Zitiert: BITKOM, Crowdsourcing für Unternehmen, S.

Boecken, Winfried/ Düwell, Franz Josef/ Diller, Martin/ Hanau, Hans: Gesamtes Arbeitsrecht, 1. Auflage 2016. Zitiert: *Bearbeiter* in Boecken/Düwell/Diller/Hanau, § Rn.

Boemke, Burkhard: Das Telearbeitsverhältnis, BB 2000, 147.

Boemke, Burkhard: (Kein) Einsatz von Leiharbeitnehmerinnen als Streikbrecher, ZfA 2017, 1.

Boemke, Burkhard: Scheinselbständigkeit im Arbeitsrecht, DStR 2000, 1694.

Boes, Andreas/ Kämpf, Tobias/ Langes, Barbara/ Lühr, Thomas/ Steglich, Steffen: Cloudworking und die Zukunft der Arbeit – Kritische Analysen am Beispiel der Strategie „Generation Open" von IBM, 2014. Zitiert: *Boes/Kämpf/Langes/Lühr/Steglich*, Cloudworking und die Zukunft der Arbeit, S.

Borelli, Silvia: Der Arbeitnehmerbegriff im europäischen Recht – ein Überblick über die Rechtsprechung des Europäischen Gerichtshofs, AuR 2011, 472.

Bourazeri, Konstantina: Neue Beschäftigungsformen in der digitalen Wirtschaft am Beispiel Soloselbständiger Crowdworker, NZA 2019, 741.

Bourzutschky, Alexander: Rechtliche Fragestellungen bei Internetauktionen am Beispiel der Auktionsplattform eBay, 2013. Zitiert: *Bourzutschky*, Rechtliche Fragestellungen bei Internetauktionen am Beispiel der Auktionsplattform eBay, S.

Böhm, Michaela: Crowdwork – Zurück in die Zukunft? – Perspektiven digitaler Arbeit, CuA Heft 10/2014, 15.

Brammsen, Joerg: Der Arbeitnehmerbegriff – Versuch einer einheitlichen Neubestimmung, RdA 2010, 267.

Brecht, Hans-Theo: Heimarbeitsgesetz – Kommentar, 1. Auflage 1977. Zitiert: *Brecht*, Heimarbeitsgesetz, § Rn.

Bretschneider, Joachim/ Husmann, Jürgen/ Schnabel, Fritz: Handbuch einkommens-, vermögens-, und sozialpolitischer Daten – Tabellen und Kommentare, Loseblattwerk. Zitiert: *Bretschneider/Husmann/Schnabel*, Handbuch einkommens-, vermögens- und sozialpolitischer Daten, S.

Brose, Wiebke: Von Bismarck zu Crowdwork: Über die Reichweite der Sozialversicherungspflicht in der digitalen Arbeitswelt, NZS 2017, 7.

Budras, Corinna: Tschüss Büro, FAS vom 30.04.2017.

Bundesministerium für Arbeit und Soziales: Forschungsbericht Nr. 463: Foresight-Studie „Digitale Arbeitswelt“, 2016. Zitiert: *BMAS*, Forschungsbericht Nr. 463: Foresight-Studie „Digitale Arbeitswelt“, 2016, S.

Bundesministerium für Arbeit und Soziales: Grünbuch Arbeiten 4.0 – Arbeit weiter denken, 2015. Zitiert: *BMAS*, Grünbuch Arbeiten 4.0, S.

Bundesministerium für Arbeit und Soziales: Weißbuch Arbeiten 4.0 – Arbeit weiter denken, 2017. Zitiert: *BMAS*, Weißbuch Arbeiten 4.0, S.

Bundesministerium für Arbeit und Soziales/ Gewerkschaft Nahrung-Genuss-Gaststätten: Gemeinsames Papier des BMAS und der NGG – Arbeitsbedingungen von Essenslieferantinnen und –lieferanten in der Plattformökonomie, 2019. Zitiert: *BMAS/NGG*, Arbeitsbedingungen von Essenslieferantinnen und –lieferanten in der Plattformökonomie, S.

Busch, Alexander: Fiat macht Kunden zu Erfindern, WirtschaftsWoche vom 02.09.2011.

Bücker, Andreas: Arbeitsrecht in der vernetzten Arbeitswelt, Industrielle Beziehungen 2016, 187.

Byers, Philipp: Initiativrecht des Betriebsrats bei technischer Überwachung am Arbeitsplatz, RdA 2014, 37.

Carstensen, Tanja: Neue Anforderungen und Belastungen durch digitale und mobile Technologien, WSI Mitteilungen 2015, 187.

Cebulla, Manuel: Sprachmittlung und Datenschutz, 1. Auflage 2015. Zitiert: *Cebulla*, Sprachmittlung und Datenschutz, S.

Cherry, Miriam A.: A Taxonomy of Virtual Work, Georgia Law Review (Volume 45) 2011, S. 951.

Cherry, Miriam A.: Beyond Missclassification: The Digital Transformation of Work, Comparative Labor Law and Policy Journal 2016, 577.

Cherry, Miriam A.: Mindestlohn für Crowdarbeit? – Regelungen zum gesetzlichen Mindestlohn im digitalen Zeitalter, in: Benner, Crowdwork – Zurück in die Zukunft?, S. 231 ff. Zitiert: *Cherry* in Benner, Crowdwork – Zurück in die Zukunft?, S.

Cherry, Miriam A.: Working for (virtually) minimum Wage: Applying the Fair Labor Standards Act in Cyberspace, Alabama Law Review (Volume 60) 2009, S. 1077.

Dahl, Holger/ Brink, Stefan: Die Mitbestimmung des Betriebsrats bei der Einführung und Anwendung technischer Einrichtungen in der Praxis, NZA 2018, 1231.

DAI – Fachinstitut für Arbeitsrecht: 28. Jahresarbeitstagung Arbeitsrecht, 2016. Zitiert: *Bearbeiter*, in DAI – 28. Jahrestagung Arbeitsrecht.

Däubler, Wolfgang: Arbeitskampfrecht – Handbuch für die Praxis, 4. Auflage 2018. Zitiert: *Bearbeiter* in Däubler, Arbeitskampfrecht, § Rn.

Däubler, Wolfgang: Crowdwork – Arbeit der Zukunft?, FIfF-Kommunikation 2016, 56.

Däubler, Wolfgang: Crowdworker – Schutz auch außerhalb des Arbeitsrechts? – Eine Bestandsaufnahme, in: Benner, Crowdwork – Zurück in die Zukunft?, S. 243 ff. Zitiert: *Däubler* in Benner, Crowdwork – Zurück in die Zukunft?, S.

Däubler, Wolfgang: Der Arbeitgeber – ein Fixpunkt des Arbeitsrechts?, KJ 2013, 133.

Däubler, Wolfgang: Digitalisierung und Arbeitsrecht, SR 2016, 2.

Däubler, Wolfgang: Digitalisierung und Arbeitsrecht – Internet, Arbeit 4.0 und Crowdwork, 6. Auflage 2018. Zitiert: *Däubler*, Digitalisierung und Arbeitsrecht, § Rn.

Däubler, Wolfgang: Für wen gilt das Arbeitsrecht?, in: Festschrift für Rolf Wank – Moderne Arbeitswelt, hrsg. v. *Henssler, Martin/ Joussen, Jacob/ Maties Martin/ Preis, Ulrich*, 2014, S. 81 ff. Zitiert: *Däubler*, Für wen gilt das Arbeitsrecht?, in: FS Wank, S.

Däubler, Wolfgang: Herausforderungen für das Arbeitsrecht – Deregulierung, Globalisierung, Digitalisierung, AuR 2016, 325.

Däubler, Wolfgang: Internet und Arbeitnehmerdatenschutz, AiB Sonderausgabe: Big Data im Betrieb – Ausgespäht, analysiert und ausgeliefert?, Heft 03/2015, S. 29. Zitiert: *Däubler*, AiB extra 03/2015, 29.

Däubler, Wolfgang: Steigende Schutzdefizite im Arbeitsrecht?, Industrielle Beziehungen 2016, 236.

Däubler, Wolfgang: Tarifvertragsgesetz mit Arbeitnehmer-Entsendegesetz, 4. Auflage 2016. Zitiert: Däubler/*Bearbeiter*, TVG

Däubler, Wolfgang/ Bonin, Birger/ Deinert, Olaf: AGB-Kontrolle im Arbeitsrecht – Kommentar zu den §§ 305 bis 310 BGB, 4. Auflage 2014. Zitiert: *Bearbeiter* in Däubler/Bonin/Deinert, § Rn.

Däubler, Wolfgang/ Deinert, Olaf/ Zwanziger, Bertram: KSchR – Kündigungsschutzrecht – Kündigungen und andere Formen der Beendigung des Arbeitsverhältnisses, 10. Auflage 2017. Zitiert: Däubler/Deinert/Zwanziger/*Bearbeiter*, § Rn.

Däubler, Wolfgang/ Kittner, Michael/Klebe, Thomas/ Wedde, Peter: Betriebsverfassungsgesetz – Kommentar für die Praxis, 16. Auflage 2018. Zitiert: DKK-W/*Bearbeiter*, § Rn.

Däubler, Wolfgang/ Klebe, Thomas: Crowdwork: Die neue Form der Arbeit – Arbeitgeber auf der Flucht?, NZA 2015, 1032.

Deinert, Olaf: Die heutige Bedeutung des Heimarbeitsgesetzes, RdA 2018, 359.

Deinert, Olaf: Internationales Arbeitsrecht – Deutsches und europäisches Arbeitskollisionsrecht, 2013. Zitiert: *Deinert*, Internationales Arbeitsrecht, S.

Deinert, Olaf: Neuregelung des Fremdpersonaleinsatzes im Betrieb, RdA 2017, 65.

Deinert, Olaf: Soloselbständige zwischen Arbeitsrecht und Wirtschaftsrecht – Zur Notwendigkeit eines erweiterten Sonderrechts für Kleinunternehmer als arbeitnehmerähnliche Personen, 2015. Zitiert: *Deinert,* Soloselbständige zwischen Arbeitsrecht und Wirtschaftsrecht, Rn.

Deinert, Olaf/ Heuschmid, Johannes/ Zwanziger, Bertram: Arbeitsrecht – Handbuch für die Praxis, 10. Auflage 2019. Zitiert: Deinert/Heuschmid/ Zwanziger/*Bearbeiter*, Arbeitsrecht, § Rn.

Deutscher Gewerkschaftsbund: Stellungnahme des Deutschen Gewerkschaftsbundes (DGB) zum Grünbuch „Arbeiten 4.0“ des Bundesministeriums für Arbeit und Soziales, 2015. Zitiert: *DGB*, Stellungnahme zum Grünbuch „Arbeiten 4.0“ des BMAS, S.

Deutsches Notarinstitut: Informationsdienst des Deutschen Notarinstituts, DNotI-Report 2001, 121.

Dobreva, Vania/ Hack-Leoni, Sarah/ Holenstein, Andreas/ Koller, Petra/ Nedi, Rahel Aina: Neue Arbeitsformen und ihre Herausforderungen im Arbeits- und Sozialversicherungsrecht – Dokumentation der 8. Assistentinnen- und Assistententagung im Arbeits- und Sozialversicherungsrecht vom 26.-28.07.2018. Zitiert: *Bearbeiter* in Dobreva/Hack-Leoni/Holenstein/Koller/Nedi: Neue Arbeitsformen, S.

Dornbusch, Gregor/ Fischermeier, Ernst/ Löwisch, Manfred: AR – Kommentar zum gesamten Arbeitsrecht, 9. Auflage 2018. Zitiert: Dornbusch/Fischermeier/Löwisch/*Bearbeiter*, § Rn.

Dörner, Heinrich: Rechtsgeschäfte im Internet, AcP 202 2002, 363.

Dreier, Thomas/ Schulze, Gernot: Urheberrechtsgesetz, Kommentar, 6. Auflage 2018. Zitiert: *Bearbeiter* in Dreier/Schulze, § Rn.

Düwell, Franz-Josef: Betriebsverfassungsgesetz – Handkommentar, 5. Auflage 2018. Zitiert: Düwell/*Bearbeiter*, BetrVG-HaKo § Rn.

Eich, Rolf-Achim: Die Kollektivierung freier Berufe, DB 1973, 1699.

Eichmann, Helmut/ Falckenstein, Roland von/ Kühne, Marcus: Designgesetz – Gesetz über den rechtlichen Schutz von Design, 5. Auflage, 2015. Zitiert: *Bearbeiter* in Eichmann/von Falckenstein/Kühne, § Rn.

Erfurter Kommentar zum Arbeitsrecht, hrsg. v. *Müller-Glöge, Rudi/ Preis, Ulrich/ Schmidt, Ingrid*, 20. Auflage, 2020. Zitiert: ErfK/*Bearbeiter*, § Rn.

Erman BGB – Kommentar, hrsg. v. *Westermann, Harm Peter/ Grunewald, Barbara/ Maier-Reimer, Georg*, 15. Auflage 2017. Zitiert: *Bearbeiter* in Erman, § Rn.

Estellés-Arolas, Enrique/ González-Ladrón-de-Guevara, Fernando: Towards an integrated crowdsourcing definition, Journal of Information Science 2012, 189.

Eurofound: New forms of employment, Forschungsbericht, 2015. Zitiert: *Eurofound*, New forms of employment, S.

Felstiner, Alek: Working the Crowd: Employment and Labor Law in the Crowdsourcing Industry, Berkeley Journal of Employment and Labor Law 2011, 143.

Fenski, Martin: „Fünf-Stufen-Theorie" des Bundesarbeitsgerichts im Internationalen Privatrecht – dargestellt anhand der länderübergreifenden Telearbeit, FA 2000, 41.

Ferrari, Franco/ Kieninger, Eva-Maria/ Mankowski, Peter/ Otte, Karsten/ Saenger, Ingo/ Schulze, Götz/ Staudinger, Ansgar: Internationales Vertragsrecht – Kommentar, 3. Auflage 2018. Zitiert: Ferrari/*Bearbeiter*, Internatinales Vertragsrecht, Art. Rn.

Fischels, André: Sollte die Rechtsprechung zum innerbetrieblichen Schadensausgleich auf Solo-Selbständige erstreckt werden?, RdA 2019, 208.

Fitting, Karl/ Engels, Gerd/ Schmidt, Ingrid/ Trebinger, Yvonne/ Linsenmaier, Wolfgang: Betriebsverfassungsgesetz mit Wahlordnung – Handkommentar, 29. Auflage 2018. Zitiert: Fitting/*Bearbeiter*, § Rn.

Franzen, Martin: Folgen von Industrie 4.0 für die Betriebsverfassung – Betriebsbegriff und Vereinbarungen nach § 3 BetrVG, in: Industrie 4.0 als Herausforderung des Arbeitsrechts, S. 107 ff. Zitiert: *Franzen* in Industrie 4.0 als Herausforderung des Arbeitsrechts, S. 107.

Franzen, Martin: Neuausrichtung des Drittpersonaleinsatzes – Überlegungen zu den Vorhaben des Koalitionsvertrags, RdA 2015, 141.

Franzen, Martin: Reformbedarf beim Betriebs- und Arbeitnehmerbegriff des Betriebsverfassungsgesetzes?, ZfA 2000, 285.

Franzen, Martin/ Gallner, Inken/ Oetker, Hartmut: Kommentar zum europäischen Arbeitsrecht, 2. Auflage 2018. Zitiert: Franzen/Gallner/Oetker/*Bearbeiter*, Art. Rn.

Frei, Brent: Paid Crowdsourcing – Current State & Progress toward Mainstream Business Use, 2009. Zitiert: *Frei*, Paid Crowdsourcing, S.

Gabler Wirtschaftslexikon – Das Wissen der Experten, hrsg. v. *Voigt, Kai-Ingo/ Lackes, Richard/ Siepermann, Markus*, 18. Auflage 2014. Zitiert: *Bearbeiter* in Gabler Wirtschaftslexikon, Stichwort.

Gamillscheg, Franz: Kollektives Arbeitsrecht Band I – Grundlagen, Koalitionsfreiheit, Tarifvertrag, Arbeitskampf und Schlichtung, 1. Auflage 1997. Zitiert: *Gamillscheg*, Kollektives Arbeitsrecht I, S.

Gaul, Björn: Die „Streikbruchprämie" als zulässiges Arbeitskampfmittel, NJW 1994, 1025.

Gärtner, Jan Armin: Rechtsgeschäftigliche Bindungsformen bei Crowdwork, in: Dobreva/Hack-Leoni/Holenstein/Koller/Nedi: Neue Arbeitsformen, S. 159 ff. Zitiert: *Gärtner* in Dobreva/Hack-Leoni/Holenstein/Koller/Nedi: Neue Arbeitsformen, S.

Giesen, Richard/ Kersten, Jens: Arbeit 4.0 – Arbeitsbeziehungen und Arbeitsrecht in der digitalen Welt, 1. Auflage 2017. Zitiert: *Giesen/Kersten*, Arbeit 4.0, S.

Giesen, Richard/ Kersten, Jens: Der Arbeitskampf in der digitalisierten Arbeitswelt, NZA 2018, 1.

GK-BetrVG – Gemeinschaftskommentar zum Betriebsverfassungsgesetz, hrsg. v. *Wiese, Günther/ Kreutz, Peter/ Oetker, Hartmut/ Raab, Thomas/ Weber, Christoph/ Franzen, Martin/ Gutzeit, Martin/ Jacobs, Matthias*, Band I und II, 11. Auflage 2018. Zitiert: *Bearbeiter* in GK-BetrVG, § Rn.

Gleiss Lutz: Studie zu Crowd Workern: Gut ausgebildet, teilweise nicht abgesichert, im Hauptjob nur rund 1.500 EUR Durchschnittseinkommen, FD-ArbR 2016, 380776.

Gräf, Stephan: Anmerkung – Initiativrecht des Betriebsrats im Rahmen des § 87 Abs. 1 Nr. 6 BetrVG bei Einführung technischer Überwachungseinrichtungen, jurisPR-ArbR 26/2015 Anm. 3.

Greiner, Stefan: Werkvertrag und Arbeitnehmerüberlassung – Abgrenzungsfragen und aktuelle Rechtspolitik, NZA 2013, 697.

Griebeling, Gert: Die Merkmale des Arbeitsverhältnisses, NZA 1998, 1137.

Günther, Jens/ Böglmüller, Matthias: Arbeitsrecht 4.0 – Arbeitsrechtliche Herausforderungen in der vierten industriellen Revolution, NZA 2015, 1025.

Hamann, Wolfang: Fremdpersonal im Unternehmen – Industriedienstleistung statt Leiharbeit?, NZA-Beilage 2014, 3.

Hanau, Hans: Schöne digitale Arbeitswelt?, NJW 2016, 2613.

Hanau, Hans/ Matiaske, Wenzel: Entgrenzung von Arbeitsverhältnissen – Arbeitsrechtliche und sozialwissenschaftliche Perspektiven, 1. Auflage 2019. Zitiert: *Bearbeiter* in Hanau/Matiaske, Entgrenzung von Arbeitsverhältnissen, S.

Handkommentar-Arbeitsrecht – Individualarbeitsrecht mit kollektivrechtlichen Bezügen, hrsg. v. *Däubler, Wolfgang/ Hjort, Jens Peter/ Schubert, Michael/ Wolmerath, Martin*, 4. Auflage 2017. Zitiert: HK-ArbR/*Bearbeiter*, § Rn.

Harich, Björn: Sitzungsbericht B des 68. Deutschen Juristentages – Abschied vom Normalarbeitsverhältnis? – Welche arbeits- und sozialrechtlichen Regelungen empfehlen sich im Hinblick auf die Zunahme neuer Beschäftigungsformen und die wachsende Diskontinuität von Erwerbsbiographien, 2010. Zitiert: *Harich*, Sitzungsbericht des 68. Deutschen Juristentages, S.

Hase, Karl von/ Lembke, Mark: Das Selbstbeurlaubungsrecht arbeitnehmerähnlicher Personen, BB 1997, 1095.

Härting, Niko: Internetrecht, 6. Auflage 2017. Zitiert: *Härting*, Internetrecht, Rn.

Heise, Dietmar/ Belovitzer, Kerstin: Vergütung bei Crowdworking, in: Maschmann, Total Compensation, Kap. 12, S. 273 ff. Zitiert: Maschmann/*Heise/ Belovitzer*, Kap. 12 Rn.

Hensel, Isabell/ Schönefeld, Daniel/ Kocher, Eva/ Schwarz, Anna/ Koch, Jochen: Selbständige Unselbständigkeit – Crowdworking zwischen Autonomie und Kontrolle, 1. Auflage 2019. Zitiert: *Bearbeiter* in Hensel/Schönefeld/ Kocher/Schwarz/Koch, Selbständige Unselbständigkeit, S.

Henssler, Martin/ Willemsen, Heinz Josef/ Kalb, Heinz-Jürgen: Arbeitsrecht Kommentar, 8. Auflage 2018. Zitiert: *Bearbeiter* in Henssler/Willemsen/ Kalb, § Rn.

Henssler, Martin/ Preis Ulrich: Diskussionsentwurf eines Arbeitsvertragsgesetzes (ArbVG) – Stand November 2007, NZA-Beilage 2007, 6.

Henssler, Martin: Risiko als Vertragsgegenstand, 1. Auflage 1994. Zitiert: *Henssler*, Risiko als Vertragsgegenstand

Henssler, Martin: Überregulierung statt Rechtssicherheit – der Referentenentwurf des BMAS zur Reglementierung von Leiharbeit und Werkverträgen, RdA 2016, 18.

Hergenröder, Cyrill: Vertragsschlüsse im E-Commerce – Eine kompakte Darstellung für Studium und Examen, ZJS 2/2017, 131.

Heuschmid, Johannes/ Hlava, Daniel: Keine Anwendung des europäischen Kartellrechts auf TV, die Regelungen für Selbständige enthalten, AuR 2015, 193.

Heuschmid, Johannes/ Klebe, Thomas: Erwerbsarbeit in der Plattformökonomie und Schutz des Arbeits- und Sozialrechts?, in: Festschrift für Wolfhard Kohte, hrsg. v. *Faber, Ulrich/ Feldhoff, Kerstin/ Nebe, Katja/ Schmidt, Kristina/ Waßer, Ursula*, 2016, S. 73 ff. Zitiert: *Heuschmid/Klebe*, Erwerbsarbeit in der Plattformökonomie, in: FS Kohte, S.

Hilger, Marie Luise: Zum „Arbeitnehmer-Begriff", RdA 1989, 1.

Hill, Hermann/ Martini, Mario/ Wagner, Edgar: Die digitale Lebenswelt gestalten, 2015. Zitiert: *Bearbeiter* in Hill/Martini/Wagner: Die digitale Lebenswelt gestalten, S.

Hirsch-Kreinsen, Hartmut: Entwicklung und Gestaltung digitaler Arbeit, RdA 2019, 88.

Hoffmann, Reiner: Digitalisierung und gute Arbeit, AiB 2015, 24.

Holler, Daniel E.: Kollektive Selbsthilfe im Bereich der Arbeit 4.0 – Tarifautonomie für Crowd-, Cloud-, Clickworker und co.?, in: Dobreva/Hack-Leoni/Holenstein/Koller/Nedi: Neue Arbeitsformen, S. 181 ff. Zitiert: *Holler* in Dobreva/Hack-Leoni/Holenstein/Koller/Nedi: Neue Arbeitsformen, S.

Hötte, Daniel Antonius: Crowdsoursing – Rechtliche Risiken eines neuen Phänomens, MMR 2014, 795.

Howe, Jeff: The Rise of Crowdsourcing, Wired Magazine 2006.

Hromadka, Wolfgang: Arbeitnehmerähnliche Personen – Rechtsgeschichtliche, dogmatische und rechtspolitische Überlegungen, NZA 1997, 1249.

Hromadka, Wolfgang: Arbeitnehmerbegriff und Arbeitsrecht, Zur Diskussion um die "neue Selbständigkeit", NZA 1997, 569.

Hueck, Alfred/ Nipperdey, Hans Carl: Lehrbuch des Arbeitsrechts, Band I, 7. Auflage 1963–1970 in 3 Teilbänden. Zitiert: Hueck/Nipperdey, Handbuch des Arbeitsrechts, Band I, S.

Hunold, Wolf: Die Rechtsprechung zu Statusfragen, NZA-RR 1999, 505.

Husemann, Tim/ Wietfeld, Anne Christin: Zwischen Theorie und Praxis – Herausforderungen des Arbeitsrechts – Dokumentation der 5. Assistententagung im Arbeitsrecht vom 16.-17.07.2015. Zitiert: *Bearbeiter* in Husemann/Wietfeld: Zwischen Theorie und Praxis, S.

Industrie 4.0 als Herausforderung des Arbeitsrechts – 7. ZAAR-Tagung Wiesbaden, 30. Oktober 2015, hrsg. v. *Giesen, Richard/ Junker, Abbo/ Rieble, Volker*, 2016. Zitiert: *Bearbeiter* in Industrie 4.0 als Herausforderung des Arbeitsrechts, S.

Irani, Lilly C./ Silberman, M. Six: Turkopticon. Ein Tool, um Arbeiter auf Mechanical Turk sichtbar zu machen, in: Benner, Crowdwork – Zurück in die Zukunft?, S. 131 ff. Zitiert: *Irani/Silberman* in Benner, Crowdwork – Zurück in die Zukunft?, S.

Jansen, Jonas: Auftragsarbeit für ein paar Cent, FAZ vom 03.05.2016.

Jauernig – Bürgerliches Gesetzbuch, Kommentar, hrsg. v. *Stürner, Rolf*, 17. Auflage 2018. Zitiert: Jauernig/*Bearbeiter*, § Rn.

Junker, Abbo: Grundkurs Arbeitsrecht, 18. Auflage, München 2019. Zitiert: *Junker*, Arbeitsrecht, § Rn.

juris Praxiskommentar BGB, Band 2: Schuldrecht, hrsg. v. *Junker, Markus/ Beckmann, Roland Michael/ Rüßmann, Helmut*, 8. Auflage 2017. Zitiert: *Bearbeiter* in jurisPK-BGB, § Rn.

juris Praxiskommentar SGB IV: Gemeinsame Vorschriften für die Sozialversicherung, hrsg. v. *Schlegel, Rainer/ Voelzke, Thomas*, 3. Auflage 2016. Zitiert: *Bearbeiter* in jurisPK-SGB IV, § Rn.

Kappus, Matthias: Die Computerheimarbeit, NJW 1984, 2384.

Kappus, Matthias: Telearbeit de lege ferenda, NZA 1987, 408.

Kasseler Kommentar Sozialversicherungsrecht, hrsg. v. *Körner, Anne/ Leitherer, Stephan/ Mutschler, Bernd/ Rolfs, Christian*, Band I, 102. Auflage 2019. Zitiert: KassKomm/*Bearbeiter* § Rn.

Kawalec, Sandra/ Menz, Wolfgng: Die Verflüssigung von Arbeit. Crowdsourcing als unternehmerische Reorganisationsstrategie – das Beispiel IBM, Arbeits- und Industriesoziologische Studien 2013, 5.

Kempen, Otto Ernst/ Zachert, Ulrich: Tarifvertragsgesetz – Kommentar für die Praxis, 5. Auflage 2014. Zitiert: Kempen/Zachert/*Bearbeiter*, § Rn.

Kerwer, Christof: Das europäische Gemeinschaftsrecht und die Rechtsprechung der deutschen Arbeitsgerichte, 1. Auflage 2003. Zitiert: *Kerwer*, Das europäische Gemeinschaftsrecht und die Rechtsprechung der deutschen Arbeitsgerichte, S.

Kilian, Wolfgang/ Borsum, Wolfgang/ Hoffmeister, Uwe: Telearbeit und Arbeitsrecht – Ergebnisse eines Forschungsprojekts, NZA 1987, 401.

Kittur, Aniket/ Nickerson, Jeffrey/ Bernstein, Michael/ Gerber, Elizabeth/ Shaw, Aaron/ Zimmerman, John/ Lease, Matthew/ Horton, John: The Future of Crowd Work, CSCW 2013, 1301.

Klebe, Thomas: Betriebsrat 4.0 – Digital und global?, NZA-Beilage 2017, 77.

Klebe, Thomas: Clickworkern geht es nicht gut, TAZ vom 02.08.2015.

Klebe, Thomas: Crowdwork: Faire Arbeit im Netz?, AuR 2016, 277.

Klebe, Thomas: Entgeltsicherung für Selbständige – WSI-Herbstforum 2017, 1.

Klebe, Thomas: Workers of the Crowd unite? – Betriebsratsrechte bei Crowdsourcing, in: Benner, Crowdwork – Zurück in die Zukunft?, S. 277 ff. Zitiert: *Klebe* in Benner, Crowdwork – Zurück in die Zukunft?, S.

Klebe, Thomas/ Heuschmid, Johannes: Collective Regulation of Contingent Work: From Traditional Forms of Contingent Work to Crowdwork – A German Perspective, in: Ales/Deinert/Kenner: Core and Contingent Work in the European Union – A Comparative Analysis, S. 185 ff. Zitiert: *Klebe/Heuschmid* in Ales/Deinert/Kenner: Core and Contingent Work in the European Union, S.

Klebe, Thomas/ Neugebauer, Julia: Crowdsourcing: Für eine handvoll Dollar oder Workers of the crowd unite?, AuR 2014, 4.

Klein, Roland: Renaissance der Heimarbeit? – Neue Erwerbsformen der digitalen Arbeitswelt in der arbeitsrechtlichen Reformdiskussion, SPA 2017, 93.

Klein, Thomas/ Leist, Dominik: Das Verbot des Einsatzes von Leiharbeitnehmern als Streikbrecher im Kontext verfassungs-, unions- und völkerrechtlicher Vorgaben – Ein Beitrag zur Diskussion über die Verfassungsmäßigkeit des § 11 Abs. 5 AÜG n.F., SR 2017, 31.

Knickrehm, Sabine/ Kreikebohm, Ralf/ Waltermann, Raimund: Kommentar zum Sozialrecht, 6. Auflage 2019. Zitiert: KKW/*Bearbeiter* § Rn.

Knitter, Philipp: Arbeitsrechtlicher Schutz für Crowdworker (?), Bucerius Law Journal, Heft 01/2017, 69.

Knöfel, Oliver: Ausländische Scheinselbständige, Grundfreiheiten und Qualifikation, IPRax 2006, 552.

Koch, Robert: Geltungsbereich von Internet-Auktionsbedingungen, CR 2005, 502.

Kocher, Eva: Die Grenzen des Arbeitsrechts – Der rechtliche Schutz in der Erwerbsarbeit außerhalb von Arbeitsverhältnissen, KJ 2013, 145.

Kocher, Eva/ Hensel, Isabell: Herausforderungen des Arbeitsrechts durch digitale Plattformen – ein neuer Koordinationsmodus von Erwerbsarbeit, NZA 2016, 984.

Köhler, Helmut/ Bornkamm, Joachim/ Feddersen, Jörn: Gesetz gegen den unlauteren Wettbewerb, 37. Auflage 2019. Zitiert: Köhler/Bornkamm/*Bearbeiter*, § Rn.

Kohte, Wolfhard: Arbeitsschutz in der digitalen Arbeitswelt, NZA 2015, 1417.

KR – Gemeinschaftskommentar zum Kündigungsschutzgesetz und zu sonstigen kündigungsschutzrechtlichen Vorschriften, hrsg. v. *Etzel, Gerhard/ Bader, Peter/ Fischermeier, Ernst u.a.*, 11. Auflage 2016. Zitiert: KR/*Bearbeiter*, 11. Auflage, Stichwort, Rn.

KR – Gemeinschaftskommentar zum Kündigungsschutzgesetz und zu sonstigen kündigungsschutzrechtlichen Vorschriften, hrsg. v. *Bader, Peter/ Fischermeier, Ernst/ Gallner, Inken u.a.*, 12. Auflage 2019. Zitiert: KR/*Bearbeiter*, Stichwort, Rn.

Kraft, Andreas: Ich bin Teil der Crowd, Mitbestimmung Heft 12/2013, 20.

Kramer, Bernd: Klickarbeit zum Hungerlohn, Spiegel Online vom 12.07.2016.

Kramer, Stefan: IT-Arbeitsrecht – Digitalisierte Unternehmen: Herausforderungen und Lösungen, 2. Auflage 2019. Zitiert: Kramer, IT-ArbR HdB/*Bearbeiter*, Stichpunkt, Rn.

Kramer, Urs/ Hinrichsen, Tim: Der Fall Uber – Taxen, Mietwagen und der technologische Fortschritt, GewArch 2015, 145.

Krause, Rüdiger: Arbeit in der Holzklasse – Gesetzliche und kollektivvertragliche Rahmung der Leiharbeit, KJ 2013, 119.

Krause, Rüdiger: Digitalisierung der Arbeitswelt – Herausforderungen und Regelungsbedarf, NZA 2016, 1004.

Krause, Rüdiger: Gutachten B zum 71. Deutschen Juristentag – Digitalisierung der Arbeitswelt – Herausforderungen und Regelungsbedarf, 2016. Zitiert: *Krause*, Gutachten zum 71. Deutschen Juristentag, S.

Küttner, Wolfdieter: Personalbuch 2019 – Arbeitsrecht, Lohnsteuerrecht, Sozialversicherungsrecht, 26. Auflage 2019. Zitiert: Küttner/*Bearbeiter*, Personalbuch 2019, *Stichwort*, Rn.

Leible, Stefan/ Sosnitza, Olaf: Versteigerungen im Internet, 1. Auflage 2004. Zitiert: Leible/Sosntitza/*Bearbeiter*, Teil Rn.

Leimeister, Jan Marco: Einfluss auf das Gestalten von Crowdsourcing nehmen, CuA Heft 10/2014, 17.

Leimeister, Jan Marco/ Zogaj, Shkodran: Neue Arbeitsorganisation durch Crowdsourcing, Arbeitspapier Nr. 287 der Hans-Böckler-Stiftung, 2013.

Leimeister, Jan Marco/ Zogaj, Shkodran/ Blohm, Ivo: Crowdwork – digitale Wertschöpfung in der Wolke – Grundlagen, Formen und aktueller Forschungsstand, in: Benner, Crowdwork – Zurück in die Zukunft?, S. 9 ff. Zitiert: *Leimeister/Zogaj/Blohm* in Benner, Crowdwork – Zurück in die Zukunft?, S.

Leinemann, Wolfgang: Kasseler Handbuch zum Arbeitsrecht, Band 1, 2. Auflage 2000. Zitiert: Leinemann/*Bearbeiter*, Kasseler Handbuch zum Arbeitsrecht, Band 1, Kapitel Rn.

Leinemann, Wolfgang: Kasseler Handbuch zum Arbeitsrecht, Band 2, 2. Auflage 2000. Zitiert: Leinemann/*Bearbeiter*, Kasseler Handbuch zum Arbeitsrecht, Band 2, Kapitel Rn.

Lembke, Mark: Gesetzesvorhaben der Großen Koalition im Bereich der Arbeitnehmerüberlassung, BB 2014, 1333.

Lieb, Manfred: Beschäftigung auf Produktionsdauer – selbständige oder unselbständige Tätigkeit?, RdA 1977, 210.

Liebman, Wilma B.: Debating the Gig Economy, Crowdwork and New Forms of Work, SR 2017, 221.

Lingemann, Stefan/ Otte, Jörn: Arbeitsrechtliche Fragen der „economy on demand“, NZA 2015, 1042.

Linke, Benjamin: Gewerbefrei oder „Uber"-reguliert? – Die Vermittlung von Personenbeförderungsdiensten auf dem Prüfstand, NVwZ 2015, 476.

Löwisch, Manfred/ Rieble, Volker: Tarifvertragsgesetz – Kommentar, 4. Auflage 2017. Zitiert: *Löwisch/Rieble*, TVG, § Rn.

Ludwigs, Markus: Rechtsfragen der Sharing Economy am Beispiel der Modelle Uber und Airbnb, NVwZ 2017, 1646.

Maier-Reimer, Georg: Vertragssprache und Sprache des anwendbaren Rechts, NJW 2010, 2545.

Mankowski, Peter: Ausländische Scheinselbständige und internationales Privatrecht, BB 1997, 465.

Mansel, Heinz-Peter: Allgemeines Gleichbehandlungsgesetz – persönlicher und internationaler Anwendungsbereich, in: Festschrift für Claus-Wilhelm Canaris zum 70. Geburtstag, Band I, hrsg. v. *Heldrich, Andreas/ Prölss, Jürgen/ Koller, Ingo u.a.*, 2007, S. 809 ff. Zitiert: *Mansel*, Allgemeines Gleichbehandlungsgesetz – persönlicher und internationaler Anwendungsbereich, in: FS Canaris, Band I, S.

Marcks, Holger: Die traurigen Tagelöhner, TAZ vom 10.04.2012.

Martin, David/ Hanrahan, Benjamin/ O'Neill, Jackie/ Gupta, Neha: Being a Turker, CSCW 2014, 224.

Martin, Nicole/ Lessmann, Stefan/ Voß, Stefan: Crowdsourcing: Systematisierung praktischer Ausprägungen und verwandter Konzepte, ResearchGate 2008, 1251.

Marvit, Moshe Z.: How Crowdworkers Became the Ghosts in the Digital Machine, The Nation vom 05.02.2014.

Maschmann, Frank: Total Compensation – Handbuch der Entgeltgestaltung, 2. Auflage 2019. Zitiert: Maschmann/*Bearbeiter*, Kap. Rn.

Maschmann, Frank/ Sieg, Rainer/ Göpfert, Burkard: Vertragsgestaltung im Arbeitsrecht – Arbeits- und Anstellungsverträge, 2. Auflage 2016. Zitiert: *Bearbeiter* in Maschmann/Sieg/Göpfert, Vertragsgestaltung im Arbeitsrecht, Nr. Rn.

Maties, Martin: Der Anwendungsbereich des Arbeitsrechts, in: Festschrift für Rolf Wank – Moderne Arbeitswelt, hrsg. v. *Henssler, Martin/ Joussen, Jacob/ Maties Martin/ Preis, Ulrich*, 2014, S. 323 ff. Zitiert: *Maties*, Der Anwendungsbereich des Arbeitsrechts, in: FS Wank, S.

Mecke, Christian: Arbeit 4.0 – Schöne neue sozialversicherungsfreie Arbeitswelt?, SGb 2016, 481.

Medicus, Dieter/ Lorenz, Stephan: Schuldrecht II – Besonderer Teil, 18. Auflage 2018. Zitiert: *Medicus/Lorenz*, Schuldrecht BT, Rn.

Mengel, Anja: Compliance und Arbeitsrecht – Implementierung Durchsetzung – Organisation, 2009. Zitiert: *Mengel*, Compliance und Arbeitsrecht, Rn.

Merz, Ernst: Arbeit 4.0 – Herausforderung für die soziale Sicherheit, jM 2019, 330.

Meyer-Michaelis, Isabel/ Falter, Kira/Schäfer, Amelie: Rechtliche Rahmenbedingungen von Crowdworking – Chancen und Risiken dieser Möglichkeit von Fremdpersonaleinsatz, DB 2016, 2543.

Mohr, Jochen: Das Verhältnis von Tarifvertragsrecht und Kartellrecht am Beispiel solo-selbständiger Unternehmer, EuZA 2018, 436.

Möhring, Philipp/ Nicolini, Käte: Urheberrechtsgesetz – Kommentar, 4. Auflage 2018. Zitiert: Möhring/Nicolini/*Bearbeiter*

Mrass, Volkmar/ Peters, Christoph: Crowdworking-Plattformen in Deutschland, Working Paper Series 2017, Nr. 16.

Musielak, Hans-Joachim/ Voit, Wolfgang: Grundkurs ZPO – Erkenntnis- und Zwangsvollstreckungsverfahren, 14. Auflage 2018. Zitiert: *Musielak/Voit*, Grundkurs ZPO, Rn.

Musielak, Hans-Joachim/ Voit, Wolfgang: Zivilprozessordnung mit Gerichtsverfassungsgesetz – Kommentar, 16. Auflage 2019. Zitiert: Musielak/Voit/*Bearbeiter*, § Rn.

Müller, Nadine: Crowdwork und Mitbestimmung, Gute Arbeit 2016, 17.

Müller-Gemmeke, Beate: Wir brauchen soziale Leitplanken in der neuen Arbeitswelt – Was der Wandel von Arbeitsformen für unsere Gesellschaft bedeutet, in: Benner, Crowdwork – Zurück in die Zukunft?, S. 355 ff. Zitiert: *Müller-Gemmeke* in Benner, Crowdwork – Zurück in die Zukunft?, S.

Münchener Handbuch zum Arbeitsrecht, Band 1: Individualarbeitsrecht I, hrsg. v. *Kiel, Heinrich/ Lunk, Stefan/ Oetker, Hartmut*, 4. Auflage 2018. Zitiert: *Bearbeiter*, Münchener Handbuch zum Arbeitsrecht, Band 1, § Rn.

Münchener Handbuch zum Arbeitsrecht, Band 2: Individualarbeitsrecht II, hrsg. v. *Kiel, Heinrich/ Lunk, Stefan/ Oetker, Hartmut*, 4. Auflage 2018. Zitiert: *Bearbeiter*, Münchener Handbuch zum Arbeitsrecht, Band 2, § Rn.

Münchener Handbuch zum Arbeitsrecht, Band 3: Kollektives Arbeitsrecht I, hrsg. v. *Kiel, Heinrich/ Lunk, Stefan/ Oetker, Hartmut*, 4. Auflage 2019. Zitiert: *Bearbeiter*, Münchener Handbuch zum Arbeitsrecht, Band 3, § Rn.

Münchener Kommentar zur Zivilprozessordnung mit Gerichtsverfassungsgesetz und Nebengesetzen, Band 1, §§ 1–354, hrsg. v. *Krüger, Wolfgang/ Rauscher, Thomas*, 5. Auflage 2016. Zitiert: *Bearbeiter* in MüKo ZPO, § Rn.

Münchener Kommentar zur Zivilprozessordnung mit Gerichtsverfassungsgesetz und Nebengesetzen, Band 3, §§ 946–1117, EGZPO, GVG, EGGVG,

UKlaG, Internationales und Europäisches Zivilprozessrecht, hrsg. v. *Krüger, Wolfgang/ Rauscher, Thomas*, 5. Auflage 2017. Zitiert: *Bearbeiter* in MüKo ZPO, § Rn.

Münchener Kommentar zum Bürgerlichen Gesetzbuch, Band 1, Allgemeiner Teil, hrsg. v. *Säcker, Franz Jürgen/ Rixecker, Roland/ Oetker, Hartmut/ Limperg, Bettina*, 8. Auflage 2018. Zitiert: *Bearbeiter* in MüKo BGB, § Rn.

Münchener Kommentar zum Bürgerlichen Gesetzbuch, Band 3, Schuldrecht – Allgemeiner Teil II, hrsg. v. *Säcker, Franz Jürgen/ Rixecker, Roland/ Oetker, Hartmut/ Limperg, Bettina*, 8. Auflage 2019. Zitiert: *Bearbeiter* in MüKo BGB, § Rn.

Münchener Kommentar zum Bürgerlichen Gesetzbuch, Band 4, Schuldrecht – Besonderer Teil I, hrsg. v. *Säcker, Franz Jürgen/ Rixecker, Roland/ Oetker, Hartmut/ Limperg, Bettina*, 8. Auflage 2019. Zitiert: *Bearbeiter* in MüKo BGB, § Rn.

Münchener Kommentar zum Bürgerlichen Gesetzbuch, Band 5, Schuldrecht – Besonderer Teil II, hrsg. v. *Säcker, Franz Jürgen/ Rixecker, Roland/ Oetker, Hartmut/ Limperg, Bettina*, 8. Auflage 2020. Zitiert: *Bearbeiter* in MüKo BGB, § Rn.

Münchener Kommentar zum Bürgerlichen Gesetzbuch, Band 6/1, Schuldrecht – Besonderer Teil III, hrsg. v. *Säcker, Franz Jürgen/ Rixecker, Roland/ Oetker, Hartmut/ Limperg, Bettina*, 8. Auflage 2020. Zitiert: *Bearbeiter* in MüKo BGB, § Rn.

Münchener Kommentar zum Bürgerlichen Gesetzbuch, Band 6/2, Schuldrecht – Besonderer Teil IV, Partnerschaftsgesellschaftsgesetz, Produkthaftungsgesetz, hrsg. v. *Säcker, Franz Jürgen/ Rixecker, Roland/ Oetker, Hartmut/ Limperg, Bettina*, 7. Auflage 2017. Zitiert: *Bearbeiter* in MüKo BGB, § Rn.

Münchener Kommentar zum Bürgerlichen Gesetzbuch, Band 12, Internationales Privatrecht II, Internationales Wirtschaftsrecht, Einführungsgesetzt zum Bürgerlichen Gesetzbuche, hrsg. v. *Säcker, Franz Jürgen/ Rixecker, Roland/ Oetker, Hartmut/ Limperg, Bettina*, 7. Auflage 2018. Zitiert: *Bearbeiter* in MüKo BGB, § Rn.

Nebe, Katja: Neue Arbeitswelten – Die Innovationskraft des Betriebsverfassungsgesetzes, AuR 2014, 51.

Neufeld, Tobias: Herausforderung Digitalisierung, AuA 2015, 504.

Neuvians, Nicole: Die arbeitnehmerähnliche Person, 2002. Zitiert: *Neuvians*, Die arbeitnehmerähnliche Person, S.

Nies, Gerd: Anmerkung zu ArbG München 24.02.1984 – 10 BV 142/83 – AiB 1984, 78.

Nies, Gerd: „Immer noch ein ungeliebtes Kind?" – Arbeitnehmerähnlichkeit und Gewerkschaften, ZUM 2000, 653.

Oltmanns, Sönke/ Fuhlrott, Michael: Desk-Sharing & Coworking-Spaces: Arbeitsrechtliche Besonderheiten zweier „moderner Arbeitsformen", NZA 2018, 1225.

Otten, August Wilhelm: Heimarbeit – Ein Dauerrechtsverhältnis eigener Art, NZA 1995, 289.

Otten, August Wilhelm: Heim- und Telearbeit – Kommentar zum HAG und heimarbeitsrelevanten Normen sowie Erläuterungen zur Telearbeit, 1. Auflage, München 1996. Zitiert: *Otten*, Heim- und Telearbeit, § Rn.

Otto, Hansjörg: Anmerkung zu BAG 25.03.1992 – 7 ABR 52/91 – AP BetrVG 1972 § 5 Nr. 48.

Pacha, Julia: Crowdwork – Arbeitsrechtlicher Schutz einer neuen Beschäftigungsform, 2018. Zitiert: *Pacha*, Crowdwork, S.

Palandt – Bürgerliches Gesetzbuch, Kommentar, begr. v. *Palandt, Otto*, 79. Auflage 2020. Zitiert: Palandt/*Bearbeiter*, § Rn.

Papsdorf, Christian: Wie Surfen zur Arbeit wird – Crowdsourcing im Web 2.0, 2009. Zitiert: *Papsdorf*, Wie Surfen zur Arbeit wird, S.

Paus, Eva: Confronting Dystopia – The New Technological Revolution and the Future of Work, 2018. Zitiert: *Paus*, Confronting Dystopia, S.

Pelzer, Claudia/ Wenzlaff, Karsten/Eisfeld-Reschke, Jörg: Crowdsourcing-Report 2012 – Neue digitale Arbeitswelten, 2012.

Pongratz, Hans J./ Bormann, Sarah: Online-Arbeit auf Internet-Plattformen. Empirische Befunde zum „Crowdworking" in Deutschland, Arbeits- und Industriesoziologische Studien 2017, 158.

Poppe, Xenia-Isabel: Crowdworking im Entrepreneurship – Eine Analyse des Wandels in Unternehmensgründung und Gründungsförderung, 2016. Zitiert: *Poppe*, Crowdworking im Entrepreneurship, S.

Prassl, Jeremias: Die Suche nach dem Arbeitgeber im englischen Recht, EuZA 2013, 472.

Prassl, Jeremias: The Concept of the Employer, 2015. Zitiert: *Prassl*, The Concept of the Employer, S.

Prassl, Jeremias/ Risak, Martin: Uber, TaskRabbit & Co: Platforms as Employers? Rethinking the Legal Analysis of Crowdwork, Comparative Labor Law and Policy Journal 2016, 619.

Preis, Ulrich: § 611a BGB – Potenziale des Arbeitnehmerbegriffes, NZA 2018, 817.

Preis, Ulrich/ Temming, Felipe: Arbeitsrecht – Individualarbeitsrecht – Lehrbuch für Studium und Praxis, 6. Auflage 2020. Zitiert: *Preis/Temming*, Individualarbeitsrecht, § Rn.

Preis, Ulrich/ Greiner, Stefan: Arbeitsrecht – Kollektivarbeitsrecht – Lehrbuch für Studium und Praxis, 5. Auflage 2020. Zitiert: *Preis/Greiner*, Kollektivarbeitsrecht, § Rn.

Preis, Ulrich: Der Arbeitsvertrag – Handbuch der Vertragsgestaltung, 5. Auflage 2015. Zitiert: Preis/*Bearbeiter*, Der Arbeitsvertrag, Nr. Rn.

Preis, Ulrich: Heimarbeit, Home-Office, Global-Office – das alte Heimarbeitsrecht als neuer Leitstern für die digitale Arbeitswelt?, SR 2017, 173.

Range-Ditz, Daniela: Geltung des Heimarbeitsgesetzes auch für qualifizierte Angestelltentätigkeiten, ArbRB 2017, 7.

Rauscher, Thomas: Europäisches Zivilprozess- und Kollisionsrecht, Band III: Rom I-VO, Rom II-VO, 4. Auflage 2016. Zitiert: Rauscher/*Bearbeiter*, Art. Rn.

Rebhahn, Robert: Arbeitnehmerähnliche Personen – Rechtsvergleich und Regelungsperspektive, RdA 2009, 236.

Redeker, Helmut: IT-Recht, 6. Auflage 2017. Zitiert: *Redeker*, IT-Recht, Rn.

Rehm, Herbert: Fünf Fragen an Monika Schäfer, in: Benner, Crowdwork – Zurück in die Zukunft?, S. 61 ff. Zitiert: *Rehm* in Benner, Crowdwork – Zurück in die Zukunft?, S.

Reinhard, Barbara: Die Renaissance des Heimarbeitsvertrags – Eine Antwort auf zunehmende Flexibilisierungswünsche der Beschäftigten?, ArbRB 2017, 161.

Reithmann, Christoph/ Martiny, Dieter: Internationales Vertragsrecht – Das internationale Privatrecht der Schuldverträge, 8. Auflage 2015. Zitiert: *Bearbeiter* in Reithmann/Martiny, Rn.

Richardi, Reinhard: Betriebsverfassungsgesetz mit Wahlordnung, 16. Auflage 2018. Zitiert: *Bearbeiter* in Richardi BetrVG

Richardi, Reinhard: Der Arbeitsvertrag im Licht des neuen § 611a BGB, NZA 2017, 36.

Richardi, Reinhard: Die Bedeutung der Entgeltrisikozuweisung für den Dienst- und Werkvertrag, in: Festschrift für Apostolos Georgiades zum 70. Geburtstag, hrsg. v. *Stathopoulos, Michalis/ Beys, Kostas/ Philippos, Doris, u.a.*, 2006, S. 349 ff. Zitiert: *Richardi*, Die Bedeutung der Entgeltrisikozuweisung für den Dienst- und Werkvertrag, in: FS Georgiades, S.

Rieble, Volker: Zeitarbeitsverbot im Streik, in: Festschrift für Rolf Wank – Moderne Arbeitswelt, hrsg. v. *Henssler, Martin/ Joussen, Jacob/ Maties Martin/*

Preis, Ulrich, 2014, S. 475 ff. Zitiert: *Rieble*, Zeitarbeitsverbot im Streik, in: FS Wank, S.

Rinck, Ursula: Der Arbeitnehmerbegriff im Wandel – Entwicklungen und Perspektiven, RdA 2019, 127.

Risak, Martin: Clickwork – viel Flexibilität, wenig Rechte?, BB 2018, I.

Risak, Martin: Crowdwork – Erste rechtliche Annäherungen an eine „neue" Arbeitsform, ZAS 2015, 11.

Rost, Friedhelm: Arbeitnehmer und arbeitnehmerähnliche Personen im Betriebsverfassungsrecht, NZA 1999, 113.

Rüfner, Thomas: Virtuelle Marktordnungen und das AGB-Gesetz, MMR 2000, 597.

Saenger, Ingo: Zivilprozessordnung – Familienverfahren, Gerichtsverfassung, Europäisches Verfahrensrecht – Handkommentar, 8. Auflage 2019. Zitiert: Saenger/*Bearbeiter*, § Rn.

Schaub, Günter: Arbeitsrechts-Handbuch – Systematische Darstellung und Nachschlagewerk für die Praxis, 18. Auflage 2019. Zitiert: Schaub/*Bearbeiter*, Arbeitsrechts-Handbuch.

Schaub, Günter/ Koch, Ulrich: Arbeitsrecht von A-Z – verständlich, übersichtlich, klar, 23. Auflage 2019. Zitiert: *Bearbeiter* in Schaub/Koch, Arbeitsrecht von A-Z, *Stichwort*.

Schiefer, Bernd: Auswirkungen des Kündigungsschutzes auf die betriebliche Praxis, ZfA 2002, 427.

Schindele, Friedrich: Aktuelle Fragestellungen zum Drittpersonaleinsatz (Scheinselbständigkeit – Werkvertrag – Dienstleister), ArbRAktuell 2015, 363.

Schlachter, Monika: Streikrecht außerhalb des Arbeitsverhältnisses?, in: Gedächtnisschrift für Ulrich Zachert, hrsg. v. *Dieterich, Thomas/ Le Friant, Martine/ Nogler, Luca/ Kezuka, Katsutoshi/ Pfarr, Heide*: Individuelle und kollektive Freiheit im Arbeitsrecht, 2010, S. 634. Zitiert: *Schlachter*, Streikrecht außerhalb des Arbeitsverhältnisses?, in: GS Zachert, S.

Schliemann, Harald: Zum Schutz wirtschaftlich schwacher Solo-Dienst- und Werkvertragsunternehmer – Ein Zwischenruf, in: Festschrift für Rolf Wank – Moderne Arbeitswelt, hrsg. v. *Henssler, Martin/ Joussen, Jacob/ Maties Martin/ Preis, Ulrich*, 2014, S. 531 ff. Zitiert: *Schliemann*, Zum Schutz wirtschaftlich schwacher Solo-Dienst- und Werkvertragsunternehmer, in: FS Wank, S.

Schlömp-Röder, Jürgen: Initiativrecht des Betriebsrats bei der Einführung technischer Kontrolleinrichtungen, CR 1990, 477.

Schmidt, Florian Alexander: Arbeitsmärkte in der Plattformökonomie – Zur Funktionsweise und den Herausforderungen von Crowdwork und Gigwork, 2017. Zitiert: *Schmidt*, Arbeitsmärkte in der Plattformökonomie, S.

Schmidt, Florian Alexander: The Good, the Bad and the Ugly – Warum Crowdsourcing eine Frage der Ethik ist, in: Benner, Crowdwork – Zurück in die Zukunft?, S. 367 ff. Zitiert: *Schmidt* in Benner, Crowdwork – Zurück in die Zukunft?, S.

Schmidt, Klaus/ Koberski, Wolfgang/ Tiemann, Barbara/ Wascher, Angelika: Heimarbeitsgesetz – Kommentar, 4. Auflage, 1998. Zitiert: *Schmidt/Koberski/Tiemann/Wascher*, Heimarbeitsgesetz, § Rn.

Schneider-Dörr, Andreja: Digitales Arbeiten – Wie das Internet mit Crowdworking eine völlig neue Arbeitsform geschaffen hat, DGUV Forum 11/2016, 17.

Scholle, Thilo: Plattformökonomie – Sachverhalte und Regelungsbedarfe, SR Sonderausgabe: Tarifverträge 4.0 – Tarifautonomie als Gestaltungsinstrument für die Zukunft der Arbeit, Juli 2019, S. 28.

Scholz, Trebor: Die Zukunft der Crowdworker – Wofür es sich zu kämpfen lohnt, in: Benner, Crowdwork – Zurück in die Zukunft?, S. 387 ff. Zitiert: *Scholz* in Benner, Crowdwork – Zurück in die Zukunft?, S.

Schubert, Claudia: Der Schutz der arbeitnehmerähnlichen Personen – Zugleich ein Beitrag zum Zusammenwirken von Arbeits- und Wirtschaftsrecht mit den zivilrechtlichen Generalklauseln, 2004. Zitiert: *Schubert*, Der Schutz der arbeitnehmerähnlichen Personen, S.

Schubert, Claudia: Neue Beschäftigungsformen in der digitalen Wirtschaft – Rückzug des Arbeitsrechts?, RdA 2018, 200.

Schulze, Reiner: Bürgerliches Gesetzbuch – Handkommentar, 10. Auflage 2019. Zitiert: Schulze/*Bearbeiter*, § Rn.

Schuster, Doris-Maria: Digitalisierung der Arbeitswelt – Herausforderungen und Regelungsbedarf?, AnwBl 2016, 641.

Schüren, Peter: Arbeitnehmerüberlassungsgesetz – Kommentar, 5. Auflage 2018. Zitiert: Schüren/*Bearbeiter*, § Rn.

Schwab, Brent: Haftung im Arbeitsverhältnis – 1. Teil: Die Haftung des Arbeitnehmers, NZA-RR 2016, 173.

Schwab, Klaus: Die Vierte Industrielle Revolution, 3. Auflage 2016. Zitiert: *Schwab*, Die Vierte Industrielle Revolution, S.

Schwarze, Roland: Die Auslegung des gesetzlichen Maßregelungsverbots (§ 612a BGB) am Beispiel streikbedingter Sonderzuwendungen, NZA 1993, 967.

Selzer, Dirk: Crowdworking – Arbeitsrecht zwischen Theorie und Praxis, in: Husemann/Wietfeld: Zwischen Theorie und Praxis – Herausforderungen des Arbeitsrechts, S. 27 ff. Zitiert: *Selzer* in Husemann/Wietfeld: Zwischen Theorie und Praxis, S.

Serfling, Oliver: Crowdworking Monitor Nr. 1 – Für das Verbundprojekt "Crowdworking Monitor", September 2018. Zitiert: *Serfling*, Crowdworking Monitor Nr. 1 2018, S.

Siebert, Wolfgang: Die arbeitnehmerähnlichen Personen, BB 1950, 47.

Solmecke, Christian/ Lengersdorf, Bonny: Rechtliche Probleme bei Sharing Economy – Herausforderungen an die Gesetzgebung auf dem Weg in eine geteilte Welt, MMR 2015, 493.

Söbbing, Thomas: Open Innovation und Crowdsourcing – Rechtliche Fragen offener Innovationsprozesse, ITRB 2011, 206.

Staudinger – Kommentar zum Bürgerlichen Gesetzbuch mit Einführungsgesetz und Nebengesetzen, Buch 1: Allgemeiner Teil, Einleitung zum BGB; §§ 1–14; VerschG (Einleitung zum BGB und Allgemeiner Teil 1), begr. v. Julius von Staudinger, Neubearbeitung 2018. Zitiert: Staudinger/*Bearbeiter*, § Rn.

Staudinger – Kommentar zum Bürgerlichen Gesetzbuch mit Einführungsgesetz und Nebengesetzen, Buch 2: Recht der Schuldverhältnisse, §§ 305–310; UKlaG (Recht der Allgemeinen Geschäftsbedingungen), begr. v. Julius von Staudinger, Neubearbeitung 2019. Zitiert: Staudinger/*Bearbeiter*, § Rn.

Staudinger – Kommentar zum Bürgerlichen Gesetzbuch mit Einführungsgesetz und Nebengesetzen, Buch 2: Recht der Schuldverhältnisse, §§ 611–613 (Dienstvertragsrecht I), begr. v. Julius von Staudinger, Neubearbeitung 2016. Zitiert: Staudinger/*Bearbeiter*, § Rn.

Staudinger – Kommentar zum Bürgerlichen Gesetzbuch mit Einführungsgesetz und Nebengesetzen, Buch 2: Recht der Schuldverhältnisse, §§ 652–661a (Maklervertrag; Auslobung), begr. v. Julius von Staudinger, Neubearbeitung 2016. Zitiert: Staudinger/*Bearbeiter*, § Rn.

Staudinger – Kommentar zum Bürgerlichen Gesetzbuch mit Einführungsgesetz und Nebengesetzen, Buch 2: Recht der Schuldverhältnisse, §§ 741–764 (Gemeinschaft, Leibrente, Spiel), begr. v. Julius von Staudinger, Neubearbeitung 2015. Zitiert: Staudinger/*Bearbeiter*, § Rn.

Steffan, Ralf: Arbeitszeit(recht) auf dem Weg zu 4.0, NZA 2015, 1409.

Steinle, Christian/ Haußmann, Katrin: Kartellrecht: Anwendbarkeit des Kartellrechts auf Tarifverträge für selbständige Dienstleister, EuZW 2015, 313.

Stoffels, Markus: AGB-Recht, 3. Auflage 2015.

Stolterfoht, Joachim: Tarifautonomie für arbeitnehmerähnliche Personen?, DB 1973, 1068.

Strube, Sebastian: Vom Outsourcing zum Crowdsourcing – Wie Amazons Mechanical Turk funktioniert, in: Benner, Crowdwork – Zurück in die Zukunft?, S. 75 ff. Zitiert: *Strube* in Benner, Crowdwork – Zurück in die Zukunft?, S.

Taeger, Jürgen/ Pohle, Jan: Computerrechtshandbuch – Informationstechnologie in der Rechts- und Wirtschaftspraxis, Stand: 34. Ergänzungslieferung, Mai 2018. Zitiert: Taeger/Pohle/*Bearbeiter*, Computerrechtshandbuch, Kap. Rn.

Tapper, Annette: Crowdworking – ein Blick in die Arbeitsbeziehungen der Zukunft, in: Hill/Martini/Wagner: Die digitale Lebenswelt gestalten, 2015, S. 253 ff. Zitiert: *Tapper* in Hill/Martini/Wagner, Die digitale Lebenswelt gestalten, S.

Thurich, Eckart: pocket politik – Demokratie in Deutschland, 4. Auflage 2011. Zitiert: *Thurich*, in pocket politik, S.

Thüsing, Gregor: Dauerhafte Arbeitnehmerüberlassung: Neues vom BAG, vom EuGH und auch vom Gesetzgeber, NZA 2014, 10.

Thüsing, Gregor: Von der Quadratur einer gesetzlichen Arbeitnehmerdefinition zur Zwangssolidarisierung der Leiharbeitnehmer, NZA 2015, 1478.

Thüsing, Gregor: Zur Vorbereitung auf die AÜG-Reform – Hinweise und Fragen zum neuen Recht, DB 2016, 2663.

Tillmanns, Kerstin: Strukturfragen des Dienstvertrages, 1. Auflage 2007. Zitiert: *Tillmanns*, Strukturfragen des Dienstvertrages, S.

Ubber, Thomas/ Löw, Meike: Der Einsatz von Leiharbeitnehmern als Streikbrecher, BB 2015, 3125.

Udsching, Peter: Tagungsbericht – Der 71. Deutsche Juristentag vom 14.-16. September 2016 in Essen – Abteilung Arbeits- und Sozialrecht, JZ 2018, 241.

Uffmann, Katharina: Digitalisierung der Arbeitswelt – Eine kritische Analyse der Gestaltungsvorschläge befristete Teilzeit und Wahlarbeitszeit aus methodisch-gestalterischer Perspektive, NZA-Beilage 2017, 45.

Uffmann, Katharina: Möglichkeiten und Grenzen erfolgsabhängiger Vergütung, in: Industrie 4.0 als Herausforderung des Arbeitsrechts, S. 31 ff. Zitiert: *Uffmann* in Industrie 4.0 als Herausforderung des Arbeitsrechts, S. 31.

Ulber, Jürgen: Heimarbeit, neue Technologien und betriebliche Interessenvertretung, AiB 1985, 22.

Ulber, Jürgen/ Dohna-Jaeger, Verena zu: Gestaltung und Regulierung von Leiharbeit durch Betriebsräte, AiB 2007, 705.

vbw: Position – Der Mensch in der digitalen Arbeitswelt, Stand: Dezember 2017. Zitiert: *vbw*, Position – Der Mensch in der digitalen Arbeitswelt, S.

ver.di: Crowdwork – Erfahrungen von ver.di-Mitgliedern mit er Arbeit auf Online-Plattformen, Fact-Sheet 2, 2017. Zitiert: *ver.di*, Fact-Sheet Nr. 2, S.

Voß, Günter/ Rieder, Kerstin: Der arbeitende Kunde – Wenn Konsumenten zu unbezahlten Mitarbeitern werden, 2005. Zitiert: *Voß/Rieder*, Der arbeitende Kunde, S.

Waas, Bernd: Introduction, in: Waas/Liebman/Lyubarsky/Kezuka: Crowdwork – A Comparative Law Perspective, S. 13 ff. Zitiert: *Waas* in Waas/Liebman/Lyubarsky/Kezuka: Crowdwork – A Comparative Law Perspective, S.

Waas, Bernd: Crowdwork in Germany, in: Waas/Liebman/Lyubarsky/Kezuka: Crowdwork – A Comparative Law Perspective, S. 142 ff. Zitiert: *Waas* in Waas/Liebman/Lyubarsky/Kezuka: Crowdwork – A Comparative Law Perspective, S.

Waas, Bernd/ Liebman, Wilma B./ Lyubarsky, Andrew/ Kezuka, Katsutoshi: Crowdwork – A Comparative Law Perspective – HSI-Schriftenreihe Band 22, 2017. Zitiert: *Bearbeiter* in Waas/Liebman/Lyubarsky/Kezuka: Crowdwork – A Comparative Law Perspective, S.

Wahlers, Ulrich: Anmerkung – Heimarbeitsverhältnis eines Programmierers im Home-Office, jurisPR-ITR 5/2017 Anm. 4.

Waltermann, Raimund: Abschied vom Normalarbeitsverhältnis? Welche arbeits- und sozialrechtlichen Regelungen empfehlen sich im Hinblick auf die Zunahme neuer Beschäftigungsformen und die wachsende Diskontinuität von Erwerbsbiographien?, NJW-Beilage 2010, 81.

Waltermann, Raimund: Digital statt analog: Zur Zukunftsfähigkeit des Arbeitsrechts, RdA 2019, 94.

Waltermann, Raimund: Gutachten B zum 68. Deutschen Juristentag – Abschied vom Normalarbeitsverhältnis? – Welche arbeits- und sozialrechtlichen Regelungen empfehlen sich im Hinblick auf die Zunahme neuer Beschäftigungsformen und die wachsende Diskontinuität von Erwerbsbiographien?, 2010. Zitiert: *Waltermann*, Gutachten zum 68. Deutschen Juristentag, S.

Waltermann, Raimund: Welche arbeits- und sozialrechtlichen Regelungen empfehlen sich im Hinblick auf die Zunahme Kleiner Selbständigkeit?, RdA 2010, 162.

Wank, Rolf: Abschied vom Normalarbeitsverhältnis? Welche arbeits- und sozialrechtlichen Regelungen empfehlen sich im Hinblick auf die Zunahme neuer Beschäftigungsformen und die wachsende Diskontinuität von Erwerbsbiographien?, RdA 2010, 193.

Wank, Rolf: Anmerkung zu BAG 29.1.1992 – 7 ABR 25/91 – AP BetrVG 1972 § 5 Nr. 47.

Wank, Rolf: Änderungen im Leiharbeitsrecht, RdA 2017, 100.

Wank, Rolf: Arbeitnehmer und Selbständige, 1. Auflage 1988. Zitiert: *Wank*, Arbeitnehmer und Selbständige, S.

Wank, Rolf: Die „neue Selbständigkeit", DB 1992, 90.

Wank, Rolf: Die personelle Reichweite des Arbeitnehmerschutzes aus rechtsdogmatischer und rechtspolitischer Perspektive, EuZA 2016, 143.

Wank, Rolf: Telearbeit, NZA 1999, 225.

Wank, Rolf: § 7 Abs. 1 und 4 SGB IV – Was bleibt für Sozialrecht und Arbeitsrecht? (Teil 1), AuR 2001, 291.

Wank, Rolf: § 7 Abs. 1 und 4 SGB IV – Was bleibt für Sozialrecht und Arbeitsrecht? (Teil 2), AuR 2001, 327.

Warter, Johannes: Crowdwork, 2016. Zitiert: *Warter*, Crowdwork, S.

Weber, Christoph: Das aufgespaltene Arbeitsverhältnis, 1. Auflage 1992. Zitiert: *Weber*, Das aufgespaltene Arbeitsverhältnis, S.

Wedde, Peter: Individual- und kollektivrechtliche Fragen, AiB Sonderausgabe: Crowdworking – Gute Arbeit für die Crowd, Heft 09/2015, S. 26. Zitiert: *Wedde*, AiB extra 09/2015, 26.

Wedde, Peter: Telearbeit – Arbeitsrecht, Sozialrecht, Datenschutz, 1. Auflage 2002. Zitiert: *Wedde*, Telearbeit, Rn.

Wehmeier, Julia: impulse – Ideen umsetzen. Werte schaffen, Heft 02/2017. Zitiert: *Wehmeier*, impulse 02/2017

Weth, Stephan/ Kerwer, Christof: Grenzgänger, RdA 1998, 233.

Weigert, Daniel-René: Keine Änderung der Rechtslage durch § 611a BGB – oder doch?, ArbRAktuell 2017, 557.

Wiedemann, Herbert: Das Arbeitsverhältnis als Austausch- und Gemeinschaftsverhältnis, 1. Auflage 1966. Zitiert: *Wiedemann*, Das Arbeitsverhältnis als Austausch- und Gemeinschaftsverhältnis, S.

Wiedemann, Herbert: Tarifvertragsgesetz mit Durchführungs- und Nebenvorschriften – Kommentar, 8. Auflage 2019. Zitiert: Wiedemann/*Bearbeiter*, § Rn.

Willemsen, Heinz Josef/ Mehrens, Christian: Beabsichtigte Neuregelung des Fremdpersonaleinsatzes – Mehr Bürokratie wagen?, NZA 2015, 897.

Willemsen, Heinz Josef/ Müntefering, Michael: Begriff und Rechtsstellung arbeitnehmerähnlicher Personen: Versuch einer Präzisierung, NZA 2008, 193.

Wimmer, Norbert/ Weiß, Mari: Taxi-Apps zwischen Vermittlertätigkeit und Personenbeförderung – Die verwaltungsgerichtliche Entscheidungspraxis zu den Uber-Angeboten, MMR 2015, 80.

Winkler, Jürgen: Sozialgesetzbuch IV – Gemeinsame Vorschriften für die Sozialversicherung, Kommentar, 2. Auflage 2016. Zitiert: *Bearbeiter* in Winkler, SGB IV, § Rn.

Wisskirchen, Gerlind/ Schwindling, Jan: Crowdworking im Lichte des Arbeitsrechts, ZESAR 2017, 318.

Witte, Andreas: Grundlagen des Crowdsourcing und Crowdfunding – Rechtsfragen bei der Ressourcenbeschaffung über die Internetöffentlichkeit, ITRB 2012, 130.

Wlotzke, Otfried: Neuerungen im gesetzlichen Arbeitsrecht – Das Gesetz zur Änderung des Heimarbeitsgesetzes und anderer arbeitsrechtlicher Vorschriften, DB 1974, 2252.

Wolf, Manfred/ Lindacher, Walter F./ Pfeiffer, Thomas: AGB-Recht, Kommentar, 6. Auflage 2013. Zitiert: *Bearbeiter* in Wolf/Lindacher/Pfeiffer

Wolf, Manfred/ Neuner, Jörg: Allgemeiner Teil des Bürgerlichen Rechts, 11. Auflage 2016. Zitiert: Wolf/Neuner, BGB-AT

World Bank Group: The Global Opportunity in Online Outsourcing, 2015. Zitiert: *World Bank Group*, The Global Opportunity in Online Outsourcing, S.

Wurmnest, Wolfgang: Internationale Zuständigkeit und anwendbares Recht bei grenzüberschreitenden Kartelldelikten, EuZW 2012, 933.

Zentrum für Europäische Wirtschaftsforschung GmbH: Forschungsbericht 462 – Befragung zum sozioökonomischen Hintergrund und zu den Motiven von Crowdworkern, Februar 2016. Zitiert: *ZEW*, Forschungsbericht 462, S.

Zentrum für Europäische Wirtschaftsforschung GmbH: Forschungsbericht 473 – Nutzung von Crowdworking durch Unternehmen: Ergebnisse einer ZEW-Unternehmensbefragung, November 2016. Zitiert: *ZEW*, Forschungsbericht 473, S.

Zogaj, Shkodran: Governance of Crowdsourcing Systems – Managing Crowdsourcing Projects from a Crowdsourcing System Perspective, 2016. Zitiert: *Zogaj*, Governance of Crowdsourcing Systems, S.

Zöllner, Wolfgang/ Loritz, Karl-Georg/ Hergenröder, Curt Wolfgang: Arbeitsrecht, 7. Auflage 2015. Zitiert: Zöllner/Loritz/Hergenröder, Arbeitsrecht, § Rn.

Linkverzeichnis

Die Allgemeinen Geschäftsbedingungen und Datenschutzbestimmungen einzelner Plattformbetreiber, auf die in dieser Arbeit verwiesen wird, können über die nachfolgend aufgeführten Links aufgerufen werden:

Amazon Mechanical Turk:

Allgemeine Geschäftsbedingungen:

https://www.mturk.com/mturk/conditionsofuse

Datenschutzbestimmungen:

https://www.mturk.com/mturk/privacynotice

appJobber:

Allgemeine Geschäftsbedingungen:

https://www.appjobber.de/info/agb

Datenschutzbestimmungen:

https://www.appjobber.de/info/datenschutz

clickworker:

Allgemeine Geschäftsbedingungen für clickworker:

https://workplace.clickworker.com/de/agreements/10123

Allgemeine Geschäftsbedingungen für Kunden:

https://workplace.clickworker.com/de/agreements/32

Crowdguru:

Allgemeine Geschäftsbedingungen:

https://registration.crowdguru.de/bundles/crowdgururegister/files/agb_crowdguru.pdf

Designenlassen.de:

Allgemeine Geschäftsbedingungen:

https://www.designenlassen.de/agb.php

Freelancer:

Allgemeine Geschäftsbedingungen:

https://www.freelancer.com/about/terms

InnoCentive:

Allgemeine Geschäftsbedingungen:
https://www.innocentive.com/ar/contract/view

Scriptmakers:
Allgemeine Geschäftsbedingungen:
https://scriptmakers.de/agb/
Datenschutzbestimmungen:
https://scriptmakers.de/kontakt/

Streetspotr:
Allgemeine Geschäftsbedingungen:
https://app.streetspotr.com/de/terms_of_use

Testbirds:
Allgemeine Geschäftsbedingungen:
https://www.testbirds.com/wp-content/uploads/2016/10/Previous-GTC-German.pdf

Testcloud:
Allgemeine Geschäftsbedingungen:
https://test.io/de/policies-testers/

Textbroker:
Allgemeine Geschäftsbedingungen:
https://www.textbroker.de/agb

TopCoder:
Allgemeine Geschäftsbedingungen:
https://www.topcoder.com/community/how-it-works/terms/

Twago:
Allgemeine Geschäftsbedingungen:
https://www.twago.de/static/terms-and-conditions/

Uber B.V.:
Allgemeine Geschätsbedingungen:
https://www.uber.com/de/legal/terms/de/

WorkGenius:
Allgemeine Geschäftsbedingungen:

https://www.workgenius.com/de/terms-conditions/student/

99designs:
Allgemeine Geschäftsbedingungen:
https://99designs.de/legal/terms-of-use
Datenschutzbestimmungen:
https://99designs.de/legal/privacy

www.ingramcontent.com/pod-product-compliance
Ingram Content Group UK Ltd.
Pitfield, Milton Keynes, MK11 3LW, UK
UKHW021929290926
8980IPUK00016B/1528